Thilo Hagendorff
Das Ende der Informationskontrolle

Digitale Gesellschaft

Herzlichen Dank an das Internationale Zentrum für Ethik in den Wissenschaften (IZEW) der Universität Tübingen und insbesondere an Regina Ammicht Quinn und Jessica Heesen, ohne die das Buch nicht hätte entstehen können.

Thilo Hagendorff (Dr. phil.), geb. 1987, studierte Philosophie, Kulturwissenschaften und Deutsche Literatur in Konstanz und Tübingen. Seit 2013 ist er wissenschaftlicher Mitarbeiter am Internationalen Zentrum für Ethik in den Wissenschaften und seit 2014 Dozent an der Universität Tübingen. Seine Forschungsschwerpunkte liegen in den Bereichen Digitalisierung, Social Media, Big Data, Datenschutz, Virtual Reality, Medienethik und Tierethik. Bei transcript erschienen: »Sozialkritik und soziale Steuerung« (2014).

Thilo Hagendorff

Das Ende der Informationskontrolle

Digitale Mediennutzung jenseits von Privatheit und Datenschutz

[transcript]

Bibliografische Information der Deutschen Nationalbibliothek
Die Deutsche Nationalbibliothek verzeichnet diese Publikation in der Deutschen Nationalbibliografie; detaillierte bibliografische Daten sind im Internet über http://dnb.d-nb.de abrufbar.

Umschlaggestaltung: Kordula Röckenhaus, Bielefeld
Umschlagabbildung: 106313 / Photocase.de
Printed in Germany
Print-ISBN 978-3-8376-3777-9
PDF-ISBN 978-3-8394-3777-3

Gedruckt auf alterungsbeständigem Papier mit chlorfrei gebleichtem Zellstoff.
Besuchen Sie uns im Internet: *http://www.transcript-verlag.de*
Bitte fordern Sie unser Gesamtverzeichnis und andere Broschüren an unter: *info@transcript-verlag.de*

Inhalt

Einleitung

Beinahe sämtliche Smartphones mit Googles Android-Betriebssystem, also weit mehr als eine Milliarde Geräte, waren zeitweise gegenüber nahezu beliebigen Angriffen verwundbar. Die Sicherheitslücke mit der Bezeichnung „Stagefright", welche Mitte 2015 öffentlich bekannt gegeben wurde (Eikenberg 2015; Schirrmacher 2015c), erlaubt es Angreifern, welche lediglich eine mit einem bestimmten Exploit-Code präparierte MMS an das Smartphone des Opfers senden oder dieses auf eine präparierte Webseite locken müssen, das Smartphone in eine Wanze zu verwandeln, die Kamera anzusteuern, die Mediengalerie auszulesen, auf die Bluetooth-Schnittstelle zuzugreifen oder auch weiteren Schadcode wie etwa Keylogger nachzuladen. Das Opfer des Angriffs muss die präparierte MMS oder Hangout-Nachricht nicht einmal öffnen, damit der Exploit-Code ausgeführt werden kann. Es ist also, sofern es nicht den Empfang von MMS am Smartphone verboten hat, was eher unüblich sein dürfte, dem Angriff gegenüber schutzlos ausgeliefert. Auch die Smartphone-Hersteller, welchen das Nachrüsten der Firmware obliegt, bleiben in vielen Fällen untätig, zumal ältere Android-Versionen nur selten durch neuere Versionen ersetzt werden, welche die Stagefright-Sicherheitslücke nicht mehr aufweisen. Derart dürften viele hundert Millionen Android-Smartphones dauerhaft ungeschützt sein, mit der Konsequenz, dass die Nutzer beispielsweise gegenüber der unbemerkten Anfertigung von Audio-Mitschnitten oder Videoaufnahmen durch ihr Smartphone oder der Ausführung von Schadcode, mit welcher der Angreifer Zugriff auf persönliche Daten auf dem Mobilgerät erhält, ausgeliefert sind.

„Stagefright" ist nur eine von unzähligen Sicherheitslücken, welche freilich nicht nur Smartphones, sondern sämtliche digitale informationstechnische Systeme betreffen. Die Allgegenwart digitaler Medien in modernen Informationsgesellschaften bedeutet demnach gleichzeitig eine Allgegenwart von Sicherheitslücken. Diese führen das Risiko ihrer Ausnutzung stets mit sich. Doch allein die bloße Möglichkeit der Ausnutzung, die bloße Existenz von Sicherheitslücken zeigt an, dass durchschnittliche Endnutzer digitaler Medien nur bedingt Kontrolle über die Erhebung, Verarbeitung und Verbreitung personenbezogener Daten und Informationen besitzen. Aktuellen Umfragen zufolge stimmen mithin 91% der Befragten (N=607) der Aussage zu, dass sie die Kontrolle über die Erhebung und Verbreitung personenbezogener Daten verloren haben (Madden et al. 2014: 30). Dennoch wird die Kontrolle über personenbezogene Informationen allgemein als wichtiges Gut erachtet, welches im Zentrum der Idee des Privaten, des Datenschutzes, der Informationssicherheit oder des geistigen Eigentums steht, welches aber auch soziale Praktiken des Identitätsmanagements und der Selbstdarstellung fundamental betrifft. Sofern es Personen nicht mehr möglich ist, Informationen, welche sie selbst betreffen, so zu kontrollieren, dass verschiedene soziale Kontexte – klassischerweise das Private und das Öffentliche – informationell voneinander getrennt werden können, kann dies zu schweren Irritationen des Identitätsmanagements und der eigenen Persönlichkeitskonstitution führen. Dennoch ist der informationelle Kontrollverlust nebst den Risiken der diversen negativen Konsequenzen, welche aus ihm erwachsen können, eine zentrale Eigenschaft moderner Informationsgesellschaften.

Treiber des Kontrollverlusts sind nicht allein die allgegenwärtigen Sicherheitslücken digitaler Medien sowie die Hacker, welche diese ausnutzen, sondern gleichsam die Totalüberwachung der elektronischen Telekommunikation, die Intransparenz von Algorithmen und Codes, die routinierte Missachtung von Datenschutzgesetzen durch die Geschäftspraxis und das invasive Marketing von IT-Unternehmen, die Zusammenführung von Datensätzen aus verschiedenen Quellen sowie der Handel mit daraus erstellten Profilen durch Datenbroker, die dem Prinzip der Datensparsamkeit und des „Privacy by Design" beziehungsweise „Privacy by Default" entgegenstehende Entwicklung neuer informationstechnischer Systeme, unzureichende Medienkompetenz sowie technisches Unwissen oder individuelle Fehler auf Seiten der Nutzer digitaler Medien und vieles mehr. Die Liste ließe sich lange fortsetzen.

Im Zentrum der vorliegenden Arbeit soll die Frage nach Strategien, nach Formen der Resilienz, welche gegenüber den Risiken des informationellen Kontrollverlusts der digitalen Gesellschaft entwickelt werden können, stehen. Die Unmöglichkeit, als Endnutzer mit informationstechnischen Systemen so umzugehen, dass kontrolliert oder auch nur überblickt werden kann, wie und in welchem Umfang Daten, welche als Träger von personenbezogenen Informationen fungieren, erhoben, verarbeitet und verbreitet werden, erfordert nicht nur ein neues Paradigma der Mediennutzung und der Medienkompetenz, sondern wirkt, wie erwähnt, gleichsam bis in elementare Bereiche des persönlichen Identitätsmanagements und der Selbstdarstellung hinein. Der Kontrollverlust gibt Anlass, aus Gründen der Resilienz gegenüber dem Kollabieren von Informationskontexten neue Weisen des digitalen Identitätsmanagements einzuüben, welche dergestalt sind, dass das Kollabieren von Informationskontexten nicht mehr als Enttäuschung, als Verletzung sozialer Normen des angemessenen Informationsflusses wahrgenommen, sondern erwartet wird. Sobald das Soziale nicht mehr von Normen der Privatheit, des Datenschutzes, des restringierten, in klaren Bahnen gelenkten „Fließens" von Informationen bestimmt wird, sondern der informationelle Kontrollverlust selbst zu Normalität wird, werden nur jene Formen der Mediennutzung adäquat sein, welche nicht mehr dergestalt sind, dass sie vom Bestehen unterschiedlicher geschlossener Kontexte ausgehen, innerhalb derer Informationen ausschließlich und exklusiv zirkulieren, innerhalb derer verschiedene Kommunikationsstile gepflegt werden und innerhalb derer sich verschiedene Modi der Selbstdarstellung niederschlagen können. Vollständige Resilienz gegenüber dem informationellen Kontrollverlust zu besitzen, bedeutet theoretisch, dass sich in letzter Konsequenz eine Art stoische Gleichgültigkeit dahingehend aufbaut, ob jemand in das eigene Email-Postfach eindringt, ob Geheimdienste das Klickverhalten auf sozialen Netzwerken auswerten, ob Hacker das eigene Smartphone als Wanze missbrauchen oder ob das eigene Verhalten von Videokameras aufgezeichnet wird. Strategien für den informationellen Kontrollverlust zu entwickeln bedeutet, zu wissen, dass Informationen oder Handlungen, welche tatsächlich geheim bleiben müssen, in radikal analogen Räumen lokalisiert werden müssen. Sobald sie in die Reichweite oder den Speicher vernetzter, sensorbewehrter informationstechnischer Systeme geraten und „verdatet" werden, sind sie unmittelbar dem Risiko ausgesetzt, sich unkontrolliert zu verbreiten.

Jeder Kommunikationsakt, jedes Verhalten, jede Handlung, welche elektronisch erfasst, digitalisiert und verdatet wird, muss unter den Bedingungen des informationellen Kontrollverlusts und der Voraussetzung, möglichst konflikt- und irritationsfrei auf ihn reagieren zu wollen, derart geprüft werden, dass deren öffentliche Effekte beziehungsweise deren Effekte in fremden, also in anderen als den ursprünglichen, angestammten informationellen Kontexten jederzeit vertreten werden können (Pörksen/Detel 2012: 233). Das bedeutet, dass die Antizipation von unbestimmten informationellen Fremdkontexten oder Öffentlichkeiten beziehungsweise von Reaktionen beliebiger Dritter auf die Verbreitung personenbezogener Informationen je nach Situation zu einer zentralen Medienkompetenz werden sollte. Gleichsam allerdings gilt es zu berücksichtigen, dass jene kontextfremden oder öffentlichen Effekte diskriminierend, ungerecht, mit übertriebener Härte, ja gar gewaltsam sein können (Welzer 2016: 42 ff.). Strategien, um sich gegenüber den Risiken des informationellen Kontrollverlusts resilient verhalten zu können, müssen daher immer an zwei Polen ansetzen. Zum einen an der individuellen Mediennutzung sowie dem individuellen Identitätsmanagement, welches den potentiellen Kollaps von etablierten Informationskontexten immer mitberücksichtigt, und zum anderen sowohl an den Empörungs- und Toleranzniveaus sowie der generellen Aufmerksamkeitsökonomie der Öffentlichkeit – was im Kern jedoch ebenfalls eine individuelle Verhaltensänderung impliziert. Dies schließt den allgemeinen Umgang mich neuen Transparenzniveaus ein, durch welche Auffälligkeiten, Abweichungen oder Verletzungen sozial etablierter Normen neuen Sichtbarkeitsregimen unterworfen werden. Digitale Medien, welche zur Erhebung und Verbreitung von Auffälligkeiten, Abweichungen, Normverletzungen et cetera eingesetzt werden können, zeigen an, dass es auf dem Weg zu einer stärker durch mitunter auch einseitige Transparenzbeziehungen durchzogenen Informationsgesellschaft diverser größerer oder kleinerer Emanzipationsbewegungen braucht. Die Allgegenwart vernetzter informationstechnischer Systeme versetzt die moderne Mediengesellschaft immer stärker in einen Zustand der allgemeinen Auflösung von tradierten Normen des restringierten Informationsflusses, welcher dergestalt ist, dass Informationen ihre angestammten, vermeintlich informationell geschützten Kontexte verlassen und in erweiterten beziehungsweise „fremden" Kontexten frei zirkulieren. Die Informationsgesellschaft muss Reaktionsweisen auf Kontextüberschreitungen von Informationen überdenken ebenso wie neu erlernen. Überdenken muss sie beispielsweise übertriebene Skandalisierungsdynamiken nebst den dazugehörigen Empörungsexzessen oder auch verschiedene Formen algorithmischer Diskriminierung, neu erlernen muss sie etwa den richtigen Umgang mit politisch bedeutsamen Enthüllungen und Leaks oder die gerechte Verteilung von Transparenz sowie den Umgang mit gestiegenen Transparenzniveaus.

Der informationelle Kontrollverlust sowie die mit ihm entstehenden Risiken erfordern, damit es nicht zu permanenten Irritationen, Konflikten, Skandalen oder Spannungen aller Art kommt, einen neuen Umgang mit digitalen Medien respektive eine neue Medienkompetenz, welche den Bedingungen hypervernetzter, mit vulnerablen Computersystemen durchsetzten Informationsgesellschaften angemessen ist. Angesichts aktueller medienethischer Diskurse, welche oftmals entweder radikal technikpessimistisch oder naiv technikoptimistisch sind, gerät die Entwicklung pragmatischer Ansätze für die Mediennutzungspraxis häufig aus dem Blick. Derartige Ansätze sind weniger moralisch wertend oder normativ geladen als vielmehr aus einer Perspektive der Beobachtung zweiter Ordnung heraus operierend, von welcher aus die Aufdeckung von Reflexionsdefiziten, Aufmerksamkeitsverschiebungen oder die Infragestellung von etablierten Routinen möglich wird. Kurz gesagt soll diese Arbeit eine Pragmatik der resilienten Mediennutzung unter den Bedingungen des informationellen Kontrollverlusts in modernen

Informationsgesellschaften entwickeln. Diese Pragmatik soll nicht für Unternehmen, für Staaten oder andere institutionelle Akteure entwickelt werden, sondern für die Lebenswelt privater Endanwender digitaler Medien. Es geht nicht um die Entwicklung neuer technischer Sicherheits- oder Datenschutzkonzepte, sondern um die Beschreibung neuer Formen der Resilienz, welche gegenüber den Risiken informationeller Kontrollverlustereignisse eingenommen und angeeignet werden können. Resilienz soll hierbei definiert werden als Abwesenheit von Vulnerabilität (Henninger 2016: 158), also als eine Form der psychosozialen „Robustheit", der Widerstandsfähigkeit gegenüber gegebenen Risiken. Resilienz bedeutet, möglicherweise einer belastenden Situation ausgesetzt zu sein – hier insbesondere durch das Kollabieren von geschützten Informationskontexten beziehungsweise durch den Verlust der Kontrolle über die Erhebung, Verarbeitung und Verbreitung personenbezogene Informationen geschildert – und diese belastende Situation erfolgreich zu überstehen und zu bewältigen.

Der digitale Wandel und die zunehmende Durchdringung aller gesellschaftlichen Felder mit informationstechnischen Systemen forcieren einen weitreichenden Strukturwandel. Der Strukturwandel beschreibt in erster Linie den Abbau von Informationsbarrieren, welche sich zwischen verschiedenen sozialen Kontexten aufgespannt haben und durch vernetzte digitale Medien perforiert werden. Der Strukturwandel zieht normativ aufgeladene Protestreaktionen nach sich, welche wiederum medienethische Diskurse anheizen. Problemlagen werden – wenngleich mitunter absehbar folgenlos – thematisiert und diskutiert. Medienethische Fragen werden trotz fehlender empirischer Evidenzen über Moralisierungen entschieden, wobei die prinzipielle Kontingenz moralischer Entscheidungen freilich unerwähnt bleibt. Diese Arbeit wählt einen anderen Ansatz. Sie soll verstanden werden als Aufdeckungs- und Kompensationswerkzeug von Reflexionsdefiziten und blinden Flecken in den Selbstbeschreibungen der Informationsgesellschaft. Es geht weniger um die vermeintlich eindeutige normative Bewertung von bestimmten Phänomenen, welche auf den digitalen Wandel zurückzuführen sind, als vielmehr um gezielte Aufmerksamkeitsverschiebungen mit dem Ziel der Entwicklung einer Pragmatik im oben beschriebenen Sinn. Sofern in der vorliegenden Arbeit überhaupt ethisch argumentiert wird, wird es keine Fällung allgemeingültiger Urteile darüber geben, ob digitale Medien und Technologien eher positive oder negative, eher allgemein freiheitsfördernde oder allgemein freiheitsbedrohende Effekte in der Gesellschaft haben. Vielmehr geht es um die Feststellung der Ambivalenz digitaler Technologien und der Auswirkungen der weitreichenden Möglichkeiten der Erhebung, Verarbeitung und Verbreitung von personenbezogenen Daten. Die medienethische Methode, welche im Rahmen dieser Arbeit gewählt werden soll, verfährt bewusst dergestalt, dass sie weniger versucht, bestehende prominente normative Ansätze im Kontext von Themen wie Privatheit, Datenschutz und Überwachung weiter zu verstärken und durch zusätzliche Argumente zu unterfüttern. Vielmehr wird es darum gehen, jene Ansätze bewusst durch abweichende Argumentationen herauszufordern, um insgesamt die Diskussion über die digitale Gesellschaft mit einer neuen Stimme und einer neuen argumentativen Stoßrichtung bereichern zu können.

Dem durch digitale Medien ausgelösten Struktur- und Kulturwandel fehlen offensichtliche Fälle von Gewalt, Grausamkeit oder Leid, welche als zweifelsfreie, eindeutige Signale für eine ethisch-moralische Urteilsfindung herangezogen werden könnten. Medienethische Fragen, welche den digitalen Wandel respektive daran beteiligte Einzeltechnologien reflektieren, analysieren hochkomplexe soziale, empirisch uneinholbare Phänomene. Dies legt die Verwendung einer Metaethik der vorsichtigen, kontingenzbewussten Bewertung nahe, deren kritische Schlagkraft gegenüber normativ starken Ethiken gemindert ist und deren Toleranz und Abweichungsempfindlichkeit von den eigenen Thesen durch alternative Bewertungsangebote erhalten bleibt. Einer Metaethik der vorsichtigen Bewertung, welche medienwissenschaftliche Fragen flankiert, empfiehlt es sich, ihre normative Ausrichtung flexibel zu konzeptualisieren, um sich gegenüber Ereignissen der eigenen theorieexternen Umwelt adaptiv einstellen zu können. Dies ist nicht zuletzt angesichts der Rasanz des digitalen Wandels und der hochbeschleunigten Entwicklung neuer Technologien geboten (Rosa 2005: 124 ff.). Die schwache Normativität der hier gewählten Medienethik besitzt allerdings die Stärke, mögliche Ansprüche nicht per se kontrafaktisch zu bestehenden Sachverhalten aufrechterhalten zu müssen, auch wenn soziale Tatsachen den eigenen Postulaten widersprechen. Um an dieser Stelle gar nicht erst in Widersprüche zu geraten, läuft das kontingenzbewusste medienethische Engagement dieser Arbeit in Abgrenzung zu vielen prominenten medienethischen Klassikern weniger auf moralische Ansprüche hinaus, sondern, wie erwähnt, vielmehr auf das Einholen von Reflexionsdefiziten, um die Sichtbarmachung dessen, was noch nicht oder nur latent und unzureichend beobachtet und beachtet wurde. Und möglicherweise können auf diese Weise wünschenswerte soziale Änderungsprozesse viel eher noch initiiert werden als über eine stark normative Ethik.

Eingeleitet wird die vorliegende Arbeit durch einige grundlegende Ausführungen darüber, was im Einzelnen eigentlich unter Daten und Informationen verstanden werden kann und welche „Wege“ sie im Rahmen der computervermittelten Kommunikation beziehungsweise im Rahmen global ausgeweiteter Computernetzwerke, welche zusammengenommen die Infrastruktur des Internets bilden, nehmen können. Im darauffolgenden Kapitel geht es um die Vertiefung von Theorien sozialer Kontexte. Mit sozialen Kontexten sind konkret Informationskontexte gemeint, also Bereiche, innerhalb derer bestimmte mehr oder minder geschützte Informationen potentiell exklusiv zirkulieren. Daran anschließend wird beschrieben, wie vernetzte digitale Medien soziale Normen des angemessenen Informationsflusses verletzen und damit zu einer sukzessiven Auflösung jener Kontexte führen. Zwar gibt es eine Reihe an Methoden, um im Rahmen digitaler informationstechnischer Systeme über technische Informationsbarrieren eine Rekonstruktion sozialer Kontexte herbeizuführen. Dies erfolgt beispielsweise über Privatsphäreeinstellungen, Kryptosysteme, Passwortabfragen, softwarebasierte Rechteverwaltungen, Firewalls et cetera. Allerdings sind aus Gründen, welche genauer erläutert werden, alle diese Methoden auf die eine oder andere Weise unzuverlässig. Dem Kapitel über Informationskontexte folgt ein Kapitel zum zentralen Thema der Arbeit, nämlich der Informationskontrolle. In diesem Kapitel werden ausführliche Analysen darüber angestellt, auf welche Weise Informationen überhaupt kontrolliert werden können. Hierbei wird ein Modell entwickelt, welches durch die Differenzierung zwischen drei verschiedenen Ebenen – der Hardware-Ebene, der Code-Ebene sowie der Benutzerschnittstellen-Ebene – zu einer Spezifizierung von verschiedenen Möglichkeiten der Informationskontrolle beiträgt. In den darauf folgenden Ausführungen geht es um eine allgemeine Beschreibung der Technikentwicklung, im Rahmen derer dargestellt wird, wie es zum einen zu einer immer größeren Anzahl informationstechnischer Systeme kommt, welche sich zum anderen durch eine stetig erhöhte Leistungsfähigkeit sowie dichtere Vernetzung auszeichnen. Hierbei wird ebenfalls erläutert, warum diese Entwicklung kaum einer gezielten politischen und rechtlichen Steuerung unterworfen werden kann, woraus wiederum ein schwacher Technikdeterminismus abgeleitet wird. Diesen eher technologiebezogenen Ausführungen schließt sich ein Kapitel über Privatheit an, in welchem nicht allein eine Rekapitulation verschiedener Theorieansätze in der Privatheitsforschung erfolgt, sondern in welchem zudem gezeigt wird, warum gerade die informationelle Privatheit entgegen ihrer Allgegenwart in internetkritischen Diskursen faktisch eine immer geringere gesellschaftliche Bedeutung besitzt. Dem Privatheits-Kapitel schließt sich ein Kapitel über Datenschutz an, in welchem unter Rückgriff auf Ausführungen beispielsweise über eine unzureichende Gesetzgebung, die Lückenhaftigkeit der IT-Sicherheit oder die Geschäftspraxis von IT-Unternehmen gezeigt wird, warum auch der Datenschutz, ganz analog zur informationellen Privatheit, in der Praxis der Technikentwicklung und -nutzung in zunehmend geringerem Maße Beachtung findet. Daran anschließend folgt ein Kapitel, welches sich dem Thema der Normverletzungen widmet. Es wird zum einen eine Analyse verschiedener Formen an Normverletzungen unternommen. Zum anderen wird eine Untersuchung der verstärkten Sichtbarkeit von Normverletzungen unter den Bedingungen der Allgegenwart digitaler Aufzeichnungs- und Verbreitungsmedien vorgenommen. Unter Berücksichtigung dieser Analysen wird ebenfalls auf die Ambivalenz von Privatheit und Datenschutz hingewiesen, schließlich können diese auch der Verschleierung, Verheimlichung oder Verdunkelung von sozial schädlichen Normverletzungen dienen. Nachstehend folgt ein Kapitel über Transparenz, in welchem neben einer Diskussion möglicher positiver und negativer Seiten von informationeller Transparenz insbesondere die Frage nach einer gerechten Verteilung von Transparenz diskutiert wird. Dem schließen sich längere Ausführungen zum Thema Überwachung an, in denen ebenfalls darauf eingegangen wird, wie Überwachung an der Entdifferenzierung von Informationskontexten parasitiert, welche neuen Sichtbarkeitsregime durch sie entstehen und welche handlungspsychologischen Folgen daraus erwachsen. Der Fokus der Analysen liegt dabei jedoch weniger auf der bloßen Rekapitulation der tradierten, klassischen handlungspsychologischen Ansätze, welche im Wesentlichen davon ausgehen, dass Personen durch Überwachung in ihrer Handlungsfreiheit eingeschränkt werden und dass sie sich gegenüber Überwachung passiv verhalten. Vielmehr wird es um die Umkehrung jener klassischen handlungspsychologischer Ansätze gehen. Gezeigt wird, wie an der Realität der Überwachung, welche aus modernen Informationsgesellschaften nicht mehr wegzudenken ist, aktiv partizipiert werden kann und wie Überwachung und damit informationelle Kontrollverlustereignisse sogar als Chance für Emanzipationsbewegungen und als Mittel des Widerstands gegen Diskriminierung und Intoleranz genutzt werden kann. Den Schluss der Arbeit bildet ein Kapitel über Identität, wobei der Fokus auf dem Identitätsmanagement unter den Bedingungen einer mit digitalen Medien durchsetzten Informationsgesellschaft liegt. Den endgültigen Abschluss bildet ein Fazit, welches gleichsam die Thesen der Arbeit nochmals in gebündelter Form zusammenfasst.

Informationen

Der Begriff der Information steht im theoretischen Zentrum der Arbeit. Was aber ist mit dem Begriff gemeint? Hier muss konzediert werden, dass er keinem einheitlichen Theoriemodell entstammt, sondern vielmehr in verschiedenen Theorietraditionen in unterschiedlicher Bedeutungsweise und mit verschiedenen Begriffsextensionen zur Anwendung kommt. Zu den grundlegendsten Versuchen einer Begriffsdefinition gehört dabei sicherlich diejenige Batesons. Eine Information beziehungsweise eine Informationseinheit ist demnach, nach der ebenso vielzitierten wie knappen Definition, ein Unterschied, der einen Unterschied macht (Bateson 1987: 321). Eine Information wird kommuniziert und löst beim Empfänger einen Unterschied aus, welcher nicht ausgelöst worden wäre, hätte dieser die Information nicht empfangen. Informationen sind also kommunizierte Daten, die eine Konsequenz haben, eine Zustandsänderung eines Systems, eine Veränderung des Wissenssystems des Rezipienten (Müller 2014: 69). In der Systemtheorie spricht man von einer Information immer dann, wenn durch sie eine Überraschung ausgelöst wird (Baecker 2007a: 19). Eine Information ist, noch abstrakter formuliert, eine überraschende Selektion aus mehreren Kommunikationsmöglichkeiten (Luhmann 1997: 71). Die Überraschung kann für eine Person nur einmal erfolgen. Eine mehrfach mitgeteilte Information wirkt redundant respektive verwandelt sich in Redundanz. Man muss etwas nicht wissen, um eine Information erhalten zu können. Mitteilungen sind dann informativ, wenn sie verstanden werden und etwas beinhalten, was das eigene Wissen mit neuem Wissen ergänzt. Informationen, die mitgeteilt und verstanden werden, verändern demnach die Relation zwischen Wissen und Nichtwissen einer Person.

Informationen, welche innerhalb digitaler informationstechnischer Systeme prozessiert werden, unterliegen der technischen Logik jenes Systems. Es entscheidet, welche Informationen erhoben, verarbeitet und verbreitet sowie eingesehen, adressiert, gesucht und gefunden werden können (Burkhardt 2015: 159). Der Begriff der Information muss in diesem Kontext immer an mediale Konfigurationen zurückgebunden werden, wobei sich Praktiken der Erhebung, Verarbeitung und Verbreitung von Informationen ebenfalls in Abhängigkeit von bestimmten Medien vollziehen. Dies impliziert im Kontext digitaler Medien im Wesentlichen die Verdatung von Informationen. Informationen erhalten einen Träger, nämlich digitale Daten. Dies bedeutet nicht, dass Daten immer Träger von Informationen sein müssen. Der Begriff des Datums ist demnach grundlegender als der Begriff der Information.

Indes gilt für den Begriff des Datums dasselbe wie für den Begriff der Information. Er ist keinem einheitlichen Theoriemodell zuzuordnen, nach welchem er einer eindeutigen Definition unterworfen werden könnte. Im herkömmlichen Sinne werden Daten allgemein als Informationen über Realität verstanden, wobei zwischen fiktiven und faktischen Daten differenziert wird. In einem informationstechnischen Kontext jedoch handelt es sich bei Daten um semiotische Artefakte beziehungsweise Zeichen, welche Träger der Unterscheidung zwischen Null und Eins sind. Daten können dabei, wie beschrieben, Träger von Informationen sein. Datenverarbeitende, rein technische Prozesse verschränken sich hier mit digital codierten Informationen. Daten an sich können selbst nur in einem äußerst rudimentären Sinne als Informationen bezeichnet werden, da sie zusammengenommen nur in bestimmten Fällen semantisch gehaltvolle Informationen konstituieren. Vielmehr sind digitale Daten sozusagen eine Voraussetzung respektive Vorstufe von Informationen und Wissen (Floridi 2011: 85 f.).

In einem anderen Sinne lassen sich Daten aber ebenfalls als binäre Repräsentation von Informationen begreifen (Burkhardt 2015: 196). Daten sind demnach Informationen, welche lediglich in einem syntaktisch, semantisch und pragmatisch verzerrten „Aggregatzustand“ vorliegen. Dies ist insofern wichtig, als dass digitale informationstechnische Systeme Informationen in ihrem „Originalzustand“, also als sprachliche, schriftliche oder grafische Artefakte, nicht verarbeiten können, sondern diese „computergerecht“, also in Form von binärem Maschinencode, aufarbeiten müssen. In diesem Sinne können digitale Daten als Inhalt computertechnischer Operationen, als maschinenlesbare Inskriptionen, als logisch-mathematische Differenz, also als Differenz zwischen Null und Eins, oder als materielle Differenz, also als Differenz zwischen hoher und niedriger Spannung in einem Schaltkreis, beschrieben werden.

Die Datenverarbeitung wird dabei von Programmen, Befehlen beziehungsweise Algorithmen gesteuert (Saurwein et al. 2015; Latzer et al. 2014). Hierbei spielen wiederum verschiedene Qualitätsstufen sowie Arten von Daten eine Rolle. Die Qualität der Daten ergibt sich aus ihrer Vollständigkeit, Aktualität, Granularität und Strukturierung. Bei der Art der Daten kann beispielsweise zwischen Verhaltensdaten, Daten über Interessen und Einstellungen von Nutzern, demografischen Daten, Daten über Transaktionen, Metadaten oder Audio- und Videodaten differenziert werden. Im Kontext von personenbezogenen Daten kann ferner zwischen Oberflächendaten und tiefen Daten differenziert werden. Oberflächendaten sind wenig detaillierte Daten über zahlreiche Personen. Tiefe Daten sind detaillierte Daten über wenige Personen. Die Idee der Big Data strebt dabei die Schließung der Kluft zwischen Oberflächendaten und tiefen Daten an, sodass personenbezogene Daten in bislang ungekanntem Umfang und ungekannter Granularität in beliebigen informationstechnischen Anwendungen verarbeitet und genutzt werden können. Big Data meint aber auch, dass die schiere Menge der durch die Nutzung digitaler Medien anfallenden personenbezogenen Daten kontinuierlich steigt. Ein Symptom dessen ist der Umstand, dass die computervermittelte Kommunikation stets einen größeren Anteil der Kommunikation insgesamt ausmacht. Dementsprechend sammeln sich in den Datenbanken, welche auf die Speicher von Milliarden informationstechnischer Systeme verteilt sind, immer größere Informationsmengen an, welche mit stets zunehmender Rechengeschwindigkeit ausgewertet, analysiert und zu späteren Zeitpunkten jederzeit wiederabgerufen werden können. So liegt es nicht fern, untereinander vernetzte informationstechnische Systeme zum schlechthinnigen Treiber der Informationsgesellschaft zu erklären. Der Umstand, dass einerseits Informationen integraler Bestandteil sozialen Handelns sind und dass andererseits elektronische Informations- und Kommunikationstechnologien in fundamentaler Weise auf die Organisation der Verfügbarkeit und Verteilung von Informationen Einfluss nehmen, bewirkt, dass es in immer mehr Bereichen der Gesellschaft zu einer untrennbaren Verknüpfung von sozialer Welt und Informationstechnologie kommt.

Dabei geht es freilich nicht nur um die Verarbeitung und das Prozessieren, sondern gleichsam um die weitere Erhebung und Verbreitung von personenbezogenen Daten. In diesem Zusammenhang steht vor allem die elektronische Telekommunikation im Fokus. Diese initiiert, abstrakt gesprochen, riesige „Ströme“ an Daten und Informationen. Der Begriff des Datenstroms, welcher in der Literatur über neue Medien immer wieder zur Anwendung kommt, soll der abstrakten Veranschaulichung des gigantischen Datendurchsatzes an den Knotenpunkten des globalen Computernetzwerks des Internets dienen. Der Begriff des Informationsstroms soll ferner insbesondere den Sachverhalt des Kommunizierens über elektronische Netzwerke beschreiben. Dabei ist der Begriff des Informationsstroms jedoch ungenau und bedarf in seiner Verwendung der genaueren Rechtfertigung. Informationen werden, systemtheoretisch gesprochen, nicht von Person zu Person übertragen, sondern stehen stets für sich und in Relation zur Mitteilung und zum

Prozess des Verstehens beim Rezipienten. Dennoch erfüllt der Begriff des Informationsstroms oder der Informationsströme gerade im Kontext der Theorie der Informationsgesellschaft eine wichtige Rolle.

Den Begriff der Ströme definiert beispielsweise Castells als zweckgerichtete, wiederholbare sowie programmierbare Sequenzen des (kommunikativen) Austauschs und der Interaktion zwischen physisch disjunkten Strukturen in einer Gesellschaft (Castells 2010: 442). Er prägt den Begriff des „space of flows", welcher aus drei Ebenen besteht. Die unterste Ebene des Raums der Ströme besteht aus Trägern elektromagnetischer Impulse oder elektronischen Schaltkreisen, welche elektronische Kommunikation ermöglichen. Insbesondere die Telekommunikation folgt nicht mehr der Logik des Raumes, sondern der Logik der Ströme, welche beispielsweise durch Netzwerke von Glasfaserkabeln abgebildet wird. Nicht die Ströme konstituieren den Raum, sondern der Raum organisiert sich um die Ströme herum. Die zweite Ebene des Raums der Ströme wird konstituiert durch Knotenpunkte, welche eine bestimmte Funktionalität besitzen. Knotenpunkte ermöglichen, dass Daten- und Informationsströme möglichst in intendierter Weise vom Sender zum Empfänger beziehungsweise zu prinzipiell jedem beliebigen Element des Netzwerks geleitet werden können. Die dritte Ebene des Raums der Ströme bilden soziale Zentren, durch welche über Machtstrukturen Einfluss auf die Funktionalität, Ausgestaltung und Schaltung von Informationsströmen genommen werden kann.

Der Raum der Ströme bezieht sich vorrangig auf die computervermittelte Kommunikation. Diese muss von einer Kommunikation, welche nicht über elektronische Medien vermittelt ist, unterschieden werden. Typisch geht es dabei um Kommunikation mit Kopräsenz, also um den Informationsaustausch unter anwesenden Personen, welche dieselbe physische Umgebung teilen. Kommunikation wird hier als Prozess der Bedeutungsvermittlung beschrieben (Boos/Jonas 2008: 197). Es geht um soziale Kommunikationsprozesse beziehungsweise um Kommunikation als soziales Verhalten und Handeln. Personen beziehen sich aufeinander, reagieren auf Sinnangebote und teilen Informationen mit, welche verstanden werden müssen. Bei der Kommunikation mit Kopräsenz ist Sprache die primäre Vermittlungsinstanz.

Angelehnt an die Idee, dass Kommunikation beziehungsweise das Übermitteln von Informationen stets medienvermittelt ist, hat Shannon, ein Schüler Wieners, die Theorie der Kommunikation als Signalübertragung entwickelt (Shannon 1949), welche Kommunikation als technischen Prozess der Übertragung von Signalen von einem Sender zum Empfänger versteht. Problematisch an der Theorie jedoch ist der Umstand, dass Shannon außer Acht lässt, dass Signale auf der Seite des Empfängers verstanden, also semantisch „dekodiert" werden müssen.

Shannons Kommunikationstheorie interessiert sich für die „technische" Dimension der Sprache, missachtet dabei allerdings die Dimension der Nützlichkeit, der Relevanz, der Bedeutung und Interpretation von Informationen sowie zudem den erweiterten sozialen Kontext, in welchen Sprechakte eingebettet sind. Hierbei geht es etwa um die Beschreibung der Reichhaltigkeit von vermittelten Informationen (Daft/Lengel 1984). Reichhaltige Informationen, welche sich durch eine Vielzahl an audiovisuellen Hinweisreizen auszeichnen, reduzieren Unsicherheit bei der Selektion des Verstehens. Bei der Kommunikation unter Anwesenden können stets reichhaltigere Informationen ausgetauscht werden als bei der Telekommunikation (Daft/Lengel 1986), da erstere mit verbalen sowie nonverbalen Hinweisreizen gesättigt ist. Weniger reichhaltig ist die computervermittelte Kommunikation.

Die computervermittelte Kommunikation grenzt sich gegenüber der Kommunikation unter Anwesenden ab. Letztere bildet, mediengeschichtlich betrachtet, die „Urform" gesellschaftlicher Kommunikation (Schönhagen 2008). Orale Gesellschaften, also Gesellschaften ohne Verbreitungsmedien und Telekommunikationstechnik, sind für einen Großteil der Menschheitsgeschichte kennzeichnend. Die orale Gesellschaft konstituiert sich über die Kommunikation unter anwesenden Personen, über welche soziales Handeln und Regeln abgestimmt, Informationen ausgetauscht sowie die eigene Persönlichkeit dargestellt werden. Dabei finden die Mitteilung sowie das Verstehen von Informationen relativ gleichzeitig statt. Kommunikation ist synchron. Dies ändert sich zu dem Zeitpunkt, an welchem Kommunikation über räumliche Distanzen stattfindet. Zunächst können durch den Einsatz von Boten Informationen zwischen räumlich weit voneinander getrennten Personen ausgetauscht werden. Dies jedoch birgt den Nachteil, dass die Kapazität an Informationen, welche auf diesem Wege übermittelt werden können, sehr begrenzt ist. Dies ändert sich erst mit der Erfindung der Schrift. Sie ermöglicht es, dass größere Mengen an Informationen zuverlässig und über einen langen Zeitraum hinweg gespeichert sowie verlustfrei über größere räumliche Distanzen transportiert werden können. Eine an bestehende Verkehrsnetze gebundene Post organisiert die Nachrichten- und Informationsströme früher Gesellschaften. Verkehrs- und Informationsnetzwerke fallen so in eins. Menschen-, Waren- und Informationsströme sind nicht wesentlich voneinander getrennt. Gegenüber der Versammlungskommunikation als primärer Kommunikationsform oraler Gesellschaften konstituieren Gesellschaften sich nun verstärkt über die Distanz- oder Telekommunikation. Die Kommunikation unter räumlich und zeitlich Anwesenden wird ergänzt beziehungsweise ersetzt durch eine asynchrone Kommunikation unter Abwesenden. Der Zeitpunkt der Mitteilung sowie der des Verständnisses beziehungsweise die „Annahme" von Informationen sind zudem zeitlich voneinander getrennt.

Durch die Schrift als Verbreitungsmedium konnten handschriftliche Nachrichtenmedien entstehen, welche in Form etwa von Zeitungen in gesellschaftliche Kommunikationsräume integriert werden konnten. Die Drucktechnik sorgte für die Entstehung erweiterter Massenmedien, welche die Informationsübermittlungskapazitäten von Gesellschaften weiter steigerten. Ferner wird die Medienevolution durch den Einsatz von Elektrizität bei der Übermittlung von Informationen beziehungsweise durch die Einführung elektronische Medien signifikant weitergetrieben. Durch die elektronische Verbindung informationstechnischer Systeme vom Telegrafen über das Telefon bis hin zum Internet spalten sich Informationsnetzwerke von Warennetzwerken ab. Indem Informationen nicht mehr an materielle Artefakte wie Papier oder Personen, welche die Funktion von Nachrichtenübermittlern einnehmen, gebunden sind, können sie über elektronische Leitungen oder Funk mit großer Geschwindigkeit zwischen Sender und Empfänger ausgetauscht werden (Virilio 1984: 154 ff.). Räumliche Distanzen spielen bei der Kommunikation erstmals nahezu keine Rolle. Rundfunk und Fernsehen werden zu bedeutenden Massenmedien.

Eine signifikante Ausweitung des globalen Informationsnetzwerks sowie der globalen Informationsübermittlungskapazitäten wird anschließend durch die Entwicklung des zivilen Internets ausgelöst. Gleichzeitig stiegen und steigen die Anzahl sowie die alltägliche Verfügbarkeit der ans Internet angebundenen informationstechnischen Systeme kontinuierlich. Eigenschaften, durch welche sich die Kommunikation unter Anwesenden auszeichnet, welche für orale Gesellschaften kennzeichnend war, kehren in der computervermittelten Kommunikation in verkappter Form wieder. Obwohl die Kommunikationspartner in der computervermittelten Kommunikation nicht an einem physischen Raum anwesend sind, wird dies etwa bei der Videotelefonie doch zumindest simuliert. Die Mitteilung sowie der Empfang von Informationen geschehen nahezu gleichzeitig. Die Synchronizität der Kommunikation fördert die Informationsverdichtung, da sich die Kommunikationsteilnehmer relativ unmittelbar über die Bedeutung und die Interpretation von Informationen austauschen können. Zur reinen Informationsübermittlung sind dagegen eher Formen der Kommunikation geeignet, welche sich durch niedrige Synchronizität auszeichnen (Boos/Jonas 2008: 209). Die asynchrone computervermittelte Kommunikation zeichnet sich gegenüber der Kommunikation unter kopräsenten Personen dadurch aus, dass die Kommunikationspartner mehr Kontrolle darüber haben, welche Informationen sie preisgeben. In der computervermittelten Kommunikation besteht die Möglichkeit, geschriebenen Text beliebig oft zu editieren, bevor er versandt wird. Dabei kann je nach Medienkompetenz und Konzentrationsniveau ein hohes Maß an Selbstaufmerksamkeit dafür sorgen, dass nur solche Informationen preisgegeben werden, deren Preisgabe gleichsam intendiert und nachhaltig vertretbar ist. Die informationelle Selbstdarstellung folgt dann einer kalkulierten Eindruckskontrolle. Wenn dagegen vom informationellen Kontrollverlust die Rede ist, so zielt dieser nicht auf die beschriebene Art der potentiell kontrollierten Selbstdarstellung in der computervermittelten Kommunikation ab, sondern auf die relativ unkontrollierte elektronische Verbreitung der preisgegebenen Information, also auf spezifische Vulnerabilitäten verschiedener Informationsübermittlungs- und Kommunikationskanäle.

Eine Sonderform der computervermittelten Kommunikation ist die Mobilkommunikation, welche der Informationsübermittlung zwischen drahtlos miteinander vernetzten informationstechnischen Systemen dient (Döring 2008). Smartphones gehören zu den wichtigsten Endgeräten, welche zur Mobilkommunikation eingesetzt werden. Das Spezifikum der Mobilkommunikation liegt an der relativen Ortsunabhängigkeit sowohl der Endgeräte wie der Nutzer, welche durch die Unabhängigkeit vom Stromnetz sowie anderer Kabelleitungen sichergestellt wird. Die Mobilkommunikation ermöglicht neue Dimensionen der Mobilität in der Informationsgesellschaft, da Nutzer informationstechnischer Systeme an nahezu jedem Ort Zugang zu Telekommunikationsnetzen haben. Indem insbesondere Smartphones sich kontinuierlich weiter verbreiten und mehr und mehr Geräte weltweit genutzt werden – aktuell besitzen bereits weit über eine Milliarde Personen ein Smartphone –, wächst gleichzeitig die Anzahl der mobilen Internetzugangsmöglichkeiten. Da Smartphones mit diversen Sensoren zur Datenerhebung ausgestattet sind, sie also unter anderem Fotos, Videos, Ton sowie Bewegungen aufzeichnen können, und gleichzeitig über eine mobile Internetanbindung verfügen, können Sachverhalte, Ereignisse und Handlungen verdatet, verbreitet und damit gleichsam ihres angestammten Kontextes enthoben werden.

Die computervermittelte Kommunikation bildet eines der grundlegendsten Merkmale ab, durch welche sich die Informationsgesellschaft konstituiert. Dementsprechend kennzeichnet sich das wohl entscheidende geschichtliche Moment zur Entstehung der Informationsgesellschaft durch die anfängliche Entwicklung sowie Verbreitung elektronischer informationstechnischer Systeme. Diese erlauben wiederum die Entstehung engmaschiger, globaler Kommunikationsnetzwerke, welche neue Abhängigkeiten zwischen Wirtschaftssystemen, Staaten und Gesellschaften bedingen. In diesem Zusammenhang steht das Internet als die paradigmatische Großtechnologie schlechthin. Ursprünglich in den sechziger Jahren von der US Defense Department Advanced Research Projects Agency (DARPA) erdacht, sollte das Internet eine angriffssichere militärische Kommunikationsstruktur bereitstellen. Die Idee war, ein Netzwerk zu bilden, welches von keinem Zentrum abhängig ist beziehungsweise nicht zentral kontrolliert werden kann. Sollten einzelne Rechner oder Knotenpunkte innerhalb des Netzwerks angegriffen oder zerstört werden, bedeutet dies keine Einschränkung der Kommunikation, da kompromittierte Systeme oder Knotenpunkte einfach umgangen werden können. Doch paradoxerweise entpuppt sich die militärische Resilienz, welche durch die Errichtung von interoperablen Kommunikationssystemen erreicht werden sollte, als spezifische Vulnerabilität, da Angreifer, welche in das Netzwerk eindringen, gleichzeitig Zugriff auf alle darin enthaltenen Systeme besitzen. Auf diesen Punkt soll später genauer eingegangen werden. An dieser Stelle bleibt festzuhalten, dass die Technologie des Internets schnell aus dem militärischen Kontext, für welchen sie eigentlich geplant war, enthoben wurde. Das erste Computernetzwerk ARPANET, welches 1969 ans Netz ging, hatte vier Knoten, nämlich das Stanford Research Institute, die University of California (Los Angeles), die University of California (Santa Barbara) und die University of Utah (Castells 2010: 45 f.). ARPANET sollte von Forschungsinstituten genutzt werden, welche mit dem US-Verteidigungsministerium kooperierten, jedoch wurde es rasch für rein wissenschaftlichen Zwecken dienende Kommunikation genutzt. Es vermischte sich also die Kommunikation über militärisch orientierte mit der zivil orientierten Forschung, sodass 1983 das MILNET als militärisches Kommunikationssystem vom ARPANET als rein wissenschaftsorientierte Kommunikationsplattform abgespalten wurde. 1990 wurde das ARPANET heruntergefahren und durch das leistungsstärkere Netzwerk NSFNET ersetzt, welches sich zu einem wichtigen Teil des Internet-Backbones entwickelte. War das NSFNET noch von der National Science Foundation finanziert, wurde in den späteren 1990er Jahren die Infrastruktur des Internets privatisiert. Als verbleibende koordinierende Institution bildete sich 1998 lediglich die ICANN, welche unter anderem die Vergabe von IP-Adressen regelt. So wurde bereits um die Jahrhundertwende durch großflächige Infrastrukturmaßnahmen im Bereich der digitalen Informations- und Kommunikationstechnologie eine weitreichende Internetkonnektivität erzielt. Nicht nur Regierungsinstitutionen und Universitäten konnten ihre Rechner miteinander vernetzen, auch mehrere hundert Millionen Bürger gingen „online“. Gleichzeitig wuchs der Grad der Verfügbarkeit von Informationen stark an. Dies wiederum sorgte für eine zunehmende Basierung des Bildungs- und Berufssektors auf Wissen. Der Begriff der Informationsgesellschaft verbindet sich so mit dem der Wissensgesellschaft.

Die Grundlegung der Theorie der Wissensgesellschaft erfolgte durch Drucker, Bell und Castells (Drucker 1969; Bell 1976; Castells 2010). Alle drei Autoren bewegen sich in ihrem Analysen überwiegend in einem genuin ökonomischen Interpretationsrahmen, wobei kulturelle und politische Momente des Gesellschaftswandels mehr oder weniger marginalisiert werden. Dementsprechend räumen die Autoren ökonomischen, wissensbasierten Produktivkräften bei der Entstehung der Informationsgesellschaft eine bedeutende Rolle ein. Im Kern geht es um den

Strukturwandel von einer primär güterproduzierenden, nicht-globalen und geringfügig vernetzten Wirtschaft hin zu einer stark auf Dienstleistungen und Informationen ausgerichteten, globalen und engmaschig vernetzten Wirtschaft. Neue Technologien, neues Wissen und neue Innovationen werden gegenüber der Arbeit, der Industrie oder den Maschinen zu einem stärkeren Moment des Wirtschaftssystems. Der ökonomische Antagonismus zwischen Arbeit und Kapital verliert an Bedeutung beziehungsweise wird durch kleinteiligere Stratifizierungsprinzipien, etwa durch die Streitverhältnisse zwischen Unter-, Mittel- und Oberschicht, ersetzt. Die Entstehung und breite Verfügbarkeit von Informations- und Kommunikationstechnologien schafft vermehrt informations- und wissensbasierte Wirtschaftszweige und schwächt den Bereich der manuellen Tätigkeiten. Der Informationssektor lässt neue Dienstleistungen entstehen, welche eine wissensintensive Ausbildung sowie eine hohe Lern- und Anpassungsfähigkeit erfordern. Der Bildungsgrad wird zum wichtigen Indikator, um Berufschancen abschätzen zu können, da Wissen in den vermehrt aufkommenden technischen, administrativen und akademischen Berufsfeldern das entscheidende Wirtschaftspotential darstellt. Schließlich vereint die Wissensindustrie mit ihren „Wissensarbeitern", welche wissensbasierte Technologien und Informationen produzieren, in den Industriestaaten einen Großteil des Bruttoinlandsprodukts auf sich. Wirtschaftlicher Erfolg und wirtschaftliches Wachstum sind abhängig von der Produktion und Verbreitung von Informationen und Wissen sowie von der Reorganisation von Wirtschaftsunternehmen gemäß den strukturellen Anforderungen der Informationsgesellschaft und der wissensbasierten Wirtschaft. Wertschöpfungsprozesse sind nicht mehr auf traditionelle industrielle Ressourcen angewiesen, sondern auf die ökonomisch geschickte Anwendung von Wissen auf Arbeit und Wissen selbst (Steinbicker 2011: 37).

„Information processing is focused on improving the technology of information processing as a source of productivity, in a virtuous circle of interaction between the knowledge sources of technology and the application of technology to improve knowledge generation and information processing [...]." (Castells 2010: 17)

Aber nicht nur Wertschöpfungsprozesse in der Wirtschaft werden zunehmend abhängig von der technisch vermittelten Verfügbarkeit von Wissen und Informationen – auch politische Machtausübung, Bildung oder die Erzeugung kultureller Praxen ist davon abhängig. Informationen und informationstechnische Systeme werden, bildlich gesprochen, zum Motor des gesellschaftsstrukturellen Wandels. Dieser wird unterstützt durch die Einwirkung von erzeugtem Wissen auf Wissen. Beispielsweise ermöglicht das Wissen darüber, komplexe technologische Systeme herzustellen, dass es zu einer effektiven Informationserhebung und -verarbeitung durch ebenjene Systeme kommen kann, wobei durch die Informationsproduktion wiederum die Komplexität der Wissensbasis zur Herstellung fortschrittlicher Technologien gesteigert werden kann. Innovativität und Anwendung greifen ineinander. Dieser sich selbst verstärkende Prozess wird zu einer treibenden Produktivkraft in Wirtschaft, Politik und Kultur.

Insgesamt zielen die Klassiker der Theorie der Informationsgesellschaft, also Drucker, Bell und Castells, vorrangig auf einen Wandel des Wirtschaftssystems ab. In den Blick geraten die Veränderung der Beschäftigungsstruktur von handwerklich geprägten Berufen hin zu wissensbasierten Dienstleistungsberufen, die Reorganisation von Unternehmen gemäß den Interdependenzen und Anforderungen der Globalisierung und dem Stand der Informationstechnologie sowie der Transformation von Wertschöpfungs- und Produktionsprozessen durch die Etablierung von Daten und Informationen als neue ökonomische Ressource. Die Verfügung über Informationen und Informationstechnologien wird für Unternehmen zum entscheidenden Innovationsfaktor. Innovationen im Bereich der Robotertechnologie machen handwerkliche Arbeiten mit einen ausgeprägten Routinecharakter obsolet. Die maschinelle Automatisierung von bislang händisch getätigten Arbeitsabläufen in der Industrie stärkt die wirtschaftliche Bedeutung des Dienstleistungssektors. Gleichzeitig muss es zu einer Anhebung des Qualifikationsniveaus der Angestellten kommen.

Insgesamt steht der Begriff der Informationsgesellschaft im Kontext der erwähnten Theoriemodelle stellvertretend für einen Strukturwandel des Kapitalismus, für die Entstehung der post-industriellen Gesellschaft. Wissen und Informationen werden darin zur zentralen wirtschaftlichen Ressource. Doch nicht allein die Wirtschaft verändert ihre Operationslogik unter den Bedingungen der Informationsgesellschaft. Auch andere Systeme, darunter etwa Bildung, Recht, Politik, Massenmedien et cetera, werden einem Strukturwandel unterzogen. Die klassische Theorie der Informationsgesellschaft jedoch beobachtet in erster Linie Veränderungsprozesse rein in der ökonomischen Sphäre und übersieht so, welche Veränderungen die immer dichtere Durchsetzung der Gesellschaft mit informationstechnischen Systemen und hochliquiden Informationsströmen in anderen gesellschaftlichen Feldern sowie der persönlichen Lebenswelt auslöst.

Im Rahmen dieser Arbeit wird der Begriff der Informationsgesellschaft weniger in seinem ursprünglichen Theorierahmen als Beschreibung von Transformationsprozessen in einer zunehmend stärker informationsbasierten Wirtschaft zur Anwendung gebracht, sondern als Ausdruck für dafür, dass Informationen beziehungsweise Daten, welche Träger von Informationen sind, im Zuge des Medienwandels zu einer der Grundsubstanzen moderner Gesellschaften schlechthin geworden sind. „Data is to the information society what fuel was to the industrial economy: the critical resource powering the innovations that people rely on." (Mayer-Schönberger/Cukier 2013: 204) Wenn also von der modernen Informationsgesellschaft respektive von der immer stärkeren Aufladung der Lebenswelt mit informationstechnischen Systemen die Rede ist, dann muss gleichsam untersucht werden, wie sich Informationen bewegen, wie und zwischen welchen Akteuren sie übermittelt werden. Kennzeichnend für die Informationsgesellschaft ist nicht die bloße Existenz immer größerer Daten- und Informationsmengen, sondern die Art, wie die Daten und Informationen prozessiert werden. Zentrale Erkenntnis ist hierbei, dass Informationsströme gerade im Kontext von Computernetzwerken zunehmend liquider und autonomer werden, sie sich also „ungehemmter" verbreiten können. Während die Übermittlung von Informationen bei der Kommunikation unter Anwesenden gezielt über soziale Normen der angemessenen Informationsverbreitung, psychische Mechanismen wie Vertrauen oder Vergessen oder die Architektur physischer Räume restringiert werden kann, heben sich jene Normen, Mechanismen und Architekturen im Kontext vernetzter informationstechnischer Systeme weitestgehend auf, sodass es zu einer Perforation von sozial etablierten Informationsbarrieren kommt. Wenn also davon ausgegangen wird, dass digitale Medien zu einer sukzessiven Aufweichung von Restriktionen der Verbreitung von Informationen führen – was sich etwa in normativ aufgeladenen Diskursen, in denen gegen Datenschutzverletzungen protestiert wird, niederschlägt –, dann muss gleichsam erklärt werden, welche Funktion etablierte Informationsbarrieren besitzen und entlang welcher sozialen Kontexte sie sich aufspannen.

Informationskontexte

Die Idee der Informationskontexte ist unmittelbar mit der Idee des Privaten verknüpft. Klassischerweise wird lediglich zwischen zwei Informationskontexten differenziert, nämlich dem Privaten und dem Öffentlichen. In Erweiterung dieser grundlegenden Differenzierung können diverse weitere, dynamische, nicht-statische Ausdifferenzierungen verschiedener Informationskontexte beobachtet werden, worunter beispielsweise verschiedene Freundeskreise, Familien- oder Verwandtschaftsverbände ebenso zu zählen sind wie etwa Firmenabteilungen, Arztpraxen oder Schulklassen. Jene Informationskontexte jedoch, sofern sie sich in sozialen Systemen aufspannen, welche vom Trend der Digitalisierung erfasst werden, erfahren eine zunehmende Aufweichung durch vernetzte informationstechnische Systeme, wobei jene Aufweichung insbesondere normativ über den Begriff des Privaten problematisiert wird.

„Information technology is considered a major threat to privacy because it enables pervasive surveillance, massive databases, and lightning-speed distribution of information across the globe. In fact, privacy has been one of the most enduring social issues associated with digital electronic information technologies. […] the common worry time and again is that an important value is a casualty of progress driven by technologies of information." (Nissenbaum 2010, S. 1)

Diese Sentenz, mit welcher Nissenbaum *Privacy in Context* beginnt, fasst die gedankliche Stoßrichtung des etablierten Diskurses über die informationelle Privatheit und deren Auflösung gut zusammen. Häufig wird im Kontext digitaler Medien ein Verlust an Werten, an schützenswerten gesellschaftlichen Institutionen – vor allem der Privatheit – befürchtet. Nissenbaum will, genau wie unzählige andere „privacy advocates", die informationelle Privatheit und damit die Kontexttreue von Informationen verteidigen, indem sie die Rahmenbedingungen skizziert, welche für den Schutz und Erhalt der Privatheit konstitutiv sind und sich entgegen der rasanten Entwicklung vernetzter und stets leistungsfähigerer informationstechnischen Systeme behaupten können. Nissenbaum geht davon aus, dass die Hauptsorge im Kontext digitaler Medien weniger einer gezielten Limitation von Informationsströmen, sondern eher dem Erhalt der Angemessenheit von Informationsflüssen gilt. Diese Angemessenheit wird bestimmt durch kontextspezifische Normen, welche den Verbreitungsradius von personenbezogenen Informationen bestimmen sollen. Obwohl Nissenbaum konzediert, dass Normen des Informationsflusses steten Veränderungen ausgesetzt und kontingent sind, sich also relativ zu bestimmten Kulturen und zeitlichen Epochen verhalten, so zieht sie doch die Möglichkeit der partiellen Auflösung jener Normen in einzelnen Bereichen der Gesellschaft nicht in Erwägung – obwohl die Wahrscheinlichkeit der Verflüchtigung von informationellen Normen unter den Bedingungen der konstant wachsenden Ausbreitung vernetzter informationstechnischer Systeme zunehmend höher wird. Floridi fasst dies zusammen:

„[...] it was a less daunting task [the protection of information privacy] when few identifiable senders sent easily accessible messages to few identifiable receivers, about clearly checkable referents, with very limited tools to undermine the safety of the message. Digital Information and Communication Technologies (ICTs) have disrupted all this irreversibly. Today, the number and kinds of senders and receivers have grown exponentially, to become virtually limitless; the quantities and types of messages are already staggering; the variety and sophistication of malicious applications are a growing threat; and the nature and scope of the referents is now potentially boundless." (Floridi 2014a: v)

Die gänzliche Auflösung von sämtlichen Normen des angemessenen Informationsflusses entspräche einem Zustand kompletter informationeller Transparenz. Transparenz bedeutet, dass jegliche Barrieren zur Restriktion von Informationsflüssen abgebaut werden. Damit fehlen gleichsam die Möglichkeiten der Verletzung der kontextuellen Integrität, des Durchbruchs von kontextspezifischen Informationsbarrieren. In diesem Fall würden Verbreitungsmedien nicht mehr als Gefahr für die Informationssicherheit, den Datenschutz sowie die informationelle Privatheit erachtet. Faktisch jedoch geschieht Gegenteiliges. Der Protest gegen neue digitale Technologien entzündet sich an deren unkontrollierbaren, kontextübergreifenden Informationsverbreitungsmöglichkeiten. Entsprechend drastisch schreibt Nissenbaum: „[...] privacy itself is in jeopardy not merely in one or another instance but under attack as a general, societal value." (Nissenbaum 2010: 6)

Die hohe Dichte untereinander vernetzter informationstechnischer Systeme mit hohen Berechnungs- und Speicherkapazitäten sowie Programmen zur sekundenschnellen Verwaltung und Analyse riesiger Datenmengen bedingen, dass digitale Informationsströme zunehmend liquider und autonomer werden, sich also stets „ungehemmter", beschleunigter und ortsungebundener verbreiten können (Poster 2007). Es entstehen gleichsam „Informationsexzesse der digitalen Medienkultur" (Burkhardt 2015: 237). Die Aufhebung von informationeller Kontexttreue kann dabei verschiedene Formen annehmen (Pörksen/Detel 2012: 235 ff.). Erstens können räumliche Kontextverletzungen dazu führen, dass Informationsbestände von einem Ort in einen anderen überführt werden. Zweitens können zeitliche Kontextverletzungen bedingen, dass eventuell vergessene Informationen aus der Vergangenheit in der Gegenwart wieder aufgegriffen werden. Drittens definieren sich kulturelle Kontextverletzungen darüber, dass Informationen zwischen verschiedenen, miteinander inkompatiblen Bedeutungsräumen ausgetauscht werden. Und viertens können publikumsbezogene Kontextverletzungen auslösen, dass Informationen so verbreitet werden, dass sie verschiedenen, eventuell unerwünschten Empfängerkreisen gegenüber verfügbar sind. Im Rahmen dieser Arbeit sowie im Zusammenhang mit den Risiken des informationellen Kontrollverlusts digitaler Medien spielen vorrangig letztere, also publikumsbezogene Kontextverletzungen, eine entscheidende Rolle.

Die Kommunikations- und Informationsaustauschmöglichkeiten in einer Gesellschaft beschränken sich nicht mehr allein auf die verbale Interaktion unter anwesenden Personen, sondern wachsen durch die breite Verfügbarkeit digitaler Verbreitungsmedien ins Unermessliche.

> „Der Computer als Medientechnologie rekonfiguriert die Versammlung von und den Umgang mit Informationen. Im Übergang vom Analogen zum Digitalen gewinnen Informationen zunehmend an Autonomie. Sie zirkulieren durch die globalen Computernetzwerke und bieten unüberschaubare Möglichkeiten zur Selektion, Kombination und Rekombination." (Burkhardt 2015: 205)

In Folge dessen entstehen spezifische Risiken im Zusammenhang mit informationellen Kontrollverlustereignissen. Letztlich bildet ein Konglomerat solcher Kontrollverlustereignisse gleichsam den Verlust der informationellen Privatheit beziehungsweise den Verlust der Einhaltung von Barrieren verschiedener Informationskontexte ab. Hier eröffnen sich, mit Boyd gesprochen, „networked publics" (Boyd 2008b: 124 ff.). Boyd weist diesen als zentralen Eigenschaften informationelle Persistenz, Durchsuchbarkeit und Replizierbarkeit sowie das Vorhandensein von unsichtbaren Beobachtern zu. Alle vier Merkmale jener „networked publics" wirken als Ermöglichungsbedingungen für informationelle Kontextverletzungen und können in direkter Beziehung zu den von Pörksen und Detel (2012) genannten Formen der Aufhebung der Kontexttreue von Informationen gesehen werden. Zeitliche Kontextverletzungen werden beispielsweise durch die Persistenz von verdateten Informationsbeständen eingeleitet, publikumsbezogene Kontextverletzungen entstehen insbesondere aus dem Umstand der unsichtbaren Beobachter innerhalb von „networked publics".

Unabhängig von Fällen der Aufhebung von informationeller Kontexttreue fassen Informationskontexte prinzipiell Zirkulationsprozesse bestimmter Informationsbestände ein, wobei alle Informationskontexte und damit alle generierten Informationen und Informationsströme zusammengenommen die „Infosphäre" bilden (Floridi 2005; Floridi 2008; Floridi 2014b). Die Infosphäre ist sozusagen der Gesamtbestand aller Informationen. Sie bildet diejenige Sphäre, welche sämtliche Informationen, ihre Eigenschaften, Relationen sowie Austauschverhältnisse umfasst. Dabei bezieht sich die Infosphäre nicht allein auf digitale, sondern zugleich auf analoge Informationskontexte. Der Cyberspace ist demnach, bildlich gesprochen, nur eine bestimmte „Region" der Infosphäre (Lindemann 2014).

Das Besondere am Cyberspace gegenüber analogen Informationskontexten ist die geringe „Reibung", mit welcher Informationen generiert, verarbeitet, ausgetauscht sowie verbreitet werden können. Floridi benutzt hier den Begriff der „ontological friction" (Floridi 2005). Der Begriff „ontologisch" mag an dieser Stelle irritieren. Floridi spricht im Zusammenhang mit digitalen Medien von einer „Re-Ontologisierung" der Infosphäre, da es durch den verbreiteten Einsatz digitaler informationstechnischer Systeme zu einer radikalen Veränderung der inneren Verfasstheit und der organisationalen Gestalt der Infosphäre kommt. Dies betrifft die räumliche, zeitliche und soziale Dimension der Informationserhebung und -verbreitung. Weitaus wichtiger ist allerdings der Begriff der „friction". Floridi bezieht diesen Begriff auf sämtliche Kräfte, welche den freien Informationsfluss innerhalb der Infosphäre beziehungsweise innerhalb einer bestimmten Region der Infosphäre hemmen oder einschränken. Die „ontological friction" gibt an, wie hoch der Aufwand und die Anstrengungen sind, um in einer bestimmten Infosphärenregion unter bestimmten kommunikationstechnischen Voraussetzungen Informationen erheben, verarbeiten, speichern, verbreiten und verstehen zu können.

Bei der Übertragung von Informationen müssen, bildlich gesprochen, „Hindernisse" überwunden werden. Informationen müssen möglichst verlustfrei über gewisse Distanzen hinweg übermittelt werden können. Dabei sind sie auf funktionierende Kommunikationskanäle angewiesen. In einer lauten Umgebung, beispielsweise auf einer Party, fällt der Informationsaustausch zwischen zwei Personen insofern schwer, als dass Lautsignale, welche Träger von Informationen sind, untergehen und mit Redundanz in Form etwa von Gesten oder Wiederholungen angereichert werden müssen, um verstanden werden zu können. Es besteht eine hohe „ontological friction“ (Floridi 2014b: 42; Floridi 2006; Floridi 2010). Im Kontext elektronischer informationstechnischer Systeme wiederum beschränken limitierte Speicher- und Datenverarbeitungskapazitäten die Qualität sowie die Komplexität prozessierter Informationen (Floridi 2010: 7). Leistungsschwache Computer etwa erhöhen die „ontological friction“ bei komplexen, berechnungsintensiven Informationsübertragungsprozessen. Leistungsstarke, mit umfangreicher Sensorik ausgestattete sowie internetfähige informationstechnische Systeme dagegen senken die „ontological friction“, da sie problemlos große Informationsmengen generieren, prozessieren sowie übermitteln können. Floridi spricht von einer „data superconductivity“ (Floridi 2014b: 42), was wiederum auf die Auflösung beziehungsweise nahezu beliebige Durchdringung von verschiedenen Informationskontexten anspielt.

Verschiedene Entwicklungstrends im Kontext informationstechnischer Systeme bedingen, dass es zu weitreichenden Entgrenzungs- oder Defragmentierungsbewegungen, welche immer auch eine Reduktion der „ontological friction“ bedeuten, innerhalb der Infosphäre kommt. Dies lässt sich beispielsweise am Wandel der infrastrukturellen Ausgestaltung des Internets veranschaulichen. Während das World Wide Web in seinem originären Design als Web 1.0 überwiegend eine von den Nutzern getrennte Plattform zur Bereitstellung von Informationen darstellt, schließt das Web 2.0, welches sich insbesondere durch seinen partizipativen Charakter kennzeichnet, die Trennung zwischen Nutzer und Plattform (O'Reilly 2005). Nutzer konsumieren nicht mehr bloß Informationen, sondern produzieren diese selbst mit, sodass die Trennung zwischen Produktion und Konsum von Informationen aufgehoben wird. Gleichzeitig werden Informationen nicht mehr lokal gespeichert, sondern wandern in immer stärkerem Ausmaße in die „Cloud“, sodass es zu einer Entdifferenzierung zwischen lokalen und globalen Zirkulationsbewegungen von Informationen kommt. Darüber hinaus schließt das Web 3.0, welches auch als „Semantic Web“ oder passender als „Web of Data“ bezeichnet wird, die Trennung zwischen verschiedenen Datenbanken, damit die Gesamtheit der Informationen, welche innerhalb der verschiedenen Plattformen im Internet produziert und abgerufen werden, durch engmaschige Verknüpfungen gleichsam in erweitertem Maße maschinenlesbar gemacht sowie semantisch interpretiert werden kann. Das Web 3.0 macht den Sinn von digital vorliegenden Informationen, welcher bislang nur von menschlichen Akteuren erschlossen werden konnte, gleichsam für Computer erschließbar. Mit dem nochmals weiterreichenden Begriff des Web 4.0 antizipiert Floridi (2014b: 164) ferner die Aufhebung der digitalen Kluft, also jener Effekte, welche zu einer Ungleichverteilung von Zugangsmöglichkeiten zu informationstechnischen Systemen sowie dem Internet führen. Das Web 4.0 bezeichnet ein Internet, in welches es eine Vollinklusion der gesamten Weltbevölkerung gibt. Diese Vollinklusion, welche hauptsächlich durch die immer breitere Verfügbarkeit von mobilen Endgeräten wie Smartphones, Tablets oder Smartwatches erreicht werden kann, führt zu einer weiteren Reduktion der „ontological friction“ schlicht aufgrund der schieren Daten- und Informationsmengen, welche innerhalb des globalen Netzwerks miteinander verbundener informationstechnischer Systeme zirkulieren und dabei traditionelle Informationskontexte beziehungsweise verschiedene Regionen in der Infosphäre miteinander verbinden und gleichsam ineinander aufgehen lassen. Ein weiterer Trend neben dem Web 3.0 und 4.0 betrifft die Verschmelzung der Unterscheidungen zwischen Online und Offline zugunsten ersterer. Im Kern geht es um die immer stärkere Datafizierung von Lebensvollzügen, wobei die erhobenen Daten nicht lokal gespeichert, sondern im Internet zur weiteren Verarbeitung und Verbreitung zur Verfügung gestellt werden. Alle diese Trends, vom Cloud Computing über das Web 2.0 bis hin zur allgegenwärtigen Datafizierung, eint, dass sie etablierte soziale Informationskontexte sukzessive auflösen und für eine kontextübergreifende Verbreitung von Daten, welche stets Träger von persönlichkeitsrelevanten Informationen sein können, sorgen.

> „The [...] future of the Web – as developing along the line of a progressive defragmentation of the space of information – outlines a broad scenario, according to which humans as social inforgs and semantic engines will inhabit an infosphere increasingly boundless, seamless, synchronized (time), delocalized (space), and correlated (interactions) […].“ (Floridi 2014b: 165)

Dem entgegenstehend ist eine signifikante Steigerung der „ontological friction“ im Kontext moderner informationstechnischer Systeme in allererster Linie über technische Maßnahmen möglich, welche künstliche Barrieren innerhalb jener Systeme errichten. Solche Barrieren können beispielswese durch die schlichte Entnetzung beziehungsweise physische Trennung verschiedener Computer hergestellt werden, aber auch softwareseitig beispielsweise über Datenschutzmaßnahmen, Privatsphäreeinstellungen, die Anwendung von starker Verschlüsselung, Passwortabfragen, restriktive Rechteverwaltungen oder die Benutzung sicherer Firewalls. All diese Maßnahmen senken die Liquidität von Informationsströmen und steigern umgekehrt die „ontological friction“ im Kontext informationstechnischer Systeme (Floridi 2014b: 115). Je höher diese in einem bestimmten Bereich der

Infosphäre ist, desto schwerer können Informationen erhoben, prozessiert, übermittelt oder verstanden werden. Entnetzte Rechner beispielsweise können nicht auf Informationen aus dem Internet zugreifen. In eingeschränkter Form gilt gleiches für Computer, welche mit einer sicheren Firewall ausgerüstet sind. Mit PGP verschlüsselte E-Mails können nicht verstanden werden, ohne davor entschlüsselt zu werden. Passwortabfragen oder softwarebasierte Rechteverwaltungen können nicht autorisierte Personen beziehungsweise Angreifer daran hindern, Zugang zu geschützten Datenbeständen zu erhalten. Privatsphäreeinstellungen im Bereich von Social-Media-Plattformen ermöglichen es, bestimmte Informationen für einzelne Nutzer „unsichtbar" zu machen. Die Liste an Beispielen ließe sich beliebig fortsetzen. Festzuhalten bleibt, dass eine ganze Reihe technischer Mittel bestehen, um die „ontological friction" im Kontext der Benutzung informationstechnischer Systeme, deren eigentlicher Effekt in der radikalen Senkung der „ontological friction" innerhalb der Infosphäre liegt, dennoch zu steigern. Eine solche Steigerung der „ontological friction" geschieht in erster Linie aus Gründen der Informationssicherheit sowie der informationellen Privatheit, also um die Verbreitung von Informationen kontrollieren und diese innerhalb bestimmter sozialer Kontexte halten zu können.

Doch was ist an dieser Stelle unter einem sozialen Kontext respektive einem Informationskontext genau zu verstehen? Was definiert Informationskontexte und welche Eigenschaften kommen ihnen zu? Oben wurde mit Nissenbaum bereits andeutungsweise die enge Verknüpfung zwischen der Integrität von Informationskontexten und dem Erhalt des Privaten beschrieben. Dabei wurde herausgehoben, dass digitale Medien eine Gefahr für die Integrität von Informationskontexten darstellen. Erläutert wurde, dass die sozialen und psychischen Mechanismen der Restriktion des Verbreitungsradius von geschützten Informationen durch vernetzte informationstechnische Systeme rasch aufgehoben werden können. Doch warum genau werden die Aufhebung jener Mechanismen und damit die höhere Liquidität von Informationsströmen als Gefahr erachtet? Um diese Frage zu beantworten, muss erläutert werden, welche soziale Funktion Informationskontexte besitzen.

Grundsätzlich kann das globale Netz an Informationsströmen und Kommunikationsbeziehungen in verschiedene, größere oder kleinere Kontexte ausdifferenziert werden. Dies können beispielsweise Interaktionen unter Anwesenden sein, physisch getrennte Kommunikationsräume, elektronische Kommunikationssysteme et cetera. Dabei kann jeder der genannten Bereiche für sich genommen jeweils weiter ausdifferenziert werden. Die Kontexte besitzen, bildlich gesprochen, an ihren Rändern Grenzen, welche Informationen nicht beliebig übertreten können oder sollen. Die Ausdifferenzierung von Clustern an Informationsströmen bewirkt, dass Restriktionen bei der Zugänglichkeit von Informationen bestehen. Dies betrifft insbesondere persönlichkeitsrelevante, vertrauliche oder anderweitig geheime oder geschützte Informationen. Im Einzelnen können das personenbezogene Daten, Finanzdaten, Zugangsdaten, Logdateien, Forschungsdaten, Quellcode et cetera sein (Kersten/Klett 2015: 185 f.).

Der Präzisionsgrad der Beschreibung der Ausdifferenzierung von Informationskontexten variiert von Theorie zu Theorie. So rekurriert etwa Van den Hoven (1997: 35 f; 2001) auf Walzers Sphärentheorie (1983), um Kontexte zu definieren. Er geht davon aus, dass sich der Wert und die Bedeutung von Informationen lokal ergeben. Informationen, welche beispielsweise zum Zweck der ärztlichen Behandlung erhoben worden sind, sollten den Kontext des Medizinsystems nicht verlassen. Dabei, so Van den Hoven, können Informationen über die Erkrankung einer Person auch in größeren Zusammenhängen verwendet werden, solange die Informationen nur innerhalb des Medizinsystems bleiben. Sollten sie etwa in den Kontext der Wirtschaft gelangen, kann es beispielsweise zur ökonomischen Diskriminierung von Personen mit Krankheiten kommen. Informationen müssen demnach in sozial vordefinierten Bedeutungsräumen verbleiben, um nicht zum Nachteil oder zur Diskriminierung von Personen genutzt werden zu können.

In diesem Sinne spricht auch Nissenbaum über die Integrität von Informationskontexten, welche immer dann erhalten ist, wenn jene Kontexte eine Sphäre der informationellen Zugriffsbeschränkung seitens kontextfremder Akteure darstellen. Kontextuelle Integrität ist für Nissenbaum dabei gleichbedeutend mit dem Schutz der Privatheit. Indes entspricht das Recht auf Privatheit nach Nissenbaum weniger einem Recht auf Geheimhaltung, sondern in erster Linie einem Recht auf einen angemessenen, über soziale Normen geregelten Informationsfluss in Bezug auf unterschiedliche soziale Kontexte. Unter Kontexten versteht Nissenbaum strukturierte gesellschaftliche Bereiche, in denen Personen aus funktionalen Erfordernissen heraus bestimmte Rollen einnehmen, in denen bestimmte Handlungsgewohnheiten und Machtverhältnisse bestehen und in denen bestimmte Normen und Werte sowie damit verbundene Zwecke und Ziele kondensieren. Typische Kontexte sind für Nissenbaum das Gesundheitswesen, Bildung, Arbeit, Religion, Familie oder der Markt (Nissenbaum 2010: 130). Nissenbaum schließt ihren Begriff des Kontextes hierbei nicht dezidiert einer Theorie der sozialen Differenzierung an. Erwähnung findet etwa Walzers Sphärentheorie (1983) oder Bourdieus Feldtheorie (1987), allerdings adaptiert Nissenbaum keine der Theorien für sich. Der Begriff des Kontextes bleibt am ehesten noch an Rollentheorien angelehnt, welche davon ausgehen, dass verschiedene Kontexte jeweils spezifische Handlungsrationalitäten zum Ausdruck bringen. Das Einnehmen von sozialen Rollen folgt bestimmten Techniken der Eindrucksmanipulation, wobei die soziale Welt als eine Art Bühne mit Publikum, Darstellern und Kulissen verstanden wird (Goffman 1967; Goffman 2003). Differenziert werden muss hierbei im Wesentlichen zwischen Vorder- und Hinterbühnen. Die Rolle, welche gegenüber einem bestimmten Publikum präsentiert wird, wird nur auf der Vorderbühne durchgehalten. Die Hinterbühne dagegen dient der Einübung von Rollen sowie der Erholung von Rollenanforderungen. Dieses etwas statisch anmutende Modell von Goffman kann mit anderen Worten so gedeutet werden, dass eine Gesellschaft aus Interaktionsteilnehmern besteht, welche füreinander je verschiedene Publika bilden. Es werden – je nach Kontext respektive je nach Bühne und Publikum – situationsspezifische Regeln und Normen eingehalten, welche eine Art Zwang darstellen, welchem sich die handelnden Subjekte innerhalb eines gegebenen Kontextes unter Umständen nicht sanktionsfrei entziehen können.

Im Rahmen von sozialen Kontexten bestehen wechselseitige Erwartungshaltungen bezüglich eines rollenkonformen Handelns. Staaten, Schulen, Familien, Märkte, Unternehmen, Gerichte, Krankenhäuser und so weiter bilden Kontexte, in denen nach einem bestimmten Set an Handlungsnormen agiert wird. Nissenbaum unterscheidet in diesem Zusammenhang Kontexte, welche durch relativ strenge Handlungsnormen und Rollenkonzepte gekennzeichnet sind – beispielsweise Wahllokale, Gottesdienste oder Gerichte –, sowie Kontexte, welche von weniger strengen Handlungsnormen durchsetzt sind – etwa Einkaufsmärkte, Besprechungsräume oder Vereine. Weiterhin differenziert Nissenbaum zwischen unterschiedlich stark institutionalisierten Kontexten. In institutionalisierten Kontexten werden Normen, Tätigkeiten und Werte durch Gesetze oder Satzungen festgelegt. Nicht-institutionalisierte Kontexte werden eher durch Gewohnheiten respektive eine schwächere Normativität der Rollenvorschriften strukturiert. Insgesamt kann es vorkommen, dass Normen und Vorschriften verschiedener Kontexte sich widersprechen und gegeneinander abgewogen werden müssen. Eine trennscharfe Differenzierung zwischen verschiedenen Kontexten ist nach Nissenbaum nicht möglich. Vielmehr fließen Kontexte sowie Rollen- und Normprovinzen ineinander über. Dennoch ist nach Nissenbaum eine grundsätzliche Trennung verschiedener Kontexte anzustreben. Notwendig wird diese Trennung bei der Einhaltung von Normen des angemessenen Informationsflusses zwischen verschiedenen, voneinander separierten Kontexten, also bei der Einhaltung der kontextuellen Integrität.

Unter Normen versteht Nissenbaum schließlich handlungsleitende Grundsätze. Normen besitzen vier Dimensionen. Sie zeigen an, was gesollt ist. Es gibt ein Subjekt, für welches die Norm gilt. Es gibt ferner eine Handlung, welche durch die Norm vorgeschrieben ist sowie eine Bedingung oder einen Kontext, unter der die Norm Anwendung findet. Normen definieren also, kurz gesagt, für bestimmte Personen, welche Handlung in welchem Kontext akzeptabel oder gesollt ist. Differenziert werden kann daran anschließend zwischen starken und schwachen Normen, also etwa zwischen moralischen Normen und Normen der Etikette oder des Takts. Normen variieren darüber hinaus in ihrem Grad der Universalität der Anwendung, in ihren Legitimationsquellen sowie in ihrer historischen Entstehungsgeschichte.

An dieser Stelle von Interesse sind im Speziellen Normen des Informationsflusses, welche definieren, welche Informationen in welchen Kontexten auftauchen dürfen, wer Sender und wer Empfänger bestimmter Informationen sein darf und wie Informationen übermittelt und verbreitet werden dürfen. Es gibt kontextspezifische Sets an bestimmten Normen des Informationsflusses. Diese Normen wirken, wie erwähnt, als Übertragungsgrundsätze, welche den freien Fluss an Informationen einschränken (Nissenbaum 2010: 145). Übertragungsgrundsätze betreffen Akteure, welche Informationen erheben und verbreiten. Akteure können nach Nissenbaum sowohl Personen als auch Organisationen sein. Sie können Informationen so erheben oder weiterverbreiten, dass Personen dadurch in ihrem Anspruch auf den Schutz der informationellen Privatheit verletzt werden. Akteure, welche Übertragungsgrundsätze von Informationen nicht einhalten, agieren entgegen etablierter Restriktionen von Informationsflüssen. Die Sorge, welche Personen haben, wenn Informationen über sie geteilt werden, betrifft demnach weniger den bloßen Umstand, *dass* Informationen geteilt werden, sondern eher die Frage, *wie* die Informationen geteilt werden und mit *wem*. So ist die Einhaltung informationeller Normen gleichsam entscheidend für die Entwicklung von Vertrauensverhältnissen. Vertrauenswürdige Akteure erhalten die Berechtigung, bedeutende Informationen unter der Prämisse mitgeteilt zu bekommen, dass sie sie nicht weiterverbreiten. Eine dennoch erfolgende Übertretung von geltenden Übertragungsgrundsätzen bedarf der Zustimmung der betroffenen Person. Mit ihrer Einwilligung können Normen und Restriktionen des Informationsflusses variiert sowie aufgehoben werden.

Informationelle Übertragungsgrundsätze sind jedoch nicht allein durch Vertrauensverhältnisse, sondern gleichsam durch weitere Prinzipien wie Geheimhaltungsabsprachen, informationelle Privatheit oder bestimmte Rechtsvorschriften beeinflusst. Informationelle Übertragungsgrundsätze können ferner Reziprozität voraussetzen, also die Pflicht zum gegenseitigen Austausch gleichwertiger Informationen, wie dies beispielsweise in Freundschaften gefordert wird. Umgekehrt können Übertragungsgrundsätze nicht-reziprok sein, wie dies etwa bei Verhältnissen zwischen Arzt und Patient der Fall ist. Der Patient hat kein Anrecht darauf,

Informationen derselben Art, welche er an den Arzt weitergibt, ebenfalls von diesem zu erfahren. In diesen Fällen spielt in der Regel das Anrecht von Akteuren, überhaupt berechtigt zu sein, bestimmte Informationen empfangen zu dürfen, eine wichtige Rolle bei der Ausgestaltung von Übertragungsgrundsätzen. Daneben muss das mögliche Bedürfnis nach beziehungsweise die Angewiesenheit auf den Erhalt bestimmter Informationen von Akteuren berücksichtigt werden.

Der Erhalt der kontextuellen Integrität vollzieht sich außerhalb digitaler Medien in erster Linie über soziale Normen des angemessenen Informationsflusses, psychische Mechanismen wie Vertrauen oder Vergessen oder die gezielte Gestaltung physischer Räume. In Rahmen informationstechnischer Systeme kommt es jedoch, wie oben bereits beschrieben, zu einer weitgehenden Aufhebung dieser Mechanismen, Normen und Gestaltungsmöglichkeiten. Kurz gesagt: Digitale Informations- und Kommunikationstechnologien destabilisieren das komplexe Arrangement des Managens und Restringierens von Informationsflüssen. Digitale Medien werden als Gefahr für sozial etablierte informationelle Übertragungsgrundsätze, für Normen des angemessenen Informationsflusses und damit gleichzeitig als Gefahr für den Schutz und Erhalt der Privatheit gesehen (Rule 2007). Zwar wird versucht, beispielsweise über die Einführung von Verschlüsselungstechnologien, Datenschutzgesetzen, nationalen Routingprogrammen, vermeintlich privatheitsfreundlichen Technologien, softwarebasierten Rechteverwaltungen, des Rechts auf Vergessen et cetera die Kontrolle über Daten- und Informationsströme zu erhalten. Die Bemühungen sind als Reaktion auf die zunehmende Unsicherheit hinsichtlich der gezielten Kontrollierbarkeit von Daten- und Informationsströmen in einer zunehmend engmaschiger von informationstechnischen Systemen durchzogenen Gesellschaft zu erklären. Doch die Versuche, Kontrolle über jene Ströme zu erhalten, sind, wie noch genauer erläutert wird, insgesamt wenig erfolgreich.

Informationstechnische Systeme werden unter Missachtung etablierter Normen des Informationsflusses eingesetzt und gefährden die Unversehrtheit informationeller Kontexte. Nach Nissenbaum definieren die Normen des Informationsflusses, welche Informationen in welchen Kontexten nach welchen Grundsätzen zwischen verschiedenen Akteuren übertragen werden dürfen. Ein derart sozial regulierter Informationsfluss verliert sich jedoch an der Schnittstelle zwischen „analoger" und computervermittelter Informationsübermittlung und -verbreitung. „The significance of information technology [...] lies in its ability to disrupt or destabilize the regulation of boundaries." (Palen/Dourish 2003: 131) „Technology complicates our metaphors of space and place, including the belief that audiences are separate from each other." (Marwick/Boyd 2011: 2) Zwar sind, wie erwähnt, die Bemühungen, informationelle Kontrollmechanismen von der analogen in die digitale Welt zu übertragen, immens, dennoch ist vor allem aus der Perspektive privater Endnutzer eine Art Unregierbarkeit von Informationsflüssen in der digitalen Welt zu konstatieren. „Kontexttreue lässt sich im digitalen Zeitalter blitzschnell aufkündigen", schreiben Pörksen und Detel (2012: 81). Wesch spricht vom Kollabieren der Kontexte: „The images, actions, and words captured [...] at any moment can be transported to anywhere on the planet and preserved (the performer must assume) for all time." (Wesch 2009: 23) Auch Heller führt an: „Für jemanden, der Daten kontrollieren will, ist das Netz mit einigen Schönheitsfehlern auf die Welt gekommen. Zu offen sind seine Pfade, zu lässig wird unterschiedslos alles in jede Richtung durchgelassen, zu viel Selbstbestimmtheit wird den Maschinen gewährt, die am Netz hängen." (Heller 2011: 84) Und mit Lyon lässt sich anfügen: „[...] flows of data move much more freely between one sector to another." (Lyon 2001: 37) „What once were fixed files became flows of personal data, first within and then between different kinds of organizations, from government departments to hospitals, schools, police, insurance brokers, credit card companies, and marketing corporations." (Lyon 2006: 222) Lyon prägte hierfür den Begriff der „leaky containers" (Lyon 2001: 37).

Veranschaulichen lassen sich diese Aussagen an aktuellen Beispielen. So ist es etwa der National Security Agency (NSA) sowie den britischen Government Communications Headquarters (GCHQ) möglich, quasi die gesamte mobile Telekommunikation zu überwachen. Nicht nur können durch den Einsatz spezieller Malware Handys und Smartphones so manipuliert werden, dass ein freier Zugriff auf Mikrophon und Kamera möglich wird. Den Geheimdiensten ist es ferner gelungen, den mobilen Datenverkehrt und damit Handytelefonate sowie SMS unbemerkt abzuhören beziehungsweise abzugreifen und damit neben den Metadaten auch Inhaltsdaten problemlos mitschneiden zu können. Möglich geworden ist dies unter anderem durch den Einbruch des sogenannten Mobile Handset Exploitation Teams, welches aus Hackern der beiden Geheimdienste NSA und GCHQ besteht, bei dem niederländischen SIM-Karten-Hersteller Gemalto (Scahill/Begley 2015). Dabei wurden die Verschlüsselungscodes der SIM-Karten abgegriffen. Gemalto beliefert circa 450 Provider weltweit, darunter AT&T, die Deutsche Telekom oder Vodafone, mit jährlich mehreren Milliarden SIM-Karten. Der Einbruch des Mobile Handset Exploitation Teams ermöglicht es den Geheimdiensten, ohne Mitwissen der Provider Handytelefonate und Datenverkehr zwischen mobilen Geräten abzugreifen und auszuwerten. Während die älteren GSM-Verbindungen bereits problemlos entschlüsselt und abgehört werden können, galten UMTS und LTE zeitweise als sicherer. Doch indem die Master Keys direkt beim Hersteller geklaut wurden, ist es den Geheimdiensten möglich, ohne gesondertes Brechen der Verschlüsselung zum einen Gespräche und Datenströme mitzuschneiden, aber auch Kopien von SIM-Karten anzufertigen und damit etwa unter fremder Identität zu agieren.

Ein ähnlich invasives, auf die Infrastruktur des Internets bezogenes Geheimdienstprogramm des britischen Geheimdienstes GCHQ ist Tempora. Hierbei findet ein Abgreifen von Daten direkt an den Unterseekabeln, also dem Backbone des Internets, statt (Ermert/Holland 2015). Die GCHQ verfügen laut geleakten NSA-Dokumenten Zugriff auf 46 Leitungen, welche jeweils 10 Gigabit pro Sekunde an Daten transportieren. Große Teile der abgegriffenen Inhaltsdaten werden für drei Tage, Metadaten für drei Wochen gespeichert und mithilfe der Überwachungssoftware XKeyscore ausgewertet. XKeyscore wiederum ist ein Programm der NSA, welches Analysten frei, also ohne vorherigen Gerichtsbeschluss, ermöglicht, ähnlich einer Suchmaschine nach beliebigen Inhalten aus Emails, Chats, privaten Nachrichten aus sozialen Netzwerken, Suchanfragen oder Browserverläufen von einzelnen Personen zu suchen (Greenwald 2013). In diesem Zusammenhang ist zudem bekannt geworden, dass Geheimdienstmitarbeiter die Möglichkeiten der ihnen zur Verfügung stehenden Überwachungsarchitektur auch missbraucht und beispielsweise dafür genutzt haben, um Datenbanken nach privaten Belangen zu durchsuchen und Informationen über Bekannte oder Familienmitglieder nachzuschlagen (Holland 2016). Dessen ungeachtet erlaubt XKeyscore in Verbindung mit Programmen wie etwa Tempora oder PRISM das gezielte Abgreifen und Auslesen nahezu jeglicher elektronischer Telekommunikation. Hinzu kommt, dass XKeyscore Zielsysteme automatisiert auf Sicherheitslücken hin absucht und bei Vorhandensein entsprechender Schwachstellen Schadsoftware auf die Zielsysteme aufspielt und diese damit quasi infiltriert (Ruhmann 2014: 40). Die genannten Programme sind dabei nur einige von vielen sogenannten Digital-Network-Intelligence-Werkzeugen, derer sich die Geheimdienste bedienen, um global und im großen Stil Kommunikationsinhalte sowie Metadaten sammeln und analysieren zu können. In diesem Zusammenhang erhalten die NSA und andere Geheimdienste zudem aktive Unterstützung durch IT-Unternehmen (Menn 2016). Insgesamt wird allein an den wenigen genannten Programmen deutlich, in welchem Ausmaß die über digitale Medien geleitete Informationsübermittlung außer Kontrolle geraten sowie die Kontexttreue von Informationen aufgekündigt werden kann.

Veranschaulicht werden kann dieser Sachverhalt darüber hinaus anhand der Geschäftspraktiken von Datenbrokern. So gab etwa Acxiom, einer der größten Datenbroker weltweit, im Februar 2015 bekannt, mit Facebook zu kooperieren und Teil des sogenannten Marketing-Partner-Programms zu werden. Für Werbetreibende, welche Facebook als Werbeplattform nutzen, bietet sich so die Möglichkeit, auf Acxiom Zielgruppen-Daten zugreifen zu können, um personalisierte

Online-Werbung zielgenauer schalten zu können und dabei auch auf Offline-Daten zurückgreifen zu können. Neben weiteren Firmen wie LeadsPlease, Experian, Equifax oder Seisint ist Acxiom nur eine von vielen Firmen, welche sich auf das Sammeln und Zusammenführen von Daten aus verschiedensten Informationskontexten sowie das Verbreiten jener Daten über nahezu beliebige Kontextgrenzen hinweg spezialisiert hat (Rule 2007: 112 ff.). Acxiom etwa besitzt Informationen über nahezu alle Amerikaner sowie über etwa die Hälfte aller Deutschen. Dabei verfügt das Unternehmen durchschnittlich über 1500 verschiedene Datenpunkte zu jeder Person, welche auf 23.000 zumindest physisch gut gesicherten, teilweise unterirdisch liegenden Servern in Arkansas gespeichert werden (McLaughlin 2013). Acxiom sammelt nicht nur grundsätzliche Angaben über eine Person wie Name, Geschlecht, Adresse, Hautfarbe, Bildungsstatus, politische Einstellungen, Einkommenshöhe et cetera, sondern gleichsam die digitalen Spuren, welche jede Person durch die Benutzung internetfähiger Geräte, bei Kaufhandlungen aller Art oder Versicherungen hinterlässt (Schneier 2015b: 51 f.). Die Offline- und Online-Daten aus diversen unterschiedlichen Kontexten werden vereint, kategorisiert und analysiert. Anschließend werden die Daten und die daraus gewonnenen Zusatzinformationen an Dritte weiterverkauft. Dies können wiederum Versicherungen, Banken oder Unternehmen, etwa Kreditkartenanbieter oder Automobilunternehmen, sein. Eine weitgehende Vermengung verschiedener Informationskontexte ist spätestens zu diesem Zeitpunkt vollzogen.

Acxiom ist, wie erwähnt, lange nicht das einzige Unternehmen, welches sich auf das Sammeln personenbezogener Informationen spezialisiert hat. Acxiom bewegt sich auf einem Markt mit vielen vergleichbaren Anbietern. First Advantage etwa ist ein weiterer großer Player. Das Unternehmen konzentriert sich auf die Bereitstellung von Hintergrundinformationen über Jobbewerber, sodass Firmen besser abschätzen können, ob Bewerber zum Stellenprofil passen, ob sie strafrechtlich vorbelastet sind, welches vorausgehende Arbeitsstellen waren, wie das bisherige Einkommensniveau ist et cetera. Ähnlich agiert auch ChoicePoint. Das Unternehmen sammelt personenbezogene Daten – darunter sogar DNA-Informationen – und wertet diese aus, um die Kreditwürdigkeit von Personen zu erfassen oder Marketingkampagnen von Drittfirmen zu optimieren. Brisant ist, dass ChoicePoint Daten auch an Personen mit kriminellen Absichten verkauft, wobei bereits vertrauliche Daten von 145.000 amerikanischen Personen missbraucht wurden (Fischermann 2005). Von Datenschützern als problematisch gesehen wird auch der Umstand, dass die amerikanische Regierung bei ChoicePoint einkauft. Die Datensätze, die dem Unternehmen vorliegen, sind in der Regel umfangreicher, als jene der Behörden – und enthalten Informationen über Personen aus dem Ausland. So nutzt der amerikanische Staat privatwirtschaftliche Datensammelunternehmen zur Terrorismusbekämpfung, bei Entscheidungen über Einwanderungsfragen oder zur Strafverfolgung.

Hinter den genannten Beispielen steht stets dieselbe Dynamik. Geheimdienste und Datenbroker parasitieren sozusagen an der durch digitale Medien ausgelösten Freisetzung riesiger Informationsströme. Sie missachten etablierte Normen des angemessenen Informationsflusses, welche bestimmen, welche Informationen in welchem Kontext auftauchen dürfen und wer Empfänger bestimmter Informationen sein darf. Dabei sind Geheimdienste wie die NSA oder die GCHQ sowie Datenbroker wie Acxiom, First Advantage oder ChoicePoint nur zwei Beispiele unter unzähligen weiteren für die neuen, unkontrollierten Informationsverbreitungsregime moderner Gesellschaften. In deutlich kleinerem Maßstab als jene staats- oder wirtschaftsbasierten Datensammelinstitutionen agieren auch bürgerliche Akteure als Treiber des informationellen Kontrollverlusts, indem sie vermeintlich geschützte Informationen über Kontextgrenzen überführen und in Drittkontexten verfügbar machen. So machte es sich beispielsweise 2015 die eigentlich überwachungskritische Aktivistengruppe We Are Always Listening zur Aufgabe, Diktiergeräte unter Bänke und Tische in Berliner Kneipen, Cafés und Haltestellen zu kleben. Dabei wurden die privaten Gespräche von nichtsahnenden Gästen und Passanten aufgezeichnet und anschließend ohne Zustimmung oder Mitwissen der Beteiligten im Internet veröffentlicht (Beuth 2015). Die Aktion löste heftige Protestreaktionen aus und ist aus rechtlicher Perspektive betrachtet illegal. Ein weiteres, ähnlich gelagertes Beispiel für einen informationellen Kontrollverlust beziehungsweise für ein Verletzen der kontextuellen Integrität sind die Hacks zahlreicher onlinefähiger Babyfone (Gierow 2015a). Diese Geräte, welche in einem hochprivaten Bereich im Informationskontext der Familie zum Einsatz kommen, sind, so demonstrieren die Hacker, in vielen Fällen mit einfachsten Mitteln über zahlreich vorhandene Sicherheitslücken anzugreifen, wobei Zugriff auf Kamera und Mikrophon und damit der direkte Einblick in die Privatsphäre der Opfer möglich wird. Indes bleibt dieser Einblick nicht allein Hackern vorbehalten. Auf der Seite insecam.org werden unzählige Videofeeds ungesicherter IP-Kameras – darunter auch die Videofeeds von Babyfonen – öffentlich und frei zugänglich angezeigt. In diesem Zusammenhang kann auch der Vorfall erwähnt werden, als 2016 der Einzelhandelskonzern Aldi IP-Überwachungskameras verkaufte, welche so voreingestellt waren, dass sie nahezu ungeschützt über das Internet erreichbar waren (Eikenberg 2016). Dabei verrieten die Kameras, welche mitunter auch mit Mikrophonen ausgestattet und motorgesteuert schwenkbar waren, zudem verschiedene Passwörter, darunter das von den jeweiligen Nutzern verwendete

WLAN-Passwort. Angreifern ist es so möglich, ohne großen technischen Aufwand die Privatsphäre vieler Personen umfänglich ausspionieren zu können. Ähnlich tiefgreifend dringt, um ein weiteres herausstechendes Beispiel für einen informationellen Kontrollverlust zu nennen, auch die Android-App Adult Finder in die Intimität ihrer Nutzer ein (Scherschel 2015b). Die App dient vorgeblich dem Austausch von Nacktbildern sowie dem Finden von Sexkontakten. Faktisch jedoch handelt es sich bei ihr um Ransomware, welche bei ihrer Benutzung über die Frontkamera des Smartphones ein Foto macht und daraufhin den Nutzer mit dessen unfreiwillig erstelltem Selbstportrait, einer personalisierten Erpressungsnachricht sowie der Sperrung des Startbildschirms auffordert, 500 Dollar an ein fremdes Konto zu zahlen. Ähnlich agiert auch die Ransomware „Chimera", welche private Daten verschlüsselt und diese erst dann wieder entschlüsselt und damit für das Opfer zugänglich macht, wenn dieses ein Lösegeld auf ein Bitcoin-Konto des Angreifers überweist (Schirrmacher 2015d). Hinzu kommt, dass die Ransomware droht, die erbeuteten Daten, also private Dokumente, Fotos oder Videos in Verbindung mit dem eigenen Namen entschlüsselt im Internet zu veröffentlichen, sollte der Lösegeldforderung nicht nachgekommen werden. Fast schon ein Klassiker unter den Hacks ist zudem das Erbeuten von fremden Passwörtern. 2016 wurde beispielsweise bekannt, dass über 170 Millionen Passwort-Hashes der Plattform LinkedIn erbeutet, im Darknet verkauft und anschließend zu einem Großteil rasch von der Cracking-Community „geknackt", also im Klartext lesbar gemacht wurden (Schmidt 2016b; Schmidt 2016a). In etwas kleinerem Stil stahlen Hacker im gleichen Jahr 200.000 Nutzerstammdaten des Magazins der Süddeutschen Zeitung (Gierow 2016b). Unter den Daten sind die Passwörter der Nutzer mitinbegriffen. Diese sind zwar mit einem Hashwert gespeichert, aber auch hier dürfte es rasch möglich sein, die Passwörter im Klartext auszulesen. Gleiches gilt für die knapp 130 Millionen Passwort-Hashes der Dating-Plattform Badoo, welche ebenfalls 2016 erbeutet wurden und anschließend frei im Internet zirkulierten (Cox 2016). Durch Hacks in den Jahren 2012 und 2013 konnten zudem ungesalzene Passwort-Hashes von 360 Millionen MySpace- und 65 Millionen Tumblr-Konten aus den jeweiligen Firmennetzwerken überführt werden (Ries/Scherschel 2016). Auch Twitter sperrte 2016 Konten, da mehrere Millionen Passwörter für Twitter-Accounts im Internet zugänglich waren (Kannenberg 2016). Im gleichen Jahr wurden ebenfalls 200 Millionen Nutzernamen und Passwort-Hashes von Yahoo-Nutzern im Internet verkauft (Scherschel 2016). Brisant war auch das öffentliche Auftauchen von 800.000 Nutzerdaten der Pornoseite Brazzers im Internet (Cox 2016). Ähnlich dazu liegt der Fall des Datendiebstahls von der Sexbörse Adult Friend Finder, bei welcher 340 Millionen Nutzerkonten erbeutet wurden

(Schüler 2016). Die Liste ließe sich beliebig fortsetzen. Erbeutete Passwörter beziehungsweise Passwort-Hashes, zumal viele Millionen derselben, sind für viele Hacker deshalb von großen Wert, weil Nutzer häufig für verschiedene Plattformen, auf denen sie sich autorisieren müssen, dasselbe Passwort benutzen, sodass mit einem erbeuteten Passwort aus einem digitalen soziale Netzwerk wie LinkedIn mit hoher Wahrscheinlichkeit gleichzeitig Accounts anderer Plattformen oder Email-Konten „aufgebrochen" werden können. All dies sind erneut nur wenige Beispiele von unzähligen anderen, an denen verdeutlicht werden kann, wie sich informationelle Kontrollverlustereignisse auch ohne Beteiligung staatlicher oder wirtschaftlicher Akteure vollziehen können.

Ein weiterer herausstechender Fall, an welchem sich ablesen lässt, inwieweit die Bemühungen, informationelle Kontrollmechanismen von der analogen in die digitale Welt zu übertragen, scheitern, ist die Debatte um das Recht auf Vergessen. Mit dem Recht auf Vergessen sollen zeitliche Kontextverletzungen konterkariert werden. Während Kommunikationsakte in Kontexten der Interaktion unter Anwesenden ephemer sind, sind sie es im Rahmen digitaler Medien nicht. Mit dem Konzept des Rechts auf Vergessen wird angestrebt, mögliche, sich in der Zeitdimension vollziehende informationelle Kontrollverlustereignisse, welche insbesondere durch die bei der Mediennutzung nicht bedachte Persistenz von Datenbeständen ausgelöst werden können, zu verhindern (Mayer-Schönberger/Kamphuis 2010). Die wesentliche Idee besteht darin, dass über das Recht auf Vergessen jene Praxen, welche darauf aufbauen, dass vergangene Ereignisse oder veraltete Informationen gegenüber aktuellen Ereignissen oder Informationen von geringerer Relevanz sind, erhalten werden sollen. Daten, welche zu einem früheren Zeitpunkt erhoben worden sind, deren gegenwärtige Existenz aber unerwünscht ist, sollen gelöscht werden können. Vornehmlich wird dies damit begründet, dass vergangene Normverstöße – welche auch eindeutiges Fehlverhalten darstellen können (Gierow 2015b) –, welche mit digitalen Aufzeichnungsmedien dokumentiert oder unter Benutzung informationstechnischer Systeme entstanden sind, gewissermaßen verjähren können sollen, um betroffenen Personen nicht zum Nachteil zu gereichen (Sartor 2014). Üblicherweise gehen gespeicherte Daten nur dann verloren, wenn es zu einer Beschädigung der korrekten Funktionsweise des jeweils benutzten Speichermediums kommt. Dieses Problem kann jedoch über Backup-Lösungen weitestgehend umgangen werden. Kulturelle Praxen der Behandlung von Vergangenheit, welche auf Mechanismen des Vergessens von Informationen aufbauen, werden in einer von unzähligen digitalen Speichermedien durchzogenen Gesellschaft obsolet. Zwar finden in zunehmendem Maße Plattformen wie 4chan, Snapchat oder Chatroulette Beliebtheit, welche die Persistenz von Daten gezielt konterkarieren und somit auf spezifische Art und Weise eine Art technische Vergesslichkeit beziehungsweise Vergänglichkeit etablieren. Diese Plattformen sind unter anderem deshalb erfolgreich, da auf ihnen Formen der Kommunikation und des Verhaltens möglich sind, welche eindeutige Normverletzungen darstellen, diese jedoch nicht sanktioniert werden können, da die Wiederadressierung der Normverletzungen begehenden Personen sowie das spätere Wiederaufgreifen der Normverletzung an sich scheinbar nicht möglich ist. Faktisch jedoch kann die technische „Vergesslichkeit" von 4chan, Snapchat oder Chatroulette mit anderen technischen Mittel – und sei es das Mittel des bloßen Screenshots – einfach umgangen werden. Ähnliches gilt für diverse andere Applikationen, in denen auch gelöschte Informationen mit verschiedenen Techniken wiedererlangt werden können (Saltaformaggio et al. 2016). Die vermeintliche Informationskontrolle, welche sich in Form der nur ephemeren medialen Existenz von Informationen manifestieren soll, ist bei genauerer Betrachtung äußerst unzuverlässig. Das Konzept des Rechts auf Vergessen, welches die Wiedereinführung eines sozialen beziehungsweise psychischen Mechanismus der Informationskontrolle im Rahmen digitaler Informations- und Kommunikationstechnologien darstellen soll, scheitert an den spezifischen Eigenheiten jener Technologien.

Neben dem Recht auf Vergessen können als weiteres Beispiel, an welchem sich deutlich ablesen lässt, wie die Bemühungen, informationelle Kontrollmechanismen auf digitale Medien zu übertragen, scheitern, die Debatten um die Aufrechterhaltung von Urheberrechten angeführt werden. „Das Internet mit dem Konzept des Urheberrechts zu vereinbaren, ist wie Segelfliegen im Vakuum: unmöglich." (Seemann 2014: 227) „[...] digital technology removed the constraints that had bound culture to particular analog tokens of RO [read only] culture." (Lessig 2008: 38)

> „Schlussendlich lässt sich das Urheberrecht im digitalen Zeitalter nur mit hohem Aufwand und ständigem rechtlichem Verfolgungsdruck retten. Seine Anpassung rennt zwangsläufig technischen Innovationen hinterher, die das illegale Herunterladen immer weniger zuordnungsfähig machen (Streaming, Cloud-Computing)." (Betz/Kübler 2013: 158)

Das Urheberrecht zeigt angesichts der technischen Möglichkeiten des Internets drastische Überlastungserscheinungen. Indem die Kosten und technischen Hürden für das Kopieren von Daten gen Null gehen, lässt sich die Missachtung des Urheberrechts, welche letztlich gleichsam eine Form der Verletzung kontextueller Integrität ist, juristisch kaum eindämmen beziehungsweise lediglich durch immer höhere Strafandrohungen in geringem Maße einschränken. Dennoch ist unter Endanwendern eine weit verbreitete „Cut-and-Paste-Mentalität" verbreitet, welche einen Paradigmenwechsel in der Kulturindustrie einleitet (Keen 2007). Das Kopieren und „Sharen" lässt die Preise kultureller Güter verfallen (Lanier 2013). Um diesem Trend entgegen zu wirken, hat die Rechteverwertebranche das Konzept des digitalen Rechtemanagements (DRM) entwickelt. Dieses Rechtemanagement ermöglicht es, dass bestimmte Dateien, etwa Musikdateien oder Computerspiele, mit Zusatzinformationen versehen werden, welche bestimmen sollen, wem die Dateien gehören, inwiefern sie kopiert und verbreitet werden dürfen und wann ihre „Gültigkeit" abläuft. Das digitale Rechtemanagement ist Ausdruck eines Kontrollversuchs eines mit ökonomisch wertvollen Daten handelnden Wirtschaftszweigs, um die Verbreitung und Nutzung dieser Daten möglichst genau bestimmen und überprüfen zu können. Faktisch jedoch hat die Einführung eines strengen digitalen Rechtemanagements lediglich dazu geführt, die Nutzung beispielsweise von Cracks, unter deren Verwendung etwa raubkopierte Computerspiele ausgeführt werden können, zu verbreiten. Cracks sind gewissermaßen der Schlüssel dazu, urheberrechtlich geschützte, digitale Kulturgüter frei über beliebige Kontexte hinweg verbreiten und nutzen zu können.

Die Idee der kontrollierten Nutzung und Verwertung geistigen Eigentums wird durch digitale Verbreitungsmedien obsolet. Sowohl das juristische Konzept der privaten Eigentumsrechte, welches auf immaterielle Kulturgüter übertragen werden soll, als auch die Schutzrechte, welche verschiedene Verwendungsarten geistigen Eigentums kontrollieren sollen, greifen in der Praxis der durch eine Vielzahl an One-Click-Sharehoster- oder Filesharing-Diensten getragenen Datenverbreitung kaum mehr (Goldsmith/Wu 2006: 105 ff.). Sowohl das Urheberrecht, welches die geistigen und wirtschaftlichen Interessen eines Autors schützen soll, als auch das amerikanische Copyright, welches die wirtschaftlichen Interessen der Verleger beispielsweis gegenüber Verlusten durch billige Nachdrucke verteidigen soll (Betz/Kübler 2013: 146), greifen in der Praxis nur noch bedingt. Stallman führt treffend aus:

> „The copyright system grew up with printing – a technology for mass-production copying. Copyright fit in well with this technology because it restricted only the mass producers of copies. It did not take freedom away from readers of books. An ordinary reader, who did not own a printing press, could copy books only with pen and ink, and few readers were sued for that. Digital technology is more flexible than the printing press: when information has digital form, you can easily copy it to share it with others. This very flexibility makes a bad fit with a system like copyright. That's the reason for the increasingly nasty and draconian measures now used to enforce software copyright." (Stallman 2012: 37)

Geheimdienste, Datenbroker, Hacks, das Recht auf Vergessen, die Schwierigkeiten der Durchsetzung des Urheberrechts – all dies sind einzelne Symptome für die Auflösung und Entdifferenzierung von Informationskontexten, für den Verlust von Daten- und Informationskontrolle in der digitalen Gesellschaft. Zu den besonders herausstechenden Symptomen zählen ferner Leaks beziehungsweise die Durchbrechung von Geheimhaltungsarrangements. „Technology is making secrets harder to keep, and the nature of the Internet makes secrets much harder to keep long-term." (Schneier 2015b: 115) Die gigantischen Datenströme des Internets, welche nicht selten hochvertrauliche, geheime Informationen beinhalten, sind nicht mehr zuverlässig unter Kontrolle zu halten. Betroffen sind Regierungen, Unternehmen oder Privatpersonen am stärksten überall dort, wo explizite Geheimhaltungsinteressen durch die Dynamik informationstechnischer Systeme konterkariert werden (Swire 2015). Werden Geheimnisse in einem größeren Stil enthüllt, spricht man von Leaks. Diese sind in der Regel umfängliche Brüche mit etablierten, üblicherweise rechtlich fixierten Normen des Informationsflusses, welche zum Zweck der Aufdeckung anderer Norm- und Rechtsverletzungen geschehen. Legitimiert werden Leaks beziehungsweise die Aktivitäten von „Whistleblowern" dadurch, dass sie als notwendiges Mittel erachtet werden, um im Sinne des öffentlichen Interesses Gefahren, welche von einzelnen sozialen Institutionen ausgehen, abzuwehren. Nach Bok (1982: 214 f.) zeichnet sich „Whistleblowing" dabei im Wesentlichen durch drei Aspekte aus: Es besteht erstens ein Dissens zwischen verschiedenen Akteuren innerhalb einer Organisation wie etwa einer staatlichen Behörde oder einem Wirtschaftsunternehmen, welcher einzelne Akteure dazu veranlasst, bestehende Geheimhaltungsarrangements zu durchbrechen. Zweitens gibt es einen Loyalitäts- oder Vertrauensbruch zwischen einem „Insider" und der Organisation, in welche er eingefasst ist. Und drittens ist Whistleblowing stets mit einer Anschuldigung gegenüber der betroffenen Organisation beziehungsweise gegenüber verantwortlichen Einzelpersonen, verbunden, bestimmte Norm- oder Rechtsverletzungen begangen zu haben.

Nachfolgend seien einige Beispiele für einschlägige Leaks genannt, welche jedoch nicht immer mit dem namentlichen Bekanntwerden von einzelnen Whistleblowern verbunden waren. 2015 wurden beispielsweise circa eine halbe Million geheimer Faxe und Dokuments des sonst äußerst verschwiegenen Außenministeriums von Saudi-Arabien auf der Plattform Wikileaks veröffentlicht (Bolton 2015). Ebenfalls 2015 drangen unbekannte Hacker in das Netzwerk von Hacking Team ein, einem italienischen Unternehmen, welches Überwachungssoftware herstellt, und stahlen über 400 Gigabyte an Daten (Borchers/Schirrmacher 2015). 2014 wurden durch Hacker der Regierung Nordkoreas im Zuge einer Protestreaktion gegen den parodistischen Film „The Interview" mehrere Hundert Gigabyte an Daten von Sony Entertainment erbeutet und im Internet veröffentlicht (Altmann/Fitzpatrick 2014). 2016 erbeuteten Hacker Datensätze von über einer Million Nutzer der Dating-Plattform BeautifulPeople.com (Gierow 2016a). Die Datensätze wurden im Internet zum Kauf bereitgestellt. Ebenfalls 2016 konnten Hacker die komplette Datenbank der philippinischen Wahlkommission COMLEC erbeuten (Schirrmacher 2016). Die verantwortlichen Hacker hatten zuvor bereits eine Warnung in Richtung der philippinischen Regierung ausgesprochen, sie mögen ihre Wahlcomputer sicherer machen. Als dies nicht erfolgte, griffen die Hacker die Datenbank der Wahlkommission ab und stellten die Daten, darunter Passnummern und Fingerabdrücke philippinischer Bürger, öffentlich ins Internet. Ein weiterer hervorstechender Leak betrifft die geheimen TTIP-Dokumente, aus denen 2016, nachdem mehrere Jahre lang unter absolutem Ausschluss der Öffentlichkeit über diese verhandelt wurde, Teile der Papiere geleakt und von Greenpeace publiziert wurden (Hagelüken/Mühlauer 2016). TTIP stellt das weltweit größte Handelsabkommen dar, welches allein in Europa 500 Millionen Menschen betrifft. Der Leak markierte das Ende der strikten Geheimhaltung über die Inhalte der TTIP-Dokumente. Nicht minder einschlägig als die TTIP Leaks waren die Leaks der Panama Papers, welche 2016 zur Enttarnung insbesondere von unzähligen Geldwäsche- und Steuerdelikten führte (Obermayer et al. 2016). Die Panama Papers umfassen 2,6 Terabyte an Daten respektive insgesamt 11,5 Millionen Dokumente, welche von den 1970er- Jahren bis ins Jahr 2016 reichen. Die Dokumente werden durch einen internationalen Verbund investigativer Journalisten ausgewertet. Die Papiere belegen,

> „wie eine globale Industrie, angeführt von großen Banken, Anwaltskanzleien und Vermögensverwaltern, die Besitztümer von Politikern, Fifa-Funktionären, Betrügern und Drogenschmugglern, aber auch von Milliardären, Prominenten und Sport-Stars in aller Verschwiegenheit verwaltet." (Obermayer et al. 2016)

Einige Jahre vor den aufsehenerregenden Panama Papers oder TTIP Leaks stahlen bereits prominente Whistleblower wie Snowden oder Manning unzählige Daten der amerikanischen Regierung sowie verschiedener Regierungsbehörden und begingen so einen Rechtsbruch, um andere Rechtsbrüche publik zu machen (Domscheit-Berg 2011; Greenwald 2014). Manning war Angehöriger des amerikanischen Militärs und stahl im Jahr 2010 aus Datenbanken des Militärs geheime Dokumente und Videos. Anschließend wurden die gestohlenen Daten, welche Manning Wikileaks zuspielte, auf ebendieser Plattform öffentlich gemacht. Die Dokumente enthüllen schwere Menschenrechtsverletzungen durch das amerikanische Militär, worunter etwa der bekannte Fall des tödlichen Hubschrauberangriffs auf zwei Journalisten der Nachrichtenagentur Reuters fällt. Ebenso wie Manning war auch Snowden, welcher 2013 den NSA-Skandal auslöste, autorisiert, geheime Datenbanken einzusehen. So konnte Snowden, welcher als Agent im Auftrag der National Security Agency als Systemadministrator arbeitete, umfangreiche Datensätze mit Informationen über streng geheime Überwachungsprogramme aus ihrem angestammten Kontext entnehmen und Journalisten zugänglich machen. Durch die Leaks wurde bekannt, dass nahezu sämtliche globale elektronische Telekommunikation von amerikanischen und britischen Geheimdiensten durch eine ganze Reihe an Programmen – seien es PRISM, Tempora, XKeyscore oder andere – überwacht respektive abgegriffen wird.

Alle genannten Whistleblower respektive die in den genannten Beispielen erwähnten Hacker haben sich digitaler Technologien bedient, um große Informationsmengen in kürzester Zeit zwischen verschiedenen Kontexten transferieren zu können. Alle Akteure haben bestehende Bedingungen des Informationsflusses missachtet, Informationen aus ihrem ursprünglichen Zirkulationskontext herausgenommen und in einem neuen Kontext – in der Regel den der Massenmedien – überführt. So entstehen Leaks immer dann, wenn strenge informationelle Kontrollmechanismen ausgehebelt und brisante Informationen der Öffentlichkeit und damit prinzipiell barrierefreien Kommunikationszusammenhängen zugänglich gemacht werden. Die Normverletzung, welche entsteht, wenn Daten gestohlen beziehungsweise in nicht dafür vorgesehene Kontexte überführt werden, muss gegen den Wert aufgewogen werden, welche die Daten für den fremden Kontext darstellen. Letztlich kann die Missachtung kontextueller Integrität, dies verdeutlichen Leaks stets aufs Neue, gar als Chance für eine freiheitliche Gesellschaft erachtet werden. Wenn mächtige Organisationen durch zwangsläufig lückenhafte IT-Sicherheit zu mehr Transparenz und zur Auflösung von Geheimnissen mehr oder minder genötigt werden, kann dies als durchaus positive Entwicklung gedeutet werden. Die organisationsinterne Antizipation der Offenlegung von organisationseigenen Daten führt automatisch zu verantwortungsvollerem Handeln und Entscheiden von Organisationen. Verdeutlicht werden kann dabei erneut, dass die Zahl einschlägiger Leaks beziehungsweise die Zahl der Fälle, in denen große Mengen geheimer, digital vorliegender Informationen aus Regierungen oder Unternehmen gestohlen werden, stets wächst (Schneier 2015b: 115). „Es wird einfach immer schwerer, im Zeitalter der Information Geheimnisse zu bewahren." (Schneier 2015a: 76) „Das Zeitalter der Massenhacks, so scheint es, hat gerade erst begonnen." (Honey 2015: 69) Und dies ist durchaus positiv zu bewerten. Wenn digitale Medien den Effekt haben, dass, wie Schneier richtig anführt, Geheimnisse immer schwerer zu bewahren sind, dann besteht, auf einer mesosoziologischen Ebene betrachtet, eine grundlegende Unverträglichkeit zwischen der Digitalisierung sowie autoritären Regimen und kriminellen Unternehmen.

Bei den angeführten Beispielen, also Überwachungsprogrammen, Datenbrokern, Hacks, dem Versuch der Etablierung eines Rechts auf Vergessen, der Missachtung von Urheberrechten oder Leaks, muss angemerkt werden, dass bei den beteiligten Akteuren, welche die kontextuelle Integrität von Informationskontexten auf jeweils ganz unterschiedliche Weise verletzten oder aufheben, eine Reihe verschiedener Intentionen bestehen. Daher sind die Reaktionen auf das Bekanntwerden der im Rahmen digitaler Medien erfolgenden, systematischen, vorsätzlichen oder auch unbeabsichtigten Missachtung von etablierten Normen oder Rechten, welche den Fluss von Daten und Informationen regulieren sollen, ganz unterschiedlich. Leaks oder Urheberrechtsverletzungen werden gemeinhin anders bewertet als etwa die Überwachungspraktiken von Geheimdiensten oder die Geschäftspraktiken von Datenbrokern. Bei letztgenannten Beispielen sind in der Regel heftige Empörungsreaktionen zu verzeichnen. Doch wie lassen sich diese erklären? Warum wird die Aufhebung der Kontexttreue von personenbezogenen Informationen als solche Gefahr erachtet? Woher stammt der Protest gegen den informationellen Kontrollverlust der digitalen Gesellschaft? Um hier eine Antwort zu finden, bietet es sich an, vorerst auf einige Überlegungen zur Subjektkonstitution beziehungsweise zum Identitätsmanagement einzugehen.

Die Aufhebung an Kontrollmöglichkeiten von Informationsflüssen beeinflusst ganz grundlegend die Frage nach der Ausdifferenzierung verschiedener Kontexte und Rollenbilder. In diesem Zusammenhang betonen moderne Subjekttheorien die Instabilität der persönlichen Identität, welche in verschiedene, „situative" Identitäten zerfällt (Rorty 1988). Dieses Bild des mittelpunktlosen Subjekts ist gleichsam für moderne Privatheitstheorien, unter welche gleichfalls Nissenbaums Konzept der kontextuellen Integrität zu zählen ist, leitend. Hier geht es um eine Form der Informationskontrolle, welche es Personen ermöglicht, in verschiedenen sozialen Kontexten oder Feldern unterschiedliche „Seiten" von sich zu präsentieren (Phillips 2005: 98 f.). Entscheidend dabei ist weniger, was präsentiert wird, sondern eher, was nicht präsentiert wird. Persönliche Eigenschaften, Meinungen oder Handlungen, welche in einem Kontext offen liegen, werden in einem anderen verheimlicht oder unterlassen. In diesem Zusammenhang werden, wie bereits beschrieben, digitale Medien beziehungsweise Plattformen, insbesondere digitale soziale Netzwerke, als Gefahren erachtet, welche das individuelle Identitätsmanagement von Personen kompromittieren können. Gerade in der Forschung zu Socia-Media-Plattformen wird dies immer wieder betont: „In networked publics, interactions are often public by default, private through effort." (Boyd 2014: 26)

„As identifying information is digitally encoded and transferred […], people are aware that it might very well escape their immediate, physical control and protection. […] the potential consequences of losing control over any ‚private' information – digitized or otherwise – can be quite severe. This is precisely why participants spend so much time trying to strike a good balance between what they do and do not allow others to know about them." (Nippert-Eng 2010: 146)

„[…] social media collapse diverse social contexts into one, making it difficult for people to engage in the complex negotiations needed to vary identity presentation, manage impressions, and save face." (Marwick/Boyd 2011: 11)

„[...] the default within social media platforms is such that diverse Generalized Others converge into a single mass, requiring the actor to simultaneously engage with family, colleagues, and drinking buddies, each of whom harbours different views of who the actor is, and different interactional and performative expectations." (Davis/Jurgenson 2014: 478)

Boyd spricht in diesem Zusammenhang auch von „social convergence" (Boyd 2008a: 18) oder Vitak, Wesch und andere vom „context collapse" (Vitak 2012; Wesch 2009; Davis/Jurgenson 2014; Sibona 2014). Im Rahmen von digitalen sozialen Netzwerken kommt es zur mehr oder minder umfänglichen Konversion der sozialen Teilidentitäten einer Person. Zuckerberg, Gründer und aktueller Vorstandsvorsitzender der Plattform Facebook, argumentiert, dass die Zeiten, in denen eine Person mehrere Identitäten besitzt, vorbei sind.

„You have one identity. The days of you having a different image for your work friends or co-workers and for the other people you know are probably coming to an end pretty quickly. Having two identities for yourself is an example of a lack of integrity." (Zuckerberg, zit. n. Kirkpatrick 2010: 199)

Freilich hat Zuckerberg beziehungsweise Facebook Inc. aus werbetechnischen Gründen ein großes Interesse daran, einzelnen Accounts klar adressierbare, möglichst transparente Nutzer zuordnen zu können (van Dijck 2013: 200). Dennoch und davon unabhängig wird der Wahrheitsgehalt von Zuckerbergs Aussage spätestens dann belegt, wenn man die Vulnerabilität von Plattformen gegenüber Computerattacken bedenkt und sieht, wie diese faktisch ausgenutzt wird. Die Hacks von Seitensprungportalen wie AshleyMadison.com, BeautifulPeople.com oder Adult.Friendfinder.com, im Zuge derer personenbezogene Daten von zig Millionen Nutzern an die Öffentlichkeit gerieten und diese outeten, belegen auf drastische Weise, dass das Risiko, dass der Aufbau mehrerer Identitäten durch die

Benutzung digitaler Medien beziehungsweise sozialer Netzwerke konterkariert wird, äußerst hoch ist.

Zuckerbergs weiß, dass herkömmliche Formen des Identitätsmanagements und der daran anschließenden Informationskontrolle unter den Bedingungen einer mit informationstechnischen Systemen durchsetzten, hypervernetzten Informationsgesellschaft obsolet sind. Dabei problematisiert er freilich nicht die Rolle von Social-Media-Plattformen, sondern die tradierte Praxis der Subjektkonstitution. An diese jedoch schließen gerade im Zusammenhang mit jenen Plattformen viele Theorien des digitalen Identitätsmanagements an, welche davon ausgehen, dass die Kommunikation im Internet ein Spiel der Identitäten erlaubt (Suler 2002), wobei Rückschlüsse von digitalen Profilen auf Personen nur bedingt möglich sind. Während Zuckerberg von einer Art Korrespondenztheorie ausgeht, welche postuliert, dass es eine eineindeutige Korrespondenzbeziehung zwischen digitalem Profil und Person gibt, gehen andere Theorien davon aus, dass mit der Identität, welche in digitalen sozialen Netzwerken konstruiert wird, gerade versucht wird, die „real-life"-Identität zu konterkarieren, indem Personen sich verstärkt ästhetisch ansprechend, anerkannt, reich et cetera darstellen beziehungsweise nur bestimmte Teilausschnitte aus ihrem Alltag digital repräsentieren (Gardner/Davis 2013: 61; Zhao et al. 2008).

> „From the start, online social worlds provided new materials. Online, the plain represented themselves as glamorous, the old as young, the young as older. Those of modest means wore elaborate virtual jewelry. In virtual space, the crippled walked without crutches, and the shy improved their chances as seducers." (Turkle 2011: 158)

Je krasser jedoch die Inkonsistenzen zwischen digitalem Profil und Person ausfallen, desto „stressiger" wird es für Personen, die offensichtliche Differenz zwischen beschönigtem Profil und ihrer nicht-digitalen Identität zu managen (Vitak et al. 2012; Binder et al. 2012; Hogan 2010). Dieser Stress bedingt im Endeffekt dennoch eine verstärkte Korrespondenz zwischen Profil und Person, welche zusätzlich dadurch forciert wird, dass soziale Netzwerke in der Regel verschiedene soziale Kontexte zusammenbringen und Kontextgrenzen so verschwimmen, dass ein Identitätsmanagement, welches auf eine verzerrte Selbstdarstellung ausgerichtet ist, derart komplex würde, dass es quasi nicht umhinkäme, auffällige Widersprüchlichkeiten zu produzieren (Boyd 2014: 34). „The need for variable self-presentation is complicated by increasingly mainstream social media technologies that collapse multiple contexts and bring together commonly distinct audiences." (Marwick/Boyd 2011: 2)

„Many social media sites exhibit a phenomenon [...] in which contacts from different facets of a person's life, such as friends, family members, and co-workers, are lumped together under the rubric of ‚friends.‘ In face-to-face interaction, people vary how they present themselves based on context and audience, a function that is complicated in social media sites like Twitter and Facebook when the context is unclear and the audience contains a wide variety of people. Despite this, on many social sites there is pressure to ‚friend‘ any acquaintance. As a result, one's social media friends may have wildly variant social norms and a range of ages, occupations, and expectations.“ (Marwick 2012: 385 f.)

Zwar erlauben digitale soziale Netzwerke über Privatsphäreeinstellungen häufig, befreundete Profile in Gruppen zu unterteilen und so genuin soziale Kontexte mit ihren dazugehörigen Informationsbarrieren digital auf der Ebene der Benutzeroberflächen zu reproduzieren, allerdings ist ein Zusammentreffen von Freunden, Familienangehörigen, Arbeits- oder Vereinskollegen in sozialen Netzwerken in der Regel nicht zu vermeiden. „Computers today connect home and work and play, enabling each to enter and mix freely in the space of the other.“ (Bogard 2006: 106) „[...] the concept of context collapse [stands for] the flattening out of multiple distinct audiences in one's social network, such that people from different contexts become part of a singular group of message recipients.“ (Vitak 2012: 451) Mit Davis und Jurgenson kann hier ferner zwischen intendierten und nicht-intendierten Kollapsen, zwischen „context collusions“ und „context collisions“ differenziert werden (2014), wobei freilich nicht-intendierte Kollapse von Informationskontexten typischerweise mit größeren Irritationen für das individuelle Identitätsmanagement verbunden sind als intendierte Kollapse. Jedoch gilt für beide Fälle, dass verschiedene Personengruppen plötzlich mit denselben Selbstdarstellungsroutinen bedient werden müssen, wohingegen ein Spiel der verschiedenen Identitäten als solches erkannt und sozial sanktioniert würde. „SNS [social network sites], which place employers and romantic partners on the same communication plane, make it more difficult for users to segment audiences and present varied versions of the self.“ (Vitak 2012: 452)

Ein anschauliches Beispiel für einen Kontextkollaps im Rahmen digitaler sozialer Netzwerke ereignete sich 2016, als das Facebook-Profil eines Richters dafür sorgte, dass der Bundesgerichtshof eines seiner Urteile aufgehoben hat (Vetter 2016). Dazu kam es, nachdem sich der Verteidiger eines Angeklagten das Facebook-Profil des Richters genauer ansah. Darin fand er ein Foto, welches den Richter mit einem T-Shirt zeigt, welches mit der Aufschrift bedruckt war: „Wir geben ihrer Zukunft ein Zuhause: JVA“. Der Bundesgerichtshof, welcher sich mit dem Fall auseinandersetzte, wertete dies derart, dass der betroffene Richter Spaß an der Verhängung hoher Strafen habe und wertete den Internetauftritt als Manifestation der Befangenheit des Richters. Es kam also wiederum zu einem Zusammentreffen verschiedener sozialer Kontexte, wobei über die Vermittlung der Plattform Facebook eine für sich genommen harmlose Normübertretung aus dem privaten Bereich des Richters in Fremdkontexten als einschlägige Verletzung richterlicher Pflichten verhandelt wurde. Ausgelöst wurde dies durch fehlende Datenschutzbedenken und die „Möglichkeitsblindheit" (Pörksen/Detel 2012: 234) des Richters bei der Nutzung von Facebook.

Indes ist zu konstatieren, dass das Identitäts- und Kontextmanagement in digitalen sozialen Netzwerken nicht grundsätzlich dem einzelnen Nutzer obliegt, sondern immer vom Zusammenspiel vieler Nutzer abhängig ist und dass es zwar technische Lösungen in Form von rudimentären Privatsphäreeinstellungen gibt, welche ein erfolgreiches Identitäts- und Kontextmanagement erlauben sollen, diese jedoch unzuverlässig sind (Zheleva/Getoor 2009). So ist es auf technischer Ebene beispielsweise möglich, allein anhand von Metadaten respektive allein anhand der Freundschaftsbeziehungen auf Facebook mit hoher Wahrscheinlichkeit zu ermitteln, ob eine Person homo- oder heterosexuell ist (Jernigan/Mistree 2009). In diesem Zusammenhang kann darüber hinaus gleichsam der Fall der 22-jährigen Bobbi Duncan erwähnt werden (Fowler 2012). Duncan hatte ihre Homosexualität stets gegenüber ihrer Familie verheimlicht, bis sie bei Facebook ungefragt zu einer Diskussionsgruppe eines Queer-Chors hinzugefügt wurde, sodass ihre sexuelle Orientierung gegenüber ihren circa 200 Facebook-Freunden offengelegt wurde – schließlich wird die Aufnahme in Diskussionsgruppen im Facebook-Newsfeed dokumentiert. „The Facebook era, however, makes it possible to disclose private matters to wide populations, intentionally or not. Personal worlds that previously could be partitioned – work, family, friendships, matters of sexuality – become harder to keep apart." (Fowler 2012) Dieses Beispiel zeigt zum einen, dass Zuckerbergs Aussage, dass Personen gerade durch die Teilnahme an digitalen sozialen Netzwerken dazu bewegt werden, eine und nicht viele verschiedene Identitäten zu pflegen, zutreffend ist. Und zum anderen zeigt es, dass der informationelle Kontrollverlust in der digitalen Gesellschaft, auch wenn er seinen Ausgangspunkt in der Sphäre der digitalen Repräsentation der eigenen Person hat, sich doch stets bis auf deren unmittelbare Anerkennungswelt und Kernidentität durchschlägt.

An dieser Stelle kann ferner das Beispiel des gezielten Fremdoutings russischer Pornodarstellerinnen angeführt werden (Rothrock 2016). 2016 initiierten russische Internetnutzer eine Kampagne, im Rahmen derer sie über die Gesichtserkennungs-App FindFace Pornodarstellerinnen deanonymisierten. FindFace identifiziert Personen über den Abgleich eingegebener Bilder – in diesem Fall eben Bilder aus pornografischem Material – mit Bildern der russischen Social-Media-Plattform vk.com. Sofern die betroffenen Frauen einen Account auf vk.com haben und Bilder von sich auf der Plattform gespeichert haben, können sie deanonymisiert werden. Immer, wenn dies gelang, gingen die Unterstützer der Deanonymisierungskampagne hin und verbreiteten Kopien der vk-Profilseiten der Frauen unter deren Familien und Freuden, sofern diese ebenfalls auf vk.com registriert waren. Im Endeffekt fand so ein Fremdouting der Frauen hinsichtlich ihrer Mitwirkung an pornografischen Produktionen statt, welches, abstrakt gesprochen, nichts anderes als ein Kollabieren verschiedener, vormals getrennter Informationskontexte ist.

Der Fall des Richters, von Bobbi Duncan oder auch des Fremdoutings von Pornodarstellerinnen beschreibt auf drastische Weise, wie digitale Medien den Schutz der informationellen Privatheit verletzten, indem sie dem einzelnen Nutzer die Kontrolle über personenbezogene Informationen entziehen. Der Verlust der informationellen Privatheit bedeutet gleichzeitig eine Auflösung des Rechts auf informationelle Selbstbestimmung. Dieses Grundrecht erlaubt es einzelnen Personen, darüber zu bestimmen, wer Zugriff auf persönliche Daten und Informationen haben darf und wie diese Daten und Informationen verwendet werden dürfen, also in welchen Informationskontexten sie zirkulieren dürfen (BVerfGE 65, 1[43]). Das Recht auf informationelle Selbstbestimmung wurde 1983 durch das Volkszählungsurteil begründet. Es schützt vor der unbegrenzten Erhebung, Speicherung, Verwendung und Weitergabe persönlicher Daten. Dieses Recht darf nur dann eingeschränkt werden, wenn dies im überwiegenden Allgemeininteresse zulässig ist. Zu beobachten ist dennoch, dass die Idee der informationellen Selbstbestimmung vermehrt durch die fremdbestimmte Erhebung, Verarbeitung und Weitergabe personenbezogener Daten etwa durch große IT-Unternehmen obsolet wird (Weichert 2012). Diese Entwicklung, also die durch digitale Technologien provozierte, sukzessive Aufhebung der Idee der informationellen Selbstbestimmung, welche gleichzusetzen ist mit der Bedrohung kontextueller Integrität, wird überwiegend kritisch gesehen. Es geht um den Verlust einer bislang durch physische, psychologische und soziale Mechanismen und Normen abgesicherten informationellen Privatheit. Die Allgegenwart datenverarbeitender, untereinander vernetzter Systeme sowie die Verschmelzung analoger und digitaler Lebenswelten bedingt eine Auflösung beziehungsweise Entdifferenzierung traditioneller Kontexte und Informationsbarrieren. In der digitalen Welt entsteht, wie bereits erwähnt, eine „Möglichkeitsblindheit" (Pörksen/Detel 2012: 234), das heißt, dass es mehr oder weniger ausgeschlossen ist, antizipieren zu können, in welchen Kontexten und vor welchen Publika potentiell geschützte, persönlichkeitsrelevante Informationen zirkulieren können. In einer Welt allgegenwärtiger Datenverarbeitung entsteht eine Situation der Überforderung und des „Dauerstresses" hinsichtlich der möglichen, mitunter auch versteckt erfolgenden Datenerhebung und -verarbeitung

(Roßnagel 2007: 159; Karaboga et al. 2015). Obgleich Technikentwickler als Regelungsadressaten angesprochen werden, um datenschutzkonforme Techniken zu entwerfen und diese mit datenschutzkonformen Defaulteinstellungen auszuliefern, steht der Datenschutz, darunter insbesondere das Prinzip der Datensparsamkeit, einer Gesellschaft, deren Innovationsfaktor und Grundsubstanz Daten sind, konträr gegenüber. So werden die Kämpfe um den Erhalt der kontextuellen Integrität, um Datenschutz und Privatheit inzwischen folgerichtig als „Rückzugsgefechte“ betitelt (Heller 2011: 24). Es scheint, als ließen sich nur mit größten Schwierigkeiten valide Mechanismen zur Kontrolle von Daten- und Informationsströmen im Kontext digitaler Technologien finden. Allerdings wäre gerade dies die Voraussetzung dafür, sozial etablierte Informationskontexte in einer zunehmend digitalisierten Gesellschaft weiterhin erhalten zu können.

Mit der Einführung neuer Verbreitungsmedien in die Gesellschaft, sei es der Buchdruck, die Fotografie, das Fernsehen oder schließlich das Internet, sinken gleichsam die monetären, energetischen und technischen Aufwendungen, welches es bedarf, um Informationen zu verbreiten und One-to-Many- oder Many-to-Many-Kommunikation zu führen (Luhmann 1997: 302). Mit anderen Worten sinken die „Transaktionskosten“ (Coase 1937), welche notwendig sind, um Informationen zu verbreiten. Besonders deutlich wird dies im Vergleich verschiedener Massenmedien miteinander, beispielsweise wenn die hohen Kosten, welche es bedarf, um Informationen über Bücher einem größeren Publikum zu unterbreiten, mit den niedrigen Kosten verglichen werden, welche bei der Informationsverbreitung über soziale Netzwerke anfallen. Vor der Entwicklung und massenhaften Nutzung des Internets als elektronischem Kommunikationsmedium bedurfte es kapitalstarker Medienunternehmen, um Informationen hinreichend großen Publika zur Verfügung stellen und Öffentlichkeit schaffen zu können. Dies ändert sich spätestens mit dem Web 2.0, dem partizipativen Internet. Plötzlich wird jeder Endnutzer eines internetfähigen Geräts zum Sender, welcher Informationen einem potentiellen Weltpublikum unterbreiten kann. Es existiert keine eigene soziale Klasse der Medienschaffenden mehr, welche maßgeblich über die massenmediale Informationsverbreitung in einer Gesellschaft bestimmt. Mit der breiten Verfügbarkeit vernetzter informationstechnischer Systeme kommt es – zumindest prinzipiell betrachtet – zu einer Egalisierung der Sende- und Informationsverbreitungsmöglichkeiten. Indem die technischen Mittel der Informationserhebung, -verarbeitung und -verbreitung stetig kostengünstiger und aufwendungsärmer werden, geraten sie zunehmend in die Hände immer größerer Teile der Gesellschaft, wobei folglich immer mehr Personen zu Informationsproduzenten werden. „Our electronic networks are enabling novel forms of collective action, enabling the creation of collaborative groups that are larger and more distributed than at any other time in history." (Shirky 2008: 48) Es werden intendierte sowie nicht-intendierte Kooperationseffekte gezeitigt, welche neue Informationsumgebungen und -plattformen entstehen lassen, sei es Wikipedia, GitHub oder YouTube. Zudem sind es in geringerem Maße die klassischen Massenmedien, welche die Diskurse und Debatten der Öffentlichkeiten einer Gesellschaft gestalten, sondern verstärkt die vernetzten Vielen. Es findet eine Transformation von einer „mass-mediated public sphere" zu einer „networked public sphere" (Benkler 2006) beziehungsweise zu „networked publics" (Boyd 2008b) statt. Dabei wird eine unüberschaubare Vielzahl an Informationsströmen und in ihrem Volumen stetig wachsenden Datenmengen produziert und über global ausgeweitete Computernetzwerke freigesetzt.

In diesem Prozess wirken zwei wesentliche Kräfte. Entweder sie dienen der Erhöhung der Interkonnektivität, der Erweiterung der „networked public sphere", der freien „Durchlässigkeit" von Computernetzwerken beziehungsweise der Senkung der „ontological friction". Sie machen Informationsströme insgesamt liquider sowie gleichzeitig weniger kontrollierbar. Oder sie wirken gegenteilig auf eine möglichst umfassende Informationskontrolle hin, sodass Netzwerke untereinander zusammengeschlossener informationstechnischer Systeme mit künstlichen, meist softwarebasierten Barrieren durchsetzt werden, an denen Daten- und Informationsströme aufgehalten werden können. Benkler (2006) beschreibt diesen Prozess als einen Kampf zwischen einer industriell organisierten Informationswirtschaft, welche Marktmacht auf einige wenige Akteure und Plattformen konzentrieren will und beispielsweise über starke Urheberrechte an einer Restriktion von Informationsflüssen interessiert ist, sowie einer neuen Form der „commons-based peer production", welche auf dem heterarchisch organisierten, gemeinsamen Teilen von Informationen basiert. Abweichend von Benkler muss allerdings konzediert werden, dass es nicht allein die klassischen, marktverankerten Medienunternehmen sind, welche bestrebt sind, Restriktionen bei der Informationsverbreitung zu etablieren, sondern gleichsam nicht-wirtschaftliche Faktoren wie beispielsweise lebensweltlich verankerte Normen des eingeschränkten Informationsflusses. Diese Normen schlagen sich gleichsam im Design informationstechnischer Systeme nieder, auf denen geschützte Informationen gespeichert sind, deren Nicht-Verbreitung etwa über Datenschutzeinstellungen oder Sicherheitsvorkehrungen kontrolliert werden soll.

Grundsätzlich können zwischen Computern, sobald zwischen ihnen eine Verbindung über Kabel oder Funk aufgebaut ist, Daten und Informationen ausgetauscht werden (Maas 2010). Die Kontrolle über die „Durchlässigkeit" jener Verbindung erfordert die Kontrolle der beteiligten Computersysteme. Die Fähigkeit, diese Kontrolle ausüben zu können, wird zu einem entscheidenden Machtfaktor in der digitalen Welt. Indem jedes informationstechnische System, welches ans

Internet angebunden wird, potentiell von jedem anderen daran angebundenen System nahezu ohne Berücksichtigung der Raumdimension aus erreicht werden kann (Hall 2000: 6), entstehen Interaktionsmöglichkeiten, deren Komplexität eine allgemeine Vulnerabilität des Netzes und seiner Komponenten bedingt. Diese Vulnerabilität erzeugt unter anderem die Institution des Hackings, welche auf die gezielte Aushebelung von Limitationen hinsichtlich der Steuerungsmöglichkeiten informationstechnischer Systeme ausgerichtet ist (Coleman 2013). Dies geht so weit, dass das Internet nicht nur als Plattform für das Eindringen in fremde Daten- und Informationsbestände genutzt, sondern gleichsam für kriegerische Zwecke eingesetzt wird (Gaycken 2011). Wenngleich Cyberangriffe in Abhängigkeit von den Schutzmechanismen, welche es zu umgehen gilt, sehr aufwendig sowie zeit- und kostenintensiv sein können, so kann doch konstatiert werden, dass Angreifer gegenüber den Angegriffenen grundsätzlich im Vorteil sind. Erstens ist es einfacher, informationstechnische Systeme zu zerstören beziehungsweise teilweise oder gänzlich in ihrer Funktionsfähigkeit zu beeinträchtigen, als sie in ihrer Komplexität zu erhalten. Zweitens sorgt ebenjene Komplexität, welche in moderner Software stets zunimmt, dafür, dass die Möglichkeit, sämtliche potentiellen Schwachstellen und Sicherheitslücken einer Software aufzufinden und zu schließen, immer unwahrscheinlicher wird. Während es für den Angreifer ausreicht, eine einzelne Sicherheitslücke zu finden, muss der Verteidiger theoretisch alle Sicherheitslücken finden und schließen (Schneier 2015a: 76). Da die Zahl der offengelegten Sicherheitslücken und Vulnerabilitäten in Programmen jedoch von Jahr zu Jahr zunimmt (Sherrill et al. 2014: 13; Zittrain 2008: 48), muss der Verteidiger stets mehr Ressourcen aufbringen, um die relative Sicherheit von Systemen gewährleisten zu können. Dazu kommt drittens, dass der Angreifer sich auf eine bestimme Art des Angriffs konzentrieren und alle seine Ressourcen auf diesen Angriff fokussieren kann. Der Verteidiger dagegen muss sich gegen jede Form von Angriffen wappnen und seine Ressourcen breitflächig auf diese verteilen. Und viertens erfordern Maßnahmen der IT-Sicherheit in ihrer Anwendung stets ausgereiftes technisches Know-how, welches bei vielen Nutzern von informationstechnischen Systemen nicht oder nur eingeschränkt vorhanden ist. Fehler, welche auf Seiten der Nutzer etwa im Bereich der Konfiguration von Sicherheitsarchitekturen gemacht werden, können dann von Angreifern ausgenutzt werden (Schneier 2015b: 103). Gerade weil auch aufwendige und eigentlich wohl durchdachte Mechanismen der IT-Sicherheit durch individuelle Fehler oder häufig auftretende Nachlässigkeiten auf Seiten der Mediennutzer rasch zunichte gemacht werden, sind Social-Engineering-Angriffe ein so beliebtes Szenario. So wurde in einer Studie etwa gezeigt, dass unter 1200 zufällig ausgewählten Probanden nahezu die

Hälfte bereit ist, ihr persönliches Passwort zu verraten, wenn sie zuvor ein Stück Schokolade erhalten haben (Happ et al. 2016).

> „No matter how secure a system is, there's always a way to break through. Often, the human elements of the system are the easiest to manipulate and deceive. Creating a state of panic, using influence, manipulation tactics, or causing feelings of trust are all methods used to put a victim at ease.“ (Hadnagy 2011: xv)

Aus diesen vier Gründen ergibt sich ein offensichtliches Ungleichgewicht zwischen Angreifern und Angegriffenen. Es ist grundsätzlich schwerer, Daten, welche potentiell Träger personenbezogener Informationen sind, so zu kontrollieren, dass sie nur in bestimmten, vorgegebenen Systemkontexten sicher zirkulieren, als Daten beliebig über verschiedene Systemkontexte hinweg zu leiten und zu verteilen. Aus diesem Umstand kann theoretisch abgeleitet werden, dass Informationsströme umso liquider werden, je mehr informationstechnische Systeme in einem Netzwerk zusammengeschlossen werden.

Als Gegengröße zum Hacking und zu den schwindenden Kontrollmöglichkeiten von Daten- und Informationsströmen wirkt die Institution der IT-Sicherheit. Sie dient, abstrakt gesagt, der Errichtung und dem Schutz von Barrieren, welche die unerwünschte Verbreitung von Daten und datengetragenen Informationen verhindern sollen. Sichere Systeme sind Systeme, welche vor äußerem Eindringen und damit einer ungewollten Überführung von Daten an Dritte geschützt sind. Doch die Errichtung von Barrieren innerhalb miteinander vernetzter informationstechnischer Systeme widerspricht dem Prinzip des Netzwerks an sich. Differenzieren lässt sich hierbei zwischen logischen und physischen Barrieren. Während logische Barrieren in Form etwa von Partitionen nur einen schwachen Schutz bieten, bietet eine physische Trennung starken Schutz. Physische Barrieren sind punktuelle Entnetzungen. Wenn mit der Errichtung eines komplexen Netzwerks Vulnerabilitäten kreiert werden, steigert folglich die Entnetzung die Resilienz und Sicherheit von Systemen. Das bedeutet nicht, dass über einen Air Gap aus einem Computernetzwerk herausgenommene informationstechnische Systeme nicht dennoch beispielsweise über GSM-Funkfrequenzen (Roos 2015), durch über Temperaturschwankungen übermittelte Signale (Scherschel 2015a) oder durch Radiowellen (Khandekwal 2015) angegriffen werden könnten, allerdings sind diese Angriffe im Vergleich zu Angriffen, welche gegen vernetzte Computer ausgeübt werden können, sehr schwach.

Da die technologische Entwicklung sowie die steigende Anzahl und omnipräsente Verfügbarkeit internetfähiger informationstechnischer Systeme einen relativ eindeutigen globalen Trend markiert, ist gleichsam von steigenden IT-

Sicherheitsrisiken auszugehen. „Networks have too many holes, too many openings […].“ (Bogard 2006: 118) Es ist, in der Logik des Datenschutzes und des Schutzes sicherheitssensibler Anwendungen, kontraintuitiv,

> „Systeme immer stärker interoperabel zu machen und sie in immer größeren Netzwerken zusammenzubringen. Interoperabilität bedeutet nichts anderes als eine breite Standardisierung für einen Zugang über Netzwerke. Man erhöht also die Menge der systemübergreifenden Verwundbarkeiten – eine Goldmine für jeden Angreifer.“ (Gaycken 2011: 69 f.)

Die Steigerung der Interoperabilität und der Interkonnektivität informationstechnischer Geräte ist jedoch das schlechthinnige Strukturmoment der Informationsgesellschaft (Castells 2010: 17). Und gewissermaßen als Symptom dieses Strukturmoments, als Symptom des globalen Trends zur potentiell unkontrollierten Freisetzung von Daten- und Informationsströmen, treten von einer Stimmung der Besorgnis, Angst und Unsicherheit gefärbte Diskurse etwa um verbleibende Möglichkeiten des Datenschutzes oder um den Verlust der Privatheit auf. Die normativ geladene Forderung nach dem Schutz von Informationen, nach dem Erhalt der informationellen Privatheit ist der anachronistische Überhang der Semantik einer Gesellschaft, welche keine Computernetzwerke besaß. „Zeitgenössische digitale Praktiken [unterlaufen] das bürgerliche Privatheitsverständnis grundlegend.“ (Ochs 2015: 1) Die neue Interkonnektivität globaler Kommunikations- und Informationsnetzwerke bedeutet eine gigantische gesellschaftliche Herausforderung. Dies gilt nicht nur für das digitale Identitätsmanagement oder die Mediennutzungspraxis, sondern auch für die IT-Sicherheit. Hier treten verschiedene Technologien als Gegengrößen zu den Risiken des informationellen Kontrollverlusts auf. Darunter sind beispielsweise Kryptosysteme, Filter, Firewalls, Passwortabfragen, Rechteverwaltungen oder Privatsphäreeinstellungen zu zählen. Alle diese Technologien steigern die „ontological friction“ im Rahmen vernetzter informationstechnischer Systeme und sollen im Folgenden genauer besprochen werden.

Unter den Bedingungen der „networked public sphere“, der dichten Vernetzung informationstechnischer Systeme sowie der potentiell unkontrollierten Freisetzung und Kontextübertretung von Daten- und Informationsströmen innerhalb des Netzwerks haben sich kryptografische Verfahren als vielversprechendste Möglichkeit zum Datenschutz respektive zur Errichtung von stabilen, gegen Angreifer geschützten Informationsbarrieren bewährt. Allgemein gesprochen basieren kryptografische Verfahren auf mathematischen Problemen, welche nur äußerst schwer beziehungsweise nur mit riesigen Rechenressourcen, also ausreichend Zeit, Prozessoranzahl, Speicher et cetera, rechnerisch gelöst werden können. Die Auflösung dieser mathematischen Probleme ist immer dann erforderlich, sobald man keine Berechtigung hat, auf bestimmte Informationen zuzugreifen. Andernfalls ist man, zumindest der Theorie nach, im Besitz von Schlüsseln, mit denen das mathematische Problem nicht aufgelöst werden muss. Kryptografie schafft derart Informationssicherheit, da kryptografische Verfahren nur dann gebrochen werden können, wenn jene bislang praktisch ungelösten und nicht in Polynomialzeit auflösbaren mathematischen Verfahren doch praktisch innerhalb eines vertretbaren Zeitrahmens gelöst werden, was jedoch mit sehr hoher Wahrscheinlichkeit ausgeschlossen werden kann. Die Schwierigkeit der mathematischen Probleme, also etwa des RSA- oder Diffie-Hellman-Problems, garantiert die Sicherheit der Kryptosysteme.

Traditionelle kryptografische Verfahren setzen auf Secret-Key Kryptosysteme, bei denen die Kommunikationspartner jeweils denselben Schlüssel zur Entschlüsselung übermittelter Informationen verwenden, welcher geheim gehalten werden muss. Diese Secret-Key Kryptosysteme sind im Rahmen von internetbasierten Anwendungen jedoch ungeeignet, da der Schlüsseltausch, welcher eingangs des Informationsaustausches zwischen den Kommunikationspartnern durchgeführt werden muss, eine Schwachstelle darstellt, welche von Angreifern ohne große Aufwendungen ausgenutzt werden kann. Moderne Kryptografie setzt daher auf asymmetrische Public-Key Kryptosysteme, bei denen jeweils verschiedene, also geheime und öffentliche Schlüssel zur Anwendung kommen.

Kryptosysteme sollen zum einen die Vertraulichkeit der Kommunikation beziehungsweise der Informationsübermittlung sichern und zum anderen die Integrität der übermittelten Informationen garantieren. Vertraulichkeit bei der elektronischen Telekommunikation kann durch den Einsatz sicherer Verschlüsselungsmethoden hergestellt werden, sodass überhaupt die Bedingungen dafür geschaffen sind, dass geschützte Informationen verdatet an einen Kommunikationspartner übermittelt werden. Zudem ist die Integrität von Informationen immer dann gegeben, wenn sichergestellt werden kann, dass die Informationen bei ihrer Übermittlung über einen potentiell unsicheren Kommunikationskanal zwischen Sender und Empfänger nicht manipuliert worden sind. Insgesamt schaffen Verschlüsselungstechnologien so die Bedingungen für die Herstellung kontextueller Integrität im Rahmen der über informationstechnische Systeme vermittelten Telekommunikation. Das bedeutet, dass kryptografische Verfahren dafür geeignet sind, verschiedene sozial entstandene Informationskontexte innerhalb informationstechnischer Systeme so zu reproduzieren, dass die jeweils fraglichen Normen des angemessenen Informationsflusses, welche bestimmen, wer Empfänger bestimmter Informationen sein darf und wie Informationen verbreitet werden dürfen, auch im Rahmen vernetzter informationstechnischer Systeme eingehalten werden können. Kryptografische Verfahren sind daher eine der Technologien schlechthin, mit welcher dem globalen Trend der wachsenden Liquidität von Daten- und Informationsströmen beziehungsweise der sinkenden „ontological friction“ sowie den Risiken informationeller Kontrollverluste entgegengesteuert wird.

Studien, in denen erhoben wurde, welche Bandbreite verschiedene Formen des Datenverkehrs im Internet belegen, zeigen, dass der Anteil der Daten, welche sowohl im Fest- als auch im Mobilfunknetz über verschlüsselte Verbindungen ausgetauscht werden, in der Folge der Snowden-Enthüllungen signifikant zugenommen hat. So kann eine Verdopplung des verschlüsselten weltweiten Datenverkehrs seit dem NSA-Skandal verzeichnet werden (Sandvine 2014). Doch obwohl der NSA-Skandal diesen Effekt gezeitigt hat, bestehen auch weiterhin Forderungen nach der Ausweitung des Einsatzes von Verschlüsselungsverfahren. Aus der Wissenschaft selbst kommt von Kryptographen wie Rogaway die Mahnung, Kryptografie als politisches Werkzeug wiederzuentdecken und einzusetzen (Rogaway 2015). Ferner plädiert der Sonderbeauftragte der Vereinten Nationen für Meinungsfreiheit Kaye für ein Menschenrecht auf Verschlüsselung (Kaye 2015). Staaten, so Kaye, sollen durch eine starke Datenschutzrechtsetzung den Einsatz von Verschlüsselung fördern, damit beispielsweise möglichen Einschränkungen des Rechts auf freie Meinungsäußerung vorgebeugt werden kann. Kaye spricht sich ferner dafür aus, dass Verschlüsselungsprogramme nicht mit Hintertüren versehen werden sollen. Wenn überhaupt staatliche Akteure die Genehmigung dafür erhalten sollten, auf verschlüsselte Kommunikation mit der Absicht der Entschlüsselung zuzugreifen, dann dürfe dies nur im Einzelfall geschehen und nur dann, es eine klare, nachvollziehbare Rechtsgrundlage dafür gäbe. Fraglich bleibt dann nur, inwieweit Staaten überhaupt technisch in die Lage versetzt werden können, nicht-kompromittierte Kryptosysteme aufzubrechen – schließlich hilft auch konzentrierte Staatsmacht nichts bei der Lösung praktisch nicht-lösbarer mathematischer Verfahren.

> „[...] the universe, our physical universe, has that property that makes it possible for an individual or a group of individuals to reliably, automatically, even without knowing, encipher something, so that all the resources and all the political will of the strongest superpower on earth may not decipher it. And the paths of encipherment between people can mesh together to create regions free from the coercive force of the outer state. Free from mass interception. Free from state control.“ (Assange 2012: 5)

Die hohe Sicherheit kryptografischer Verfahren, welche auf mathematischen Problemen basiert, deren Lösung, wie aus dem Gesagten deutlich wird, auch kapitalstarke soziale Akteure nicht ohne weiteres herbeiführen können, macht sie zu dem Werkzeug der IT-Sicherheit schlechthin. Während digitale Medien das komplexe Arrangement des Managens von Informationsflüssen prinzipiell destabilisieren und bedingen, dass die über soziale und psychische Mechanismen gesteuerte Regulation und Restriktion von Informationsflüssen partiell außer Kraft gesetzt wird, dienen Kryptosysteme der Wiederherstellung von Informationskontrolle und -sicherheit. Sie schaffen Barrieren, welche Daten und Informationen nicht ohne weiteres übertreten können.

Ganz ähnlich wirken Filter. Sie kommen im Internet immer dann zum Einsatz, wenn bestimmte Informationen zensiert beziehungsweise nicht unkontrolliert verbreitet werden sollen. Dies betrifft in der Regel solche Informationen, welche von staatlichen Akteuren als Gefahr für die innere Sicherheit, den eigenen Machterhalt oder etablierte soziale Normen und Ideologien erachtet werden. Im Internet gefiltert und zensiert wird insbesondere in Ländern des mittleren Ostens, in Nordafrika, Asien und in den Pazifikstaaten sowie in den Nachfolgestaaten der Sowjetunion (Deibert et al. 2008; Goldsmith/Wu 2006: 87 ff.). Konkret betroffen sein können Informationen aus den Themenbereichen Menschenrechte, politischer Widerstand, Geschichte, Extremismus, Pornografie, Drogen et cetera. Gleichsam von Zensurmaßnahmen betroffen sind daneben Webseiten, welche Informationen oder Tools für die Umgehung von Sperren bereitstellen. In den genannten Bereichen werden Informationsbarrieren errichtet, indem im Wesentlichen auf zwei Funktionsstellen im Internet zugegriffen wird. Zum einen werden die Internet Service Provider (ISP) durch staatliche Organe dazu gezwungen, bestimmte Inhalte zu blockieren, oder es werden Veränderungen direkt am Backbone vorgenommen. Gängige Methoden sind dabei die Blockierung bestimmter IP-Adressen, URLs oder die Manipulation des Domain Name Systems (Faris/Villeneuve 2008). Dazu kommen Möglichkeiten, Inhalte über das Transmission Control Protocol/Internet Protocol (TCP/IP) zu blockieren, es können Proxys eingerichtet werden, über welche ein gefilterter Internetzugang ermöglicht wird, Domains können abgemeldet oder Server, welche „kritischen" Content hosten, abgeschaltet oder Denial-of-Service Attacken (DoS) gegen bestimmte Server gerichtet werden (Murdoch/Anderson 2008: 58 ff.).

Keine dieser Methoden ist jedoch zuverlässig. Personen, welche Computer beziehungsweise allgemein digitale Medien in ihren Standardeinstellungen belassen, werden lediglich ein gefiltertes Internet nutzen können. Jedoch können wenige softwareseitige Veränderungen an Netzwerkeinstellungen bereits dazu führen, dass die meisten Methoden, mit denen Daten- und Informationsströme gefiltert werden, umgangen werden können. „Citizens with technical knowledge can generally circumvent any filters that a state has to put in place." (Zittrain/Palfrey 2008: 34) So können etwa Filtermethoden, welche auf die Manipulation des DNS setzen, umgangen werden, indem alternative DNS-Server benutzt werden. Auf dem TCP/IP basierende Filtermethoden können durch den Einsatz von anonymen Proxy-Servern abgewandt werden. DoS-Angriffe oder Serverabschaltungen können umgangen werden, indem Webseiten auf neuen Servern aufgesetzt werden. Alle diese Maßnahmen erfordern Aufwand, führen aber dazu, dass Informationsbarrieren nicht mehr effektiv wirken. Filter und Zensurmechanismen sind demnach zwar Methoden, über welche versucht wird, Kontrolle über die Verbreitung von Informationen auszuüben. Allerdings ist diese Form der Kontrolle äußert „brüchig", da sie im Grunde lediglich eine schwache Reaktion auf neue, weitreichende Informationsverbreitungsmöglichkeiten durch das Medium Internet ist, welche sich in der Gestalt von sozialen Netzwerken, Nachrichtenportalen, Blogs et cetera manifestieren.

Dennoch versuchen Staaten immer wieder, Zensur- und Filtertechniken, welche zu Zwecken der Informationskontrolle im Internet eingesetzt werden, anspruchsvoller zu gestalten, um technische Schlupflöcher, mit denen Zensur umgangen und Informationen freier verbreitet werden können, zu schließen. Deibert und Rohozinski differenzieren zwischen drei Generationen an Filtertechniken (2010b). Die erste Generation umfasst die oben beschriebenen Methoden, also die Blockierung bestimmter Internetadressen über die Sperrung von Servern, Domains oder IP-Adressen. Die zweite Generation der Filtertechniken umfasst die Schaffung eines „zensurfreundlichen" Rechtsraumes, welcher Zensurmaßnahmen insofern vereinfacht, als dass seitens des Rechts „illegale" Inhalte definiert werden können, welche daraufhin gezielt der Zensur unterzogen werden können. Auch werden Zensurmechanismen insofern verfeinert, als dass Informationen nur noch zu bestimmten Zeitpunkten, etwa während politischer Wahlen oder Demonstrationen, gefiltert werden. Die dritte Generation schließlich beschreibt multidimensionale Ansätze zur Internetzensur, welche weniger auf die Zugangsverweigerung hinsichtlich bestimmter Inhalte im Internet abzielen, sondern vielmehr auf die gezielte Demoralisierung und Verleumdung von Akteuren, welche unerwünschte Informationen verbreiten wollen, etwa durch staatlich finanzierte Informationskampagnen, welche jedoch auf eine Desinformierung der Bürger abzielen. Sämtliche Maßnahmen erwirken, abstrakt gesprochen, eine Steigerung der „ontological friction" innerhalb der Infosphäre des Internets. Die Transaktionskosten, welche bei der Übermittlung von Informationen anfallen, werden durch Filter- und Zensurtechniken erhöht, da spezielle Aufwendungen erforderlich sind, um unter eingeschränkten kommunikationstechnischen Voraussetzungen Informationen dennoch möglichst frei verbreiten zu können.

Angemerkt werden kann, dass es an dieser Stelle nicht darum gehen soll, verschiedene Sets an Normen, welche jeweils unterschiedliche Vorstellungen über angemessene Informationsverbreitungsradien umreißen und ausgestalten sollen, ethisch zu bewerten. Freilich ist der Schutz beziehungsweise die Aufrechterhaltung der Integrität von Informationskontexten nicht generell wünschenswert, etwa wenn es um Zensur, manipulative Öffentlichkeitsarbeit oder die Verschleierung von eindeutig sozial schädlichen Normverletzungen geht. Die Vorstellungen darüber, ob Informationskontexte schützenswert sind oder nicht, muss von Fall zu Fall neu erwogen werden. An dieser Stelle jedoch soll es allein um die Darstellung der verschiedenen technischen Möglichkeiten gehen, über soziale Praktiken eingerichtete Informationskontexte und Informationsbarrieren innerhalb informationstechnischer Systeme zu reproduzieren.

Neben kryptografischen Verfahren und Filtern geraten ferner Firewalls in den Blick. Firewalls sind soft- oder hardwarebasierte Barrieren zwischen Einzelrechnern oder lokalen Computernetzen und dem Internet. Sie trennen vertrauenswürdige informationstechnische Systeme von nicht-vertrauenswürdigen Computernetzen, typischerweise dem Internet, ab. Firewalls dienen der IT-Sicherheit insofern, als dass sie den nicht-autorisierten Zugriff auf informationstechnische Systeme sowie deren Daten- und Informationsbestände durch externe Angreifer verhindern sollen. Eine Firewall spannt sich zwischen dem Internet und dem zu schützenden Computersystem auf, sodass mögliche Angriffe an der Firewall abgeblockt werden. Die Firewall kann dabei auf dem zu schützenden Computer selbst oder auf externen Geräten eingerichtet werden. Der Begriff der Firewall stammt vermutlich aus der Luftfahrt. Hier werden insbesondere in kleinere Flugzeuge feuerfeste Platten zwischen Motorraum und Kabine eingebaut, um die Passagiere vor Feuer zu schützen (Hubbard/Sager 1997: 94). Im Zusammenhang mit informationstechnischen Systemen geht es um die Überwachung des Datenverkehrs innerhalb von Netzwerken sowie daran anschließend um das Blocken bestimmter Datenpakete von unerwünschten IP-Adressen. Die Firewall prüft entsprechend vordefinierter Regeln jedes aus dem Internet ankommende Datenpaket durch das Auslesen ihrer Header auf seine Absender- und Ziel-IP-Adresse, sie prüft verwendete Port-Nummern und Netzwerkprotokolle. Datenpakete werden gemäß jener Prüfung abgelehnt, verworfen oder, sofern sie keine Sicherheitsbestimmungen verletzen, „durchgelassen“ (Rao/Nayak 2014: 209 ff.).

Eine weitere, sehr grundlegende Technologie zur Verwaltung geschützter Daten und Informationen beziehungsweise, allgemeiner gesprochen, zur Steigerung der „ontological friction“ im Rahmen informationstechnischer Systeme, stellen Passwortabfragen dar. Nahezu jeder Dienst oder jede Plattform, seien es Webseiten, Betriebssysteme oder Programme, erfordern die Erstellung eines „Benutzer-Kontos“, auf welches jeweils nur über eine Passwortabfrage zugegriffen werden kann. Passwortabfragen sind klassische Authentifikationsverfahren. Diese werden differenziert in Verfahren, in denen jemand etwas bestimmtes wissen (Passwort), haben (Smartcard) oder sein (Biometrie) muss, um autorisiert zu werden, auf bestimmte Informationsbestände zugreifen zu können. In der Informationssicherheit fallen Passwortabfragen in die Klasse der Nachweise, dass man etwas weiß, nämlich das geheime Passwort. Obwohl Passwortabfragen bei unzähligen Diensten und Plattformen zur Anwendung kommen, sind sie relativ unsicher (Maus 2008: 537). Durch Keylogger können auf der Benutzeroberfläche eingegebene Passwörter abgegriffen werden. Shoulder Surfing ermöglicht das unmittelbare visuelle Abgreifen eingegebener Passwörter. Über Phishing-Angriffe können durch gefälschte Benutzeroberflächen eingegebene Passwörter und Benutzernamen abgegriffen werden. Phishing-Angriffe sind zum Social Engineering zu zählen, über das für Angreifer weitere Möglichkeiten bestehen, in den Besitz von Passwörtern zu kommen. Ebenso können über Man-in-the-Middle-Angriffe Passwörter über unsichere Kommunikationskanäle abgezogen werden. Passwörter, welche nur eine geringe Qualität aufweisen – also weniger als acht Stellen besitzen, nicht aus Groß- und Kleinbuchstaben zusammengesetzt sind oder keine Zahlen und Sonderzeichen beinhalten –, können ferner gemäß dem Fall, dass kein sicherer Login Lockdown installiert ist, rasch über Brute-Force-Angriffe geknackt werden. Eine weitere Gefahr stellt das Passwort-Recycling dar, also die Verwendung eines Passworts für mehrere Dienste oder Plattformen, da im Fall eines erfolgreichen Abgreifens des Passworts der Angreifer sogleich Zugriff auf mehrere geschützte Informationsbestände hat. Trotz der Gefahren werden Passworttechnologien, wie erwähnt, als gängige Methode in der Informationssicherheit eingesetzt.

Neben der Zugangskontrolle, welche über Passwortabfragen ausgeübt wird, existiert mit der Zugriffskontrolle eine Möglichkeit, zu prüfen, ob ein Nutzer die benötigten Rechte besitzt, um bestimmte Operationen im Rahmen informationstechnischer Systeme auszuführen. Die informationstechnische Rechteverwaltung umfasst dabei typischerweise Schreib-, Lese-, Änderungs-, Lösch- oder Ausführrechte, welche in einer Zugriffskontrollmatrix gespeichert werden (Federrath/Pfitzmann 2011: 878). Diese gibt für verschiedene Nutzer an, welche Rechte sie im Hinblick auf bestimmte Daten- beziehungsweise Informationsbestände besitzen. Neben den Nutzern oder Anwendern zählen Systemadministratoren zu den zentralen Akteuren in der Rechteverwaltung. Sie weisen erstgenannten Akteuren verschiedene Privilegien zu oder entziehen diese und üben so eine relative Daten- und Informationskontrolle aus. Zentral sind dabei Lese- und Schreibrechte, wobei typischerweise jeder Nutzer, welcher Leserechte für eine bestimmte Klasse an geschützten Daten besitzt, gleichzeitig über Leserechte für alle darunter liegenden Klassen verfügt. Umgekehrt hat ein Nutzer, welcher Leserechte für eine bestimmte Klasse an geschützten Daten besitzt, nicht gleichzeitig auch Schreibrechte für darunter liegende Klassen (Kersten/Klett 2015: 206). Damit soll verhindert werden, dass geschützte Informationen in unzureichend geschützte Datenbestände eingeschrieben werden und die Informationen dadurch einem erweiterten Empfängerkreis zur Verfügung stehen. Dennoch sind auch Rechteverwaltungen im Rahmen informationstechnischer Systeme anfällig für informationelle Kontrollverluste. Diese entwickeln sich unter anderem aus der raschen Unüberschaubarkeit der eingerichteten Rechtebeziehungen beziehungsweise der Zugriffskontrollmatrizen. Weniger problematisch als Zugriffsverwehrungen gegenüber eigentlich berechtigten Anwendern sind dabei Zugriffsermöglichungen gegenüber nicht-berechtigten Anwendern. Hierbei werden Informationen rasch in unerwünschter Weise verbreitet und gegenüber Dritten zugänglich gemacht.

Eine weitere Methode, welche der Informationskontrolle sowie der Ausdifferenzierung von Informationskontexten im Rahmen digitaler Informations- und Kommunikationstechnologien dienen soll, sind Privatsphäreeinstellungen, welche von der Mehrheit der Social-Media-Nutzer in restriktiver Weise benutzt werden (Utz/Kramer 2009; Stutzman/Hartzog 2012; Stutzman/Kramer-Duffield 2010; Adu-Oppong et al. 2008). Privatsphäreeinstellungen sind Teil von vielen digitalen sozialen Netzwerken und erlauben dort die Erstellung von Gruppen oder „Kreisen“, welche aus einer Menge ausgewählter Personen bestehen, an welche bestimmte Inhalte exklusiv, also in Form einer „konditionalen Selbstauskunft“ (Ruddigkeit et al. 2013) adressiert werden sollen. Typischerweise sind Gruppen oder „Kreise“ virtuelle Rekonstruktionen sozialer Kontexte wie etwa der Familie, des Freundeskreises, der Arbeits- oder Vereinskollegen. Dabei muss jedoch kritisch bedacht werden, dass diese virtuelle Trennung verschiedener sozialer Kontexte nur auf der Ebene des Front-Ends geschieht. Auf der Ebene des Back-Ends, auf welches etwa Plattformbetreiber, Drittfirmen, Hacker oder Geheimdienste Zugriff haben, wird sie wieder aufgehoben. Zwar signalisieren Plattformbetreiber wie etwa Facebook ein gewisses Entgegenkommen gegenüber den Forderungen nach Informationskontrolle und Privatheit, indem sie die Privatsphäreeinstellungen auf einfachem Wege zugänglich machen und die Komplexität der Bedienbarkeit möglichst gering halten, dennoch stellt die umfängliche Konfiguration der Privatsphäreeinstellungen hohe Anforderungen an die Plattformnutzer und ist selbst unter perfekter Bedienung lückenhaft und unzuverlässig (Zheleva/Getoor 2009: 531; Fowler 2012; Caspar 2013). Dennoch bleibt zu konstatieren, dass Privatsphäreeinstellungen im Zusammenhang mit Social-Media-Plattformen auf der Ebene des Front-Ends zu einer gewissen Erhöhung der „ontological friction“ (Floridi 2005) führen. Jedoch kann nicht die Rede davon sein, dass sie als veritable Methode der umfänglichen Informationskontrolle fungieren können.

Mit kryptografischen Verfahren, Filtern, Firewalls, Passwortabfragen, Rechteverwaltungen oder Privatsphäreeinstellungen sind an dieser Stelle nur exemplarisch einige von vielen weiteren Techniken herausgesucht und beschrieben worden, welche die Funktion besitzen sollen, die kontextuelle Integrität von in Form von digitalen Daten vorliegenden Informationen zu sichern. Alle der genannten Techniken wirken dem Trend von digitalen Medien entgegen, Informationen unabhängig von etablierten sozialen Kontexten freizusetzen und unkontrolliert erweiterten Empfängerkreisen zugänglich zu machen. Die genannten Techniken dienen der künstlichen Rekonstruktion von eigentlich sozial ausgehandelten Informationsbarrieren sowie sozial ausgehandelten Normen des angemessen Informationsflusses im Rahmen informationstechnischer Systeme. Die Bestimmung darüber, wer Empfänger bestimmter Informationen sein darf und wie Informationen verbreitet werden dürfen, kann derart unter den Bedingungen einer von digitalen Medien durchsetzten Informationsgesellschaft unter Idealbedingungen theoretisch weiterhin ausgeübt werden. Alle genannten Techniken fallen ins Repertoire der IT-Sicherheitstechnologien, welche dem Trend der zunehmenden Erweiterung der „networked public sphere", der freien „Durchlässigkeit" von Computernetzwerken entgegenwirken. Doch wie erfolgreich ist die IT-Sicherheit? Inwiefern kann sie Informationssicherheit und kontextuelle Integrität garantieren? Oder anders und allgemeiner gefragt: Inwiefern ist es in der Informationsgesellschaft praktisch möglich, Kontrolle über die Erhebung, Verarbeitung und Verbreitung von in digitalisierter Form vorliegenden Informationen auszuüben?

Kontrolle

Allgemein kann der Begriff der Kontrolle derart definiert werden, dass damit der gerichtete Einfluss eines Akteurs auf ein bestimmtes Objekt im Sinne eines vordefinierten Ziels gemeint wird. Die Kontrolle zu besitzen bedeutet, zum einen Einflussmöglichkeiten auf ein Objekt oder einen anderen Akteur zu besitzen und zum anderen diese Einflussmöglichkeiten so ausrichten zu können, dass sie einem vordefinierten Ziel oder Plan entsprechen. Der Begriff der Kontrolle ist herbei eng verwandt mit dem Begriff der Macht, der Regulierung oder der Leitung. Im Zusammenhang der Theorie der Informationsgesellschaft wird der Begriff der Kontrolle zum einen benutzt, um zu beschreiben, wie *durch* Informationen Kontrolle ausgeübt wird (Beniger 1986; Deleuze 1993). Zum anderen – und darum soll es in dieser Arbeit gehen – geht es um die Kontrolle *von* Informationen selbst. Informationskontrolle meint, dass ein sozialer Akteur bestimmen kann, ob und wie Informationen erhoben, verarbeitet und verbreitet werden. Die generelle Idee, dass Personen bestimmte Informationen, welche auf sie selbst bezogen sind, zu einem gewissen Grad kontrollieren können sollen, stammt aus verschiedenen Zweigen der Wissenschaft, darunter unter anderem der Sozialpsychologie oder den Medienwissenschaften, der Privatheits- oder Informationssicherheitsforschung. Zentral ist bei allen Disziplinen die Erkenntnis, dass eine bestimmte Form der persönlichen Informationskontrolle essentieller Bestandteil eines funktionierenden Identitätsmanagements ist, dass untereinander vernetzte informationstechnische Systeme diese Informationskontrolle jedoch unterwandern.

Obgleich sich die digitale Gesellschaft dadurch auszeichnet, eine Gesellschaft zu sein, in welcher die Möglichkeiten der Informationskontrolle sukzessive abnehmen und weniger werden, wird Kontrolle als solche „zum Kern politischer Forderungen" (Morozov 2014: 103). Die Gefechte um Datenschutz, IT-Sicherheit, Privatheit, Geheimhaltung, Öffentlichkeitsarbeit, Urheberrechte, digitales Rechtemanagement et cetera allerdings, welche auf der Idee der Wiedergewinnung von Kontrolle fußen, müssen verloren werden.

„The network disables a certain kind of control. The response of those who benefitted from that control is a frantic effort to restore it. Depending upon your perspective, restoration seems justified or not. But regardless of your perspective, restoration fails. Despite the best efforts of the most powerful, the control – so long as there is ‚an Internet' – is lost." (Lessig 2009)

Es wird in absehbarer Zeit nicht mehr darum gehen, letzte Grabengefechte um den Erhalt einer umfänglichen Kontrolle von Daten und Informationen zu fechten. „Wir müssen konstatieren, dass wichtige Teile der Sicherheits-Infrastruktur des zivilen Internets ausgehebelt und wirkungslos sind und außerdem, dass es für diverse davon abgedeckte Funktionen keine echten Alternativlösungen gibt." (Ruhmann 2014: 44) Vielmehr wird ein gesellschaftlicher Lernprozess stattfinden, innerhalb dessen gelernt wird, mit dem Kontrollverlust umzugehen, also das, wie Seemann (2014) es nennt, „neue Spiel" zu spielen. Während es, um ein anschauliches Beispiel zu nennen, im „alten Spiel" noch möglich war, Wachmänner neben Fotokopiergeräte zu positionieren, damit diese – wie in der Sowjetunion geschehen – beaufsichtigen und kontrollieren können, welche Informationen kopiert und verbreitet werden (Stallman 2012: 37), so sind diese Wachmänner heute nur noch in Form beispielsweise von einfach zu umgehender Internetzensur existent (Deibert et al. 2008) und die Kopiergeräte in Form von digitalen Aufzeichnungs- und Verbreitungsmedien wie Smartphones, Digitalkameras, Computern sowie sozialen Netzwerken, Blogs oder Wikis in den Händen nahezu aller (Pörksen/Detel 2012: 23; Shirky 2008).

Die Rede vom informationellen Kontrollverlust darf dennoch nicht missverstanden werden als Ausdruck dafür, dass es in der Informationsgesellschaft einen absoluten Kontrollverlust gibt, dass also generell nicht bestimmt, reguliert und gezielt beeinflusst werden kann, wie, wann und wo Daten, welche Träger von Informationen sind, erhoben, verarbeitet und verbreitet werden. Es wäre falsch, generalisierend von „dem" Kontrollverlust oder dem Ende „der" Kontrolle zu sprechen (Ochs 2015: 2). Vielmehr geht es um einen *relativen* informationellen Kontrollverlust, also um bestimmte Formen von Kontrolle, welche in bestimmten Fällen für bestimmte Akteure in unterschiedlich starkem Ausmaß verloren geht. Wenn also festgestellt wird, dass Nutzer digitaler Informations- und Kommunikationstechnologien einen Kontrollverlust erfahren hinsichtlich der Wahl, der Be- und Zustimmung darüber, welche Daten über sie erhoben, verarbeitet und verbreitet werden, dann bedeutet dies nicht, dass für alle Internetverwender zu jeder Zeit keine dieser Formen der Informationskontrolle bestehen würde. Freilich verfügen beispielsweise Geheimdienstmitarbeiter, welche innerhalb ihrer Behörde umfängliche Benutzerrechte an den verfügbaren Computersystemen besitzen, über mehr Möglichkeiten, etwa die Verarbeitung und Auswertung großer Datenbestände, welche personenbezogene Informationen enthalten, zu regulieren, als private Endanwender mit nur durchschnittlichem Know-how dies können.

Im Rahmen dieser Arbeit und immer dann, wenn vom informationellen Kontrollverlust die Rede ist und keine weiteren Spezifikationen angeführt sind, soll damit eine Form des Kontrollverlusts gemeint sein, wie sie sich aus der Perspektive privater Endanwender mit durchschnittlichem technischen Know-how und durchschnittlicher Medienkompetenz darstellt. Die gemeinte Gruppe der Endanwender hat keine erweiterten, über staatliche oder wirtschaftliche Institutionen vermittelte Möglichkeiten, auf die technische Infrastruktur des Internets zugreifen zu können und Datenströme darin steuern oder manipulieren zu können. Zudem verfügt der typische Endnutzer digitaler Medien nicht über Programmierkenntnisse oder ein erweitertes Verständnis von Computersprachen. Er kann Programme und Plattformen soweit bedienen und nutzen, als es deren Benutzerinterfaces über vorgesehene Eingaberoutinen beziehungsweise deren Bedienmöglichkeiten im Front-End zulassen. Fähigkeiten für eine Steuerung jenseits vordefinierter Interfaces und Eingabemöglichkeiten sind nicht vorhanden. Darüber hinaus verfügen Personen, welche in die Gruppe der durchschnittlichen Endanwender fallen, über durchschnittlich ausgeprägte Medienkompetenzen, was bedeutet, dass sie ein komplexes digitales Identitätsmanagement betreiben und über Techniken der gezielten Selbstdarstellung in sozialen Netzwerken verfügen. Gleichzeitig können die eingeübten Routinen des Identitätsmanagements aber rasch durch unvorhergesehene, nicht geplante Begebenheiten wie individuelle Fehler, externe Eingriffe, technisches Unwissen oder plötzliche Oberflächenveränderungen durchbrochen werden, sodass es zum Kollabieren von Kontexten sowie zu Konflikten zwischen verschiedenen Rollen- und Normanforderungen kommt.

Die Differenzierung zwischen verschiedenen Perspektiven und Akteuren, welche mehr oder minder betroffen sind von den Auswirkungen und vielfältigen Folgen des informationellen Kontrollverlusts, erfordert zudem eine Differenzierung zwischen verschiedenen Ebenen, auf denen im Kontext vernetzter informationstechnischer Systeme Kontrolle ausgeübt werden kann und auf denen jeweils unterschiedlich geartete Kontrollmöglichkeiten und -mechanismen bestehen. Verschiedene Autoren haben hier gesonderte Konzepte entwickelt.

Castells beispielsweise unterscheidet mehrere Ebenen innerhalb des „space of flows". Diese umfassen die Ebene der Träger elektromagnetischer Impulse und elektronischer Schaltkreise, der Glasfaser- und Kupferkabel sowie der Funkverbindungen, die Ebene der Knotenpunkte, welche ermöglichen, dass Datenströme möglichst in intendierter Weise zwischen Sender und Empfänger respektive zwischen Servern, Hosts und Clients geleitet werden können sowie die Ebene der sozialen Zentren, durch welche über Machtstrukturen Einfluss auf die Funktionalität, Ausgestaltung und Schaltung von Informationsströmen genommen werden kann. Neben Castells differenziert Zittrain ferner zwischen der „physical layer", der „procotol layer", der „application layer" sowie der „social layer" (Zittrain 2008: 67). Zwischen den verschiedenen Ebenen bestehen operative Grenzen. Dies bedeutet, dass Akteure Veränderungen auf einer bestimmten Ebene vornehmen können, wobei sie die anderen Ebenen nur bedingt mitverstehen und mitberücksichtigen müssen. Zittrains Modell ist partiell angelehnt an die Requests for Comments (RFC) bezüglich der sogenannten Requirements for Internet Hosts (Braden 1989) beziehungsweise an das von der International Organization for Standardization (ISO) entwickelte Open Systems Interconnection Model (OSI-Modell) (Zimmermann 1980; Hall 2000: 7 ff.), welche jedoch ausschließlich Aspekte der technischen Architektur des Internets umfassen und die Sozialdimension dieser Architektur gänzlich außen vor lassen. Die RFC hinsichtlich der Requirements for Internet Hosts umfassen vier verschiedene Layer – „transport layer", „application layer", „Internet layer" und „link layer" –, welche hierarchisch ineinander verschachtelt sind. Die Transportschicht verhält sich dem Kommunikationsinhalt gegenüber neutral und steuert den fehlerfreien Austausch von Datenpaketen innerhalb eines Computernetzwerks. Die Applikationsschicht dagegen stellt sicher, dass Kommunikationsinhalte semantisch zugänglich gemacht werden können, also dass beispielsweise eine E-Mail gelesen oder eine Internetseite in lesbarer Form aufgerufen werden kann. Die Internetschicht steuert das Routing von Daten, bestimmt also die Wegewahl von Daten in einem Computernetzwerk. Die Linkschicht schließlich betrifft die technikspezifischen Protokolle, welche den Datenaustausch über verschiedene Hardwarekonfigurationen sicherstellt. Alle Layer sollen die Funktionalität des Computernetzwerks unter den Bedingungen möglichst flexibler Netzwerkmerkmale wie etwa unterschiedlicher Bandbreiten oder Paketgrößen oder des Ausfalls einzelner Netzwerkknoten garantieren. Als Erweiterung der Layer in den Requirements for Internet Host fungiert das OSI-Modell, welches nicht vier, sondern sieben verschiedene Ebenen ausdifferenziert, wobei jede Ebene spezifische Aufgaben und Anforderungen erfüllen muss, damit der Datenaustausch in Computernetzwerken in geordneter Weise funktionieren kann. Unterschieden wird zwischen der Bitübertragungsschicht, welche der „physical layer" von Zittrain entspricht. Darauf folgt die Sicherungsschicht, welche über verschiedene Protokolle den sicheren Transport von Datenpaketen regelt. Die Vermittlungs- sowie die Transportschicht regelt die „staufreie" Weitervermittlung von Datenpaketen. Die Sitzungsschicht dient dem Auf- und Abbau von Sitzungen, der Kontrolle des Datenaustausches sowie dem Erstellen von Sicherungspunkten bei der Datenübertragung. Die Darstellungsschicht schließlich hat die Aufgabe, ankommende Daten syntaktisch korrekt darzustellen und so für die Anwendungsschicht, die siebte und letzte Ebene, nutzbar zu machen. Alle Ebenen, welche im OSI-Modell zusammengefasst werden, lassen sich, um erneut eine Kategorie Zittrains aufzugreifen, unter die „protocol layer" subsumieren. Sämtliche Schichten des OSI-Modells werden über eine Vielzahl an Protokollen beziehungsweise Protokollfamilien gesteuert. Ein weiteres Layer-Modell stammt von Benkler, welcher zwischen „physical layer", „logical layer" und „content layer" differenziert (Benkler 1999). Regulierungsbemühungen betreffen demnach die physische Infrastruktur des Internets, Entscheidungen über das Design und die Funktionalität von Software sowie Fragen beispielsweise nach Urheberrechten, Privatheit oder Meinungsfreiheit im Internet. Ähnlich differenziert auch Berners-Lee zwischen der Ebene der Übertragungsmedien, der Ebene der Hardware, der Ebene der Software sowie der Ebene des Inhalts (Berners-Lee 2000: 129 f.).

Da die Requirements for Internet Hosts beziehungsweise das OSI-Modell ausschließlich auf die Netzwerktechnologie zentriert sind, Zittrains, Benklers oder Bernes-Lees Modelle jeweils nur sehr oberflächlich theoretisch gerahmt sind und Castells Modell des „space of flows" mitunter zu abstrakt und wenig präzise ist, scheint im Kontext der hier entwickelten Theorie des informationellen Kontrollverlusts eine Verbindung und Erweiterung der erwähnten Konzepte sinnvoll zu sein. Im Folgenden soll daher zwischen drei verschiedenen Ebenen differenziert werden, auf denen von verschiedenen Akteuren in jeweils anderer Form Kontrolle ausgeübt beziehungsweise Kontrollverluste erlitten werden. Betont werden muss, dass die Unterscheidung der drei Ebenen keine absolute ist und an vielen Stellen fließende Übergänge, Vagheit, Hybride und Entdifferenzierungstendenzen auszumachen sind. Dennoch kann die Differenzierung als nützliches heuristisches Theoriewerkzeug dienen, um Kontrolle und Kontrollverluste in der Informationsgesellschaft genauer beschreiben zu können, indem vorerst eine Ausdifferenzierung verschiedener Ebenen stattfindet, auf denen jeweils verschiedene Möglichkeiten der Ausübung von Kontrolle bestehen, welche die Erhebung, Verarbeitung und Verbreitung von Informationen beeinflussen.

Die erste Ebene soll, wie bei Castells, Zittrain, Benkler oder Berners-Lee, die physische Ebene der Verbindungen und Knotenpunkte innerhalb des Netzwerks sein, welche die materielle Infrastruktur des Internets bildet und den Fluss von Datenströmen und damit die Nutzbarmachung von Diensten und Plattformen ermöglicht. Die erste Ebene bilden alle Hardware- und Netzwerkkomponenten zusammengefasst, welche für die Nutzung vernetzter Informationssysteme erforderlich sind. Diese umfassen die Gesamtheit der physischen Bauteile von Computersystemen. Computersysteme können grob gesprochen Clients, Server oder Großrechner sein, welche jeweils unterschiedliche Prozessoren und Speichermedien besitzen. Regulierend wirken auf der ersten Ebene eine Vielzahl an Forschungsinstituten, Unternehmen und Behörden, welche sich um die Entwicklung, Herstellung sowie die Installation, Instandsetzung und Pflege jener Infrastruktur kümmern. Informationen, welche digitalisiert in Form von Bits gespeichert sind, wirken immateriell, können aber faktisch nicht existieren ohne eine Instanziierung in materieller Form auf der ersten Ebene. Daten, welche Träger von Informationen sein können, sind insofern materielle Objekte und abhängig von der ersten Ebene, als dass sie einen bestimmten materiellen Rahmen nicht verlassen können, nämlich jenen Rahmen, innerhalb dem sie auf verschiedenen Hardwarekomponenten gespeichert, bearbeitet und verbreitet werden können (Blanchette 2011; Hayles 1999: 13).

Aus der Perspektive der Gruppe der beschriebenen privaten Endanwender vernetzter digitaler Medien bestehen auf der ersten Ebene keine Möglichkeiten, zu kontrollieren, welche Funktionalität die innerhalb des globalen Netzwerks aus Servern und Hosts eingesetzte Hardware aufweist, wie sie genau arbeitet und wie Knoten innerhalb des Netzwerks miteinander verbunden werden. Regulierend agieren hier insbesondere die Internetprovider, welchen die Verwaltung der infrastrukturellen Grundlagen des Internets obliegt. Dabei können jene infrastrukturellen Grundlagen über verschiedene Kriterien klassifiziert werden (Lemke/Brenner 2015: 101). Erstens können physikalische Kriterien die Art des entweder kabelgebundenen oder funkbasierten Übertragungsmediums definieren. Strukturelle Kriterien definieren zweitens die Topologie eines Computernetzwerks dahingehend, zwischen welchen Rechnern überhaupt eine Verbindung zum Datenaustausch hergestellt wird. Geografische Kriterien definieren drittens, welche örtliche Ausdehnung ein Computernetzwerk besitzt. Organisatorische Kriterien bestimmen viertens, welches Betreibermodell ein Netzwerk besitzt, also ob es sich beispielsweise um ein öffentliches oder privates Netzwerk handelt. Und Leistungskriterien legen fünftens fest, welche Übertragungskapazitäten Computernetzwerke besitzen, also wie hoch die maximal mögliche Datenübertragungsrate in einem bestimmten Zeitrahmen ist.

Das Fundament der ersten Ebene bildet das Backbone-Netz, welches in der Regel aus Glasfaserkabelverbindungen in Form von See- und Landkabeln besteht, welche durch ihre großen Datenübertragungsraten als zentrale Kanäle für globale Datenströme fungieren. Betrieben wird das Backbone-Netz von Telekommunikationsunternehmen, verlegt wird es unter anderem von Energieversorgern, wobei vorhandene Stromnetze als Gerüst dienen, um entlang desselben Glasfaserkabel zu verlegen. Als Knoten innerhalb des Backbone-Netzes arbeiten Backbone-Router, welche Datenpakete möglichst schnell zu anderen Routern weiterleiten, wobei über Routingtabellen die Zieladresse der Datenpakete bestimmt werden können. Neben dem globalen Kabelsystem, welches die grundlegende Infrastruktur für die Benutzung des Internets bildet, decken auch Funknetze (GPRS, UMTS, LTE et cetera) immer größere Bereiche ab, sodass zusätzliche Verbindungsmöglichkeiten zum Internet erzeugt werden. Dies ermöglicht immer mehr Personen und Organisationen, am digitalen Wandel teilhaben zu können. Die zunehmende Allgegenwart an stationären und mobilen Internetverbindungsmöglichkeiten geht mit einer zunehmenden Allgegenwärtigkeit von Informations- und Kommunikationstechnologien einher. Die relative Abhängigkeit von diesen Technologien erhebt die materiellen Ressourcen, welcher zur Nutzung des Internets erforderlich sind, in den Stand der „kritischen Infrastruktur" und setzt sie auf das Niveau anderer Infrastrukturen wie beispielsweise der Wasser- oder Stromversorgung. Internetkonnektivität ist zu einem zentralen Grundbedürfnis der Bürger in modernen Informationsgesellschaften geworden, sodass die intakte Funktionalität des Internets besonderen Schutzbemühungen unterliegt. Genau genommen geht es bei der Sicherstellung der Funktionalität des Internets jedoch nicht ausschließlich um die Erhaltung bloß der Kommunikationsinfrastruktur der Informationsgesellschaft, sondern darüber hinaus ist das Internet zu einer Art Metainfrastruktur geworden ist, von welcher andere Infrastrukturen in hohem Maße abhängig sind. Weder das Banken- oder Finanzwesen noch die Versorgung mit Wasser oder Strom, die Steuerung des Straßen- oder Schienennetzes oder die Gesundheitsversorgung hypervernetzter Informationsgesellschaften funktionieren ohne eine adäquat intakte IT-Infrastruktur (Lemke/Brenner 2015: 94 f.).

Die IT-Infrastruktur jedoch besitzt für sich alleine genommen, verstanden als bloßes Konglomerat an Hardwarekomponenten, keine Funktionalität ohne entsprechende dazugehörige Software. Hard- und Software stehen in einem gegenseitigen Abhängigkeitsverhältnis zueinander. Die materielle Infrastruktur miteinander vernetzter Informations- und Kommunikationstechnologien wird erst durch die darauf betriebene Software „zum Leben erweckt" und umgekehrt kann keine Software ausgeführt werden ohne Hardware, auf welcher sie laufen kann. Hier überschneiden sich die erste Ebene der materiellen Infrastruktur des Internets sowie die zweite Ebene der Computer- und Maschinensprachen.

Die zweite Ebene bildet folglich die Ebene der Codes, Algorithmen, Protokolle, Computer- und Maschinensprachen. Sie bildet nicht den Kommunikationsraum gewöhnlicher Endnutzer, sondern einen von Informatikern, Softwareingenieuren oder Hackern verwalteten Datenraum. Kern der zweiten Ebene ist, dass sich auf ihr jene fundamentalen Prozesse abspielen, welche die einfache, über benutzerfreundliche Interfaces strukturierte Nutzung des Internets und seiner Anwendungen überhaupt erst ermöglichen. Gleichzeitig besitzen diese im Back-End-Bereich angesiedelten Prozesse der Datensammlung, -verbreitung und -analyse gegenüber der Anwendungsebene beziehungsweise gegenüber privaten Internetanwendern mit durchschnittlichem technischem Know-how eine radikale Intransparenz (Pasquale 2015). Es kann nicht nachvollzogen werden, was gewissermaßen „unter der Oberfläche" passiert. Die zweite Ebene bildet, bildlich gesprochen, die Ebene der Interfacerückseiten. Um hier agieren zu können, ist „ein spezifisches Können im Blick auf die Kopplungen von Oberfläche und Tiefe" (Luhmann 1997: 304 f.) erforderlich. In der „Tiefe" der informationstechnischen Systeme handeln die Softwareingenieure, Programmierer oder Mathematiker, welche vermittelt über wissenschaftliche, wirtschaftliche oder staatliche Institutionen oder auf dem Wege des Hackings spezielle Zugriffsmöglichkeiten auf der Ebene der Codes, Protokolle, Algorithmen und Maschinensprachen besitzen und hierin gleichzeitig über weitreichende, häufig versteckte und daher oftmals nur unzureichend legitimierte Regulationsmöglichkeiten verfügen. Gefordert wird daher eine transparente Analyse von Netzwerken auf der „mikrotechnischen Ebene nichthumaner Maschinenpraktiken." (Galloway/Thacker 2014: 290) Dabei gilt es zu beachten, dass die politische Organisation von Computernetzwerken immer auch eine Organisation jener Maschinenpraktiken bedeutet (Goldsmith/Wu 2006).

Kritisch an der gängigen Praxis der Internet Governance wird mitunter gesehen, dass Regulierungsmaßnahmen auf der zweiten Ebene ausschließlich von einer kleinen Elite an Wissenschaftlern und Computerexperten bestimmt werden, welche keiner weiteren politischen Aufsicht unterliegen.

> „In this day and age, technical protocols and standards are established by a self-selected oligarchy of scientists consisting largely of electrical engineers and computer specialists. Composed of a patchwork of many professional bodies, working groups, committees, and subcommittees, this technocratic elite toils away, mostly voluntarily, in an effort to hammer out solutions to advancements in technology. Many of them are university professors. Most all of them either work in industry or have some connection to it." (Galloway 2004: 122)

Regulierungsprozesse im Internet werden von den davon betroffenen Personen in der Regel nicht als solche erkannt, da Modifikationen in Programmiercodes vorgenommen werden, welche von Laien nicht nachvollzogen werden können. Diese Modifikationen werden als gegeben hingenommen – und nur selten als gewissermaßen „politischer" Prozess erkannt, welcher der Legitimierung bedarf. Insbesondere im Rahmen nicht-generativer, rein applikativer Technologien tritt dieses

Problem in den Vordergrund. „Non-generative systems can grow and evolve, but their growth is channeled through their makers [...].“ (Zittrain 2008: 92) Während generative Technologien wie etwa das Betriebssystem Linux bis zu einem gewissen Maß von zahlreichen Nutzern mitentwickelt und mitgestaltet werden können, entfällt dies bei nicht-generativen Technologien wie Spielekonsolen, Smart-TVs oder Smartphones mit iOS oder Android. Gesonderter Betrachtung bedürfen quelloffene Programme (Stallman 2012), wie sie seitens der Open Source Initiative gefordert werden, da hier Audits der Funktionalität von Programmen vorgenommen werden können. Diese Audits obliegen jedoch wiederum Personen mit Programmierkenntnissen und sind für Laien nicht zugänglich.

Insbesondere die zweite Ebene scheint eine Ebene der starken Kontrollausübung zu sein. Galloway spricht von einem „totalisierende[n] Kontrollapparat“ (Galloway/Thacker 2014: 291) in Form von Protokollen, welche die technische Bildung von Computernetzwerken beherrscht. Anstatt Netzwerke über Begriffe wie „Anarchie“, „Rhizomatik“, „Heterarchie“ oder „Dezentralität“ zu charakterisieren, wie dies in der Netzwerkwissenschaft üblicherweise getan wird, beruft sich Galloway auf den hierarchischen Charakter der Organisation von Computernetzwerken. Denn jene Akteure, so die Argumentation, welche über die Ausgestaltung und den Einsatz von Protokollen, Programmiercodes oder Algorithmen entscheiden, sind gleichsam jene Akteure, welche über die Macht verfügen, qua Technik zu kontrollieren, wie Informationen sich innerhalb eines Computernetzwerks verbreiten können. Dabei wirkt der Code wie eine Art Gesetz für informationstechnische Systeme, was Lessig (2006) bekanntermaßen mit dem prominenten Ausspruch „code is law“ fasst. Wer über den Programmiercode und über die Protokolle verfügt, der wirkt gleichzeitig als eine Art Gesetzgeber.

> „As the world is now, code writers are increasingly lawmakers. They determine what the defaults of the Internet will be; whether privacy will be protected; the degree to which anonymity will be allowed; the extent to which access will be guaranteed. They are the ones who set its nature. Their decisions, now made in the interstices of how the Net is coded, define what the Net is. How the code regulates, who the code writers are, and who controls the code writers – these are questions on which any practice of justice must focus in the age of cyberspace.“ (Lessig 2006: 79)

Verschiedene Autoren sehen im Bereich dessen, was hier als zweite Ebene beschrieben wird, keinen Kontrollverlust, sondern im Gegenteil einen Zugewinn an Kontrollmöglichkeiten. Die Informationsgesellschaft sei demnach eine Gesellschaft, welche von neuartigen und sehr effektiven Kontrollmöglichkeiten durchzogen ist.

„It is common for contemporary critics to describe the Internet as unpredictable mass of data - rhizomatic and lacking central organization. This position states that since new communication technologies are based on the elimination of centralized command and hierarchical control, it follows that the world is witnessing a general disappearance of control as such. This could not be further from the truth." (Galloway 2004: 8)

Weil die Informationsgesellschaft gleichzeitig eine Netzwerkgesellschaft ist, welche über keine zentralen Steuerungsinstanzen mehr verfügt – wie dies historisch gesehen im Übrigen zuletzt in vorindustriellen Gesellschaften, welche stratifikatorisch ausdifferenziert waren, der Fall war –, kommt es, so ließe sich argumentieren, zu einem Wegfall von Kontrollmöglichkeiten. Unabhängig davon, dass diese von Galloway unterstellte Begründungsfigur nicht zwischen den hier angeführten Ebenen unterscheidet und daher nicht jenen Begründungsfiguren entspricht, welche, wie noch zu zeigen sein wird, im Wesentlichen zur Begründung des informationellen Kontrollverlusts herangezogen werden, widerspricht Galloway der paraphrasierten Argumentation und behauptet, dass sich auch und gerade in einer dezentral organisierten Netzwerkgesellschaft neue Formen und Mechanismen der soziotechnischen Kontrollausübung etabliert haben. Hier fasst Galloway insbesondere Netzwerkprotokolle ins Auge. Protokolle sind eine Grundvoraussetzung dafür, dass innerhalb eines Netzwerks verschiedene Netzwerkknoten überhaupt miteinander „kommunizieren" können. Ohne die gemeinsame Verwendung bestimmter Protokolle kann kein Computernetzwerk arbeiten. Demnach machen Protokolle zu einem wesentlichen Teil das aus, was an dieser Stelle mit dem Begriff der zweiten Ebene gefasst wird.

Galloway fasst die Protokollfamilie Transmission Control Protokoll/Internet Protocol (TCP/IP) oder andere Netzwerkprotokolle ins Auge, welche regulieren, wie Daten prozessiert und in Netzwerken zusammengeschalteter informationstechnischer Systeme verbreitet werden. Während TCP/IP ein strikt heterarchisch organisiertes Protokoll darstellt, da es erlaubt, dass jeder Host jeden anderen Host in einem Computernetzwerk erreichen kann, wird mit dem Domain Name System (DNS), welches der Vergabe von IP-Adressen und Top-Level-Domains dient und über welches seitens der kalifornischem Recht unterstehenden Internet Corporation for Assigned Names and Numbers (ICANN) entschieden wird, eine hierarchische Struktur etabliert. Über gerade einmal etwas mehr als ein Dutzend Root-Nameserver wird die Zuteilung von IP-Adressen entschieden. Secondary Nameserver beziehungsweise alle DNS-Server, welche nicht Root-Nameserver sind, unterstehen ebendiesen in einer hierarchischen Struktur. Änderungen auf der Root-Ebene können demnach drastische Auswirkungen für die Funktionalität des gesamten Internets haben. Beispielsweise können über DNS-Server weitreichende Zensurmaßnahmen realisiert und etwa die Abschaltung ganzer Dienste in bestimmten Ländern erwirkt werden (Murdoch/Anderson 2008: 60 f.). Theoretisch könnten auch ganze Länder vom Internet abgeschnitten werden. Wer die Kontrolle über die Root-Nameserver ausübt, übt gleichzeitig Kontrolle zwar nicht über die an den Benutzerschnittstellen ausgegebenen Inhalte, aber doch über die Verbreitung dieser Inhalte und damit über die korrekte Funktionalität des gesamten Internets aus. In einem strikt netzwerktechnischen Sinn sind es Protokolle, welche bestimmen, wie Daten- und damit Informationsströme sich verbreiten, welche „Wege“ entlang welcher Strukturen sie nehmen.

Ein Beispiel für einen Regulierungsversuch auf der zweiten Ebene, welcher sich jedoch mit der ersten Ebene verschränkt und über welchen die „Wegewahl“ von Daten- und Informationsströmen beeinflusst werden soll, ist das Konzept der nationalen Routingprogramme. Sie sind gleichfalls eine staatlich getragene Reaktion auf den informationellen Kontrollverlust. Über nationale Routingprogramme soll erwirkt werden, dass Datenströme innerhalb eines bestimmten Territoriums, also innerhalb bestimmter Nationalstaaten und damit innerhalb der Grenzen bestimmter Rechts- und Regulierungsräume bleiben soll. So kam im Zuge der Snowden-Enthüllungen in der Europäischen Union etwa die Idee eines „Schengen-Routings“ auf. Ziel des Schengen-Routings soll es sein, über innereuropäische Routingstrecken die „Angriffsfläche“ vor allem für nicht-europäische Geheimdienste zu reduzieren, da Datenströme nicht mehr über Server in nicht-europäischen Ländern geleitet werden sollen.

> „Die EU sollte Hosting- und Routingdienste für das eigene Territorium aufbauen, um von den USA unabhängiger zu werden. [...] Dabei geht es um informationelle Selbstbestimmung und Datenhoheit sowohl in sozialen Netzwerken wie ganz allgemein um die Frage vertrauenswürdiger und sicherer Kommunikationswerkzeuge.“ (Mühlberg 2013: 45 f.)

Eine derartige Nationalisierung des Internets bedingt eine Form der protokollbasierten „Entnetzung“, also die partielle Abkapselung von lokalen Netzwerken vom globalen Internet, sodass Angreifer, Datensammler und Netzspione ihre Aufwendungen für einen Angriff immens erhöhen müssten. Ein nationales Kurzstrecken-Peering hätte zur Folge, dass gewissermaßen die Strecke, auf welcher insbesondere Geheimdienste Abhörmaßnahmen ansetzen können, verkürzt wird. Ein Schengen-Routing würde über die Konfiguration von Routing-Tabellen eingerichtet, welche Weiterleitungen von Daten so erzwingen, dass ein nationaler Datenverkehr in bestimmten territorialen und rechtlichen Grenzen bleibt. Es soll darauf hingearbeitet werden, dass „rechtliche Garantien nicht durch die Wegewahl von

Datenpaketen unterlaufen werden. So sollte beim Routing das Prinzip des kürzesten Wegs gelten. Die (Um-)Leitung von Datenpaketen über Staaten mit unzureichendem Datenschutz sollte möglichst vermieden werden." (Schaar 2013: 127) Hinter der Idee des nationalen Routings steckt die Vorstellung, dass es mehr oder minder vertrauenswürdige Netze gibt. Einen sicheren Schutz vor Internetspionage bietet das fragmentierte, nationale Routing jedoch nicht. Letztlich würde lediglich die Kommunikation im Internet direkter – etwa im Rahmen eines rein innereuropäischen Emailverkehrs oder eines europäischen Cloud-Services. Ein Schengen-Routing würde bedeuten, dass eine europäische Serverlandschaft geschaffen würde, welche den Zugriff durch nicht-europäische Drittstaaten unterbinden könnte, indem Datenpakete bei Verbindungen innerhalb Europas nicht über außerhalb Europas stehende Server geleitet würden.

Jenseits der politischen Pläne für nationale Routingprogramme, deren tatsächliche Umsetzung im europäischen Raum wohl illusorisch sein wird, sind auf der zweiten Ebene eine Vielzahl an Institutionen bei der Verwaltung sowie der Betreibung des Internets involviert. Eine einheitliche Steuerungspolitik lässt sich dabei nicht ausmachen. Internet Governance findet nicht zentralisiert statt, sondern über Debatten in verschiedenen internationalen Foren sowie über die Koordination verschiedener Organisationen mit unterschiedlichen Mitbestimmungsbefugnissen (Saldias 2012; Goldsmith/Wu 2006). Als einzige wirklich zentrale Instanz wirkt die bereits erwähnte, nicht-staatliche, als Non-Profit-Organisation geführte, allerdings amerikanischem Recht unterstehende ICANN. Sollte neben der ICANN eine zweite Organisation mit ähnlichen Steuerungsabsichten in ein Konkurrenzverhältnis zur ICANN treten wollen, wäre mit einem Zerfall des globalen Internets in mehrere Intranets zu rechnen, wobei ein gegenseitiger Datenaustausch nur bedingt möglich wäre. So kann der ICANN zumindest auf der Ebene der Adressenverwaltung im Internet derzeit die Rolle der alleinigen Steuerungsinstanz zugestanden werden. Ohne die zentrale Verwaltung der funktionierenden Interkonnektivität des dezentralen Netzwerks Internet würden die Funktionserfordernisse, welche an dieses herangetragen werden, nicht erreicht werden können. Neben der ICANN gibt es die 2006 einberufene Diskussionsplattform des Internet Governance Forums (IGF), welches einen Multi-Stakeholder-Ansatz verfolgt, sodass diverse staatliche, wirtschaftliche sowie zivilgesellschaftliche Institutionen und Organisationen in ihm informell debattieren und sich miteinander koordinieren können. Hierbei geht es nicht darum, den Befugnis- und Verantwortungsbereich der ICANN übernehmen zu wollen, sondern es geht um einen Wissens- und Erfahrungsaustausch sowie um die Behandlung von Themen, welche beispielsweise die Internetsicherheit, die digitale Kluft, also die unterschiedlichen Niveaus der Internetzugangsmöglichkeiten, oder neue technologische Entwicklungen betreffen.

Neben der ICANN und dem IGF beschäftigen sich weitere Organisationen mit Themen der Internet Governance. Darunter ist etwa das Internet Architecture Board zu zählen, welches die Standardisierung internetbezogener Technologien überwacht. Das Komitee umfasst zwei weitere Verbände, die Internet Engineering Task Force (IETF) sowie die Internet Research Task Force (IRTF). Erstere beschäftigt sich vor allem mit der Standardisierung von Kommunikationsprotokollen. Letztere leistet insbesondere Forschungsbeiträge zur Netzwerktechnik, wodurch die Leistungsfähigkeit der Infrastruktur des Internets langfristig verbessert werden soll. Darüber hinaus kümmert sich die als Nichtregierungsorganisation verwaltete Internet Society (ISOC) um die gerechte Verteilung des Zugangs zum Internet sowie um die gemeinwohlorientierte Weiterentwicklung der Infrastruktur des Internets. Als ein weiterer Akteur bei der Internet Governance wirkt das World Wide Web Konsortium (W3C), welches mit der Absicht, die Interoperabilität verschiedener Programmiercodes zu steigern, ebenfalls Standards für die Benutzung des Internets bestimmt und dabei zugleich als informelle Diskussionsplattform fungiert.

Neben der Verwaltung, Betreibung und Entwicklung von Standards und Protokollen, welche softwareseitig die Funktionalität des Internets sichern, darf die Programmierung der Plattformen, welche beispielsweise als Kommunikations- oder Handelsplattformen, Suchmaschinen, soziale Netzwerke, Bild- oder Videoportale fungieren und personenbezogene Informationen prozessieren, nicht aus dem Blick geraten. Auch hier bestimmen Softwareingenieure, Mathematiker und Informatiker in einem institutionalisierten, zumeist privatwirtschaftlichen Rahmen, wie Daten im Kontext der jeweiligen Plattformen sowie in der Verknüpfung derselben untereinander erhoben, verarbeitet und verbreitet werden. Programmcodes der einschlägigen Plattformen wie Google, Facebook oder Twitter sind freilich geschlossen und können nicht öffentlich eingesehen werden. Die beteiligten Firmen haben ein starkes Geheimhaltungsinteresse bezüglich ihrer Codes und ihrer Algorithmen, welche sie entwickeln und anwenden. Sie wollen ihr geistiges Eigentum schützen und verhindern, dass andere es zu ökonomischen Zwecken einsetzen. Endanwendern obliegt dabei, den Plattformen und Plattformbetreibern zu vertrauen, wobei dieses Vertrauen in abstrakte Systeme stets mit Risiken verbunden ist (Giddens 1990), da Erwartungen an die Sicherheit, den Datenschutz sowie die korrekte Funktionalität jener Plattformen rasch enttäuscht werden können. Das Risiko besteht darin, dass privatwirtschaftliche IT-Unternehmen auf der einen Seite Produkte und Plattformen bereitstellen, welche über mehr oder minder starke Lock-In-Effekte zu zentralen Elementen der Lebenswelt von vielen Millionen Endanwendern werden, diese aber wiederum keinerlei Möglichkeiten besitzen, auf Entscheidungsprozesse jener Unternehmen, wie mit erhobenen personenbezogenen Daten und Informationen verfahren wird, einzuwirken.

„Today, peoples' everyday lives are mediated not only through the state per se, but dispersed through clouds of digital-electronic telecommunications owned and operated by private entities. Each of these clouds – often spanning multiple national jurisdictions – represents potential, and often actual, loci of private authority. [...] the decisions they make on when to retain, filter, monitor, and share the information they control (and with whom) are increasingly having important political ramifications for citizens the world over." (Deibert/Rohozinski 2010a: 12)

Die zweite Ebene ist gleichzeitig die Ebene privatwirtschaftlicher Organisationen, welche gigantische Informationsmengen auf sich vereinen und innerhalb der eigener Netzwerke verarbeiten, jedoch ohne jene Verarbeitungsprozesse transparent zu machen.

Weitere Akteure, welche auf der zweiten Ebene agieren, sind Hacker, wobei an dieser Stelle weniger White-Hats, also Hacker, welche auf die Durchführung von Sicherheitsaudits und Penetrationstests spezialisiert sind, gemeint sein sollen, sondern Black-Hats, also typischerweise selbstermächtigte Hacker, welche unter Ausnutzung von Sicherheitslücken und mit schädigender Absicht auf das gezielte Eindringen in den Code fremder informationstechnischer Systeme spezialisiert sind. Hacker beabsichtigen, Limitationen in der Steuerbarkeit von informationstechnischen Systemen zu überschreiten (Gaycken 2011: 48), sie brechen Zugangssperren auf, mit denen die Verbreitung bestimmter Daten eingeschränkt werden soll oder sie wollen in den Besitz geschützter Daten kommen und diese mitunter öffentlich verfügbar machen. Kurz gesagt: Hacker streben eine Ausreizung der Potentiale von Computern im guten wie im schlechten Sinne an. Ziel der Black-Hats ist es, Daten ohne die Einwilligung beteiligter und betroffener Akteure in fremden Systemen zu erheben, aus diesen abzuführen oder diese anderweitig in unerwünschter Weise zu verbreiten. Hacker sind jene Akteure, welche auf der zweiten Ebene, welche nicht zuletzt ob des Lessigschen Diktums, wonach der Code Gesetz sei, gerne als Ebene der absoluten Kontrollausübung beschrieben wird, ein starkes Moment des Kontrollverlusts einbringen. Hacker generieren Opfer des informationellen Kontrollverlusts auf der zweiten und dritten Ebene, der Ebene der Endanwender.

Viren und andere Malware, welche zum Zweck des digitalen Vandalismus eingesetzt werden können, sind das offensichtlichste Beispiel dafür, dass die vermeintliche Kontroll- und Regulierungssicherheit, welche nach Galloway für die zweite Ebene charakteristisch sein soll, tatsächlich nur in begrenztem Umfang vorhanden ist. Obwohl starke Sicherheitsversprechen suggerieren, der informationelle Kontrollverlust im Kontext informationstechnischer Systeme ließe sich im Fall der sachgemäßen Verwendung derselben abwenden, ist es für High-Level-Hacker möglich, in quasi jedes „geschlossene" Computersystem einzubrechen. Aus der Perspektive der Hacker sind technische Systeme immer latent „offen" und anfällig für Angriffe, egal ob es sich dabei um Smartphones (Eikenberg 2015), Autos (Greis 2015), Lastkraftwagen und Busse (Norte 2016b), „smarte" Thermostate (Briegleb 2016), Narkosegeräte (Költzsch 2015), Babyfone (Gierow 2015a), Wahlcomputer (Kurz/Rieger 2009), ganze Krankenhäuser (Gierow 2016d) oder Banken (Gierow 2016c) handelt. Und es müssen nicht einmal die Hacker selbst sein, welche in die Systeme eindringen. Möglich und als Geschäftsmodell etabliert ist auch, dass Hacker Exploit-Kits entwickeln – ein bekanntes Beispiel wäre das Programm Blackhole – und diese dann beliebig an zahlende Kunden vermieten. So können über die Benutzung komfortabler Bedieninterfaces auch weniger technisch versierte Personen Hacks gegen nahezu beliebige Opfersysteme durchführen. Hacking wird so zur Dienstleistung, welche prinzipiell für jedermann verfügbar ist. Das Aufbrechen der Sicherheitsmechanismen informationstechnischer Systeme bleibt damit nicht mehr nur Spezialisten vorbehalten, sondern wird zu einer allgemein verfügbaren Handlungsoption. An dieser Stelle verschwimmen wiederum die zweite und die dritte Ebene, welche als Ebene der durchschnittlichen privaten Endanwender beschrieben werden soll.

Die dritte Ebene bildet die Ebene der auf die Fähigkeiten und Bedürfnisse durchschnittlicher Endanwender zugeschnittenen, grafischen, sprach- oder textbasierten Benutzerschnittstellen und Interfaces informationstechnischer Systeme. Anwendungen und Plattformen generieren Daten- und Informationsströme, welche auf der dritten Ebene grafisch sowie semantisch aufbereitet sowie an speziellen Benutzerschnittstellen ausgegeben werden (Preim/Dachselt 2010; Preim/Dachselt 2015). Die dritte Ebene grenzt sich insofern von der zweiten Ebene ab, als dass der Sprung von der Benutzerschnittstelle respektive der Benutzeroberfläche „hinter" jene Oberfläche, quasi auf die „Rückseite" der Interfaces, detailliertes technisches Know-how sowie gezielte Aufwendungen erfordert, welche in der Regel von den allermeisten Nutzern informationstechnischer Systeme nicht eingegangen werden. Während Dienste und Plattformen auf ganz unterschiedliche Weise das „Können" der Endnutzer steigern, nimmt gleichsam, wie Luhmann formuliert, das „Nichtkönnen" zu. „Die Möglichkeiten, im Durchgriff auf die unsichtbare Maschine zu argumentieren, nehmen offenbar ab, und die Störanfälligkeit nimmt zu." (Luhmann 1997: 305) Aus der Perspektive der dritten Ebene besitzen Computer – im Unterschied zur Perspektive der zweiten Ebene –

eine radikale Intransparenz (Turkle 2005: 179). Obgleich die dritte Ebene notwendigerweise auf die Protokolle, Codes und Algorithmen angewiesen ist, welche sich auf der zweiten Ebene manifestieren, ist sie dergestalt, dass alle Prozesse und Vorgänge, welche sich auf den darunterliegenden Ebenen abspielen, möglichst sauber und umfassend ausgeblendet und verborgen werden. Sobald der Code, welcher für Programmierer, Hacker oder andere informatisch gebildete Akteure auf der zweiten Ebene noch sichtbar ist, kompiliert ist, löst er sich, aus der Perspektive der dritten Ebene gesprochen, auf. Das gesamte Design digitaler Medien ist darauf ausgelegt, dass spätestens auf der Ebene der Benutzerschnittstellen, der Graphical User Interfaces (GUI), der Browserfenster, Ribbons und Eingabefelder nicht mehr erkannt werden soll, was sich „dahinter" abspielt. Der Nutzer agiert an einer Oberfläche technischer Artefakte, deren „Maschinenräume" er in der Regel nie einsehen, geschweige denn verstehen wird (Rushkoff 2010: 135). Erschwerend kommt hinzu, dass die „Maschinenräume" durch die Hersteller ferngewartet und manipuliert werden können, ohne dass der Nutzer dies merkt. Dies geschieht in der Regel über das Einspielen von Updates, wobei in der Regel nicht nachvollzogen wird, an welchen Stellen sie die Funktionalität informationstechnischer Systeme genau abändern, also verbessern, verschlechtern oder aufheben (Zittrain 2008).

„[...] a restricted computer gives you no escape from the software built into it. The root of this problem, both in general PCs and restricted computers, is software controlled by its developer. The developer (typically a corporation) controls what the program does, and prevents everyone else from changing it. If the developer decides to put in malicious features, even a master programmer cannot easily remove them." (Stallman 2012: 228)

Der informationelle Kontrollverlust verschärft sich durch den immer breiteren Einsatz proprietärer Software. Während freie Software dem Nutzer potentiell die Option bereithält, die Software nicht nur frei für beliebige Zwecke zu nutzen oder frei zu kopieren, sondern auch ihre Funktionalität frei einsehen und modifizieren zu können, verbietet oder restringiert proprietäre Software dies. Die Einsicht in die Mechanismen der Erhebung, Verarbeitung und Verbreitung von Daten als Trägern möglicherweise personenbezogener Informationen wird so erschwert oder verunmöglicht. Neben proprietärer Software wird der Kontrollverlust gleichsam durch Cloud Computing beziehungsweise Software as a Service (SaaS) verschärft, dessen Grundprinzip darin besteht, dass der Nutzer seine gesamten persönlichen Daten nicht mehr auf der Festplatte seines eigenen Computers, sondern auf einem Server hinterlegt und diese daselbst bearbeitet.

Prinzipiell sind informationstechnische Systeme, darunter insbesondere Personal Computer (PC), nicht an bestimmte Einsatzzwecke gebunden. Computer sind offen für diverse mediale Praktiken, Zwecke und Funktionen, welche ihnen in Form von Programmen gegeben werden (Burkhardt 2015: 73). Der Programmiercode bestimmt, für was digitale Medien eingesetzt werden können und welchen Funktionsumfang sie haben, also wie Prozesse der Erhebung, Verarbeitung und Verbreitung von Daten und Informationen ausgestaltet sind. Während demnach für Akteure, welche auf der zweiten Ebene agieren und über Programmierkenntnisse verfügen, Computer prinzipiell zweckoffen sind, sie sie also nach eigenem Belieben für verschiedenste Zwecke einsetzen können, schrumpft dieser Möglichkeitsraum für Akteure der dritten Ebene auf die begrenzte Bandbreite bereitgestellter „Features" kompilierter Programme zusammen. Software „rahmt [...] die Aktionsmöglichkeiten ihrer Nutzer ein [...]." (Burkhardt 2015: 88) Zwischen der zweiten und der dritten Ebene besteht, anders gesprochen, ein drastisches Gefälle dahingehend, was Akteure mithilfe von informationstechnischen Systemen machen können und in welchem Umfang sie über die genannten Prozesse der Erhebung, Verarbeitung und Verbreitung von Daten bestimmen können. Das Gefälle ist gleichsam phänomenologischer Art, da eine phänomenal leicht zugängliche Benutzeroberfläche dem phänomenal schwierig zugänglichen nativen Code gegenübersteht, welche selbst wiederum häufig nur durch Befehle, welche in einer höheren, weniger maschinennahen Programmiersprache verfasst sind, angesteuert wird. Hier manifestiert sich, wie Luhmann es nennt, das „Nichtkönnen" der Endanwender auf der dritten Ebene, welches unter anderem darin besteht, nicht einsehen oder gar kontrollieren zu können, was in der „Tiefe" der Datenverarbeitungsprozesse informationstechnischer Systeme passiert. Die dafür notwendige „Tiefenerkenntnis" ist, wenn überhaupt, nur Personen mit professionellen informatischen Kenntnissen zugänglich, welche ein ausreichendes Verständnis der komplexen Funktionslogik informationstechnischer Systeme besitzen. Diese „Tiefenerkenntnis" vollzieht sich freilich ebenfalls ausschließlich vermittels wie auch immer rudimentär aufbereiteter grafischer Benutzeroberflächen, allerdings ist die semantische Komplexität jener Oberflächen, mit denen Akteure der zweiten Ebene agieren, um ein Vielfaches höher als jene derjenigen Benutzeroberflächen, welche Endanwender intuitiv bedienen können sollen. Während sich die Mensch-Computer-Interaktion auf der zweiten Ebene beispielsweise über den Aufruf von Befehlen in einer Kommandozeileneingabe vollzieht, vollzieht sie sich auf der dritten Ebene bloß über das Anklicken von grafisch aufbereiteten, intuitiv verständlichen Icons.

Die entscheidende Frage sollte weniger lauten, ob Datenverarbeitungsprozesse im „Maschinenraum" informationstechnischer Systeme phänomenal zugänglich sind, sondern in welchem Ausmaß sie es sind. Für Akteure auf der dritten

Ebene sind Computer üblicherweise nur über die an der vorgegebenen Benutzeroberfläche ausgegebenen Texte, Bilder oder Töne zugänglich, wobei nochmals gesondert hinterfragt werden müsste, in welchem Umfang die technisch-materielle, stets von einem Moment der Unbestimmtheit geprägte Verfasstheit des Computers, Tablets oder Smartphones bei der Nutzung überhaupt reflektiert wird. Letztlich etabliert sich eine Form von Systemvertrauen, welches Unsicherheitsmomente ausblendet und doch selbst bei der Reflexion derselben, bei der Reflexion von Sicherheitsrisiken, nie ganz aufgehoben wird, solange als schützenswert erachtete, prinzipiell kontextgebundene Informationen verdatet, elektronisch gespeichert und über Computernetzwerke verbreitet werden. Vertrauensbeziehungen charakterisieren sich dadurch, dass sie der Reduzierung oder gänzlichen Einsparung von Kontroll- und Prüfaufgaben dienen. Da aber im Fall digitaler Medien aufgrund deren technischen Komplexität aus der Perspektive der dritten Ebene gar nicht die Möglichkeit besteht, eine Prüfung oder Kontrolle über die erwartete Art der Erhebung, Verarbeitung und Verbreitung von personenbezogenen Informationen auszuüben, wird Vertrauen in die Vertraulichkeit von Datenbeständen sowie in die relative Integrität und funktionale Verlässlichkeit von informationstechnischen Systemen zur Voraussetzung ihrer Benutzung. So wird ein gewisses Maß an Systemvertrauen für Akteure auf der dritten Ebene bei der Nutzung digitaler Medien essentiell. Vertrauen wirkt, dem bekannten Diktum Luhmanns zufolge, als Mechanismus zur Reduktion von Komplexität (Luhmann 1973). Das Systemvertrauen in die funktionale Integrität von digitalen Medien dient eben der Ausblendung und Verdrängung dessen, was sich an technischer Komplexität und an diese Komplexität begleitenden Risiken auf der ersten und zweiten Ebene manifestiert. Die Ausblendung von Risiken ist jedoch selbst riskant, woraus folgt, dass die Nutzung von generell nie gänzlich sicheren informationstechnischen Systemen, betrachtet aus der Perspektive der dritten Ebene, ohne die pragmatische Aneignung einer gegenüber dem informationellen Kontrollverlust resilienten Haltung und Mediennutzungsstrategie für sich genommen immer risikobehaftet ist. Weniger oder gar nicht riskant, weil kein Systemvertrauen voraussetzend, ist eine Form der Nutzung digitaler Medien, welche deren Unsicherheit sowie Unkontrollierbarkeit immer und jederzeit einplant respektive faktisch für gegeben sieht. Freilich würde dies die Mediennutzung an sich ad absurdum führen, schließlich macht diese nur dann Sinn, wenn davon ausgegangen wird, dass wenigstens zu einem gewissen grundlegenden Maß die Funktionalität und Integrität informationstechnischer Systeme in erwarteter und vorgesehener Weise gegeben ist. Wenn also von Risikominimierung unter den Bedingungen einer Aneignung von Formen der Resilienz gegenüber dem relativen informationellen Kontrollverlust der digitalen Gesellschaft die Rede sein soll, dann bezieht sich dies im Kontext der dritten

Ebene weniger auf Fragen etwa nach basalen technischen Funktionen digitaler Medien, sondern mehr auf Strategien und Methoden des digitalen Identitätsmanagements, der medienvermittelten Selbstdarstellung und der Mediennutzung sowie dem Verhalten gegenüber Medien an sich.

Alle drei beschriebenen Ebenen können jeweils für sich genommen in einem erweiterten sozialen Zusammenhang betrachtet werden. Dieser könnte in Form einer vierten Ebene bezeichnet werden, so wie es etwa bei Castells durch die Ebene der sozialen Zentren oder bei Zittrain durch den „social layer" getan wird. Dies suggeriert allerdings, die anderen, technisch geprägten Ebenen besäßen keine spezifische Sozialdimension. Dies ist jedoch nicht der Fall. Faktisch bestehen zwischen technischen Artefakten und sozialen Praktiken Wechselwirkungen, wobei die Technik Einfluss auf soziale Praktiken besitzt genauso wie soziale Praktiken die Entwicklung, Aneignung sowie Benutzung von Techniken beeinflusst. Und so ist es wichtig, zu erkennen, dass beispielsweise soziale Normen des Informationsflusses, politische sowie juristische Diskurse oder die massenmediale Berichterstattung sowohl beeinflussen, wie Netzwerke gestaltet werden als auch wie Software programmiert wird als auch wie Benutzerschnittstellen designt und bedient werden – und umgekehrt. Soziale Praktiken sind mit allen drei Ebenen verwoben, liegen quer zu ihnen und bilden keine eigene Ebene.

In Informationsgesellschaften lassen sich vielfältige Reaktionen und Reaktionsweisen auf Kontrollverlustereignisse auf den drei beschriebenen Ebenen beobachten. Auffällig ist, dass die überwiegende Mehrzahl der Reaktionen auf eine Wiederaneignung von Kontrolle abzielt und nicht auf Strategien zum Umgang mit dem gegebenen Kontrollverlust. An dieser Stelle kann grob zwischen verschiedenen sozialen Feldern unterschieden werden, innerhalb derer unterschiedliche Reaktionsweisen beobachtet werden können. Im Feld der sozialen Normen werden insbesondere Normen des angemessenen Informationsflusses diskutiert und ausgehandelt, wobei dies insbesondere über Debatten im Zusammenhang der Komplexe Informationssicherheit, Datenschutz und Privatheit geschieht. Auf dem Feld der Politik stehen beispielsweise Bundestagsausschüsse, welche sich mit geheimdienstlicher Überwachung beschäftigen. Das Feld des Rechts wiederum beschäftigt sich mit der Aushandlung von neuen Datenschutzgesetzen oder dem rechtlichen Stellenwert der informationellen Selbstbestimmung. Die Massenmedien schließlich spiegeln die Debatten, Diskussionen und Aushandlungen der anderen Felder durch ihre Berichterstattung wieder. Hinter alle dem wirken das Feld der Wirtschaft sowie das der Wissenschaft als unerbittlich treibende Kräfte bei der Entwicklung neuer informationstechnischer Systeme, welche in ihren Möglichkeiten der Erhebung, Verarbeitung sowie Verbreitung großer Datenmengen stets leistungsstärker werden. Damit wird insgesamt die Liquidität von Daten- und Informationsströmen weiter forciert, wodurch wiederum die Wahrscheinlichkeit des Eintritts weitreichender informationeller Kontrollverlustereignisse gesteigert wird, auf welche dann wieder auf beschriebene Weise durch netzpolitische Maßnahmen oder rechtliche Steuerungsversuche hinsichtlich der Technikgestaltung reagiert wird.

Die Komplexität der wechselseitigen Beeinflussungsverhältnisse, das Wechselspiel der ungleichen Kräfte und Treiber, welche für die Steigerung oder Senkung der „ontological friction“, für kontextuelle Informationsbarrieren oder die möglichst offene und öffentliche Freisetzung von Informationsbeständen innerhalb der Infosphäre eintreten, kann im Rahmen dieser Arbeit, welche sich weniger als empirische, sondern vielmehr als theoretische Forschungsarbeit versteht, kaum hinreichend detailliert dargestellt werden. Gleiches gilt für die Beschreibung des Beziehungs- und Beeinflussungsgeflechts der verschiedenen Akteure, welche auf den drei Ebenen agieren, welche für sich genommen jeweils verschieden geartete Möglichkeiten der Regulierung beziehungsweise Kontrolle hinsichtlich informationstechnischer Systeme und ihrer Kapazitäten bieten, Daten und Informationen zu erheben, zu verarbeiten und zu verbreiten.

Im Rahmen dieser Arbeit ist vorrangig die Perspektive der privaten Endanwender, welche ausschließlich auf der dritten Ebene agieren, von Interesse. Informationstechnische Systeme sind für Personen, welche in Informationsgesellschaften sozialisiert werden, in der Regel von großer lebensweltlicher Bedeutung. Digitale Medien haben einen starken Einfluss auf Handlungsgewohnheiten und das persönliche Identitätsmanagement. Aus der genannten Perspektive sind Personen in besonderer Weise den vielfältigen Risiken des informationellen Kontrollverlusts ausgesetzt. Sie haben kaum oder keine Handhabe über Regulations- und Kontrollmöglichkeiten, welche sich im Kontext informationstechnischer Systeme auf der ersten und zweiten Ebene bieten. Um digitale Medien nutzen zu können, müssen Endanwender schlicht Kompetenz- und Absichtsvertrauen in jene Akteure aufbringen, welche auf der ersten und zweiten Ebene agieren, also in Softwareentwickler, Ingenieure, Informatiker et cetera. Dieses asymmetrische Vertrauensverhältnis ist riskant, da Absicherungsstrategien gegenüber Vertrauensbrüchen nur äußerst bedingt in Form etwa von schwer durchsetzbaren Datenschutz- oder IT-Sicherheitsgesetzen oder der Aussicht auf mediale Berichterstattungen kompensiert werden können. Daher empfiehlt sich die Aneignung resilienter Mediennutzungsstrategien, welche sich gegenüber den Risiken des informationellen Kontrollverlusts nicht vulnerabel verhalten.

Technikentwicklung

Technik, so eine Definition von Rammert (1999: 3 f.), ist die Gesamtheit derjenigen Verfahren und Einrichtungen, welche in Handlungszusammenhänge als Mittler eingebaut werden, um Tätigkeiten in ihrer Wirksamkeit zu steigern. Dabei sind, um eine Überlegung Floridis aufzugreifen (2014b), Technologien erster Ordnung Mittler zwischen Personen und natürlichen Objekten. Technologien zweiter Ordnung sind Mittler zwischen Personen und anderen Technologien. Und Technologien dritter Ordnung schließlich sind ausschließlich Mittler zwischen anderen Technologien. Es geht um den zirkulären Zusammenschluss von technischen Artefakten, welche sich autonom gegenseitig steuern (Kelly 2010: 13). Genau aus dieser Konstruktion, der Konstruktion von Technologien dritter Ordnung, erwachsen die Ängste, dass nicht mehr Personen, sondern zunehmend Maschinen in sozialen Kontexten die Handlungsträgerschaft übernehmen (Winner 1977). Genau jedoch diese Idee steckt hinter dem Paradigma der möglichst allgegenwärtigen Datenverarbeitung, dem Internet der Dinge, dem „ubiquitous computing" et cetera. Mit diesem Paradigma soll der relativ autonome Zusammenschluss der Gesamtheit vernetzter informationstechnischer Systeme zu einem weitgehend autonom agierenden Großsystem beschrieben werden, welches sozusagen an den informationstechnischen Geräten der Endnutzer lediglich „Ausfransungen" hat.

Während Technologien erster und zweiter Ordnung über ein Interface von Personen bedient werden können – wobei unter Interface gleichsam der Stil eines Hammers gemeint sein kann –, verschwindet dieses Interface bei Technologien dritter Ordnung sukzessive. Das Verschwinden des Interfaces meint jedoch gleichzeitig ein Verschwinden von Steuerungsschnittstellen zwischen Personen und Maschinen. Die Möglichkeiten des umfassenden „Durchgriffs" auf die Technik sind spätestens im Fall der Technologien dritter Ordnung nur noch äußerst bedingt und für wenige informatisch hochgebildete Akteure möglich (Boyd/Crawford 2012: 673 f.). Mit dem weiter oben beschriebenen Konzept der drei Ebenen gesprochen hieße dies, dass Möglichkeiten der Kontrollausübung lediglich auf der ersten und zweiten Ebene bestehen, nicht aber auf der dritten Ebene, auf welcher private Endanwender über grafisch aufbereitete sowie sprach- oder textbasierte Benutzerschnittstellen agieren.

Diese mehr oder minder weit reichende Auflösung der dritten Ebene, welche einen Trend des sukzessiven Rückgangs oder gar Verschwindens von Interfaces beschreibt, lässt sich beispielhaft ablesen an Wearables. Das Konzept der Wearables steht in enger Verknüpfung mit der Idee des „ubiquitous computing", es beschreibt allerdings weniger die zunehmende Dichte an Computersystemen als vielmehr das Eindringen und Anhaften von informationstechnischen Systemen in und am Körper einer Person. Vom Implantat über den Fitness Tracker bis hin zur smarten Kleidung oder Datenbrille bieten Wearables Assistenz in verschiedensten Lebensbereichen und eine Erweiterung der Sinne (Roßnagel 2007: 68 ff.). Über Tonausgaben oder kleine Displays können situationsspezifisch Informationen an den Nutzer weitergegeben werden. Die Nutzung von Wearables weicht dabei von Bedienparadigmen traditioneller Computer ab. Während letztere gezielt die Aufmerksamkeit des Nutzers zur Bedienung erfordern, haben Wearables die Möglichkeit, entweder durch Sprachbefehle oder Bewegungen bedient zu werden oder sie können Informationen automatisch und nahezu ohne Bedienung an den Nutzer ausgeben. Geräte wie etwa die Google Datenbrille und angegliederte Dienste wie Google Now „wissen", welche Informationen der Nutzer in der aktuellen Situation, in welcher er sich befindet, mit hoher Wahrscheinlichkeit erhalten mag.

Von der Möglichkeit, Computersysteme direkt am oder im Körper zu tragen (Ploeg 2012), träumen Technikoptimisten bereits seit langer Zeit. Dort erst in der jüngeren Zeit scheint die Technologie so weit gereift zu sein, dass es möglich ist, miniaturisierte Computer mit ausreichender Rechen- und Akkuleistung sowie Funkmodulen, Sensoren und Displays am Körper anzubringen. Während der Markt für Datenbrillen und smarte Kleidung, welche diverse Körperparameter ermitteln kann, noch vergleichsweise klein ist, werden Aktivitätstracker und Smartwatches bereits im großen Umfang gehandelt und angewandt. Im Kern bestehen Aktivitätstracker aus einem Pedometer und einem Funkmodul, welches die erhobenen Körperdaten zur langfristigen Speicherung und Auswertung an andere Geräte weiterleitet. Smartwatches wiederum können ebenfalls Funktionen zum Aktivitätstracking beinhalten. Sie werden jedoch in erster Linie als Erweiterung des Smartphones benutzt, indem sie Informationen über Anrufe oder eingegangene Nachrichten intuitiv am Handgelenk ablesbar machen. Bei alle dem erfordern viele Applikationen keine aktive Bedienung des Nutzers, sondern antizipieren, wann der Nutzer bestimmte Informationen angezeigt bekommen möchte. Dies wird allein durch das relativ autonome Agieren informationstechnischer Systeme möglich. Dabei ist die Steigerung der „Intelligenz" beziehungsweise der Autonomie jener Systeme eines der zentralen Entwicklungsziele der Technologiebranche. Das Ziel besteht in der Entwicklung von Technologien dritter Ordnung, deren Hardwarekomponenten stets unauffälliger in die Umwelt integriert werden und welche in automatisierter Weise kontextbezogene Assistenz bei Alltagsvollzügen sowie eine Ergänzung und Erweiterung körperlicher und geistiger Fähigkeiten bieten.

Der Trend, welcher sich über „ubiquitous computing" und im Speziellen über Wearables abzeichnet, beschreibt ein wesentliches Charakteristikum moderner Informationsgesellschaften. Die immer dichtete Durchsetzung der Lebenswelt mit untereinander vernetzten, mehr oder minder autonom agierenden, unauffällig in die Umwelt integrierten technischen Artefakten ist zumindest in den kommenden Jahrzehnten vermutlich weder aufzuhalten noch umzukehren. Gleichzeitig scheint die konstante Erhöhung der Wahrscheinlichkeit, dass es aufgrund der unüberschaubaren Komplexität der Daten- und Informationsströme vermehrt zum Eintritt von informationellen Kontrollverlustereignissen kommt, irreversibel zu sein. Schließlich lassen sich auf keinen Bereich der Gesellschaft Akzelerationshypothesen so treffend übertragen wie auf den der Technologieentwicklung (Rosa 2005). Die mitunter exponentiellen Beschleunigungsprozesse bei der Entwicklung neuer Technologien zweiter und dritter Ordnung zeitigen ein strukturbildendes und kulturprägendes Moment, welches Auswirkungen auf die gesamte Gesellschaft besitzt. Die technische Beschleunigung beeinflusst die Beschleunigung des sozialen Wandels und die Beschleunigung des Lebenstempos in einer „autodynamischen ‚Feedbackschleife'" (Rosa 2012: 201). Technische Beschleunigung meint die intentionale, technologische beziehungsweise maschinelle Beschleunigung zielgerichteter Vorgänge. Sie bezieht sich auf Beschleunigungsphänomene im Bereich des Transportwesens, der Produktionsprozesse und – was an dieser Stelle entscheidend ist – auf Kommunikationsprozesse. Durch die Beschleunigung von Kommunikationsprozessen etwa durch Verbreitungsmedien können immer größere Mengen an Informationen stets schneller an eine Vielzahl an Personen übermittelt werden. Die Beschleunigung von Produktionsprozessen flankiert diesen Trend, indem immer rascher neue, leistungsstärkere digitale Medien hergestellt und auf dem Markt abgesetzt werden können.

Durch die technische Beschleunigung wird gleichsam eine Beschleunigung des sozialen Wandels provoziert. Letztere zeigt sich in der Veränderung des Tempos, in welchem unter anderem soziale Praktiken der Mediennutzung variieren. Es steigen die Verfallsraten von handlungsorientierenden Erfahrungen und Erwartungen bei der Nutzung stets in ihren Benutzeroberflächen und ihrem Funktionsumfang veränderten informationstechnischen Systemen. Dies erfordert eine hohe

Anpassungsfähigkeit gegenüber neuen Erfordernissen der angemessenen Mediennutzung. Darüber hinaus geht mit den neuen technischen Möglichkeiten häufig eine Erhöhung des individuellen Lebenstempos einher (Turkle 2011: 166). Digitale Medien, welche in vielen Lebensbereichen kontextbezogene Assistenz bieten, besitzen eine zeitsparende Wirkung. Gleichzeitig steigen der Bedarf an und die Nachfrage nach stets schnelleren Technologien. Die soziale und technische Beschleunigung ist derart zu einem sich selbst verstärkenden, eigendynamischen Prozess geworden, welcher die zwei Beschleunigungsbereiche in ein wechselseitiges Steigerungsverhältnis setzt, „das sich auf dem Weg politischer und sozialer Intervention kaum mehr durchbrechen lässt." (Rosa 2012: 202)

Anstatt also vergeblich zu versuchen, der technischen Beschleunigung entgegenzusteuern, bedarf es der Adaption an die veränderten Verhältnisse. Die Beschleunigung der technologischen Entwicklung und die damit einhergehenden Risiken möglicher mehr oder minder starker informationeller Kontrollverluste werden in die Kultur digitaler Gesellschaften integriert werden (Seemann 2014). Bislang etablierte kulturelle Institutionen und Werte werden sukzessive aufgegeben und ersetzt werden. Bereits 1996 nahm Barlow beispielsweise die Überlegung hinsichtlich der Auflösung von Informationskontexten durch digitale Medien vorweg. In seiner berühmten *Declaration of the Independence of Cyberspace* adressiert er die Regierungen der Welt und schreibt: „Your legal concepts of property, expression, identity, movement, and context do not apply to us." (Barlow 1996) Zwanzig Jahre später hat sich der Ton verschärft:

> „Wir haben die Kontrolle verloren. Egal, ob Regierungen, Unternehmen, Institutionen oder Privatpersonen – alle sind betroffen. Überall leakt es, sickert es durch, wird kopiert und mitgeschnitten. Es: das Werk, der Brief, das Verhalten, die Dokumente, das Leben. Die Welt verwandelt sich in einen wachsenden Datenstrom, und der gerät außer Rand und Band." (Seemann 2014: 16)

Die relativ unkontrollierbaren „Informationsexzesse der digitalen Medienkultur" (Burkhardt 2015: 237) sind der natürliche Nebeneffekt der rasanten, hochbeschleunigten Technikentwicklung im Bereich der Informations- und Kommunikationstechnologie sowie dem Internet der Dinge. Zwar wird über politische und rechtliche Steuerungsversuche versucht, auf die Entwicklung, den Funktionsumfang sowie die Benutzungsroutinen neuer Technologien Einfluss zu nehmen, allerdings sind die Geschwindigkeiten, mit denen es zur innovationsgetriebenen Neuentwicklung, Verbreitung sowie Aneignung neuer Technologien kommt, gegenüber den Geschwindigkeiten, mit denen langsam prozessierende Systeme wie Politik oder Recht auf mögliche Problemlagen, welche im Zusammenhang mit jenen neuen, mitunter hochgradig autonom agierenden Technologien auftreten, reagieren können, derart erhöht, dass nicht mehr die Rede davon sein kann, dass es eine demokratische, zielgerichtete Regulierung der allgemeinen Technikentwicklung und -aneignung gibt. „When technology evolves quickly, society can find itself left behind, trying to catch up on ethical, legal, and social implications. This has certainly been the case for the World Wide Web.“ (Berners-Lee 2000: 123)

Das politische System ist angesichts der hochbeschleunigten Dynamik technologischer Wandlungsprozesse überfordert. Diese Überforderung manifestiert sich in der Zeitdimension in einer Desynchronisation des politischen Systems sowie des Rechtssystems mit ihren jeweiligen Umwelten. Demokratische Entscheidungsfindungsprozesse sind zu träge, um nicht-reaktive Steuerungsmaßnahmen rechtzeitig lancieren zu können. Gerade die hohe Dynamik der technologischen Entwicklung im Wirtschafts- und Wissenschaftssystem treibt weitreichende Strukturwandelprozesse an, welche das politische System in seiner Operationslogik überfordern (Zuboff 2015). Alsbald Systeme in der Umwelt des politischen Systems gewisse „Geschwindigkeitsgrenzen“ überschreiten, geraten demokratisch organisierte Politiksysteme in Schwierigkeiten. Knappe Systemzeiten führen zu sachlich suboptimalen Entscheidungen – etwa bei der Technikfolgenabschätzung –, da entscheidungsrelevante Informationen nicht hinreichend eruiert werden können und nicht ausreichend zwischen möglichen Alternativen abgewogen werden kann (Luhmann 1971: 145). Die Systemzeit der Politik allerdings lässt sich nicht oder nur kaum beschleunigen – obwohl sie mit anderen, beschleunigten Systemzeiten mithalten müsste.

In der politischen Theorie ist daher nicht selten bereits die Rede vom Ende des demokratischen Zeitalters.

> „Sowohl die kollektive Willensbildung als auch das deliberative Abwägen von Argumenten und das sich anschließende Handeln benötigen einen gewissen Grad an Zentralisierung, öffentlicher Stabilität und politischer Identität, welche möglicherweise mit den dynamischsten Formen moderner Gesellschaft nicht mehr kompatibel ist.“ (Rosa 2012: 364)

Die Zeitressourcen für politische Entscheidungsfindungsprozesse verknappen zusehends, ohne dass sich diese Prozesse angemessen beschleunigen ließen. Auswege bieten an dieser Stelle lediglich Privatisierungen oder politische Deregulierungs- und Delegationsmaßnahmen, also die Übergabe von Entscheidungsfindungsprozessen an schneller operierende, außerpolitische Instanzen. Da aber Entscheidungsfindungsprozesse mitunter mit hohen Risiken arbeiten, ist es ein zusätzliches Risiko, hier im Zuge von Deregulierungsmaßnahmen etwa Wirtschaftsunternehmen für sich selbst entscheiden zu lassen. Festzuhalten bleibt: „Klassische politikzentrierte Regulierungsfiktionen laufen angesichts der Geschwindigkeit und der technischen sowie sozialen Komplexität des Medienwandels zunehmend ins Leere." (Brosda 2015: 26)

Neben dem politischen System zeigt das Rechtssystem gleichsam Überlastungserscheinungen. Das Niveau der gegenwärtigen rechtlichen Regulierungsdichte kann sich unter den Bedingungen hochbeschleunigter technologischer Veränderungen kaum halten lassen, wovon etwa die neue EU-Datenschutz-Grundverordnung eindrücklich Zeugnis ablegt (Roßnagel/Nebel 2016). Auch die enormen Schwierigkeiten, eine angemessene Rechtsgrundlage beispielsweise für wettbewerbs- oder medienvielfaltsrechtliche Problemlagen im Zusammenhang mit Google oder Facebook zu finden, bezeugen dies im Kleinen (Schuster et al. 2015). Neue Möglichkeiten, Angebote und Funktionen informationstechnischer Systeme, Dienste und Plattformen führen zu Rechtsirritationen, in deren Folge die rechtsinterne Entscheidungspraxis an rechtsexterne Erfordernisse angepasst werden kann. Dafür müssen die jeweiligen Sachlagen auf rechtlich relevante Informationen hin abgesucht werden, wobei Komplexitätsreduktionen über die Zeitdimension erzielt werden, indem Rechtsfragen prozeduralisiert werden. Erschwerend wirkt sich dabei der Umstand aus, dass sich die aktuellen Innovationsschübe in traditionell nur geringfügig regulierten Medienzweigen vollziehen. Dies wiederum hat negative Auswirkungen auf die wahrgenommene Dringlichkeit beispielsweise von Datenschutzfragen. Eine Gesetzgebung, welche sich originär auf eine Gesellschaft bezieht, welche nicht von einer hohen Dichte an informationstechnischen Systemen durchsetzt ist, kann sich nur mit großen Verzögerungen an die Gegebenheiten der digitalen Welt, an das Paradigma des „ubiquitous computing" beziehungsweise an die Entwicklungsdynamiken von Technologien zweiter und dritter Ordnung anpassen. Insgesamt bestehen so zwischen dem System des Rechts und der Politik sowie der Entwicklungslogik der Technologiebranche unterschiedliche Beschleunigungsniveaus. Dies erzeugt Synchronisationsprobleme zwischen den sozialen Feldern. Wichtig ist dabei, zu sehen, dass nicht die Politik oder das Recht als gesellschaftliche „Taktgeber" auftreten, sondern die Technologie beziehungsweise die Technologieunternehmen. Sie sind es, welche signifikante Bereiche des kulturellen und sozialen Wandels antreiben. Nicht die Politik oder das Recht stecken den Rahmen ab, innerhalb dessen sich die Entwicklungsprozesse der Technologie bewegen, sondern letztere provoziert Politik und Recht, reaktiv soziale Problemlagen zu verhandeln.

Dieser Umstand hat immer wieder zu relativ undifferenziertem Protest und Kritik gegenüber digitalen Medien sowie der Großtechnologie Internet geführt

(Keen 2015). Die Erkenntnis, dass das Innovationsgeschehen im Bereich der Informations- und Kommunikationstechnologie nicht der gezielten politischen oder rechtlichen Steuerung unterworfen werden kann, und die Kombination dieser Erkenntnis mit der Einsicht in die Risiken des informationellen Kontrollverlusts, der fehlenden Informationssicherheit und des geringen Datenschutzes, lösen eine Reihe „medienpanischer" Diskurse aus (Drotner 1999), deren normative Implikationen mitunter auf eine radikale Technikvermeidung hinweisen. In der Regel jedoch findet die Aneignung neuer und neuartiger digitaler Medien und Technologien sowie der Aufbau entsprechender Nutzungsroutinen mit einer eigentümlichen Unaufhaltsamkeit statt, wie beispielsweise an der rasend schnellen Ausbreitung von Smartphones, der oben erwähnten Technologie der Wearables oder auch an der aktuellen Virtual-Reality-Technologie abzulesen ist (Macho/Kuhn 2014). Digitale Medien wecken, reagieren auf und befriedigen Bedürfnisse, erlauben neue Arten der Interaktion zwischen Mensch und Maschine und verbessern, zumindest der Theorie nach, die leibliche und geistige Leistungsfähigkeit.

In diesem Zusammenhang spielen auch jene Entwicklungen eine große Rolle, welche mit dem Schlagwort „Big Data" gefasst werden. Big Data steht nicht einfach nur als Bezeichnung für große Datenmengen, sondern beschreibt eine neue Qualität der Datenverarbeitung und des Einflusses von Daten auf soziale Prozesse. Mit dem Konzept der Big Data soll die immer umfassendere Computerisierung und Verdatung der Welt gefasst werden. Dabei bezeichnet der Begriff nicht allein ein technologisches, sondern gleichsam ein kulturelles Phänomen (Boyd/Crawford 2012: 663). Es basiert auf dem „computational turn", welcher sich in so gut wie jedem sozialen Feld abzeichnet, demgemäß auf dem Zusammenspiel von Computertechnologien, welche immer größere, variable sowie strukturierte als auch unstrukturierte Datenmengen in immer größerer Geschwindigkeit speichern, prozessieren, analysieren und verbreiten können (Kitchin 2014a). Big Data weckt gleichzeitig Vorstellungen über den „mythischen" Charakter großer Datenmengen, aus denen Erkenntnisse gewonnen werden können, welche Einsichten in Sachverhalte und Ereigniszusammenhänge bieten können, welche bis dato undenkbar waren. In diesem Zusammenhang werden über Big Data sowohl soziotechnische Utopien einer smarten, nachhaltigen und hypereffizienten Informationsgesellschaft genauso wie Dystopien einer totalen Überwachungsgesellschaft gezeichnet, wobei derartige, moralisch aufgeladene Technikfolgenabschätzungen durch ihre mitunter populistische Ausrichtung zwar starken Anklang finden, im Kern jedoch unterkomplex sind, da sie normative Bewertungen von Phänomenen vornehmen, deren tatsächliche Kausalfolgen bislang kaum abzusehen sind.

Mit Big Data werden indes revolutionierende Umschwünge in Wissenschaft, Wirtschaft, dem Gesundheits- oder Polizeiwesen, der Politik oder der persönlichen Lebenswelt sowie in vielen weiteren gesellschaftlichen Feldern erwartet und verbunden (Mayer-Schönberger/Cukier 2013; Kitchin 2014a; Boyd/Crawford 2012; Burkhardt 2015; Reichert 2014; Vayena et al. 2015; Manovich 2014; Manovich 2013; Musiani 2013). In den Wissenschaften steht Big Data nicht nur in einer Reihe mit jenen Paradigmen wie etwa der Kybernetik, der Gentechnologie oder den Neurowissenschaften, mit denen eine Art universelle Erklärungsallmacht assoziiert wird, sondern gleichsam im Zusammenhang mit einem „Ende der Theorie", welches durch die vermeintliche Selbstaussagekraft der Daten zustande kommt (Anderson 2008). Ähnlich hochgegriffene Potentiale verspricht man sich von Big Data in der Wirtschaft, in welcher neue Formen der Marktforschung, der Vertriebs- und Servicesteuerung, der Werbung oder der Arbeitnehmerwahl etabliert werden können. In der Medizin werden ebenfalls neue Methoden des digitalisierten Gesundheitswesens etabliert, welches Krankheiten nicht mehr kausal erklärt, sondern über Korrelationen zwischen bestimmten Verhaltensweisen und deren wahrscheinlichen gesundheitlichen Auswirkungen. Im Polizeiwesen schließlich entsteht mit dem Predictive Policing ein neuer methodischer Ansatz in der vorhersehenden Kriminalitätsbekämpfung, welcher andere, bürgernähere Ansätze wie etwa das Community Policing oder das Problem-Oriented Policing ergänzt beziehungsweise ablöst. Auch in der Politik werden Entscheidungen zunehmend auf der Grundlage von Erkenntnissen aus Big-Data-Analysen getroffen, was spezifische Legitimationsprobleme auftreten lässt, da weniger Personen des politischen Systems, sondern prinzipiell intransparente Computersysteme zu Entscheidungsträgern werden. Schließlich beeinflusst Big Data auf vielfältige Weise auch die persönliche Lebenswelt der Nutzer informationstechnischer Systeme, etwa wenn über Big-Data-Analysen die Personalisierung von Diensten und Plattformen vorangetrieben und verfeinert wird. Dadurch werden stets individuellere Ergebnisse bei Suchmaschinen oder Werbeanzeigen, passende Musik- oder Filmempfehlungen, Kaufangebote oder auch Partnervorschläge bei der Online-Partnersuche getätigt. Ein Nachteil der Personalisierung ist dabei jedoch die Konstruktion von „Filterblasen" (Pariser 2011), also Echokammern, welche ausschließlich schon bestehende Meinungen, Einstellungen oder Informationen widerspiegeln.

All diese Beispiele sind nur ein kleiner Ausschnitt aus einigen konkret fassbaren Auswirkungen und Einflüssen von Big Data auf die Informationsgesellschaft. Möglich werden diese Auswirkungen und Einflüsse, grob gesprochen, aus der aktuellen Technikentwicklung, aus der Ubiquität der Erhebung, Verarbeitung und Verbreitung großer Datenmengen. Big Data umfasst beispielsweise personenbezogene Verhaltensdaten, Daten aus sozialen Netzwerken, Daten über persönliche

Interessen und Einstellungen, demografische Daten, Standortdaten, Daten über Transaktionen und Kaufverhalten und vieles mehr. Big Data steht aber, wie eingangs erwähnt, nicht nur als Bezeichnung für jene großen Datenmengen, sondern meint immer auch eine Auswertung dieser Daten – mitunter auch als „data mining" oder „knowledge discovery in databases" (Vedder 1999) bezeichnet –, wobei ein wesentliches Ziel der Datenauswertung darin besteht, Muster respektive Korrelationen in Datenbanken zu erkennen, wodurch Wahrscheinlichkeitsprognosen für zukünftige Ereignisse oder unbekannte Merkmale getätigt werden können. Dadurch wiederum kann etwa die situationsbezogene Assistenzleistung digitaler Medien in verschiedensten Lebensbereichen gesteigert sowie deren Funktion als Ergänzung und Erweiterung körperlicher und geistiger Fähigkeiten ausgebaut werden. Doch die Technologie, welche als „Diener" Handlungszusammenhänge erleichtern soll, erschwert diese gleichsam. Neben dem Stress, welcher durch neue Normen der Dringlichkeit im Kontext digitaler Medien und deren unüberschaubaren Kommunikations- und Interaktionsmöglichkeiten bedingt ist (Turkle 2011: 279), erzeugen jene Medien gleichsam Ängste, welche beispielsweise durch die nahezu totale Überwachung informationstechnischer Systeme ausgelöst werden, welche der wachsenden Macht computergestützter Intelligenz verschuldet sind oder welche aus dem offensichtlichen Bestehen von Sicherheitslücken heraus entstehen.

In der Gesamtschau scheinen sich zwei gegensätzliche Entwicklungslinien abzuzeichnen. Auf der einen Seite steht langfristig die Verschmelzung von biologischen und technischen Systemen, von natürlicher und künstlicher Intelligenz (Kurzweil 2005), welche eingeleitet wird durch die rasante Entwicklung stets leistungsstärkerer Technologien zweiter und dritter Ordnung beziehungsweise durch ein sich stets weiter ausbreitendes Internet der Dinge. Zu den Nebenfolgen dieser Entwicklungslinie gehören die in der Zeitdimension sich manifestierende Überforderung von Politik und Recht gegenüber den Innovations- und Marktkräften der Technologiebranche sowie das Auftreten unzähliger Kontrollverlustereignisse im Sinne relativ willkürlicher Aufkündigungen informationeller Kontexttreue. Auf der anderen Seite steht die Forderung nach einer Umsetzung von Technikvermeidungsstrategien, welche auf eine Wiederaneignung von politischer und rechtlicher Steuerungsfähigkeit abzielen, auf die Vermeidung informationeller Kontrollverluste sowie auf die möglichst weitreichende und sichere Erhaltung etablierter Informationsbarrieren.

Beispiele für soziale Kontexte, in denen eine radikale Technikvermeidung angestrebt oder konkret praktiziert wird, lassen sich durchaus finden. Hier treten insbesondere wirtschaftliche oder staatliche Stellen in den Fokus, im Rahmen derer eine strikte Geheimhaltung bestimmter Informationen erforderlich ist. Große Unternehmen etwa besitzen in seltenen Fällen abhörsichere Räume, welche sich nicht allein dadurch auszeichnen, dass sie durch eine Reihe aufwendiger baulicher Maßnahmen gegenüber Lauschangriffen von außen abgeschirmt sind, sondern auch dadurch, dass es im Innern der Räume strikt verboten ist, Medien- beziehungsweise Kommunikationstechnik welcher Art auch immer einzubringen oder einzusetzen. So dürfen je nach Sicherheitsstufe weder Telefone, Computer oder andere Medien eingesetzt werden, genauso wie keine persönlichen Smartphones, Laptops oder andere Mobilgeräte eingebracht werden dürfen. Auf diese Weise schützen sich Unternehmen vor ungewollten „Informationsverlusten", welche insbesondere im Zusammenhang mit Wirtschaftsspionage von immenser Bedeutung sind (Schaaf 2009). In gleicher Weise wollen sich auch staatliche Stellen davor schützen, dass geheime Informationen unkontrolliert verbreitet werden. So erwog 2014 beispielsweise der NSA-Untersuchungsausschuss des Deutschen Bundestages, auf die Nutzung elektronischer Informations- und Kommunikationstechnologien zu verzichten und aus Sicherheitsgründen nicht-elektronische Schreibmaschinen einzusetzen (Greis 2014a). Andere Stellen haben diese Idee, so abwegig sie vorerst auch klingen mag, bereits in die Tat umgesetzt. So verwendet etwa der russische Föderale Dienst für Bewachung (FSO), dessen Aufgabe darin besteht, für die Sicherheit des russischen Präsidenten und der Regierung zu sorgen, aus Gründen der Spionageabwehr Schreibmaschinen und Papierdokumente, um sensible Informationen sicher kontrollieren zu können. Es findet keine elektronische Speicherung oder Archivierung der Informationen statt. Die Idee dahinter ist die gleiche wie beim NSA-Untersuchungsausschuss – die generelle Vulnerabilität elektronischer und vernetzter Informations- und Kommunikationstechnologien provoziert die Wiederbenutzung analoger, nicht-elektronischer Technologien, welche eine relativ sichere Geheimhaltung von Informationen ermöglichen. Paradoxerweise hat jedoch auch diese Technologie noch Schwachstellen. Beispielsweise können Informationen, welche durch die Benutzung einer Schreibmaschine zu Papier gebracht werden, abgegriffen werden, sobald Angreifer die unterschiedlichen Geräusche der Tastenanschläge der Schreibmaschine abhören können. Aus diesen kann das Geschriebene rekonstruiert werden. Dennoch ist zu konzedieren, dass die Angriffsfläche und Vulnerabilität elektronischer, vernetzter informationstechnischer Systeme bei Weitem größer ist als jene bei nicht-elektronischen Systemen.

Sobald aber davon abgewichen wird, radikale Technikvermeidungsstrategien zu verfolgen und stattdessen digitale Medien in Handlungszusammenhänge als Mittler eingebunden werden, dabei aber gleichzeitig Informationssicherheit angestrebt wird, bedarf es mehr als nur bloßes Systemvertrauen in die funktionale Integrität jener Medien. Bisherige informationelle Sicherheiten werden in Gesellschaften, welche mit untereinander vernetzten, digitalen Medien durchsetzt sind, unter den Bedingungen andauernder Kontrollunsicherheit auf der dritten Ebene obsolet. Bloßes Systemvertrauen in die jeweils relevanten Unternehmen und Institutionen reicht als Sicherheitsgrundlage bei der Mediennutzung nicht mehr aus. Es werden „härtere" Absicherungsstrategien erforderlich. Diese allerdings streuen, bildlich gesprochen, Sand ins Getriebe digitaler Technologien. Sicherheitsmaßnahmen, welche über schwache Erwartungssicherheiten in Form von bloßen Vertrauensbeziehungen hinausgehen, verringern, allgemein gesprochen, die Performanz von Handlungszusammenhängen. Indem den Risiken des informationellen Kontrollverlusts durch verschärfte IT-Sicherheit entgegen gewirkt werden soll, steigen die „Transaktionskosten" in sozialen Beziehungen, in denen informationstechnische Systeme als Medien eingesetzt werden (Hagendorff 2016b). Erhöhte Sicherheitsmaßnahmen erfordern zusätzliche Kontroll- und Prüfaufgaben in Form etwa von Datenschutzaudits. Sichere informationstechnische Systeme sind immer Systeme, welche aufwendige Nutzungsroutinen erfordern und Zugangsmöglichkeiten erschweren. Da aber mitunter selbst jene relativ sicheren Systeme drohen, dem Kontrollverlust anheimzufallen, werden Handlungsmöglichkeiten vor allem im Bereich der elektronischen Kommunikation verstärkt eingeschränkt (Winner 1977: 240). Sobald erforderliche Sicherheitsniveaus nicht erreicht werden können oder die Aufwendungen, welche zur Herstellung von Sicherheit bei informationstechnischen Systemen erforderlich sind, derart steigen, dass Kosten-Nutzen-Kalkulationen negativ ausfallen, ist unter Umständen damit zu rechnen, dass es zu einer bewussten Nichtbenutzung, Enteignung und Vermeidung bestimmter Technologien kommt.

Obgleich Technikvermeidungsstrategien Methoden und Wege bieten, zu verhindern, sich technikinduzierten Sicherheitsrisiken auszusetzen, von bestehenden Überwachungsarchitekturen erfasst zu werden oder die Kontrolle über die Verbreitung geschützter, personenbezogener Informationen zu verlieren, so geht die Nichtbenutzung von etablierten Informations- und Kommunikationstechnologien doch stets mit diversen lebenspraktischen Nachteilen einher. Worin diese bestehen, kann anhand der folgenden Beispiele abgelesen werden, welche Schneier nennt, um zu zeigen, wie Technikvermeidung speziell zur Überwachungsabwehr organisiert werden kann.

„You can pay for things in cash instead of using a credit card, or deliberately alter your driving route to avoid traffic cameras. You can refrain from creating Facebook pages for your children, and tagging photos of them online. You can refrain from using Google Calendar, or webmail, or cloud backup. You can use DuckDuckGo for Internet searches. You can leave your cell phone at home: an easy, if inconvenient, way to avoid being tracked. More pointedly, you can leave your computer and cell phone at home when you travel to countries like China and Russia, and only use loaner equipment. You can avoid activating automatic surveillance systems by deliberately not tripping their detection algorithms. For example, you can keep your cash transactions under the threshold over which financial institutions must report the transaction to the feds. You can decline to discuss certain topics in e-mail.“ (Schneier 2015b: 152 f.)

An den von Schneier genannten Beispielen lässt sich deutlich ablesen, dass Technikvermeidung immer auch bedeutet, digitale Medien als praktische Mittler in diversen Handlungszusammenhängen zu verlieren – und somit viele Handlungen erst gar nicht durchführen zu können.

Forderungen nach der partiellen Nichtbenutzung bestimmter Informationstechnologien beziehungsweise bestimmter Verbreitungsmedien sind nicht erst seit der Entstehung moderner Informationsgesellschaften zentraler Bestandteil medienkritischer Diskurse. Warren und Brandeis, von denen die häufig sentenzartig zitierte, ursprünglich allerdings auf Cooley zurückgehende Definition von Privatheit als das Recht, allein gelassen zu werden, stammt (Cooley 1906: 364; Warren/Brandeis 1890: 205), stießen sich an einer maßlosen Nutzung der Fotokamera als Instrument zur Informationserlangung der damaligen Presse. Es ging ihnen um die rechtliche Fixierung einer informationellen Privatheit – und das, noch lange bevor es Datenschutzdebatten im Kontext digitaler Medien gab. Die beiden Juristen sahen in der florierenden städtischen Presse und der freien Zirkulation und Publikation von Fotografien eine Bedrohung für den Schutz der Privatsphäre. Mehr als ein Jahrhundert später allerdings steht weder die Boulevardpresse noch die Allgegenwart von Fototechnik im Fokus der Debatten um die Privatheit. Zeitungen und Fotografien sind zu etablierten Verbreitungsmedien geworden. Durch Gewohnheitseffekte haben sich die Debatten um das Potential jener Medien, die Privatheit und Informationssicherheit einer Person zu verletzen, weitestgehend abgeschliffen. Doch ebenso, wie Warren und Brandeis unter dem Eindruck eines Medienwandels standen, stehen dies heutige Gesellschaften auch – bloß das Medium, welches zur Debatte steht, ist nicht mehr die Fotografie, sondern der Computer in all seinen Formen und Ausgestaltungen. Heute gibt es erneut Debatten um die Bedrohung des Privaten, allerdings werden diese nicht mehr durch die Instrumente der Boulevardpresse ausgelöst, sondern beispielsweise durch den NSA-Skandal. Der Diskurs über die geheimdienstliche Überwachung der elektronischen Telekommunikation ist eines von vielen Symptomen des aktuellen Medienwandels.

Jedes neue Verbreitungsmedium, welches in eine Gesellschaft integriert wird – sei dies die Schrift, der Buchdruck, die Fotografie, das Fernsehen oder der Computer –, ist ein Auslöser von Ängsten, Dramatisierungen, Kritik und Protesten. „For every time a new mass medium has entered the social scene, it has spurred public debates on social and cultural norms, debates that serve to reflect, negotiate and possibly revise these very norms." (Drotner 1999: 596) Kennzeichnend für diese, wie Drotner (1999) sie nennt, „media panics", ist die Entstehung von Diskursen, welche ebenso emotional wie moralisch aufgeladen sind und das zur Debatte stehende Medium entweder schlicht als „gut" oder als „schlecht" erachten, wobei es eine klare Asymmetrie zwischen technikoptimistischen und technikpessimistischen Diskursen zugunsten letzterer gibt. „Media panic" meint, dass neue Verbreitungsmedien moralisch verurteilt werden für ihr Potential, etablierte soziale und kulturelle Normen zu bedrohen oder zu zersetzen. Typisch für „medienpanische" Diskurse ist zudem, dass diese von tendenziell eher älteren Generationen ausgehen, welche sich um die eher jüngeren Generationen beziehungsweise um die Folgen von deren Mediennutzungsgewohnheiten sorgen. Ein weiteres Kennzeichen von „media panics" ist, dass es eine Art geschichtliche Vergesslichkeit gibt, sodass jedes neue Verbreitungsmedium auch erneut Auslöser „medienpanischer" Diskurse ist, ungeachtet der strukturellen Gleichheit dieser Diskurse mit vorhergehenden. Darüber hinaus werden neue Verbreitungsmedien vorerst als der populären Kultur angehörig erachtet, welche sich wiederum gefährlich auf die Ideale und Normen der Hochkultur auswirken kann. Abzulesen ist dies beispielsweise an Werken wie Keens *The Cult of the Amateur (2007)*, in welchem Keen die schlichte These aufstellt, dass das Web 2.0 die etablierte Hochkultur des „Westens" zerstört. Keen problematisiert, dass die am meisten geschätzten kulturellen Institutionen – qualitativ hochwertige Zeitungen, Musik oder Filme –, durch das „Mitmach-Web" über nutzergenerierte Inhalte von einem „Mob" an Amateuren „übernommen" werden. Keen unternimmt eine wertgeladene Abgrenzung zwischen Kunst und Unterhaltung, zwischen Authentizität und Intimation, zwischen Qualität und Mittelmaß, wobei jeweils erstgenanntes mit den alten Verbreitungsmedien und letztgenanntes mit dem neuen Verbreitungsmedium des Internets assoziiert ist. Wie man jedoch mit Drotner zeigen kann, handelt es sich bei der Argumentation Keens um ein Abbild exakt jene Symptome, welche typisch für „media panics" sind (Drotner 1999: 610 f.).

Zu diesen Symptomen gehört zweifelsfrei gleichsam das Beklagen eines Kontrollverlusts. Exemplarisch sei hier aus einer ethnografisch angelegten Studie über Privatheit zitiert:

„The digital technologies and systems with which we interface as citizens and customers are repeated sources of anxiety. The sheer ‚amount of information about individuals that can be accessed by someone who's never had any contact with them' is a distinct source of alarm. These information systems are the direct cause of the sense that traditionally ‚private' information has now escaped individuals' control." (Nippert-Eng 2010: 146)

Die Einführung neuer Verbreitungsmedien geht immer und nicht nur im Fall digitaler Medien mit einem informationellen Kontrollverlust einher (Seemann 2014). Die Einführung des Buchdrucks etwa hatte großen Einfluss auf die Machtposition der Kirche, schließlich erlaubte das Drucken von Büchern zwar die Ausbreitung der Bibel unter ‚den Menschen, allerdings konnten sich auf demselben Wege auch alternative Glaubenssysteme, welche von der Autorität der reinen Lehre der Kirche abwichen, verbreiten (Shirky 2008: 153). Generell irritieren, wie erwähnt, neue Verbreitungsmedien die kulturelle Praxis einer Gesellschaft. Im Wesentlichen hat dies zweierlei zur Folge. Zum einen fördern neue Verbreitungsmedien die Transformation von hierarchischen in heterarchische soziale Ordnungsmuster. Hierarchisch organisierte Institutionen müssen sich einer prinzipiell heterarchisch kommunizierenden Gesellschaft anpassen (Luhmann 1997: 312). Zum anderen geht es bei der Einführung neuer Verbreitungsmedien in eine Gesellschaft, abstrakt gesagt, vorerst schlicht um einen bestehenden Überschuss an Handlungs- respektive Kommunikationsmöglichkeiten, an welchen sich Routinen und Gesellschaftsstrukturen erst langsam anpassen müssen (Baecker 2007b). Folgerichtig beginnt Castells seine Trilogie zur Netzwerkgesellschaft mit den Sätzen:

„We live in confusing times, as is often the case in periods of historical transition between different forms of society. This is because the intellectual categories that we use to understand what happens around us have been coined in different circumstances, and can hardly grasp what is new by referring to the past." (Castells 2010: xvii)

Ähnlich schreibt Shirky:

„[...] because social effects lag behind technological ones by decades, real revolutions don't involve an orderly transition from point A to point B. Rather, they go from A through a long period of chaos and only then reach B. In that chaotic period, the old systems get broken long before new ones become stable." (Shirky 2008: 68)

Im Anschluss an Shirky lässt sich konstatieren, dass sich die Informationsgesellschaft aktuell in einer Phase des „Chaos" befindet, in welcher sich, vereinfacht gesprochen, die informationstechnischen Gegebenheiten auf der einen Seite sowie die kulturellen Gegebenheiten auf der anderen Seite in unterschiedlichem Tempo wandeln, wobei es einen „cultural lag“ (Ogburn 1922) beziehungsweise ein „Hinterherhinken“ letzterer gibt. Diskurse und soziotechnische Praktiken sind voneinander desynchronisiert (Ochs 2015: 21). So bleibt im Endeffekt festzuhalten, dass der Medienwandel sowie der damit verbundene soziale Strukturwandel und die entsprechenden Kulturreformen jenseits moralisch aufgeladener, technikpessimistischer Diskurse einer gewissen Relativierung unterzogen werden können. Das bedeutet dennoch freilich nicht, dass der Medienwandel sowie die damit verbundene Veränderung der Kultur einer Gesellschaft nicht auch Gefahren und Chancen bergen würden, welche identifiziert und normativ bewertet werden können. Insgesamt dürfte jedoch nicht letztgültig zu entscheiden sein, ob nun die Gefahren eines neuen Verbreitungsmediums die Chancen desselben überwiegen oder umgekehrt, sodass ein Medium für sich genommen normativ als gut oder schlecht erachtet werden könnte.

Wenn festgestellt wird, dass der aktuelle Medienwandel, welcher im Wesentlichen ein Anwachsen und Ausbreiten von immer leistungsfähigeren Computernetzwerken beschreibt, zu tiefgreifenden Irritationen tradierter kultureller Praktiken führt, dann muss die Frage gestellt werden, ob überhaupt verfügbare Möglichkeiten bestehen, die Technikentwicklung respektive den Medienwandel in welcher Weise auch immer intentional zu beeinflussen. Mit der Beantwortung der Frage, ob das Innovationsgeschehen der Technikentwicklung sowie die endnutzerseitige Technikaneignung und Mediennutzung zielgerichtet und wesentlich beeinflusst werden kann, kann gleichzeitig auch die Frage, ob es gangbare Wege und Mittel zur Erhaltung von Informationssicherheit und -kontrolle gibt, beantwortet werden, schließlich ist, wie beschrieben, der Verlust an Informationssicherheit und -kontrolle, wie er sich empirisch vor allem auf der dritten Ebene der privaten Endanwender manifestiert, eines der Symptome des aktuellen Medienwandels.

Die Mediennutzung ist immer in eine gesellschaftlich vorgegebene Ordnung eingebettet. Die gesellschaftliche Ordnung besitzt einen Doppelcharakter. Sie ist einerseits das Produkt von handelnden Akteuren. Andererseits sind die Akteure Produkt der gesellschaftlichen Ordnung. Die Frage ist dann die nach der Gewichtung. Wird Wirkmacht eher am Pol der gesellschaftlichen Ordnung erkannt oder am Pol des Subjekts? Während auf der einen Seite Theorien wie etwa der Existentialismus dem Subjekt gegenüber den Vergesellschaftungsmächten Vorrang einräumen und dessen „Verurteilung zur Freiheit“ (Sartre 1994) betonen, gehen auf der anderen Seite beispielsweise poststrukturalistische oder dekonstruktivistische Theoriemodelle davon aus, dass die gesellschaftliche Ordnung respektive die Ordnung der Sprache die Subjekte konstituiert (Derrida 1974). Dazwischen stehen

Subjekt- oder Sozialtheorien, welche keine einseitige Gewichtung von Wirkmachtpotentialen zwischen der Dynamik der Vergesellschaftung und der Handlungsfreiheit von Subjekten vornehmen. Stattdessen gehen sie von einem dialektischen Prozess aus, wobei die Subjekte sowohl die Hervorbringer der gesellschaftlichen Ordnung sind gleichwie die gesellschaftliche Ordnung die Subjekte hervorbringt (Bourdieu 1987).

> „[…] der Mensch – freilich nicht isoliert, sondern inmitten seiner Kollektivgebilde – und seine gesellschaftliche Welt stehen miteinander in Wechselwirkung. Das Produkt wirkt zurück auf seinen Produzenten. […] Gesellschaft ist ein menschliches Produkt. Gesellschaft ist eine objektive Wirklichkeit. Der Mensch ist ein gesellschaftliches Produkt." (Berger/Luckmann 2009: 65)

Eine ähnliche Dialektik, wie sie sich in der genannten Subjektphilosophie niederschlägt, kann auch in der Technikphilosophie festgemacht werden. Hierbei geht es um die Beziehung zwischen Subjekt und Technologie. Üblicherweise besteht die Vorstellung, dass Subjekte rationale Techniknutzer sind und reflektierte Aneignungsprozesse neuer Technologien stattfinden. Dem kann die Vorstellung gegenübergestellt werden, dass es weniger die Subjekte sind, welche sich die Technologie aneignen, als vielmehr die Technologie, welche sich die Subjekte aneignet (Ellul 1964). Bereits in der Phase der Entwicklung neuer Technologien fließen durch die gesellschaftliche Ordnung vordefinierte Präferenzen und Wertannahmen der Technikentwickler in die Ausgestaltung technischer Artefakte, worunter freilich auch informationstechnische Systeme zu zählen sind, ein (Brey 2010; Kitchin 2014c: 9 f.). Aber auch die spätere Techniknutzung ist, folgt man der genannten Denkrichtung, geprägt von einer Anpassung von Nutzungsroutinen an die Anforderungen der Technik. Umgekehrt wiederum wäre davon auszugehen, dass Technik den Anforderungen der Nutzer gemäß gestaltet und genutzt wird. Beide Theoriepositionen arbeiten mit verschiedenen Argumenten.

Wenn man anerkennt, dass der Wandel beziehungsweise der sukzessive Verlust an Informationssicherheit und Informationskontrolle mit der Ausbreitung digitaler Medien samt ihren zunehmend leistungsstärkeren Möglichkeiten der Erhebung, Verarbeitung und Verbreitung von Daten in einem engen Zusammenhang steht und man gleichzeitig klären will, ob es Möglichkeiten der Wiederherstellung oder der Erhaltung eines gewissen Maßes an Informationssicherheit und -kontrolle gibt, kommt man nicht umhin, vorerst die angerissenen technikphilosophischen und -soziologischen Implikationen dieser Überlegung, die Differenzierung zwischen nicht-technikdeterministischen und technikdeterministischen Positionen zu reflektieren (Regan 1995). Indem, mit anderen Worten gesprochen, der Konnex zwischen Informationssicherheit, Datenschutz und informationeller Privatheit auf der einen und vernetzten Informations- und Kommunikationstechnologien auf der anderen Seite hergestellt wird und letztere als Gefahr für den Erhalt erstgenannter Güter erachtet werden, steckt die Wahl der technikphilosophischen Position den weiterführenden Theorierahmen ab, innerhalb welchem darüber entschieden werden kann, ob es insgesamt eher zu einem Erhalt oder Verlust von Informationssicherheit, Datenschutz und Privatheit kommt beziehungsweise ob es möglich ist, den relativen informationellen Kontrollverlust auf der dritten Ebene aufzuhalten respektive rückgängig zu machen oder nicht. Folgt man grob einer technikdeterministischen Position mit ihrer Annahme, dass die fortschreitende Entwicklung leistungsstärkerer und komplexerer Informationstechnologien sowie die Ausbreitung derselben keiner gezielten sozialen Steuerung unterworfen und damit gleichsam in ihrer Stoßrichtung nicht abgeändert werden kann, muss man davon ausgehen, dass der relative informationelle Kontrollverlust der dritten Ebene unabwendbar ist und es dementsprechend zum sukzessiven Verlust von Informationssicherheit, Datenschutz und informationeller Privatheit kommt.

Für die Einnahme einer dem Technikdeterminismus zumindest relativ nahestehenden Position spricht erstens der aus den unerbittlichen Marktkräften der Technologiebranche erwachsende Trend, immer leistungsstärkere und komplexere informationstechnische Systeme zu entwickeln und zu verkaufen. Zweitens ist auf Seiten der Endnutzer digitaler Medien eine relativ unreflektierte Aneignung dieser Systeme zu konzedieren, wobei die Zeitabstände zwischen der Entwicklung neuer informationstechnischer Systeme und der breiten, alltäglichen Nutzung ebendieser sich stets verkürzen. Drittens hält der Ausbau der Infrastruktur des Internets kontinuierlich an, sodass immer mehr informationstechnische Systeme und Sensoren zu einem interoperablen globalen Netzwerk zusammengefasst werden können. Damit einher geht viertens eine Steigerung der Liquidität von Daten- und Informationsströmen, woraus wiederum eine erhöhte Wahrscheinlichkeit resultiert, die Kontrolle über die Erhebung, Verarbeitung oder Verbreitung von personenbezogenen Daten und Informationen zu verlieren. Fünftens ist eine schlechte Repräsentation technikinduzierter sozialer Problemlagen im System der Politik zu erkennen, dessen langsames Prozessieren eine starke Desynchronisation mit anderen sozialen Systemen bedingt und so unter anderem den ökonomischen Marktkräften der Technologiebranche relativ freien Lauf lässt.

Für die Einnahme einer nicht-technikdeterministischen Position sprechen auf der anderen Seite erstens das nicht erst seit dem NSA-Skandal bestehende, vermehrte Aufkommen großer Protestbewegungen, welche sich für einen Erhalt der informationellen Privatheit und für einen starken Datenschutz einsetzen. Zweitens zeigt sich gleichsam in der massenmedialen Berichterstattung ein kritischer Tenor gegenüber Informationstechnologien und Plattformen, welche den Anforderungen eines starken Datenschutzes nicht entsprechen. Dementsprechend werden drittens Privatheit und Datenschutz in der Öffentlichkeit als grundsätzlich schützenswerte Güter angesehen. Viertens ist zu beobachten, dass gegenüber bestimmten neuen Informationstechnologien selektive Abwehrhaltungen innerhalb bestimmter Bereiche der Gesellschaft bestehen, dass es tatsächlich zu einer breiten Nichtbenutzung und damit zu einem Scheitern der Technologie kommt.

Positionen, welche den Technikdeterminismus ablehnen, erachten Technik als neutrale Instanz, welche keine von Subjekten unabhängige Wirkmacht besitzt. Im Rahmen dieser Position wird von der grundsätzlichen Prämisse ausgegangen, dass das Subjekt der Technologie vorgeordnet ist und dass die Technikentwicklung und -nutzung der menschlichen Kontrolle unterliegt. So schreibt etwa Ropohl:

> „Ich gehe davon aus, dass die Menschen, wie ihre Geschichte, auch ihre Technik selber machen. Nicht nur die einzelnen technischen Hervorbringungen sind selbstverständlich Menschenwerk, sondern auch die technische Entwicklung als Gesamtprozess ist kein übermenschliches Schicksal, keine naturwüchsige Selbstbewegung, sondern das Resultat menschlicher Entscheidungen und Handlungen. Auch wenn gewisse Komplikationen in sozialen Prozessen nicht zu verkennen sind, ist die Technisierung doch im Prinzip zielbewusster Planung, Steuerung und Kontrolle zugänglich." (Ropohl 2009: 19)

Dem Subjekt der Technik wird die Macht und Kontrolle über ebendiese zugestanden. Technik, so die Vorstellung, ist ein Mittel, welches zielgerichtet zu bestimmten Zwecken, deren Definition gänzlich dem Subjekt obliegt, eingesetzt werden kann. Darüber hinaus können Entwicklungstrends neuer Technologien gesteuert und beeinflusst werden, sodass unerwünschte technologische Neuentwicklungen abgewendet und verhindert werden können. So kann etwa die Feststellung, dass Technologien unberechenbare Eigendynamiken ausbilden oder mit unverantwortbaren, nicht eingrenzbaren Risiken verbunden sind, zur gezielten Limitationen der Entwicklungs- und Nutzungsmöglichkeiten neuer Technologien führen. Indem deutlich wird, dass Beherrschbarkeits- und Sicherheitsbehauptungen illusorisch sind, kann, so die Vorstellung nicht-technikdeterministischer Positionen, über technikethische Abwägungsprozesse eine Abkehr von bestimmten Technologien beschlossen werden.

Sozusagen als Mittler zwischen technikdeterministischen und nicht-technikdeterministischen Positionen stehen technikphilosophische Positionen, welche Technik als das Resultat wirtschaftlicher, politischer und anderer sozialer Aushandlungsprozesse sehen. Auf der einen Seite wird der Technik eine eigene, subjektunabhängige Wirkmacht zugestanden. Auf der anderen Seite besteht die Annahme, dass Technik nie unabhängig von der Beeinflussung durch Politik, Wirtschaft und andere soziale Felder ist. Es gibt eine dynamische Wechselbeziehung zwischen Technologien und personengestützten Entscheidungen in Politik, Wirtschaft und anderen sozialen Feldern (Latour 2001; Latour 2005).

Technikdeterministische Positionen hingegen gehen davon aus, dass Entwicklungstrends neuer Technologien in ihrer Stoßrichtung nicht aufzuhalten sind (Ellul 1964). Sie nehmen an, dass es im Zeitverlauf unabänderlich zu einer Steigerung der Differenziertheit, Komplexität sowie Leistungsfähigkeit von technischen Artefakten kommt. Am Ende dieser Entwicklungslinie sehen Technikdeterministen ein globales technisches Großsystem, dessen Informationsverarbeitungskapazitäten die des Menschen weitaus übertreffen und welches autonom agiert, sich selbst weiterentwickelt und sich selbst reproduziert (Kurzweil 2005; Kelly 2010). Darüber hinaus postulieren Technikdeterministen, einfach gesagt, dass nicht die Gesellschaft bestimmte Technologien entwickelt, sondern dass die Technologie eine bestimmte Gesellschaft hervorbringt. Veränderungen im Bereich neuer Technologien werden demnach als entscheidende Treiber des sozialen Wandels erachtet. Die angenommene Wirkungsrichtung verläuft, sofern man mit den folgenden Differenzierungen arbeiten mag, nicht vom Pol des Subjekts oder der Gesellschaft zum Pol der Technologie, sondern von der Technologie zum Subjekt oder zur Gesellschaft.

Die technikdeterministische Position neigt dazu, sich auf vermeintliche Gesetze der Technologieentwicklung zu berufen. Das wohl bekannteste dieser Gesetze ist Moore's Law. In dem Aufsatz, in welchem Moore sein berühmtes Gesetz entwickelt (1965), extrapoliert er die Erhöhung der Integrationsdichte von Transistoren auf einem Chip von 1965 an für zehn Jahre. Moore, welcher damals beim Chiphersteller Fairchild Semiconductor International arbeitete, ging in dem ursprünglichen Artikel von 1965 von einer jährlichen Verdopplung der Transistorenanzahl aus. Dies bestätigte sich weitestgehend, auch wenn später die Verdopplungsrate auf 18 bis 24 Monate korrigiert wurde. Da Moore's Law im Zusammenhang mit Einzelkernprozessoren entworfen wurde, gilt es für die heutigen Mehrkernprozessoren nur bedingt. Dennoch besteht ein eindeutiger Trend dahingehend, dass informationstechnische Systeme immer höhere Rechenleistungen und Speicherkapazitäten aufweisen. Dabei erhöht sich vor allem die Anzahl und Dichte untereinander vernetzter informationstechnischer Systeme an sich. Dieser mit dem Begriff „ubiquitous computing" gefasste Trend bedeutet, dass Handwarekomponenten stets unauffälliger in die Umwelt integriert werden, dass informationstechnische Systeme sich an verschiedene Nutzungssituationen anpassen und relativ autonom kontextbezogene Assistenz sowie eine Ergänzung körperlicher und geistiger Fähigkeiten ermöglichen. Die immer stärkere Durchsetzung der Lebenswelt mit digitalen Technologien, die „informatische Aufladung der physikalischen Umwelt“ (Wiegerling 2011: 25), scheint dabei eine Entwicklung abzubilden, welche in ihrer Stoßrichtung tatsächlich nur mit erheblichen Schwierigkeiten einer vermeintlich gezielten politischen oder juristischen Steuerung unterworfen werden kann. Informationstechnische Systeme werden in immer mehr Handlungszusammenhänge als Mittler eingebaut. Es findet, bildlich ausgedrückt, eine stets enger ineinander verwobene Verknüpfung von analoger und digitaler Welt statt. „[...] digital communicating, processing, and sensing increasingly actuate the world around us. [...] Not only do the walls have ears, but networks of eyes, brains, and data banks to use for purposeful action.“ (Cuff 2003: 44) „Es gibt kein analoges Leben mehr im Digitalen“, ließe sich mit Seemann anfügen. „Wer Teil der Welt ist, wird Teil des Internets sein.“ (2014: 25) Und Floridi formuliert: „The threshold between here (analogue, carbon-based, offline) and there (digital, silicon-based, online) is fast becoming blurred, but this is as much to the advantage of the latter as it is to the former. The digital is spilling over into the analogue and merging with it.“ (Floridi 2010: 8) Ermöglicht wird dies auch durch eine wachsende Anzahl an untereinander vernetzten Messsensoren – bis 2025 sollen es circa 150 Milliarden sein (Helbing et al. 2015) –, welche immer größere Datenmengen ergeben und deren intelligente Verarbeitung und Auswertung erlauben (Kitchin 2014b). Die International Data Corporation (IDC), welche regelmäßig Schätzungen über den stetig wachsenden globalen „Datenberg“ veröffentlicht, schätzte 2010 noch, dass die globale Datenmenge 2020 35 Zettabyte umfassen würde (Gantz/Reinsel 2010). 2012 korrigierten sie ihre Schätzung bereits auf 40 Zettabyte nach oben (Gantz/Reinsel 2012). Voraussetzung für dieses Datenwachstum ist der ungebrochen anhaltende Aufbau einer technologiegesättigten Atmosphäre, welche eine möglichst umfassende „Datafizierung“ aller Ereignisse und Sachverhalte erlaubt (Mayer-Schönberger/Cukier 2013: 15; Lindemann 2014). Ermöglicht und angetrieben wird dies wiederum durch den Umstand, dass die Speicherung und Versendung großer Datenmengen durch kontinuierlich steigende Kapazitäten bei Speichermedien und Datenleitungen zunehmend günstiger wird (McCallum 2015).

Die Beobachtung dieses konstanten Wachstums, dieser evidenten Unaufhaltsamkeit der Entwicklung im Bereich informationstechnischer Systeme verleitet zur Annahme eines radikalen Technikdeterminismus. So nimmt etwa Kelly (2010) an, dass Technik denselben Gesetzmäßigkeiten wie die Evolution unterliegt. Er vertritt dabei das strittige Konzept der zielgerichteten Evolution, welche sich unaufhaltsam in Richtung von mehr Komplexität, mehr Stabilität und mehr Ordnung bewegt. Diesen evolutionären Gesetzmäßigkeiten unterliegen nach Kelly nicht nur genetische Organismen, sondern gleichsam die Technik. Kelly sieht das „Technium“, also die Gesamtheit der auf der Erde verfügbaren Technik, als ein autonomes Großsystem, welches kontinuierlich wächst und an Komplexität und Handlungsmacht zunimmt. Handlungsmacht erhält jenes Großsystem, jene technologiegesättigte Atmosphäre, welche die digitale Gesellschaft umschließt, da es aus relativ autonom agierenden und miteinander vernetzten Elementen besteht, welche zusammengenommen eine unkontrollierbare Dynamik entwickeln. Das Technium, worunter Kelly freilich in erster Linie die Infrastruktur des Internets subsumiert, ist eine Art Schwarmsystem, dessen Kehrseite es ist, als Ganzes weder gezielt beeinflusst noch kontrolliert werden zu können (Kelly 1995: 22). Gleichzeitig nimmt er an, dass der Technik eine Art eigentümliche Kraft innewohnt, welche ihre Entwicklung in eine bestimmte Richtung drängt. Es geht um eine Art metaphysisch imprägnierten, technologischen Animismus. Dabei ist Kellys Idee, also die Idee einer rudimentären „Lebendigkeit“ von Technik, ein Topos, welches immer wieder in diversen Diskursen der Literatur und der Wissenschaft behandelt wurde und wird (Winner 1977) und angesichts des durch unzählige Innovationen forcierten Entwicklungsstandes der Technologie in modernen Informationsgesellschaften durch viele Autoren verstärkt aufgegriffen wird.

Neben Kelly zieht auch Kurzweil eine Verbindung zwischen Evolution und Technikentwicklung (Kurzweil 2005). Genauer gesagt sieht er die Evolution der Technik als logische Weiterführung der biologischen Evolution. Evolutionäre Innovationen, so Kurzweil, ermöglichen ein schnelleres Prozessieren der Evolution. Er nennt das Beispiel der DNA, deren evolutionäre Entstehung mit der Entstehung lebensförmiger Organismen einher ging und welche gleichzeitig die Innovationsrate der Evolution deutlich erhöhte. Möglich wurde dies durch die Speicherung von Informationen über den Aufbau von Organismen in der DNA, wobei die gespeicherten Informationen aus Ausgangsbasis für weitere Variationen dienen. Ähnliches erkennt Kurzweil bei der Technikentwicklung. Die ersten Computermodelle beispielsweise wurden auf dem Papier entworfen und in Handarbeit hergestellt. Die Speicherung von Informationen in Computern über Computer ermöglichte daraufhin die Anwendung der Technologie auf sich selbst. Moderne Computer werden mit Hilfe von Computern entwickelt und von Computern hergestellt. Bereits Ellul geht davon aus, dass mit zunehmender Automatisierung gleichsam eine Automatisierung des technologischen Fortschritts erzielt werden kann (Ellul 1964: 85). Und auch Castells beschreibt das Moment der Einwirkung von Wissen auf Wissen, von Technologie auf Technologie als entscheidendes Entwicklungsmoment der Informationsgesellschaft (Castells 2010). Komplexe technische Systeme können zur Weiterentwicklung anderer komplexer technischer Systeme benutzt werden. Jede Entwicklungsstufe vereint in sich vorherige Entwicklungsstufen technischer Systeme, sodass die Entwicklung weiterführender Systeme jeweils vom vorherigen Stand der Technologie profitiert. Die Steigerung der Leistungsfähigkeit der Technologie folgt dabei keiner linearen, sondern einer exponentiellen Entwicklung. Innovationen addieren nicht einfach Leistungspotentiale technischer Systeme, sondern sie multiplizieren sie. Dies führt, folgt man Kurzweils Denkrichtung, unausweichlich zu höheren Graden der Autonomie technischer Systeme. Dies wiederum impliziert, dass autonom operierende technische Systeme selbst die Kontrolle über die Weiterentwicklung technischer Systeme übernehmen (Omohundro 2014). Es kommt zu einer positiven Rückkopplung. Berücksichtigt man fernerhin ökonomische Einflussgrößen, wächst unter der Bedingung, dass die Kosten für die Herstellung von Computerchips stetig sinken, neben der Leistungsfähigkeit gleichsam die Anzahl der hergestellten Chips. Damit wächst wiederum die Dichte, mit welcher sie in der Umwelt installiert werden. Letztlich geht es um eine Art wachsendes digitales „Nervensystem" (Pentland 2014: 153), das vor allem Städte (Nam/Pardo 2011), aber auch zunehmend rurale Bereiche überzieht. Gerade mobile Endgeräte produzieren einen permanenten Datenstrom und werden, metaphorisch beschrieben, zu den Augen und Ohren eines gigantischen technischen Pseudoorganismus (Buschauer 2014).

Konkret wird dieser Trend der Vernetzung von pervasiven, smarten beziehungsweise ubiquitären Medientechnologien zu einem immer dichteren globalen Computernetzwerk durch die Entwicklung des Internets abgebildet. Circa seit Anfang der 1990er Jahre erfährt die Zahl der zum Internet vernetzten technischen Systeme einen rasanten Anstieg, welcher ausgelöst ist durch die Verfügbarkeit ausreichend schneller Datenübertragungsraten, die Verbreitung des PCs und nutzerfreundlicher Programmoberflächen wie etwa Browser, welche qua entsprechender Dienste eine einfache computervermittelte Kommunikation ermöglichen. Erneut erhöht wurde die Sättigung der Weltgesellschaft mit vernetzten Kommunikationstechnologien durch die Verfügbarkeit von Mobilfunkstandards mit zunehmend schnelleren Datenübertragungsraten. Zwischen der drahtlosen Kommunikation und dem Internet ist es so zu einer Medienkonvergenz gekommen. Die Allgegenwart informationstechnischer Systeme hat diese, wie beschrieben, in den Stand der „kritischen Infrastruktur" erhoben. Internetkonnektivität ist zu einem Grundbedürfnis der Menschen in modernen Informationsgesellschaften geworden. Gleichzeitig ist eine immense Abhängigkeit von digitalen Medien sowie den damit verbundenen Plattformen entstanden. Dabei geht es zum einen darum, dass die IT-Infrastruktur zur Voraussetzung der Funktionalität anderer Infrastrukturen geworden ist. Die IT-Infrastruktur steuert etwa die Versorgung der Bevölkerung mit Wasser oder Strom, das Banken- oder Finanzwesen oder das Straßen- und

Schienennetz. Zum anderen geht es bei der Beschreibung von Abhängigkeitsbeziehungen zu digitalen Medien um die Durchsetzung der persönlichen Lebenswelt mit jenen Medien, welche dergestalt ist, dass der Verzicht auf ebendiese gewohnte Lebensvollzüge drastisch einschränken kann. Es geht um die immer stärkere Integration von Handlungszusammenhängen und Weltzuständen in die Infosphäre. „[The technology] has become so entwined with the production of identity that it can no longer meaningfully be separated from the human subject." (Hayles 1999: xiii) Indem die Unterscheidung zwischen Infosphäre respektive Cyberspace und Umwelt sich sukzessive verflüchtigt, wird der Wegfall digitaler Medien umso mehr als stressauslösender Verzicht empfunden.

> „[...] we shall increasingly feel deprived, excluded, handicapped or poor to the point of paralysis and psychological trauma whenever we are disconnected from the infosphere, like fish out of water. One day, being an inforg will be so natural that any disruption in our normal flow of information will make us sick." (Floridi 2010: 13)

Die Beziehung zu informationstechnischen Systemen ist nicht mehr, wie noch zu Zeiten des Web 1.0, rein epistemischer, sondern in zunehmendem Maße „ontischer" Natur, da Computer, Smartphones, Tablets et cetera „portals to worlds that we inhabit" (Brey 2005: 383) werden. Es geht um virtuelle und soziale Welten, um die Übertragung von sozialen Rollen, Gruppen, Institutionen und Ereignissen in einen digitalen Raum, ja um die über soziale Netzwerke und virtuelle Realitäten (Hirshorn 2014; Bailenson/Blascovich 2011) vermittelte Verschmelzung von Lebenswelt und Infosphäre. Diese Verschmelzung macht es gleichsam für die Vertreter von Technikvermeidungsstrategien immer schwieriger, ihre Position geltend zu machen. Die Berufung auf Sicherheitsrisiken, Datenschutzproblematiken, Kontrollverlustereignisse oder den relativen Verlust der informationellen Privatheit hat die gewaltigen Medialisierungstrends in der Informationsgesellschaft nicht aufgehalten. Digitale Medien sind bis in den intimen Kern der persönlichen Lebenswelt vorgedrungen und nahezu unverzichtbar geworden, was wiederum darauf hindeutet, dass es weniger reflektierte Aneignungsprozesse waren, welche digitalen Medien eine derartige Bedeutung eingeräumt haben, sondern dass umgekehrt eher die Medien zur Bildung von an sie angepassten Lebenswelten geführt haben.

Digitale Plattformen, darunter eben insbesondere digitale soziale Netzwerke, welche von starken Netzwerkeffekten profitieren, werden sukzessive zu einem fundamentalen Bestandteil im Kommunikationsgeschehen der Informationsgesellschaft (Lanier 2013: 273). Gerade zentrale digitale soziale Netzwerke wie Facebook, Twitter oder YouTube bewirken eine Art soziale Gravitation, welche immer mehr Nutzer anzieht, sodass sich sukzessive Monopole herausbilden. Je mehr Nutzer ein Netzwerk nutzen, desto mehr weitere Nutzer werden angelockt, es ebenfalls zu benutzen. Das Metcalfe'sche Gesetz veranschaulicht dies abstrakt. Ein Kommunikationssystem, welches aus nur zwei Teilnehmern besteht, erlaubt nur eine Verlinkung und somit nur den Austausch zwischen zwei Nutzern. Ein Kommunikationssystem, welches bereits aus fünf Teilnehmern besteht, erlaubt zehn Links zwischen den Teilnehmern. Ein Kommunikationssystem erlaubt also umso mehr Verlinkungs- respektive Kontaktmöglichkeiten, je mehr Teilnehmer es hat. Der Nutzen einer großen Anzahl an Kontaktmöglichkeiten wiederum zieht weitere Teilnehmer an und begründet so ein Gravitationsfeld rund um soziale Netzwerke (Hendler/Golbeck 2008; Floridi 2014b: 22 ff.). Die Wahrscheinlichkeit, dass Lock-In-Effekte entstehen, also dass Nutzer an das „Ökosystem" bestimmter Netzwerke angebunden werden, steigt. Die sozialen Kosten, welche für Nutzer entstehen würden, würden sie das Ökosystem eines starken Netzwerks verlassen wollen, sind so hoch, dass sie als gewichtiger Hinderungsgrund wirken. Gerade einschlägige Social-Media-Plattformen sind solchermaßen zu einem essentiellen Bestandteil der Kommunikationsinfrastruktur von Informationsgesellschaften geworden, dass der Ausschluss aus diesen Netzwerken der sozialen Exklusion gleichkommt.

> „[...] there is the treat that if one is not visible and accessible, society will simply forget about you. Disconnected from the flows of information and resources, one is rendered powerless and invisible. If the implicit threat of disciplinary society was punishment, then the implicit threat of the network society is disconnection and redundancy. A node that does not actively contribute to the network's performance will be disconnected." (Stalder 2011: 510)

Neben den sozialen Kosten, mit welchen der Austritt aus bestimmten Plattformen und Software-Ökosystemen verbunden ist, kann das Problem der Monopolisierung und damit der fehlenden Wahlfreiheit erwähnt werden. Netzwerkeeffekte bedingen, dass nur eingeschränkt zwischen verschiedenen Anbietern entscheiden werden kann. „If you plan to break out of the gravitational field of a Siren Server, you often have to swallow hard and go all the way. The burden of that big leap creates a new kind of social immobility." (Lanier 2013: 192) Gegenüber dem Monopol etwa von Facebook gibt es immer wieder Anläufe, dezentrale Netzwerke als Alternativen zu etablieren. Doch auch diese Netzwerke sind nur dann erfolgreich, wenn sie in einem zentralen Netzwerk gespiegelt werden und es die Möglichkeit eines Zugriffs auf den kompletten Katalog an Inhalten gibt. Ein zentrales

Netzwerk erlaubt die Query als wichtige funktionale Anforderung an die Benutzbarkeit des Netzwerks. Zentrale Knotenpunkte bedingen den Erfolg dezentraler Netzwerke. Google begründet den Erfolg des World Wide Webs, The Pirate Bay den Erfolg von BitTorrent oder Feedreader den Erfolg von Blogs – um nur einige Beispiele zu nennen.

Nun können zum einen die beschriebenen Abhängigkeitsbeziehungen zu digitalen Medien sowie die Tatsache, dass das allgemeine Vorhandensein von Internetkonnektivität derart selbstverständlich geworden ist, dass die dazu erforderliche IT-Infrastruktur als „kritische Infrastruktur" klassifiziert wird, bedacht werden. Zum anderen können jene Positionen, welche für einen mehr oder minder starken Technikdeterminismus argumentieren und dabei vor allem das Einwirken von Technologien auf sich selbst sowie die Beschleunigung der Steigerungsraten von stets in ihrer Leistungsfähigkeit und Komplexität anwachsenden Computersystemen berücksichtigen, erneut aufgegriffen werden. Im Rahmen dieser Arbeit soll zwar nicht für eine dezidiert technikdeterministische Position argumentiert werden. Dennoch kann aus ihr abgelesen werden, dass es eine Art eigentümliche Unaufhaltsamkeit bestimmter Entwicklungstendenzen im Bereich der informationstechnischen Systeme gibt, welche stets eine Steigerung der Komplexität und damit der Rechenkapazität jener Systeme bedeutet. Nimmt man beide Argumentationslinien zusammen, bietet dies einige deutliche Anhaltspunkte, inwiefern das Streben nach Informationssicherheit, Datenschutz, Privatheit, kontextueller Integrität oder Informationskontrolle langfristig erfolgreich sein oder scheitern wird. Wenn signifikante Technikvermeidungsbewegungen aufgrund der vielfältigen, bis in intime Kernbereiche der Lebenswelt hineinreichenden Abhängigkeitsbeziehungen zu informationstechnischen Systemen unrealistisch sind und die Entwicklungsdynamik im Bereich der Informations- und Kommunikationstechnologien die „informatische Aufladung der physikalischen Umwelt" (Wiegerling 2011: 25) weiterhin unaufhaltsam weitertreibt, wird gleichsam die immer umfassendere Verdatung von Sachverhalten und Ereignissen, darunter die digitale Aufzeichnung und Dokumentation des persönlichen Verhaltens in quasi sämtlichen Lebensbereichen und sozialen Feldern, weiter fortgesetzt. Dabei beschränkt sich die personenbezogene Datenerhebung mit dem verstärkten Eindringen digitaler Technologien in die persönliche Lebens- und Körperwelt nicht mehr allein auf Kontexte, in denen eine Person in die Reichweite der Sensorik der Technologien kommt, sondern die Sensorik folgt der Person in ihren Lebensvollzügen. Unter diesen Bedingungen ist unausweichlich mit unzähligen und permanenten, mehr oder weniger bewusst wahrgenommenen Kontrollverlusten über die digitale Erhebung, Verarbeitung und Verbreitung von personenbezogenen, geschützten, privaten oder intimen Informationen zu rechnen. Dabei steigt die Wahrscheinlichkeit, selbst von einschlägigen Kontrollverlustereignissen betroffen zu sein, mit zunehmender Dichte, Vernetzung, Komplexität und Sensorbewehrtheit informationstechnischer Systeme.

Dies alles geschieht trotz der Virulenz der mit großem normativem Nachdruck geführten Diskurse, welche für eine Stärkung des Datenschutzes, der informationellen Privatheit oder der Informationssicherheit plädieren. Erst, wenn akzeptiert wird, dass jene Diskurse gewissermaßen ins Leere laufen, kann dazu übergegangen werden, eine Mediennutzungspraxis zu entwickeln und kollektiv zu erlernen, welche nicht auf unausweichlich vulnerablen Konzepten rund um Datenschutztechnologien, Privatheitsnormen oder riskanter IT-Sicherheit aufbaut, sondern welche immerzu mit dem Kontrollverlust rechnet, ja ihn geradezu erwartet, ihn in das digitale Identitätsmanagement integriert und die eigenen Kommunikationsroutinen entsprechen daran anpasst. Doch wie verändert sich dabei der Blick gerade auf den Wert des Privaten, welcher als so wichtig für die Konstitution freiheitlicher Gesellschaften erachtet wird (Rössler 2001)? Dieser Frage soll das folgende Kapitel nachgehen.

Privatheit

Privatheit wird gemeinhin als gesellschaftliches Grundgut erachtet, welches durch die Allgegenwart digitaler Technologien sowie durch die relativ unkontrollierte Erhebung und Verbreitung von personenbezogenen Daten und Informationen in seiner Bedeutung gefährdet wird. Der Begriff des Privaten wird häufig gebraucht, um ein gesellschaftliches Gut markieren zu können, welches gegen den scheinbar unaufhaltsamen Fortentwicklungs- und Ausweitungsdrang vernetzter informationstechnischer Systeme ins Feld geführt werden kann. Doch welche theoretischen Annahmen verbergen sich hinter dem zumeist leichtfertig getätigten Einsatz des Begriffs? Um dieser Frage nachzugehen, sollen vorerst einige grundlegende Ausführungen über die Idee des Privaten getätigt werden, bevor von diesen ausgehend der zentrale Argumentationsstrang zum Thema des informationellen Kontrollverlusts erneut aufgegriffen wird.

Definitionen des Privaten spalten sich auf in solche, welche das Private negativ in Begriffen der Abspaltung, Einsamkeit, Vermeidung und des Rückzugs definieren und solche, welche das Private positiv durch Begriffe der Kontrolle und Freiheit definieren. Räumliche Privatheitskonzepte betonen eher erstgenannte Begriffe und definieren Privatsphäre über den Schutz einer Person vor bestimmten sozialen „Inputs", während informationelle Privatheitskonzepte sich eher auf letztgenannte Begriffe berufen und Privatsphäre über die Kontrolle definieren, welche eine Person über soziale „Outputs" ausübt. Beiden Konzeptionen von Privatheit ist im weitesten Sinne gemein, dass sie die Regulation der Privatheit als einen dialektischen Prozess definieren, welcher Zugangsbeschränkungen beziehungsweise die „Permeabilität" zum eigenen „Selbst" entweder gezielt lockert oder verschärft. Mit „Selbst" kann die Innenwelt, die Subjektivität einer Person gemeint sein, die Intimsphäre als Sphäre der höchstpersönlichen Körperverrichtungen, Bindungen und Beziehungen oder die konkrete häusliche Sphäre (Hahn/Koppetsch 2011: 11). In diesem Sinne kann Privatheit vorgestellt werden „[...] as referring to some combination of seclusion and solitude, anonymity and confidentiality, intimacy and domesticity.“ (Lever 2014: 165)

Zu einer stufenweisen Enthüllung des eigenen Selbst respektive der eigenen Person kommt es bereits innerhalb der Privatsphäre selbst. Gemeint sind Ausbalancierungsprozesse zwischen individuellen Autonomieansprüchen und der häuslichen Gemeinschaft. Familien- oder Paarbeziehungen sind nicht ohne ein bestimmtes Maß an Offenbarung des eigenen Selbst und eine gewisse Aufkündigung an Intimität möglich. „Perfekte“ Privatheit wäre dementsprechend durch die vollständige Unzugänglichkeit einer Person definiert. Diese Unzugänglichkeit kann definiert werden über das vollständige Fehlen von Informationen über eine Person, über das vollständige Missachten einer Person oder über die Unmöglichkeit des physischen Zugriffs auf eine Person.

Thematisiert werden zumeist weniger Zugewinne an Privatheit, sondern vielmehr Verluste derselben. Dies kann durch das Missachten von räumlichen Zugangsbeschränkungen, durch Eingriffe in die Handlungsfreiheit einer Person oder durch das Herausfinden von bestimmten geschützten Informationen über eine Person geschehen. Dabei kommt es zu einer Verletzung der Rückzugsräume, der Autonomie oder des Rechts auf informationelle Selbstbestimmung einer Person. Daran anschließend kann mit Rössler (2001) zwischen lokaler, dezisionaler und informationeller Privatheit einer Person differenziert werden.

Die lokale Privatheit, welche auch als „physical privacy“ bezeichnet wird (Burgoon 2012: 211), beschreibt private Räume. Eine gängige Definition lautet, dass etwas dann als privat gilt, „wenn man selbst den Zugang zu diesem ‚etwas‘ kontrollieren kann.“ (Rössler 2001: 23) Die Privatsphäre kann in diesem Sinne als eine räumliche Rückzugs- und Erholungsmöglichkeit verstanden werden, welche eine Spontaneität von Handlungen erlaubt, welche in öffentlichen Bereichen sanktioniert würde. Wer über einen privaten Raum verfügt, der kontrolliert und überwacht den Zutritt anderer Personen zu ebendiesem. Private Räume umfassen Lebensbereiche von Personen, die als verborgen oder nur eingeschränkt sichtbar gelten. „Außen“ und „Innen“ sind klar voneinander getrennt. Während das „Außen“ als die Sphäre der Gesellschaft konzipiert wird, gilt das „Innen“ als der Sozietät gegenübergestellt, als Refugium, welches vor „sozialer Kälte“ schützt. Private Räume gelten als Räume der Erholung von den Anforderungen, welche in öffentlichen Sphären an das (Rollen-)Verhalten einer Person, an die öffentliche Selbstdarstellung beziehungsweise die gezielte Eindrucksmanipulation gestellt werden. Man denke an Anforderungen der Affektunterdrückung, Distanziertheit, Disziplin, Funktionalität. Hier findet mitunter eine Stilisierung des Privaten als Geborgenheit, als Schutzraum vor einer rücksichtslosen, „kalten“ Gesellschaft statt. Die

Ausdifferenzierung von Privatheit als Sphäre oder Raum folgt einer Formatierung der sozialen Welt, bei welcher es weniger um die klassische soziale Differenzierung zwischen „oben" und „unten" geht als vielmehr um „draußen" und „drinnen". Privatheit ist also im Hinblick darauf zu untersuchen, „wie, mit welchen Mitteln und in welchen Bereichen Grenzen zwischen ‚drinnen' und ‚draußen' etabliert werden und wie die Sphären vor und hinter der Grenze markiert und in Szene gesetzt werden." (Wohlrab-Sahr 2011: 36)

Der Umstand der relativen äußerlichen Abgeschlossenheit privater Räume bedingt gleichzeitig einen Bemäntelungseffekt der Privatsphäre. Private Räume können Räume der (häuslichen) Gewalt und der Unterdrückung sein. So wird insbesondere seitens feministischer Positionen der Raum der Privatsphäre kritisch gesehen – und gleichsam die Ambivalenz des Privaten betont. „Neither privacy nor private choice, however, is an absolute, unqualified good. There can be too much privacy, and it can be maldistributed." (Allen 1999: 725) Problematisiert wird vor allem die Privatheit des Hauses, welche gleichzeitig als Privatheit der Frau erachtet wird.

„The law of marriage and family contributed to the problem of women's privacy within the home. That problem was the problem of too much of the wrong kinds of privacy – too much modesty, seclusion, reserve and compelled intimacy – and too little individual modes of personal privacy and autonomous, private choice." (Allen/Mack 1989: 477)

Privatsphäre in diesem Sinne dient als Raum zur Abwehr legitimer Einmischungen, als Institution der Nicht-Thematisierung und Unsichtbarkeit von Diskriminierung und Ungerechtigkeit. Die „perfekte" Privatsphäre wäre ein für Dritte komplett unzugänglicher und geheimer Raum, welcher indes als Ort für unmoralisches Handeln ideal geeignet wäre. Dementsprechend tangieren Überwachungsmaßnahmen zur Steigerung etwa des Werts der Sicherheit gesetzte Zugriffsbeschränkungen auf die Privatsphäre. Zischen dem Wert der Sicherheit und dem Wert der Privatheit findet folglich ein Abwägungsprozess statt, da beide Werte gegeneinander ausgespielt werden können. Dabei kann ermittelt werden, inwiefern unterschiedliche, genuin private Handlungen Fremdbeobachtungen beziehungsweise einer Überwachung ausgesetzt werden sollen. Einblicke in private Räume können also entweder mit dem Wissen und eventuell der Einwilligung der betroffenen Personen in Form von Sicherheit schaffenden Überwachungsmaßnahmen geschehen oder ohne deren Wissen in Form von voyeuristischen Beobachtungen stattfinden.

Über eine räumliche Privatsphäre zu verfügen bedeutet für eine Person, gegenüber anderen Personen oder Personengruppen separiert zu sein und vermeintlich autonom handeln zu können. Dieser Rückzug von Personen in private Räume steht im Wechselspiel mit Momenten der Zusammenkunft mit anderen Personen in öffentlichen beziehungsweise nicht-privaten Bereichen der Gesellschaft. Letztlich geht es darum, unterschiedliche Niveaus interpersonaler Kontakte managen zu können, wobei, so die Idee, ein individuell befriedigender Mittelweg zwischen zu viel und zu wenig Privatsphäre gefunden werden soll. „Thus, ‚ideal‘ privacy is a position on a continuum of desired interaction, with deviations in either direction being unsatisfactory.“ (Altman 1976: 12) Zu viel Privatsphäre bedeutet demnach Isolation beziehungsweise zu wenig soziale Interaktion, zu wenig Privatsphäre bedeutet permanentes Eindringen anderer Personen in einen eigentlich geschützten Raum respektive zu viel soziale Interaktion. Private Räume schützen, abstrakter formuliert, vor einer Überstimulation mit Reizen (Wohlwill 1974).

Neben der lokalen Privatsphäre kann der Begriff der Privatheit Handlungsweisen beschreiben. Eine geschützte dezisionale Privatheit zu besitzen, bedeutet der Idee nach, autonom handeln zu können. In diesem Sinn dient die Privatheit der Sicherung von Entscheidungs- und Handlungsspielräumen (Innes 1992: 140) sowie der freien Entwicklung von Lebensführungsmöglichkeiten. Es gibt „private Angelegenheiten“, aus denen Dritte sich „herauszuhalten“ haben. Der Schutz der Privatheit dient dem Schutz und der Sicherstellung einer persönlichen, auch rechtlich gesicherten Handlungsfreiheit. Darunter fällt insbesondere die bedingte Zurückhaltung des Staates aus Bereichen des Privaten. In diesem Sinne gilt die dezisionale Privatheit als konstitutives Element des Liberalismus (Cohen 2012). Sie verankert sich in dessen philosophisch-politischem Rahmen. Eine geschützte dezisionale Privatheit ist demnach die Bedingung dafür, dass staatlich garantierte Freiheiten überhaupt wahrgenommen werden können. Nur, wenn der Staat eine gewisse Autonomie seiner Bürger akzeptiert und ein ausreichendes Maß an Privatheit gewährleistet, kann über die Wahrung bestimmter individueller Freiheiten eine Pluralität von Lebensentwürfen gesichert werden. Erst geschützte private Bereiche ermöglichen es, Selbstbilder auszubilden und einzuüben, welche, so die Vorstellung, wiederum die Voraussetzung dafür sind, ein selbstbestimmtes und autonomes Leben führen zu können. Es gibt eine Privatheit eigener Entscheidungen und Handlungen. Welcher Kirche eine Person angehört, welche Kleidung sie trägt, welche Partei sie wählt, welchen Lebenspartner sie sich aussucht, welche Musik sie bevorzugt et cetera, all dies gilt als „Privatangelegenheit“ und bedarf vorerst keiner öffentlichen Rechtfertigung.

An der Theorie der dezisionalen Privatheit kristallisiert sich allerdings eine spezifische Theorieschwäche heraus, welche sich gleichsam an den Überlegungen zur räumlichen Privatheit ablesen lassen. Hinter beiden Begriffen des Privaten steht die Idee eines autonom agierenden, freien Subjekts. Durch den Schutz der lokalen und dezisionalen Privatheit soll sichergestellt werden, dass das Subjekt in seiner Autonomie nicht beeinträchtigt wird, dass es losgelöst von „Systemimperativen“ einen Rückzugsraum findet, in welchem es gänzlich auf sich alleine gestellt das Spiel der Präsentation der eigenen Identität und der öffentlichen Selbstdarstellung einüben und trainieren kann. Über die Aufrechterhaltung der dezisionalen Privatheit schließlich soll die individuelle Handlungs- und Entscheidungsfreiheit des Subjekts gewährleistet werden, wobei nicht in den Blick gerät, dass die Vergesellschaftung des Subjekts das potentiell unlimitierte Spektrum der Handlungsfreiheit auf einen extrem engen Korridor an bewusst wählbaren Handlungsoptionen einschränkt. Die vermeintliche, durch die Sicherung der dezisionalen Privatheit verbürgte Wahlfreiheit bei der Ausgestaltung „privater Angelegenheiten“ ist, folgt man, um nur einige unter vielen zu nennen, etwa dekonstruktivistischen (Derrida 1974), poststrukturalistischen (Foucault 2008) oder psychoanalytischen Theoriemodellen (Lang 1986), nur in sehr geringem Umfang gegeben. Das Subjekt wird hier vielmehr als vereinnahmt von sozialen und psychischen Mächten und Dynamiken gesehen. Die Rolle und Identität, welche es annimmt, hat es nicht durch isoliertes Räsonieren in der Schutzsphäre des Privaten. Es bekommt sie zudiktiert. Das Subjekt ist lediglich Funktionsträger. In der dekonstruktivistischen respektive poststrukturalistischen Theorietradition wird dieser Gedanke zum Tode des Subjekts beziehungsweise des Menschen erhöht (Foucault 2008: 463). Eine derart radikale Auflösung des Subjekts führt jedoch wiederum zu performativen Widersprüchen in der Theorie (Honneth 1985: 165 f.) und soll daher hier nicht vollzogen werden. Allerdings geben dekonstruktivistische sowie poststrukturalistische Theoriepositionen für die Erforschung der Privatheit den wichtigen Hinweis, dass die Vorstellung, dass das Subjekt die alleinige Autoritätsinstanz ist, welche über die eigene Identität und Konstitution befindet, aufgegeben werden muss – und damit all jene Konzepte des Privaten, deren Voraussetzung in der Annahme eines autonomen Subjekts bestehen.

Unabhängig von jenen Theorieschwächen, welche an dieser Stelle nur angerissen werden können, wird neben der räumlichen sowie der dezisionalen Privatheit weiterhin zwischen informationeller, kommunikativer und psychologischer Privatheit differenziert (Regan 1995). Alle drei Begriffe sind eng miteinander verwandt. Während es bei der informationellen Privatheit um Fragen nach der Erhebung, Verarbeitung und Verbreitung personenbezogener Informationen geht, geht es bei der kommunikativen Privatheit darum, welche Personen mit welchen Mitteln die verbale, schriftliche oder elektronische Kommunikation anderer Personen abhören dürfen. Die psychologische Privatheit einer Person betrifft schließlich Fragen nach der Zulässigkeit von Verfahren zur Untersuchung von Vorstellungen, Gedanken und Einstellungen einer Person. Als Gefährdung für die informationelle

Privatheit identifiziert Regan (1995) die Fortschritte auf dem Gebiet der informationstechnischen Systeme, welche ermöglichen, dass immer mehr Informationen gesammelt, gespeichert oder verbreitet werden können. Problematisch im Zusammenhang mit der kommunikativen Privatheit sind all jene Technologien, welche das direkte Abhören von Personen oder das Abgreifen von Datenströmen über Kabel oder Funkverbindungen ermöglichen. Im Kontext einer Gefährdung der psychologischen Privatheit stehen schließlich Technologien, welche dazu dienen, auf mentale Prozesse einer Person zu schließen, sei es über die Messung der Respiration, der Schweißabsonderung oder des Blutdrucks.

Ohne an dieser Stelle eine gänzliche Einebnung der Differenzierung zwischen informationeller, kommunikativer und psychologischer Privatheit anzustreben und die Wichtigkeit verschiedener normativer Begründungsmuster unterschiedlicher Formen von Privatheit verkennen zu wollen, so scheint es doch möglich, den Begriff der kommunikativen sowie den Begriff der psychologischen Privatheit unter dem Begriff der informationellen Privatheit zu subsumieren. Während der Begriff der informationellen Privatheit über die Kontrolle definiert wird, welche eine Person über die Zugänglichkeit von auf sie bezogenen Informationen ausübt, geht es bei der kommunikativen sowie psychologischen Privatheit im Grunde um dasselbe. Kommunikative Privatheit soll verhindern, dass Informationen in unzulässiger Weise aus Gesprächen unter Anwesenden oder aus computervermittelten Kommunikationen herausgezogen werden. Da in der computervermittelten Kommunikation die Kommunikation und die Speicherung derselben in Eins fällt, verschwimmt auch die Differenzierung zwischen der eher auf die Speicherung bezogenen informationellen und der eher auf den Informationsaustausch bezogenen kommunikativen Privatheit. Über die psychologische Privatheit schließlich soll vermieden werden, dass Techniken zur Analyse mentaler Prozesse eingesetzt werden, welche Informationen generieren, welche als intim gelten oder als Widerspruch gegen Eigenaussagen einer Person eingesetzt werden können. Auch hier geht es um die Verhandlung darüber, wie Informationen erhoben und verarbeitet werden dürfen.

Neben dem Versuch, Informationen über mentale Prozesse zu erheben, findet auch der Körper eine immer engere Einbindung in digitale Informationskontexte, weshalb das Konzept der informationellen Privatheit gleichsam verbunden werden kann mit einem Begriff der körperlichen Privatheit (Ploeg 2003). Hierbei geht es nicht allein um die Frage, inwieweit Eingriffe in die körperliche Integrität einer Person zulässig sind, sondern ebenfalls darum, wie Körper beziehungsweise bestimmte Körpereigenschaften, welche über biometrische Messverfahren oder DNA Fingerprinting erhoben werden, digital repräsentiert werden. Es geht um Körper als Träger von Informationen und um Informationen über Körper. Letztere sollen als personenbezogene Informationen strengen Datenschutzregulierungen unterworfen werden. „[...] bodily integrity applies to ‚the thing itself,‘ whereas informational privacy is presumed to cover all (digital) ‚representations‘ of it.“ (Ploeg 2003: 67) Der Begriff der informationellen Privatheit bezieht sich demnach auf Formen personenbezogener Informationen, welche ihrerseits konstitutiv sind für eigenständige, weiterführende Konzepte und normative Rechtfertigungsstrategien des Privaten. Sofern man diese Konzepte jedoch kommunikationstheoretisch fundiert, weisen sie alle auf Sachverhalte hin, welche mit dem Begriff der informationellen Privatheit gefasst werden.

Im Allgemeinen wird der Begriff der informationellen Privatheit auf zweierlei Art definiert. Auf der einen Seite steht die „restricted access theory“, auf der anderen die „control theory“ (Tavani 2008: 141 f.). Die erste Theorie besagt, dass eine informationelle Privatheit zu besitzen heißt, den Zugang von Dritten zu persönlichkeitsrelevanten Informationen restringieren zu können (Moor 1997). „At the core of the liberal conception of privacy is the notion of inaccessibility.“ (Allen 1999: 724) Die zweite Theorie besagt, dass der Schutz der informationellen Privatheit dann besteht, wenn die Verbreitung von persönlichkeitsrelevanten Informationen kontrolliert werden kann. Ein Verlust dieser Informationskontrolle kommt demnach einem Verlust der Privatheit gleich. „Loss of control of information about you without your knowledge is a paradigm case of a loss of privacy.“ (Bowie 2013: 4113) „Privacy is a sense of control over information, the context where sharing takes place, and the audience who can gain access. Information is not private because no one knows; it is private because the knowing is limited and controlled.“ (Boyd 2008a: 18) Beide Theorieansätze, also sowohl die „restricted access theory“ als auch die „control theory“ haben spezifische Erklärungsschwächen. Die „restricted access theory“ gerät in Schwierigkeiten bei der genauen Distinktion zwischen privaten und öffentlichen Kontexten oder Zonen, in denen der Zugang zu Informationen restringiert werden kann. Die Theorie suggeriert, dass eine Person umso mehr Privatheit hat, umso mehr sie Informationen über sich selbst für sich behalten kann. „Perfekte“ Privatheit wäre demnach dann gegeben, wenn niemand Informationen über jene Person besitzen würde. Die „control theory“ dagegen steht vor der Herausforderung, den Begriff der Kontrolle genauer definieren zu müssen sowie den Grad der Kontrolle zu bestimmen, welcher erforderlich ist, damit von einer ausreichenden, auf die informationelle Privatheit zurückgehenden Schutzwirkung ausgegangen werden kann. Es kann freilich nicht sein, dass man totale Informationskontrolle besitzen muss – was in der Praxis ohnehin nicht denkbar ist –, um die informationelle Privatheit aufrecht zu erhalten.

Letztlich lässt sich die „restricted access theory" auf die „control theory" reduzieren. Informationelle Privatheit soll, grob gesagt, als erfolgreiche Informationskontrolle und somit als eine bestimmte Organisation der Distribution von personenbezogenen Informationen beschrieben werden. Privatheit ist mithin gleichbedeutend mit der Sicherung von Erwartungen, welche das Wissen betreffen, welches andere Personen über die eigene Person besitzen. Westin schreibt: „[...] privacy is the claim of individuals, groups, or institutions to determine for themselves when, how, and to what extent information about them is communicated to others." (Westin 1967: 7) Und mit Parent ließe sich anfügen: „Privacy is the condition of not having undocumented personal knowledge about one possessed by others. A person's privacy is diminished exactly to the degree that others possess this kind of knowledge about him." (Parent 1983: 269) Die informationelle Privatheit schützt eine Person im Hinblick auf die Kontrolle über den Zugriff Dritter auf Informationen jene Person betreffend. In diesem Zusammenhang stehen im Rahmen elektronischer informationstechnischer Systeme Ansprüche auf den Schutz persönlicher Daten. Die Kontrolle über Informationen, welche die eigene Person betreffen, wird hier zu erhalten versucht durch die Einrichtung von verschiedenen Datenschutzmaßnahmen.

Im Rahmen der „control theory" wird insbesondere die Intransparenz der komplexen Datenverarbeitungs- und Datenverbreitungsprozesse innerhalb vernetzter informationstechnischer Systeme als Begründung für den relativen Verlust der informationellen Privatheit in modernen Informationsgesellschaften herangezogen.

> „I agree", schreibt etwa Moor, „that it is highly desirable that we control information about ourselves. However, in a highly computerized culture this is simply impossible. We don't control vast amounts of information about ourselves. Personal information about us is well greased and slides rapidly through computer systems around the world, around the clock. Therefore, to protect ourselves we need to make sure the right people and only the right people have access to relevant information at the right time." (Moor 1997: 31)

An anderer Stelle schreiben Moor und Tavani: „Individuals cannot control the packet switching of their personal information or what happens to it once it arrives at a remote destination. Individual control of the flow of information is out of the question [...]." (Tavani/Moor 2001: 7) Wie aus den Zitaten ersichtlich, ist Moors Idee, dass zwar die Verbreitung von Informationen im Kontext des Internets auf einer rein technischen Ebene unmöglich kontrolliert werden kann, dass aber gleichsam reguliert werden soll, dass nur bestimmte Personen Zugriff auf jene Daten haben, welche Träger personenbezogener Informationen sind. Anstelle des vergeblichen Versuchs der Wiedergewinnung beziehungsweise Aufrechterhaltung von Daten- und Informationskontrolle tritt die Forderung nach einer anderen Form von Kontrolle, welche weniger technischer als vielmehr sozialer Natur ist. Kontrolliert werden soll, welche Personen Zugriff auf personenbezogene Daten haben, was in erster Linie bedeutet, eine Vielzahl unterschiedlicher Personen erfolgreich und effektiv daran hindern zu können, Zugriff auf entsprechende Datenbestände zu erlangen. So schreibt auch Elgesem:

„To have personal privacy is, on my account, to have the ability to consent to the dissemination of personal information. This definition involves a notion of informational control in the negative sense of being able to prevent others from getting access to information about us." (1996: 48)

In Erweiterung dieses Gedankens unterscheiden Tavani und Moor (2001) letztlich insgesamt drei Formen der Informationskontrolle. Erstens geht es grundlegend um die Wahl, welche Informationen in welchen Situationen beziehungsweise Kontexten mitgeteilt und verbreitet werden dürfen (choice). Die zweite Form der Informationskontrolle bezieht sich auf die Zustimmung einzelner Personen, dass auf sie bezogene Informationen zwischen Akteuren transferiert und verbreitet werden (consent). So kann eine Person beispielsweise einwilligen, dass Dritte Zugriff auf eigentlich geheime personenbezogene Informationen haben, ohne, dass dies eine Verletzung von Normen des angemessenen Informationsflusses bedeuten würde. Als dritte Form der Informationskontrolle nennen Tavani und Moor die Möglichkeit der Korrektur von Informationsbeständen (correction). Dies bedeutet, dass Personen die Möglichkeit besitzen müssen, auf personenbezogene Informationen, welche etwa in elektronischen Datenbanken gespeichert sind, zugreifen und diese im Bedarfsfall korrigieren oder verbessern zu können. Alle drei Formen der Informationskontrolle – also die Wahl, welche Informationen erhoben und verbreitet werden, die Zustimmung über die Verbreitung von Informationen sowie die Möglichkeit zur Korrektur fehlerhafter Informationsbestände – sind Teil der Idee des fairen Informationsmanagements, welches insgesamt mit dem Konzept der informationellen Privatheit gefasst werden soll.

Faktisch jedoch verfügen die Nutzer digitaler Kommunikationstechnologien und Plattformen nicht über eine einzige der genannten Formen der Informationskontrolle. Da allein schon die Erhebung von Informationen durch die schlichte Allgegenwart von sensorbewährten Technologien, welche auf unterschiedlichste Weisen zur Datenerhebung eingesetzt werden können, bereits kaum kontrolliert werden kann, so kann erst recht die Verbreitung von Daten, welche Träger personenbezogener Informationen sind, im Internet keiner zielgerichteten Kontrolle unterzogen werden. Im globalen Gefüge der Datensammlerfirmen kann quasi kein Endnutzer bestimmen, ob und in welchem Umfang nun die Daten, welche beispielsweise bei der Nutzung von Social-Media-Plattformen anfallen, mit Drittfirmen, Datenbrokern, Versicherungen, staatlichen Stellen et cetera geteilt werden, mit welchen Institutionen Drittfirmen oder Geheimdienste die gesammelten Informationen wiederum teilen, an welcher Stelle eventuell Hacker Zugriff auf Datenbanken haben et cetera. Empirische Untersuchungen belegen, dass durchschnittlich neun von zehn Internetseiten personenbezogene Daten an Dritte weiterreichen und dabei wiederum durchschnittlich neun verschiedene externe Domains ansteuern, an welche Daten weitergereicht werden (Libert 2015).

Personen haben nicht nur keine Wahl, welche personenbezogenen Informationen verbreitet werden, sie können dementsprechend auch nicht einwilligen, wie und in welchem Umfang dies geschieht. Bereits nur durchschnittliches technisches Know-how bei den Nutzern digitaler Medien ist kaum ausreichend, damit diese überhaupt eine bewusste Wahl treffen können, welche personenbezogenen Daten erhoben werden dürfen. Allein das Wissen darüber, was Cookies über das Surfverhalten von Personen aussagen, wie diese Cookies gemanagt werden können, dass das bloße Deaktivieren von Cookies angesichts von Techniken wie beispielsweise dem Canvas Fingerprinting zur Verschleierung des eigenen Surfverhaltens nicht mehr ausreicht, besitzen vermutlich die allermeisten Nutzer internetfähiger Endgeräte nicht. Selbst wenn Software eine Rechteverwaltung besitzt und darauf ausgelegt ist, sich die Zustimmung des Nutzers einzuholen, bevor sie bestimmte Daten erhebt und verbreitet, wie dies beispielsweise bei Smartphone-Apps der Fall ist, gleicht dieser Prozess in der Regel einer Alles-oder-Nichts-Entscheidung. Nutzer können entweder einwilligen, dass Software entsprechend ihres Funktionsumfangs invasiv Daten erhebt und verbreitet, oder sie können die Software nicht nutzen. Einen Mittelweg gibt es derzeit für die am meisten verbreiteten Plattformen nicht.

Schließlich ist auch die dritte Form der Informationskontrolle, also die Möglichkeit der Korrektur von Datenbeständen, in der Praxis kaum realisierbar. Zwar können Nutzer im Bereich des Front-Ends, also auf der Ebene des Interfaces, mit welchem nutzerseitig interagiert werden kann, Informationen, welche sie eingegeben haben, korrigieren, allerdings ist diese Form der Informationskontrolle nur sehr eingeschränkt. Denn im Bereich des Back-Ends beziehungsweise auf der Ebene der Server und Datenbanken, auf welche nur seitens der jeweiligen Betreiber zugegriffen werden kann, besitzen Nutzer in der Regel weder Möglichkeiten zur umfänglichen Dateneinsicht noch zur Datenkorrektur.

Während es im Kontext digitaler informationstechnischer Systeme aus der Perspektive von Akteuren, welche auf der Ebene der Benutzerschnittstellen agieren, nur sehr eingeschränkte Möglichkeiten der Kontrolle über die Erhebung, Verarbeitung und Verbreitung von personenbezogenen Daten und Informationen gibt, kann bei der mündlichen Kommunikation unter Anwesenden sowie unter den Bedingungen der Abwesenheit sensorbewehrter digitaler Medien noch sinnvollerweise von einer informationellen Privatheit gesprochen werden, welche über die Regulierung von Informationsübermittlungen stattfindet. Dies geschieht im einfachsten Fall durch eine Beschränkung der an einer Face-to-Face-Kommunikation teilnehmenden Personen. Dies kann die Kommunikation zwischen zwei Personen in Intimsystemen betreffen, aber typischerweise auch die Gemeinschaft der Familie, der Freunde oder den Bekanntenkreis. Hier werden private „Kommunikationsräume" aufgemacht, wobei gemeinsam geteilte, gegenseitige Geheimhaltungs- und Vertrauensnormen greifen. Ein Sonderphänomen stellen dabei Klatschgespräche dar (Bergmann 1987). Klatschgespräche zeichnen sich durch die Nichteinhaltung jener Normen aus, jedoch ohne, dass die betroffenen Personen darüber Kenntnis erhalten. Alsbald Kommunikation nicht mehr zwischen Ego und Alter stattfindet, sondern zwischen Ego und Tertius das Verhalten Alters thematisiert werden kann, kann die taktgemäße Einhaltung von Geheimhaltungsnormen durch Opportunismus eingetauscht werden. Bei der Kommunikation mit Tertius kann auf die interaktionell notwendigen Rücksichten, welche Alter gegenüber angemessen wären, wenn er denn anwesend wäre, verzichtet werden. Was in der Kommunikation mit Alter offensichtlich zum Konflikt führen würde, kann mit Tertius unter Abwesenheit von Alter konfliktfrei besprochen werden. Klatschgespräche sind zwar „private" Gespräche, allerdings kennzeichnen sie sich durch die Vermengung von Geheimhaltung und Veröffentlichung. Klatsch bedeutet, dass eine diskrete Kommunikation unter den Anwesenden stattfindet, welche jedoch indiskret ist gegenüber Nicht-Anwesenden. Die Indiskretion wird dann an sich Geheimhaltungsnormen unterzogen, welche jedoch im nächsten Klatschgespräch prinzipiell wieder aufgebrochen werden können – und so weiter.

Um jedoch an dieser Stelle erneut zurück zu kommen auf den Konnex von Privatheit und digitalen Medien, sei die Taxonomie der Privatheit von Solove (2006) erwähnt. Solove hat, ganz in Analogie zu Nissenbaum (2010: 20), drei Bereiche identifiziert, an denen es zu einem informationellen Kontrollverlust kommen kann, wobei Solove diesen Kontrollverlust als Verlust der informationellen Privatheit beschreibt. Es geht um die unkontrollierte Sammlung, Verarbeitung und Verbreitung von personenbezogenen Daten und Informationen. Bei der Datensammlung, welche über Methoden der Beobachtung, Überwachung, Befragung oder Vernehmung erfolgen kann, kann es erstens zur mehr oder minder starken

Invasion in die Lebenswelt einer Person kommen, also zu einem direkten Zugriff von sozialen Akteuren auf die Privatheit zum Zweck der Informationsgewinnung. Bei der Datenverarbeitung kann es zweitens zur Aggregation von personenbezogenen Informationen kommen, also der Kombination von verschiedenen Datensätzen mit der Folge der Emergenz von neuen Informationen (Oetzel et al. 2011: 7; Horvát et al. 2012). Ferner können anonymisierte Datensätze durch Kombination mit weiteren Datensätzen rasch deanonymisiert werden (Narayanan/Shmatikov 2008b; Narayanan/Shmatikov 2008a; Narayanan/Shmatikov 2010; Narayanan 2009; Greveler/Löhr 2010). Ebenfalls kann es passieren, dass Datensätze aufgrund unzureichender Sicherheitsarchitekturen gestohlen werden und geschützte Informationen derart in neue Kontexte überführt werden. Gleiches betrifft die Nutzung von Datensätzen für andere Zwecke als jene, für welche die Daten ursprünglich erhoben worden sind. Auch die Vorenthaltung von personenbezogenen Daten gegenüber der betroffenen Person stellt eine Form des informationellen Kontrollverlusts und damit der Verletzung der Privatheit dar. Bei der Informationsverbreitung schließlich geht es drittens um die unautorisierte Weitergabe von vertraulichen Daten an Dritte.

Leitend für Soloves Taxonomie der Privatheit ist ein Begriff des Privaten, welcher auf das Individuum zentriert ist. Neben derart individualistischen Privatheitsbegriffen ist gleichsam immer wieder der kollektive Wert des Privaten betont worden (Regan 1995). Hierbei geht es um den Schutz von indirekten Privatheitsverletzungen. Gemeint ist weniger, dass Privatheit durch die korrekte Regulierung der Erhebung, Verarbeitung und Verbreitung personenbezogenen Daten erreicht wird. Vielmehr betroffen sind in diesem Zusammenhang mittelbare Verbindungen zwischen Personen und Informations- beziehungsweise Datensätzen. Vedder spricht in diesem Zusammenhang auch vom Typ der kategorischen Privatheit (1999). Er geht damit auf das Problem ein, dass Daten, sobald sie in einer Datenbank über die Erstellung von Gruppenprofilen anonymisiert sind durch Data-Mining über Statistiken generalisiert sind, nicht mehr den Prinzipien der Regulierung personenbezogener Informationen unterworfen werden können. Stattdessen werden Informationen, welche über Data-Mining-Techniken aus großen Datenmengen extrahiert worden sind, qua Induktion auf Personen angewandt, was einer Verletzung der dezisionalen Privatheit gleichkommt, beispielsweise wenn Kredite nicht gewährt werden oder Versicherungstarife falsch angesetzt werden. Die kategorische Privatheit soll vor einer Deindividualisierung von Personen schützen, vor der Subordinierung von Personen in generalisierte, unpräzise Gruppenprofile, vor der unangemessenen Klassifizierung von Personen (Lyon 2003a). Die kategorische Privatheit ist gewissermaßen die Reaktion auf eine spezifische Problematik von Big-Data-Analysen. Die Daten, welche in den analysierten Datenbanken enthalten sind, und die Informationen, Muster und statistischen Regelmäßigkeiten, welche aus ihnen gezogen werden, betreffen nicht nur diejenigen Personen, deren Daten in der Datenbank enthalten sind. Sie betreffen auch diejenigen Personen, deren Daten nicht erhoben wurden, welche jedoch Ähnlichkeiten zu den „verdateten" Personen besitzen. Die Idee der kategorischen Privatheit soll demnach als eine Art Schutz vor unangemessenen Konklusionen aus Big-Data-Analysen wirken. Der Begriff lässt sich in Soloves Taxonomie des Privaten nicht unterbringen, sollte jedoch an dieser Stelle dennoch nicht unerwähnt bleiben.

Der Schutz der informationellen Privatheit wird bei Tavani und Moor, Solove, Nissenbaum und anderen definiert über Konzepte des Zugangs zu oder der Kontrolle über Informationen. Mit Rückblick auf die Überlegungen im Zusammenhang mit dekonstruktivistischen oder poststrukturalistischen Theoriemodellen ist jedoch zu konstatieren, dass auch Konzepte der informationellen Privatheit ein Subjekt voraussetzen, welches in selbstbestimmter Weise agiert, also bewusst Kontrolle über Informationsströme ausübt. Zwar zielen Konzepte der informationellen Privatheit im Gegensatz zu jenen der lokalen und dezisionalen Privatheit weniger auf den Erhalt der Autonomie und Handlungsfreiheit eines Subjekts ab, allerdings bleibt auch hier die schwache Vorstellung eines Subjektes erhalten, welches isoliert von den Kräften der Vergesellschaftung und sozialem Druck zum Schutz seiner Privatheit agiert. Dieser Vorstellung widerspricht vor allem der Sachverhalt der relativ „widerstandslosen", unreflektierten und raschen Anpassung von Nutzungsgewohnheiten an die Erfordernisse der jeweils zeitaktuellen Informationstechnologien – egal wie sehr diese im Konflikt mit Privatheits- oder Datenschutznormen steht. Im engeren Zusammenhang der Überlegungen zur informationellen Privatheit kann hierbei auf das prominente „privacy-paradox" angespielt werden.

Die Semantik der digitalen Welt ist geprägt von Forderungen nach dem Schutz der Privatheit. Nicht erst durch die Enthüllungen rund um die Überwachungs- und Spionageprogramme des amerikanischen und britischen Geheimdienstes ist ein breites gesellschaftliches Wissen über die Gefahren digitaler Medien für die Privatheit entstanden. Entgegen den Versuchen der Zersetzung und Auflösung der Privatheit insbesondere durch Praktiken invasiver Überwachungsmethoden werden Forderungen nach dem Schutz der Privatheit ins Feld geführt. In der Regel bleibt es allerdings bei einem bloß rhetorischen Einsatz für den Erhalt der Privatheit. In der Praxis der Mediennutzung wird in der Regel so agiert, dass gerade kaum oder gar kein Wert auf Privatheit gelegt wird. Gezeigt werden kann dies beispielsweise an einer Studie (Beresford et al. 2012), in welcher zwei fiktive Onlineshops erstellt wurden, wobei die Probanden (N=225) aus einem der beiden

Shops einkaufen konnten, wobei einer der Shops zwar geringfügig billigere Produkte im Angebot hatte, dafür jedoch persönlichere Daten erhob. Nahezu alle Probanden entschieden sich für den billigeren Shop und gaben persönlichere Daten von sich preis. Interessanterweise wählte auch dann noch die Hälfte aller Probanden den genannten Shop, wenn dessen Produkte dasselbe Preisniveau besaßen wie der Shop, welcher weniger persönliche Daten erhob. Obgleich also der Schutz der Privatheit gemeinhin als wichtig erachtet wird, wird in der Praxis anders gehandelt. Nun kann der Grad der externen Validität der angeführten Studie schwierig abgeschätzt werden, weshalb allzu leichtfertige Verallgemeinerungen ihrer Ergebnisse nicht getätigt werden sollten. Dennoch spricht vieles dafür, dass die individuelle Hemmschwelle, persönlichkeitsrelevante Informationen auf digitalen Plattformen preiszugeben, sukzessive sinkt. Dies gilt vor allem für jugendliche Internetnutzer, welche mit relativer Sorglosigkeit persönliche Informationen auf digitalen Plattformen preisgeben (Barnes 2006; Boyd 2008b).

Das „privacy-paradox“ deutet an, dass auf Seiten der Nutzer Privatheit als ein schützenswertes Gut angesehen wird. Andererseits findet in der Regel nach anfänglichen, jedoch rasch verebbenden Skepsis- und Protestwellen eine nahezu automatische Aneignung von Nutzungsgewohnheiten statt, welche an die jeweiligen funktionalen Möglichkeiten neuer Technologien angepasst ist, wobei die möglicherweise stattfindende Aufhebung oder Verletzung der persönlichen Privatheit praktisch nicht oder nur nachrangig ins Gewicht gezogen wird. Entgegen der in den Theoriemodellen zur Privatheit dominierenden Vorstellung eines autonomen, von den Mächten der Vergesellschaftung isolierten und rational agierenden Subjekts scheint es angemessener, von einem Subjekt auszugehen, welches sich den Möglichkeiten, Anforderungen und Bedürfnissen der in seiner Umwelt verfügbaren Technologie zwar nicht unweigerlich, dennoch aber relativ bereitwillig anpasst, wobei eben jene Möglichkeiten, Anforderungen und Bedürfnisse von der Technologie vordefiniert werden. Turkle findet hierfür den passenden Ausspruch: „[...] once we became tethered to the network, we really didn't need to keep computers busy. They keep us busy.“ (2011: 279) Das Subjekt der Technologie wird zum Patiens, die Technologie zum Agens.

Doch auch die Technologie hat ihre Urheber. Zwar sind diese genauso wenig wie die Endnutzer autonome, sozial freigestellte Subjekte. So fließen etwa Wertvorstellungen der Technikentwickler immer in die Gestaltung von Technologien mit ein (Hagendorff 2015). Dennoch können sich Technikentwickler den Umstand der relativ unreflektierten Anpassungsprozesse an digitale Medien zunutze machen und beispielsweise über die Setzung bestimmter Voreinstellungen, welche von den Techniknutzern mit hoher Wahrscheinlichkeit nicht mehr verändert werden, Handlungsweisen und Gewohnheiten beeinflussen. Dieses Vorgehen wird klassischerweise mit dem Begriff des „Nudgings“ gefasst.

„[…] many people will take whatever option requires the least effort, or the path of least resistance. […] if, for a given choice, there is a default option – an option that will obtain if the chooser does nothing – then we can expect a large number of people to end up with that option, whether or not it is good for them.“ (Thaler/Sunstein 2008: 83)

Thaler und Sunsteins Überlegungen können hierbei als empirische Untermauerung der oben angesprochenen, theoretischen Überlegungen der Dekonstruktion und des Poststrukturalismus stehen. Im Kern nicht anders als Derrida oder Foucault verwerfen Thaler und Sunstein die Idee eines autonom und rational agierenden Subjekts. „[…] people tend to be somewhat mindless, passive decision makers.“ (Thaler/Sunstein 2008: 37) Aus diesem Umstand entwickelt sich schließlich gleichsam das „privacy-paradox“. Gefordert wird der Schutz der Privatheit, weil ein entsprechendes Agenda-Setting durch Politik und Massenmedien stattfindet. Gleichzeitig werden informationstechnische Systeme genutzt, deren Funktionalität nur unter Umgehung von tradierten Normen der Privatheit erhalten bleiben kann.

Faktisch ist in einer Gesellschaft, in welcher Daten und Informationen als elementare ökonomische Ressource gelten, nicht davon auszugehen, dass Technologien so gestaltet werden, dass sie den vom Datenschutz so vehement ausgerufenen Grundsatz der Datensparsamkeit erfüllen. „Im Netz sammelt jeder, der es technisch kann, über jeden, der das technisch nicht verhindert, so viele Daten, wie es ihm technisch möglich ist.“ (Lindemann 2014: 162) Informationstechnische Systeme werden als „Datenkraken“ entwickelt und mit Einstellungen ausgeliefert, welche den Grundsätzen, welche etwa im Rahmen des Konzepts des Privacy-by-Design entworfen worden sind (Cavoukian 2011; Cavoukian et al. 2010), nicht entsprechen. Privacy-by-Design impliziert, dass Datenschutzmaßnahmen standardmäßig in technische Anwendungen eingeschlossen werden und deren Standardeinstellungen so privatheitsfreundlich wie möglich sind. Techniknutzer sollen den vollen Schutz ihrer informationellen Privatheit besitzen, ohne, dass sie etwas an der Konfiguration der Anwendung ändern müssen.

Privacy-by-Design steht dem Prinzip nach jedoch der Entwicklung und Nutzung informationstechnischer Systeme als Mittler und Assistenten in unterschiedlichsten Handlungszusammenhängen auf grundsätzlicher Ebene entgegen und wird daher voraussichtlich in den seltensten Fällen als „soft law“ der Technikentwicklung tatsächlich Beachtung finden. Informationstechnische Systeme sind in vielen Fällen in ihrer wesentlichen Funktionalität auf die Umgehung von Normen zum Schutz der Privatheit angewiesen – man denke nur an die Vernetzung von Haustechnik zum Zweck der Steigerung der Lebensqualität durch diverse Assistenzleistungen. Während es also einen mit großem rhetorischen Aufwand geführten, in seiner normativen Ausrichtung klar gepolten, breiten gesellschaftlichen Diskurs um den Schutz der Privatheit gibt, so scheint das semantische Ringen um die Wahrung der Privatheit angesichts immer leistungsstärkerer Datenerhebungs- und Datenverarbeitungsmöglichkeiten durch immer engmaschiger untereinander vernetzte, zunehmend komplexere informationstechnische Systeme nahezu vergeblich zu sein. Während die informationelle Privatheit über die Kontrolle definiert wird, welche eine Person darüber ausübt, wer Zugriff auf personenbezogene Daten und Informationen hat und wie diese verbreitet werden dürfen, so hat sich diese Kontrolle sukzessive aufgelöst. Verantwortlich dafür könnten einzelne soziale Akteure gemacht werden, etwa große Internetplattformen, Technikentwickler, Hacker, Provider, Geheimdienste et cetera. Die Frage ist aber, wie bereits oben beschrieben, ob man es hier nicht vielmehr mit einer hochbeschleunigten Evolution technologischer Großsysteme zu tun hat (Kelly 2010), welche weder in ihrer Entstehung und Entwicklung noch in ihrer Ausbreitung und Aneignung durch rechtliche, politische oder anderweitige Steuerungsversuche signifikant und zielgerichtet beeinflusst werden können. Obgleich durch Protestbewegungen, politische Entscheidungen oder Rechtsprechung Interventionsmaßnahmen bemüht werden, um informationstechnologische Entwicklungen, welche die sukzessive Auflösung der Privatheit begünstigen, zu limitieren, so scheint es insgesamt doch eine starke Resistenz gegen Steuerungsversuche zu geben. Akzeptiert man die relative „Unregierbarkeit" dieser Entwicklung, erscheinen Diskurse, welche die Wahrung und Stärkung der Privatheit einklagen, als anachronistische Überhänge einer langatmigen semantischen Tradition, welche an der gesellschaftsstrukturellen Entwicklung ihr nahezu unabwendbares, aber verzögertes Ende erfahren wird. Die Forderungen nach dem Erhalt der Privatheit sind Symptome einer durch technikinduzierte Transformationsprozesse ausgelösten gesellschaftlichen Unsicherheit, welche sich nicht durch die aktive Wiederherstellung eines bestimmten Niveaus an Privatheit legen wird, sondern durch das individuelle Einspielen von Handlungsnormen, mit denen die permanente informationelle „Nacktheit" der eigenen Person gemanagt werden kann. Wenn die immer umfänglichere Implementierung datenverarbeitender informationstechnischer Systeme quasi unvermeidbar ist, lösen sich der Komplex Privatheit und die mit ihm verbundenen Handlungsnormen sukzessive auf.

Daran anschließend legen Post-Privacy-Positionen nahe, datenschutzrechtliche Gefährdungsanalysen herunterzufahren. Derart kann die Schwächung des

Werts der Privatheit gleichsam positiv interpretiert werden. Erst die Aufhebung der schützenden, bemäntelnden Wirkung des Privaten kann verdrängte, tabuisierte, diskriminierte oder normverletzende Sachverhalte in die Öffentlichkeit, in gesellschaftliche Diskussionsforen und politische Aushandlungsprozesse bringen. Ohne die Merkmale einer transparenteren Gesellschaft, einer Gesellschaft der Sichtbarkeit und der freien Informationsflüsse an dieser Stelle vertiefend zu umreißen, bleibt festzuhalten, dass davon auszugehen ist, dass es angesichts der konstanten Verbreitung stets leistungsfähigerer und dichter untereinander vernetzter digitaler Medien zu einem weitreichenden gesellschaftlichen Wertewandel kommt. Geklärt werden muss dann, welche neuen Werte und Handlungspraxen aus den veränderten soziotechnischen Umständen erwachsen können. Es muss um die Analyse von Bewältigungsstrategien angesichts einer permanenten Präsenz von potentiell überwachbaren, überwachten und überwachenden Medien gehen.

Im Zuge dessen deutet sich an, dass es durch die zunehmende Verbreitung vernetzter informationstechnischer Systeme, welche sich am Paradigma des „ubiquitous computing" orientieren, sowie durch die damit neu entstehenden Nutzungsroutinen von Techniken zu einer Entdifferenzierung der Trennung von lokaler und informationeller Privatheit kommt. In diesem Zusammenhang gerät insbesondere die Idee des Smart Home beziehungsweise der Heimautomation in den Fokus. Heimautomation bedeutet, dass Technologien, welche sich innerhalb des häuslichen Raumes befinden, miteinander vernetzt und ans Internet angebunden werden. Dabei können Abläufe oder Steuerungsprozesse am Haus manuell programmiert werden als auch gänzlich autonom ablaufen. Der Trend hin zum Internet der Dinge im Haushalt beginnt bei der internetfähige Zahnbürste oder Personenwaage, umfasst aber gleichsam Raumluft- oder Temperatursensoren, die Verriegelungsmechanik der Haustür, das Elektroauto in der Garage, die private Überwachungskamera, die Spielekonsole mit angebundener Technik zur Bewegungserkennung oder das Smart-TV.

Die vernetzte Technologie mit ihrer Sensorik und ihren weitreichenden Möglichkeiten der Datenerhebung, welche innerhalb des Raumes der Wohnung installiert wird, beeinflusst die lokale Privatsphäre der wohnungsbetretenden Personen ebenso wie deren dezisionale und informationelle Privatheit. Die klassische Differenzierung zwischen lokaler, dezisionaler und informationeller Privatheit (Rössler 2001) kann unter den Vorzeichen allgegenwärtiger, auch in höchstpersönlichen Lebensbereichen installierter sowie miteinander vernetzter informationstechnischer Systeme nur noch mit Einschränkungen aufrecht erhalten werden. Einschränkungen eines Typs an Privatheit können gleichzeitig auch Einschränkungen eines anderen Typs bedeuten. Entscheidende Triebkraft jener Entdifferenzierung sind informationstechnische Systeme. Untereinander vernetzte, weltumspannende

Informations- und Kommunikationstechnologien relativieren insbesondere die Bedeutung von Räumen. Wie bereits beschrieben gelten Räume dann als privat, wenn der Zugang zu diesen Räumen kontrolliert werden kann. Normalerweise ist damit der Zutritt anderer Personen zu ebendiesen Räumen gemeint. Dieser wird verwehrt, um private Lebensbereiche insbesondere vor nicht-erwünschten Beobachtungen zu schützen. Informationstechnische Systeme allerdings, welche in Form allgegenwärtiger Datenverarbeitungstechnologien private Lebensbereiche durchsetzen, „perforieren“ die geschützte Sphäre der lokalen Privatheit, indem sie Daten, welche Träger personenbezogener Informationen sind, unkontrolliert nach „draußen“ versenden und umgekehrt von „außen“ – etwa durch Hacker oder Geheimdienste – ein datenvermittelter Zugriff auf die Technologien des Smart Home erfolgen kann. Private Räume, so die Vorstellung, bieten eine Art soziale Hinterbühne, auf welcher Personen sich von gesellschaftlichen Rollenanforderungen und den Anstrengungen des Selbstdarstellungsmanagement erholen können. Sobald jedoch erwartet wird, das unbekannte Dritte über den Zugriff auf die Technologie des Smart Home gleichsam Zugriff auf Informationen darüber haben, was sich innerhalb der zutrittsgeschützten Sphäre der Wohnung ereignet, kann diese Erwartung Einfluss auf das eigene Verhalten beziehungsweise die eigene Handlungsfreiheit haben (Bateson et al. 2006).

Die Erwartung der Möglichkeit des im schlimmsten Falle permanenten informationellen Eingriffs in private Räume durch unbekannte Dritte kann, handlungspsychologisch betrachtet, mit einem erhöhten Druck, sich normkonform zu verhalten, einher gehen. Der Idee nach sollen private Räume jedoch gerade die Funktion bieten, diesen Druck wegzunehmen und Erholung von sozialen Verhaltensanforderungen zu bieten. Eine Anpassung des Verhaltens durch die Erwartung von Überwachung bedeutet derart letztlich auch einen Eingriff in die dezisionale Privatheit. Handlungsspielräume werden eingeschränkt, indem gewisse Verhaltensweisen, welche als nicht-normkonform vorgestellt werden, unterdrückt werden. Dies jedoch weist wiederum auf die Ambivalenz der räumlichen Privatsphäre hin, schließlich kann gerade die Unterdrückung solchen Verhaltens moralisch geboten sein, etwa wenn es um gewaltförmiges Handeln geht. Andererseits kann die Entscheidung, sich gerade nicht-normkonform zu verhalten, als befreiender Akt der Lossagung von etablierten, möglicherweise diskriminierenden Normen erachtet werden. Die Überwachung und Beobachtung solchen Verhaltens zeigt dann an, dass theoretisch nicht die Überwachung an sich freiheitsberaubend ist, sondern erst ein bestimmtes überwachungsbasiertes Sanktionshandeln, welches auf Erkenntnissen der Überwachung aufbaut und dieser nachfolgt. Theoretisch jedoch muss dieses strikte Legitimität besitzen. So besteht die Aufgabe einer ethischen Reflexion der potentiell totalüberwachten Informationsgesellschaft nicht in einer

Verdammung digitaler Medien nebst den damit einhergehenden Erhebungs-, Verarbeitungs- und Verbreitungsmöglichkeiten von persönlichen Daten, sondern darin, neue Handlungspraxen im Umgang mit digitalen Medien zu entwickeln und dazu zu ermutigen, gerade unter den Bedingungen der informationellen Totalüberwachung nicht-normkonformes Verhalten, welches nicht zum Schaden anderer gereicht, nicht zu unterdrücken, sondern in das Panoptikum der Überwachung, in die neuen, über digitale Informations- und Kommunikationstechnologien vermittelten Beobachtungs- und Sichtbarkeitsregime einzuführen.

Bevor allerdings der Erhalt oder umgekehrt der mögliche Verfall der tradierten Idee des Privaten bewertet oder gar normativ eingefordert werden kann, bedarf es einer Analyse der verschiedenen motivationalen Gründe, warum der Schutz der Privatheit, darunter insbesondere der Schutz von Räumen sowie der Schutz von Informationen, überhaupt eingefordert werden. Hier können im Wesentlichen drei Gründe angegeben werden, wobei die ersten beiden bereits beschrieben worden sind. Erstens besteht im Fall eines Verlusts der Privatheit die Befürchtung, dass Normverletzungen verstärkt registriert und sichtbar werden und Sanktionen ausgeübt werden können. Zweitens dient der Schutz insbesondere der lokalen Privatheit der Erholung von sozialen Rollenanforderungen. Und drittens kann schließlich die Angst vor Beschämung als Grund angeführt werden. Dabei fungiert die Scham sicherlich als das schlechthinnigste und fundamentalste Motiv für den Erhalt und Schutz der Privatheit. Scham hat ihren Ursprung in einem antizipierten, häufig mit dem eigenen Körper assoziierten Mangel, welcher aus einer kulturell vorgegebenen Körperidealvorstellung resultiert. Ein Schamgefühl tritt auf, sobald man den sozial vorgegebenen Normen des Körperideals auf signifikante Weise nicht gerecht wird und somit Ängste, missachtet zu werden, entstehen (Strassberg 2004). „Because we all have weaknesses that, if known, would mark us off in some ways ‚abnormal‘, shame is a permanent possibility in our lives, our daily companion.“ (Nussbaum 2004: 173) Phänomenologisch geht es um den „Blick des Anderen“, der einen trifft, aber nicht treffen soll, wo er enthüllend oder entlarvend wirkt. Im Zusammenhang mit sozial gemanagten Informationsströmen geht es analog dazu um Informationen, welche so zwischen verschiedenen sozialen Kontexten und Akteuren ausgetauscht werden, dass das eigene informationelle Identitätsmanagement dadurch konterkariert wird. Schamgefühle entstehen, wenn Personen ihr „Verhältnis zu sich selbst“, ihre „exzentrische Positionalität“ (Plessner 1975: 292) verlieren. Das Bedeutet, dass die Sicherheit über die eigene, genuin organisierte respektive „gemanagte“, das heißt an verschiedene soziale Kontexte angepasste Identität verloren geht. Schamsituationen sind dadurch charakterisiert, dass es zu einer verstörenden Desorganisation des eigenen Identitätsmanagements und damit zu einer Identitätskrise, einer Störung der Selbstidentifikation kommt

(Honneth 1992: 222 f.). Ein tiefes Unlustempfinden nebst Gefühlen der Dissonanz, Machtlosigkeit und Verunsicherung stellen sich ein durch die Verletzung des rollenkonformen Selbsterlebens (Goffman 1967: 97).

Eine Person erwartet, dass andere Personen von ihr erwarten, dass sie sich auf bestimmte Weise verhält und auf bestimmte Weise erscheint. Enttäuscht die Person die Erwartungen anderer unfreiwillig, kann dies für die betroffene Person möglicherweise ein Schamanlass sein. An dieser Stelle kann freilich kein einfaches Ursache-Wirkungs-Verhältnis zwischen auftretenden Ereignissen und der Entstehung von Schamgefühlen identifiziert werden. Stattdessen besitzen bestimmte Ereignisse lediglich ein schamauslösendes Potential. Es ist davon auszugehen, dass Schamgefühle durch erzieherische Einflüsse, psychotechnische Trainings, Umweltveränderungen oder Gewöhnungseffekte bis zu einem gewissen Grad hin manipulierbar sind. Bestimmte Normverletzungen etwa können ja nach Charakter einer Person Scham oder gar konträr Stolz auslösen. An dieser Stelle von Bedeutung sein sollen jedoch vorerst schamauslösende, ein Unterlegenheits- und Degradierungsgefühl verursachende Ereignisse. Scham wirkt hier als eine Art affektiver Automatismus, als eine Art intrinsischer Selbstzwang, welcher einerseits an die Anpassung an soziale Normen und Erwartungen nötigt und andererseits Normverstöße durch selbststrafende Empfindungen sanktioniert. Diese Empfindungen entstehen durch die Umwandlung von zwischenmenschlichen Zwängen in individuelle Selbstzwänge. Scham bewirkt eine Art vorauseilenden Gehorsam gegenüber allgemeinen sozialen Normen. Sozialpsychologisch geht es um die Angst, aus einer Gemeinschaft, an deren Normen sich eine Person assimiliert hat, ausgeschlossen zu werden. Scham wird mit dieser Bedrohung in Verbindung gebracht (Tisseron 2000).

Fraglich ist, ob eine Art „Schamschwelle" identifiziert werden kann, deren historisch oder kulturell bedingter Fort- oder Rückschritt beobachtet werden kann. Es kann entweder zu einer zunehmenden Verdrängung und Verlagerung von somatischen und anderen Eigenheiten und Abweichungen auf eine soziale Hinterbühne kommen oder es entsteht eine toleranzstarke soziale Gemeinschaft, in welcher die Sichtbarkeit von unterschiedlich ausgeprägten Körperbildern und Identitätsentwürfen weniger aufmerksamkeitsbindend wirkt. Für Personen, welche allgemein gültigen Normen gesellschaftlicher Normalisierungsdiskurse nicht entsprechen können, bedeutet dies eine jeweils verstärkte oder abgeschwächte Diskriminierung.

Im Rahmen einer hypervernetzten Informationsgesellschaft, in welcher die Möglichkeiten der Kontrolle über Daten- und Informationsströme zunehmend geringer werden, verringern sich gleichsam die Möglichkeiten, die Verbreitung digital vorliegender, intimer oder körperbezogener Informationen – etwa in Form von Bilddateien – zu kontrollieren. „[...] the images literally flee from any organized control." (Koskela 2006: 164) Als prominente Beispiele wären hier etwa der durch Phishing – und nicht etwa Brute Force, wie anfangs gedacht – ermöglichte Klau von Nacktbildern von rund einhundert Prominenten aus dem Cloud-Speicher der iCloud aus dem Jahr 2014 zu erwähnen (Thoma 2015; Department of Justice 2016). Aufsehen erregte auch die über eine App zur Gesichtserkennung erfolgende, systematische Deanonymisierung von Pornodarstellerinnen (Rothrock 2016). Russische Internetnutzer nutzten hier die App FindFace, welche Personen über eine Gesichtserkennung, welche über einen Bildabgleich mit der Social-Media-Plattform vk.com erfolgt, identifizieren kann. Nicht weniger spektakulär stellt sich der Hackerangriff auf die Seite Adult-Finger von 2015 dar, bei welchem Informationen über sexuelle Vorlieben von knapp vierzig Millionen mitunter namentlich identifizierbaren Nutzern erbeutet und in einem Forum öffentlich zur Verfügung gestellt wurden (Scherschel 2015d). Doch es müssen gar nicht einmal ausgewiesene Computerexperten beziehungsweise Hacker sein, welche intime personenbezogene Daten im großen Stil sammeln und öffentlich verfügbar machen. So griffen etwa dänische Wissenschaftler mithilfe eines Tools zum Abgreifen von Internetseiten mehrere zehntausend Nutzerprofile der Dating-Plattform OkCupied ab und veröffentlichten diese auf einer Plattform für Forschungsdaten (Spier 2016). Bei den Angriffen auf die Dating- beziehungsweise Seitensprungplattformen BeautifulPeople.com (Gierow 2016a) sowie AshleyMadison.com (Plass-Flessenkämper 2015) agierten jedoch wiederum Hacker. Letztgenannte Seitensprungplattform hatte nach eigenen Angaben knapp vierzig Millionen Nutzer, deren Nacktbilder, Informationen über sexuelle Vorlieben und Wünsche sowie intime Gesprächsprotokolle von der Hackergruppe The Impact Team gestohlen worden sind. Hatten die Hacker die Informationen vorerst nur auszugsweise öffentlich zugänglich ins Netz gestellt, wurden zu einem späteren Zeitpunkt die Daten von insgesamt 36 Millionen Nutzern online gestellt (Schirrmacher 2015a), nachdem die Seitensprungplattform der Forderung der Hacker, die Seite vom Netz zu nehmen, nicht nachgekommen war. Unter den publizierten Daten befinden sich gleichsam die echten Namen und Adressen der Nutzer. Anhand geleakter Email-Adressen konnte zudem herausgefunden werden, dass unter den Nutzern der Seitensprungplattform mehr als 15.000 Angehörige des amerikanischen Militärs sowie der amerikanischen und britischen Regierung waren. Bereits kurze Zeit nach dem Hack wurden Webseiten erstellt mit einfachen Suchmasken, in denen über die Eingabe der E-Mail-Adresse in das Suchfeld in Sekundenschnelle und von jedermann geprüft werden konnte, ob sich die Person, welche im Besitz der eigegebenen E-Mail-Adresse befindet, unter den Nutzern von AshleyMadison.com befindet.

Entgegen der etablierten normativen Behandlung solcher Fälle, bei denen vor allem Debatten über IT-Sicherheit und Datenschutz, kaum aber über die soziale Bedeutung der Nacktheit oder über verschiedene Formen der Sexualität geführt werden (Cover 2003), geraten aus dem Kreis der digitalen Kultur auch andere Stimmen an die Öffentlichkeit, welche gleichsam implizit für eine Verlagerung etablierter Schamschwellen plädieren.

> „It's time for the cultural norm that says nude photos are shameful or shocking to end. There are simply too many naked pictures of too many people – and they're about to be all over our screens. [...] There are the ones that we're starting to see already: images from webcams and home-security cameras that are either hacked or inadvertedly broadcast to the net. There are illicit ones from the doctor's office. There are the ones from the TSA scanner. There are cameras everywhere. [...] The nudes are out there. In the coming years, when you Google someone's name, it won't be shocking to see nude pictures interspersed among the results [...].“ (Honan 2015)

Diese zugegebenermaßen relativ weitgreifende Vermutung lässt sich dennoch insofern untermauern, als dass beliebte Apps wie etwa Snapchat oder Vault-Apps wie etwa Secret Calculator Icon, welche zum Versenden sexueller Inhalte beziehungsweise zum „Sexting“ benutzt werden, eine immense Verbreitung unter jugendlichen Smartphone-Nutzern finden. Diese sind sich dabei häufig nur bedingt darüber bewusst, dass die versendeten Bilder permanent auf Servern gespeichert werden und in absehbarer Zukunft tatsächlich eine gewisse Wahrscheinlichkeit besteht, dass auf die Bilderdatenbanken per Query zugegriffen werden kann.

Indem zum einen davon ausgegangen wird, dass der Trend zur anhaltenden Aufladung der physischen Umwelt mit Fotosensoren und informationstechnischen Systeme (Koskela 2002; Cuff 2003; Wiegerling 2011) sich weiter fortsetzt und es somit zu einer zunehmenden Verdatung von Sachverhalten und Ereignissen kommt, und wenn zum anderen akzeptiert wird, dass der relative informationelle Kontrollverlust, wie er sich auf der dritten Ebene des oben beschriebenen Modells manifestiert, kaum umgangen werden kann, dann erscheint eine Position, welche für eine Abschwächung etablierter Schamschwellen sowie für einen sukzessiven Abbau der informationellen Privatheit hinsichtlich körperbezogener Informationen plädiert, nur folgerichtig zu sein. Allerdings muss diese Position zugleich mit der Forderung nach einer toleranzstarken Öffentlichkeit verbunden werden. Eine solche erleichtert es Personen, sich zu exponieren und die handlungspsychologischen Vorzeichen, welche dazu anhalten, sich zu verstecken, also Orte des Schutzes vor Beobachtung zu suchen oder Anstrengungen zu unternehmen, die Verbreitung personenbezogene Informationen möglichst umfassend zu kontrollieren, umzukehren. Es geht dann weniger um ein Aufsuchen von „Inseln des Privaten" (Nippert-Eng 2010), um gleichsam einen Schutzbereich zu besitzen, in welchem man sich von den Phasen des passiven Ausgeliefertseins gegenüber überwachenden Akteuren und digitalen Aufzeichnungsmedien erholen kann, sondern um ein aktives, unzensiertes und mitunter auffälliges Mitkonstruieren der digitalen Repräsentation des eigenen Selbst und der Lebenswelt. Da die immer weitere Aufladung der Umwelt durch sensorbewehrte informationstechnische Systeme die Wahrscheinlichkeit, dass irritierend in das Identitätsmanagement sowie die gezielte Eindruckssteuerung von Personen eingegriffen wird, prinzipiell steigert, scheint die Senkung von etablierten Schamschwellen bei gleichzeitiger Anhebung von Toleranzgrenzen eine gangbare Pragmatik der digitalen Gesellschaft zu sein.

Scham zählt zu jenen Emotionen, welche in der digitalen Gesellschaft, will man sich ihren soziotechnischen Verhältnissen anpassen, eine zunehmend geringere Bedeutung erhalten. Scham gehört jedoch gleichzeitig zu jenen Triebkräften, welche zur Errichtung einer lokalen oder informationellen Privatheit anhalten. Und sie zählt zu jenen Emotionen, welche zu ihrer Vermeidung zentral auf intakte Informationsbarrieren, auf die Kontrolle von personenbezogenen Informationen angewiesen ist. Diese jedoch erfährt, wie ausführlich beschrieben wurde, in modernen Informationsgesellschaften eine zunehmende Auflösung. Die Vermeidung von Scham ist auf die Ausdifferenzierung verschiedener Kontexte, Selbstdarstellungsmodi und Rollenbilder angewiesen. Diese ermöglichen es Personen, sich in verschiedenen sozialen Kontexten und Feldern von unterschiedlichen „Seiten" her zu präsentieren und dabei verschiedene persönliche Eigenschaften oder Merkmale gezielt zu kaschieren oder zu verbergen. Doch derartige Formen des Identitätsmanagements werden unter den Bedingungen der Allgegenwart digitaler Medien zunehmend „stressiger", schließlich können digitale Medien auf vielfältige Art und Weise jenes Identitätsmanagement konterkarieren, indem sie ungewollt Verbindungen zwischen verschiedenen sozialen Kontexten, welche mehr oder minder intim, privat oder öffentlich sind, herstellen (Lim et al. 2012; Vitak et al. 2012).

Letztlich weisen digitale Medien sowie die empirisch zu beobachtende Mediennutzungspraxis darauf hin, dass Privatheit kein fixiertes Gut, keine fixierte soziale Institution ist, welche nicht auch grundlegenden Veränderungen unterworfen werden könnte. Tatsächlich variiert das, was als Privatheit gilt, in der Sozial- und der Zeitdimension, es variiert von Kultur zu Kultur, von Epoche zu Epoche (Ess 2005). Der „Sinn für Privatheit" (Rachels 1975), welcher anzeigt, was unter dem Schutz des Privaten fallen soll, verändert sich kontinuierlich. Privatheit ist immer abhängig von dem erweiterten Rahmen des Stands der Technologie einer Gesellschaft, von Praktiken verschiedener Wirtschaftsunternehmen, von der Rechtsprechung eines Landes oder von architektonischen Gegebenheiten.

> „Privacy does not exist in a vacuum but is part of a larger social, cultural, political, and economic world. As changes occur in other realms, privacy may be increased or diminished. Architectural changes in the eighteenth century, for example, created more separate spaces and, as a result, the possibility for more privacy. Technology is only one of a host of factors that can affect the possibilities for privacy. On the social level, cultural moves, organizational activities, political administrations, and international entanglements can all affect privacy. On the individual level, one's work experience, financial and consumer activities, family situation, and life style choices all have an effect on privacy." (Regan 1995: 42)

Privatheit, allgemein gesprochen, kann in unterschiedlich starkem Ausmaße „verfügbar" sein.

Aktuell wird der Verlust insbesondere der informationellen Privatheit beobachtet. Dies kann für sich genommen vorerst schlicht deskriptiv beschrieben werden. In der Regel wird dieser Verlust jedoch normativ bewertet. Dabei muss unterschieden werden zwischen Befragungen, in denen die befragten Personen den Wandel des Privaten bewerten, und wissenschaftlichen Diskursen zum Thema Privatheit. Bei Befragungen muss berücksichtigt werden, dass Personen häufig sozial erwünscht antworten und sich möglicherweise eine Schweigespirale entwickelt, innerhalb welcher Positionen, welche wenig Besorgnis oder gar positive Zuversicht angesichts des Wandels der informationellen Privatheit zeigen, untergehen. Insgesamt kann es so zu einer Überbewertung der Negativität des Verlusts der informationellen Privatheit kommen. Dies wiederum prägt den öffentlichen Diskurs, sodass insgesamt ein verzerrtes Bild entsteht. Inwiefern sich dieses gleichsam auf den wissenschaftlichen Diskurs überträgt, kann nur schwierig abgeschätzt werden. Dennoch steht zu vermuten, dass die verbreiteten Medien- und Öffentlichkeitsmeinungen, welche den Verlust des Privaten als negative Entwicklung erachten, Einfluss auf die mehr oder minder unterschwellige normative Ausrichtung des akademischen Privatheitsdiskurses hat. Gegen den Verlust des Privaten, so heißt es, müsse eine verstärkte Moral des Privaten, flankiert von rechtlichen Regelungen insbesondere zum Datenschutz, entgegen steuern. Es besteht so auch in der Wissenschaft eine latente Furcht vor dem Verlust der Privatheit. Der Abbau der informationellen Privatheit durch vernetzte Technologien, deren Sensoren unseren Alltag durchsetzen und eine informationelle Totalüberwachung desselben erlauben, wird überwiegend als Gefahr für die Demokratie gesehen. Indem die persönliche Lebens- und Körperwelt von Technologien vereinnahmt wird und immer mehr Handlungen digital erfasst und ausgewertet werden, gerät mehr von jenem Handeln, welches sich leichter durch die Absenz von Aufzeichnungsgeräten manifestieren konnte, in ein Stadium, nicht oder nur mit nachteiligen Konsequenzen durchgeführt werden zu können. Vernetzte Technologien sind immer auch potentielle Dokumentationsapparate für Rechts- und Normverletzungen. Der Ruf nach Privatheit ist demnach in bestimmten Fällen nichts anderes als ein Ruf danach, eingespielte Normverletzungen weiterhin ausführen zu können.

So rührt etwa die Ablehnung von Aktivitätstrackern, um ein prominentes Beispiel anzuführen, zum einen aus der Skepsis gegenüber Selbstoptimierungsideologien und zum anderen aus Angst vor Überwachung. Dabei könnte die Benutzung eines Aktivitätstrackers in nicht allzu ferner Zukunft obligatorisch werden, schließlich sind individuelle Privatkranken-, Berufs- oder Lebensversicherungstarife darauf angewiesen, personenbezogene Daten über körperliche Aktivitäten zu erhalten. Die Nichtbenutzung eines Aktivitätstrackers würde bei einer weitreichenden Etablierung des Konzepts der individuellen Versicherungsangebote zu hohen Kosten führen, da die Nichtbenutzung als Strategie für die Vermeidung der Dokumentation eines ungesunden Lebensstils interpretiert würde. Kritiker befürchten, dass vorerst freiwillige Programme, welche durch monetäre Anreize gesundheitsförderliches Verhalten belohnen, dem Zwang zur Selbstüberwachung per Aktivitätstracking den Weg ebnen und Tracking-Verweigerer benachteiligen. Dies ist aus ethischer Perspektive nicht nur im Hinblick auf die Vorherrschaft und Ausprägung von Selbstoptimierungsideologien und Gesundheitsnormen problematisch. Kritisch wird auch die Gefahr einer potentiellen Ungleichbehandlung von Patienten gesehen, bei welcher Personen, welche einen ungesunden Lebensstil pflegen, bei Gesundheitsbeschwerden im schlimmsten Fall nicht oder nur ungleich teure Behandlungen erhalten. Den Versicherungskunden wird zugemutet, die Verantwortung für ihr eigenes Gesundheitsverhalten und sämtliche daraus resultierende Gesundheitsfolgen zu übernehmen. Dies entspricht einem zunehmenden Trend zur Individualisierung bei der Verantwortung von Risiken. Die genannten Befürchtungen betreffen jedoch ausschließlich die privaten Krankenversicherungen. Bei den gesetzlichen Krankenversicherungen greift das Solidaritätsprinzip. Die Kosten für versicherte Erkrankungen werden kollektiv durch die Beitragszahler geteilt, wobei die jeweilige Beitragshöhe sich am Einkommen ausrichtet. Konzediert werden muss jedoch, dass eine Unterminierung des Solidaritätsprinzips durch digitale Technologien nicht ausgeschlossen werden kann.

Bei der Überwachung des persönlichen Körperverhaltens zur Optimierung von individuellen Versicherungstarifen muss allerdings auch berücksichtigt werden, dass erst die Überwachung die Möglichkeit der Belohnung gesundheitsfördernden Verhaltens durch Vergünstigungen ermöglicht. Dies geschieht vor allem im Interesse gesundheitsbewusster Menschen. Sie werden durch einheitliche Versicherungstarife diskriminiert, da keine risikogerechte Einschätzung ihres Lebensstils vorgenommen wird. Dies ändert sich durch den Einsatz von Aktivitätstrackern. Erst durch sie kann eine gesunde Lebensweise angemessen entlohnt werden. Doch nicht nur das. Sie wird zudem gefördert. Aktivitätstracker motivieren, sich zu bewegen. Gamification-Elemente in den Fitness-Apps, welche die Erreichung von bestimmten Zielmarken belohnen, fördern die Motivation zur Einhaltung von Gesundheits- und Trainingsnormen zusätzlich (Dellaserra et al. 2014).

Die beschriebenen Diskussionen und Überlegungen im Zusammenhang mit Aktivitätstrackern stellen ein anschauliches Beispiel dafür dar, welche komplexen Auswirkungen neue Formen und Möglichkeiten der Erhebung und Verbreitung von personenbezogenen Informationen zeitigen können. Indem geschützte Informationen aus der Lebenswelt einer Person von ihrem angestammten Kontext hinaus in andere Kontexte überführt werden, kommt es zu einer – vielleicht auch erwünschten oder bewusst in Kauf genommenen – Verletzung der informationellen Privatheit einer Person. Die informationelle Privatheit schützt, wie beschrieben, den Fluss persönlichkeitsrelevanter Informationen und erlaubt theoretisch die Kontrolle darüber, ob Dritte Zugriff auf diese Informationen besitzen. Problematisch ist die Weitergabe von Informationen über Kontextgrenzen hinweg gegen den Willen der betroffenen Person. Häufig werden dabei Geheimhaltungs- oder Vertrauensnormen verletzt. Eine Aufhebung dieser Normen entspricht einem Eingriff in das persönliche Identitäts- und Selbstdarstellungsmanagement einer Person. Dieser Eingriff kann die Beschämung oder gar Demütigung einer Person nach sich ziehen. Dies geschieht paradigmatisch bei Outings, also dann, wenn intime, geheime Informationen gegen den Willen der betroffenen Person an unerwünschte Dritte weitergegeben werden (Gross 1990). So wächst gerade im Zusammenhang mit informationstechnischen Systemen, über welche mitunter intime Informationen kommuniziert und verbreitet werden und durch welche die Kontexttreue von Informationen regelmäßig verletzt wird, die Gefahr von Zwangsoutings, welche eine besonders einschlägige Form des Kontrollverlusts über die Verbreitung von Informationen darstellen.

Doch selbst dann, wenn zuvor keine direkte Erhebung oder Kommunikation intimer Informationen stattgefunden hat, kann es zu Zwangsoutings kommen. Veranschaulichen lässt sich dies exemplarisch am Fall des Unternehmens Uber, einem Vermittlungsdienst für Autofahrten. Uber wertet über seine App aus, welche Route Fahrer und Fahrgast nehmen. Dabei wurde im Rahmen eines Programms zur probabilistischen Detektion von One-Night-Stands ermittelt, ob Personen zur Nachtzeit eine Fahrt zu einem Ort buchten und im Radius von etwa 150 Metern um diesen Ort herum vier bis sechs Stunden später eine weitere Fahrt anforderten. Wenn dieses Muster vorlag, schlossen die Uber-Analysten auf das Vorliegen einer sexuellen Kurzbeziehung. Uber besitzt demnach probabilistisches Wissen über intime Details seine Kunden. Auf einem inzwischen gelöschten Blog-Artikel veröffentlichte Uber Statistiken und Karten, anhand derer im Wochen- und Jahresverlauf oder aufgeteilt nach Stadtteilen abgelesen werden konnte, wann respektive wo die meisten mutmaßlichen One-Night-Stands stattfanden (Voytek 2012). Die Auswertungen basieren auf aggregierten und anonymisierten Daten, lassen allerdings unter der Voraussetzung entsprechender Zugriffsmöglichkeiten auf die Datensätze gleichsam Schlüsse auf einzelne Personen zu. Eine Erweiterung der Datensätze von Uber, welche lediglich die Routendaten der wahrgenommenen Fahrten enthalten, beispielsweise mit den Daten von möglicherweise beim Geschlechtsakt getragenen Aktivitätstrackern, ließen die Wahrscheinlichkeit, von den Daten auf eine tatsächlich stattgefundene sexuelle Kurzbeziehung schließen zu können, nochmals enorm steigen.

Die Datenauswertung des Fahrtenvermittlers Uber ist ein anschauliches Beispiel für die Verflüchtigung von Normen des angemessenen Informationsflusses im Kontext informationstechnischer Systeme und deren ungeahnte Möglichkeiten zur Datenverarbeitung. Uber stellt, obwohl das eigentliche Ziel des Unternehmens in der Vermittlung von Fahrten besteht, einen Zustand der informationellen Transparenz hinsichtlich wahrscheinlich geknüpfter sexueller Kurzbeziehungen der eigenen Kunden her. Die informationelle Privatheit der Kunden wird verletzt, da Informationen aus dem Kontext der mutmaßlichen Intimbeziehung in den erweiterten Kontext des Unternehmens Uber fließen. Diese Praxis verletzt etablierte informationelle Übertragungs- und Vertrauensgrundsätze. Sie bietet ebenfalls die Möglichkeit, einzelne Personen entgegen ihrem Willen zu outen. Ein solches Zwangsouting hätte eine erhebliche Belastung der betroffenen Person zur Folge. Darüber hinaus ist in Frage zu stellen, inwiefern Uber die Ergebnisse der Datenanalyse in emanzipatorischer Absicht publiziert. Ginge es Uber darum, eine gesellschaftliche Diskussion etwa über die bürgerliche Sexualmoral auf der einen und einer promiskuitiv organisierten Sexualität auf der anderen Seite anzustoßen, ließe sich zumindest eine schwache Rechtfertigung für die Datenanalyse als Mittel zum Zweck finden. Ob Uber eine solche Absicht unterstellt werden kann, sei dahingestellt. Festzustellen bleibt aber doch, dass die gegen das Unternehmen gerichtete Empörung über die eigentlich zweckfremde Datenauswertung der Kunden sich an der Tatsache entzündet, dass im Allgemeinen ein starker Wunsch nach der Geheimhaltung von sexuellen Kurzbeziehungen besteht. Schließlich gehen diese mit einer gewissen Wahrscheinlichkeit mit dem Betrug des Lebenspartners einher. Uber verletzt also, so ließe sich schließen, weniger die Privatheit der Kunden als vielmehr die bislang bestehende Sicherheit, jenen Betrug des Lebenspartners geheim halten zu können. Doch anstatt über die Ethik jenes Betrugs zu diskutieren, richtet sich die Debatte, ihren eigentlichen Gegenstand gewissermaßen verfehlend, rein auf die datenschutzrechtlich irritierende Datenauswertungspraxis von Uber.

Ohne das Beispiel der Firma Uber an dieser Stelle weiter vertiefen zu wollen, ist es denkbar, dass Zwangsoutings, also die unfreiwillige Veröffentlichung von intimen Informationen, explizit zu dem Zweck eingesetzt werden, Sachverhalte, welche Diskriminierungsverhältnissen unterliegen, aus der eingeschränkt sichtbaren Sphäre des Privaten in die Arena der Öffentlichkeit zu versetzen, um der Entstehung möglicher Emanzipationsbewegungen Vorschub zu leisten. Indem vernetzte informationstechnische Systeme eine steigende Liquidität von Daten- und Informationsströmen bedingen und etablierte Restriktionen der Weitergabe und Verbreitung von Informationen unterlaufen, wirken sie an der Entstehung einer insgesamt transparenteren Gesellschaft mit. Eine solche Gesellschaft macht Diskriminierungen stärker sichtbar und hebt diese vermehrt in die Sphäre der Öffentlichkeit, in welcher in der Folge Aushandlungsprozesse über die Legitimität der Diskriminierung stattfinden können.

> „Rassistische und homophobe Gesellschaften sind gegenüber unvorhergesehenen Informationsleaks fragil. Wer gezwungen ist, seine Sexualität geheim zu halten, findet keine Freiheit. Der Kampf für Toleranz und gegen gruppenbezogene Menschenfeindlichkeit dagegen stärkt die Robustheit des Individuums in Zeiten des Kontrollverlusts." (Seemann 2014: 165)

Erst, wenn private Details, beispielsweise diskriminierte sexuelle Orientierungen von Personen, öffentlich verhandelt werden, kann moralischer Fortschritt in Richtung einer diskriminierungsfreieren Gesellschaft erwirkt werden. Dabei muss jedoch bedacht werden, dass die Einleitung von persönlichkeitsrelevanten Informationen in die Öffentlichkeit respektive in fremde Kontexte zu Lasten der betroffenen Personen gehen kann. Die Interessen dieser Personen werden möglicherweise übergangen zugunsten der Interessen beispielsweise einer sozialen Bewegung oder einer journalistischen Enthüllungsarbeit, welche durch die öffentliche Verhandlung eines Sachverhalts Meinungs- und Einstellungsänderungen erwirken möchte.

> „Combatting prejudice is important, particularly where it adversely impacts people's chances to lead fulfilling lives, to be valued and to feel self-respect, and to be, and feel, safe

and secure. But a law authorizing outing directly threatens the equality and security of citizens, because of the scope for blackmail and intimidation which it entails, and the atmosphere of unease, suspicion and oppression which it creates. [...] Publicising sensitive personal information, however true, undermines people's privacy, and threatens their social standing and equality with others.“ (Lever 2014: 9 ff.)

Zwangsoutings, welche seitens Dritter auch unter Zuhilfenahme informationstechnischer Systeme in der Absicht der Einleitung einer öffentlichen Debatte getätigt werden, missachten die Auswirkungen dieser Maßnahme für die betroffenen Personen. Das Vorhandensein einer öffentlichen Debatte, auch wenn diese mittelbar Auswirkungen auf Meinungsbilder zeitigt, hebt bestehende Machtverhältnisse im Umfeld der von den Zwangsoutings betroffenen Personen nicht auf. Fremdoutings, welche gleichwohl in emanzipatorischer Absicht getätigt werden, sind stets mit der Gefahr verbunden, für die betroffenen Personen belastend, beschämend oder anderweitig beeinträchtigend zu wirken. Je zentraler, je relevanter die Identitätsanteile sind, welche auf ein erfolgreiches „passing“ (Goffman 1963) ausgelegt sind, durch Zwangsoutings durch Dritte jedoch mehr oder minder öffentlich bekannt gemacht werden, desto heftiger, unangenehmer und intensiver ist die über Gefühle der Unsicherheit, Peinlichkeit oder Scham vermittelte Identitätskrise (Davis 2005). Eine transparenter werdende Informationsgesellschaft sollte daher keine Legitimationsfolie für Fremdoutings bieten. Selbstoutings jedoch, welche öffentliche Debatten und Konflikte über bestehende Diskriminierungsverhältnisse anstoßen, sind als ein wichtiges Gut zu erachten. Allerdings bleibt in beiden Fällen, sowohl bei Fremd- als auch bei freiwilligen Selbstoutings, zu konzedieren, dass durch die neuen Transparenzmöglichkeiten, welche digitale Verbreitungsmedien bieten, nicht nur Informationskontexte durch Outings aufgebrochen werden können, sondern dass auch die Folgen des Outings, die Reaktionen anderer Personen, transparent gemacht werden können. Transparenz bietet hier wiederum einen gewissen Schutz.

Was aber ist, wenn Personen, welche von einem unfreiwilligen Fremdouting betroffen sind, derart darunter leiden, dass sie sich das Leben nehmen, wie im Fall von zwei Männern geschehen, welche Opfer des Hacks des Seitensprungportals AshleyMadison.com wurden (Sebayang 2015)? AshleyMadison.com ist, wie bereits beschrieben, ein soziales Netzwerk, welches die Anbahnung sexueller Kurzbeziehungen außerhalb der Ehe erleichtern soll. Die Plattform hat nach eigenen Angaben zum Zeitpunkt des Hackerangriffs knapp vierzig Millionen Nutzer gehabt. Deren Daten, darunter Klarnamen und E-Mail-Adressen, wurden durch Hacker erbeutet und öffentlich zugänglich ins Internet gestellt. Über spezielle Suchmaschinen, wie sie beispielsweise von Trustify.info oder durch CheckAshleyMadison.com kurz nach der Veröffentlichung der erbeuteten Daten des Seitensprungportals zur Verfügung gestellt wurden, ist es für jeden Internetnutzer mit geringstem Aufwand und technischem Know-how möglich geworden, die gehackten Daten auf bestimmte Personen zu durchsuchen, ohne an den gesamten Datensatz gelangen und diesen händisch auswerten zu müssen. Spätestens nach dem Selbstmord der beiden kanadischen Nutzer von Ashley-Madison wird jedoch klar, dass der Hack sowie die anschließenden Maßnahmen, um die erbeuteten Datensätze öffentlich zur freien Verfügung zu stellen, derart drastische Konsequenzen nach sich zieht, dass es einer genaueren Diskussion des informationellen Kontrollverlusts im Allgemeinen und der Hackerethik, des kulturellen Umgangs mit Seitensprüngen und Promiskuität sowie der öffentlichen Reaktion auf den Ashley-Madison-Hack im Speziellen bedarf.

Die Folgen des Hacks von AshleyMadison.com sind auf den ersten Blick kaum zu fassen und betreffen längst nicht nur die unmittelbaren Nutzer des sozialen Netzwerks. Dass der Hack zwei Suizidfälle nach sich zieht, ist nur dessen drastischste Konsequenz. Die beiden Selbstmordfälle betreffen auch Angehörige und Freunde der Suizidanten und erweitern den Kreis der Opfer des Hacks. Ebenfalls unter den besonders betroffenen Opfern sind diejenigen Personen, welche ihre Homosexualität gegenüber der Plattform offenbart haben, um gleichorientierte Partner zu finden, sie dabei jedoch aus Ländern kommen, in denen Homosexualität unter Strafe steht. Das digitale Zwangsouting birgt hier Gefahr für Leib und Leben der Betroffenen. Des Weiteren zählen all diejenigen zum Kreis der besonders betroffenen Personen, welche infolge des Hacks zu Erpressungsopfern wurden (Krebs 2015). Erpresser fordern von den Opfern einen gewissen Betrag an Bitcoins, andernfalls, so die Drohung, würden sie die Partner der Ashley-Madison-Nutzer informieren. Diese, also die Ehepartner der Ashley-Madison-Nutzer, sind eine weitere und sicherlich die größte Gruppe der Opfer des Hacks der Seitensprungplattform. Sie sind mit dem Zusammenbruch des Identitätsmanagements des Ehepartners sowie den daraus resultierenden lebensweltlichen Konsequenzen konfrontiert. Der Zusammenbruch meint gleichsam ein Kollabieren von Kontextgrenzen, welche Informationsbarrieren etabliert haben, welche dergestalt sein sollten, dass Informationen über möglicherweise stattfindende außereheliche sexuelle Aktivitäten nicht in den Kontext der Ehe gelangen. Doch die Einbeziehung digitaler Medien in den auf Geheimhaltung und informationelle Privatheit angewiesenen Handlungszusammenhang des Fremdgehens macht diesen vulnerabel gegenüber dem informationellen Kontrollverlust. An diesem zehren im Fall von AshleyMadison.com nun nicht nur Scheidungsanwälte, sondern gleichsam Journalisten, welche die gehackten Datenbanken auf prominente Personen durchsuchen oder den Hack anderweitig ausnutzen. So benachrichtigen etwa zwei Radioreporter des australischen Senders Nova FM eine überraschte Ehefrau in einer Sendung live darüber, dass ihr Mann bei Ashley-Madison registriert ist (Fenton 2015). Anderswo wurden Journalisten beispielsweise auf Josh Duggar aufmerksam, einen amerikanischen Schauspieler, welcher durch die Realityshow 19 Kids and Counting bekannt wurde und als Lobbyist für das konservative Family Research Council arbeitete (Feinberg 2015). Duggar trat durch die Fernsehserie sowie durch seine Lobbytätigkeit für den christlichen Wert der Familie und gegen gleichgeschlechtliche Ehen ein, war jedoch gleichzeitig zahlender Nutzer bei Ashley-Madison und hat – wie er selbst gesteht – seine Frau betrogen. In dem einschlägigen Artikel von Feinberg (2015) sind die sexuelle Vorlieben sowie Wünsche von Duggar detailliert nachzulesen und offenbaren, wie tiefgreifend die Intimität der Nutzer von Ashley-Madison verdaten worden ist.

Dennoch problematisch bei der Analyse der Datensätze ist, dass die digitale Repräsentation realer Personen durch Profile oder Accounts, welche gleichsam diverse Verhaltensdaten umfassen können, niemals zwingend in Korrespondenz zu tatsächlich gezeigtem Verhalten oder tatsächlichen Eigenschaften oder Merkmalen einer Person stehen muss (Amoore 2011: 34 f.). Die Anmeldung bei AshleyMadison.com erforderte keine Verifizierung der angegeben Daten. Möglich ist auch, dass Personen durch Dritte bei der Plattform registriert werden, ohne jemals dafür eingewilligt zu haben. Sofern über eine Person nun persönliche Angaben vorliegen oder eine Person mit anderen Nutzern interagiert, bedeutet dies keinesfalls, dass diese Person zwangsläufig an einem Seitensprung interessiert ist oder einen solchen gar begangen hat. Dass die durch den Hack erbeuteten Daten nicht zwingend Rückschlüsse auf Personen zulassen, wird gleichsam daran deutlich, dass Avid Life Media, der Betreiber von AshleyMadison.com, zahlreiche gefälschte Frauenprofile anlegen ließ, um Männer „anzulocken" (Sebayang 2015). Dazu kommt, dass das unausgeglichene Verhältnis von Männern zu Frauen, welche bei AshleyMadison.com angemeldet waren, die tatsächliche Begehung eines Seitensprungs nahezu unmöglich gemacht hat – im Anschluss an den Hack wurde bekannt, dass auf 30 Millionen Männer nur zwölftausend Frauen kamen, welche die Plattform zum Zeitpunkt des Hacks nutzten (Scherschel 2015c).

Die Bilanz des Hackerangriffs auf AshleyMadison.com ist, dass Millionen Personen öffentlich für mutmaßliche Verfehlungen angegangen werden können. Die Hacker der für den Angriff verantwortlichen Gruppe The Impact Team sehen sich insofern im Recht, als dass sie einer der zentralen Geschäftspraxen von Avid Life Media, welche von Plattformnutzern verlangte, 20 Dollar zu zahlen, sofern sie ihr Profil gelöscht haben wollten, ein Ende bereiten wollten. Doch die weitreichenden Konsequenzen der Veröffentlichung der Datensätze, welche bis hin zum Suizid zweier Männer reichten, haben sie offenbar nicht bedacht. So bleibt am Ende die Erkenntnis, dass informationelle Kontrollverlustereignisse sich umso härter negativ auf die persönliche Lebenswelt auswirken können, je zentraler die Bestandteile des auf verschiedene informationelle Kontexte basierten Identitätsmanagements sind, welche durch den Kontrollverlust irritiert werden. Die Routinen eines Identitätsmanagements, welches unter Zuhilfenahme von digitalen Medien Handlungszusammenhänge erschließt, welche auf Geheimhaltung und radikale Kontexttreue von Informationen angewiesen sind, sind stets dem Risiko unvorhergesehener, nicht geplanter Begebenheiten, also individueller Fehler ebenso wie externer Eingriffe, ausgesetzt, welche in einem „context collapse" und damit einem informationellen Kontrollverlust enden können (Wesch 2009; Vitak 2012; Sibona 2014; Davis/Jurgenson 2014). Der Fall Ashley-Madison zeigt hier exemplarisch und gleichzeitig auf drastische Weise, dass informationelle Privatheit im Kontext digitaler Medien nicht mehr gegeben ist.

Resilienz gegenüber dem informationellen Kontrollverlust zu entwickeln bedeutet, bei digitalen Medien nicht mehr auf Privatheit zu zählen. Informationelle Post-Privacy jedoch soll nicht automatisch zu Datensparsamkeit verleiten. Zwar kann Datensparsamkeit – sofern diese überhaupt gangbar ist, schließlich ist Datenschutz niemals nur eine rein individuelle Angelegenheit – förderlich sein für die Entwicklung von Formen der Resilienz gegenüber dem permanenten Risiko des Kollabierens von Informationskontexten, dennoch ist die analoge informationelle Privatheit, welche durch Datensparsamkeit respektive Datenvermeidung (wieder-)hergestellt werden kann, nicht per se als solche zu befürworten. Schließlich kann sie dazu dienen, bestimmte Informationen potentiellen Öffentlichkeiten vorzuenthalten oder zu entziehen, obgleich ein öffentlicher Diskurs über jene Informationen von großem Wert für die Gesellschaft sein könnte.

An dieser Stelle kann erneut der Ashley-Madison-Hack aufgegriffen werden. Denn die Diskussionen, welche der Hack auslöste, waren von einer eigentümlichen Einseitigkeit geprägt. In den sozialen Netzwerken sowie der massenmedialen Berichterstattung schlugen sich überwiegend solche Positionen nieder, welche entweder das Vorgehen der Hackergruppe The Impact Team, den laxen Datenschutz von Ashley-Madison oder die Konsequenzen für die dort angemeldeten Nutzer aufgriffen und diskutierten. Nur am Rande gab es Stimmen, welche zu einer Diskussion der kulturellen und mit vielen Dogmen belasteten Institution der Monogamie sowie der Ehe aufgriffen (Hinsliff 2015). Dabei wäre dies eine deutlich wertvollere Diskussion, zu welcher der Hack Anlass gegeben hätte. Schließlich hätte sie aufgegriffen, was unter den Bedingungen des informationellen Kontrollverlusts im Kontext digitaler Medien immer schwerer zu halten ist; der Schutz der informationellen Privatheit, welcher auch ein Schutz davor sein kann, dass Betrug, Täuschungen und Lügen auffliegen. Informationelle Post-Privacy darf nie auf Kosten einzelner Personen „erkauft" werden, wie dies im Fall des Ashley-Madison-Hacks geschehen ist. Dennoch liefern gerade jene spektakulären Hackerangriffe, welche Daten als Träger geheimer oder anderweitig geschützter Informationen aus ihrem angestammten Kontext entführen und einer erweiterten Öffentlichkeit zugänglich machen, den besten Anlass dazu, all jene kulturellen Praktiken ethisch zu reflektieren, welche auf Verschleierung, Verheimlichung und Verdunklung angewiesen sind. Am Ende dürfte sich eine Gesellschaft, welche ohne derartige Praktiken auskommt, als freiheitlicher erweisen, als eine Gesellschaft, welche um den Erhalt der Privatheit ihrer Mitglieder kämpft, welcher letztlich dazu führt, dass eingewöhnte Normverletzungen nicht weiter der Diskussion unterzogen werden.

Datenschutz

Die Idee des Datenschutzes wird in erster Linie über rechtliche Datenschutzvorgaben definiert. Um die Verteidigung dieser Vorgaben haben sich die Datenschutzbehörden, die Gerichte sowie betriebliche Datenschutzbeauftragte zu kümmern. Neben den Landesbeauftragten für den Datenschutz gibt es in Deutschland seit 2016 eine oberste Bundesbehörde, welche sich um den Datenschutz kümmert, welche nicht mehr an das Bundesinnenministerium angebunden ist, sondern nur noch gegenüber dem Parlament verantwortlich ist (Krempl 2016a). Zu den zentralen Aufgaben der Behörden gehören die Verteidigung des Grundrechts auf informationelle Selbstbestimmung, des Grundrechts auf Gewährleistung der Vertraulichkeit und Integrität informationstechnischer Systeme sowie in den meisten Bundesländern auch das Grundrecht auf Informationsfreiheit. Dabei ist jedoch anzumerken, dass das Datenschutzrecht zu jenen Rechtsgebieten gehört, zu welchem bislang nur vergleichsweise wenig Rechtsprechung besteht, da viele Datenschutzbehörden rechtsverbindliche Aussagen scheuen, welche durch Gerichte bestätigt werden könnten. Die Behörden finden ihre Aufgabe bislang eher im Bereich der Beratung, nicht in der Herbeiführung verbindlicher Rechtsprechung. Zumeist beschränken sich Auseinandersetzungen zwischen Datenschutzbehörden und Herstellern informationstechnischer Systeme auf einen monatelang hingezogenen Schriftverkehr, an dessen Ende keine verbindlichen Abkommen getroffen werden (Schulzki-Haddouti 2015: 77). Die erfolgreiche Klage gegen die Einbindung des Facebook-Like-Buttons auf Internetseiten, welche vom ehemaligen Landesdatenschutzbeauftragten Weichert angestrengt wurde, bildet hier eine der wenigen Ausnahmen. Faktisch jedoch sind die Datenschutzbehörden kaum in der Lage, die Grundrechte der Bürger – darunter insbesondere das Grundrecht auf informationelle Selbstbestimmung – in einer zunehmend von Informations- und Kommunikationstechnologien durchzogenen und von Überwachungsapparaten überformten Informationsgesellschaft zu schützen.

Verbessert werden soll das Datenschutzrecht durch die EU-Datenschutz-Grundverordnung. Dieses nach jahrelangen Verhandlungen entstandene Gesetz, für welches das Europäische Parlament nicht weniger als 3100 Änderungsanträge abarbeiten musste (Hansen-Oest/Heidrich 2016: 166), löst die seit 1995 bestehende EU-Datenschutzrichtlinie ab mit dem Ziel, innerhalb Europas einheitliche Datenschutzstandards zu schaffen. Dabei lehnt sich die EU-Datenschutz-Grundverordnung an viele der Bestimmungen aus dem deutschen Datenschutzrecht an, weitet dieses aber gleichzeitig aus. Als Verordnung geht das europäische Datenschutzrecht dem nationalen Recht der einzelnen Mitgliedsstaaten vor. Das deutsche Datenschutzrecht wird demnach der Verordnung so angepasst, dass es ihr entsprechen kann. Dies umfasst in Deutschland insgesamt 200 Gesetze, welche den innerstaatlichen Datenschutz betreffen und welche überprüft beziehungsweise angepasst werden müssen (Hansen-Oest/Heidrich 2016: 167).

Wesentliches Element des deutschen Datenschutzes sowie der EU-Datenschutz-Grundverordnung ist der Grundsatz des „Erlaubnisprinzips". Dieser Grundsatz besagt, dass personenbezogene Daten nur dann verarbeitet werden dürfen, wenn die von der Datenverarbeitung betroffene Person ausdrücklich einwilligt – oder die Datenverarbeitung durch den Gesetzgeber ohne Einwilligung der Betroffenen ausdrücklich erlaubt ist. Davon ausgenommen sind Behörden, welche zum Zweck der Verhütung oder Verfolgung von Straftaten agieren – sie müssen sich nicht an den Grundsatz des „Erlaubnisprinzips" halten. Neben diesem Grundsatz finden sich in der EU-Datenschutz-Grundverordnung – ausgedrückt durch Artikel 5 – weiterhin die Grundsätze der Transparenz, der Zweckbindung, der Datenminimierung, der Richtigkeit, der Speicherbegrenzung sowie der Integrität und Vertraulichkeit der Datenverarbeitung. Der Grundsatz der Transparenz sieht vor, dass Daten auf für die betroffene Person nachvollziehbare Weise verarbeitet werden und dass etwa Unternehmen ihre Kunden umfassend und präzise über den unternehmenseigenen Umgang mit personenbezogenen Daten informieren müssen; der Grundsatz der Zweckbindung sieht vor, dass Daten nur für festgelegte, legitime Zwecke erhoben und nur für den festgelegten Zweck verarbeitet werden dürfen, was im Endeffekt gleichsam eine vermeintliche Beschränkung für Big-Data-Applikationen bedeutet; der Grundsatz der Datenminimierung sieht vor, dass personenbezogene Daten nur in dem Ausmaß erhoben werden, wie dies für den Zweck der Datenerhebung erforderlich ist; und der Grundsatz der Richtigkeit sieht vor, dass personenbezogene Daten sachlich richtig beziehungsweise aktuell sind und dass Daten, welche dagegen fehlerhaft sind, auf Wunsch gelöscht oder berichtigt werden müssen; der Grundsatz der Speicherbegrenzung besagt, dass personenbezogene Daten nur in einer solchen Form gespeichert werden dürfen, welche die Identifizierung einer Person nur so lange ermöglicht, wie dies erforderlich ist; und der Grundsatz der Integrität und Vertraulichkeit soll gewährleisten, dass für personenbezogene Daten eine ausreichende Datensicherheit vorliegt, welche durch entsprechende geeignete technische und organisatorische Maßnahmen gewährleistet werden soll. Sollte es zu einer Verletzung dieser Grundsätze kommen, können hohe Bußgelder verhängt werden, welche etwa einen gewissen Anteil des Umsatzes eines Unternehmens oder einer Unternehmensgruppe ausmachen können. Damit soll verhindert werden, dass Unternehmen Rechtsverstöße lediglich als Kostenposten perzipieren, welche in der ökonomischen Operationslogik der Unternehmen verrechnet werden können. Eine Besonderheit der EU-Datenschutz-Grundverordnung besteht darüber hinaus in der Aufnahme des prominenten „Rechts auf Vergessenwerden", welches in Artikel 17 der Verordnung als Recht auf Löschung normiert wird. Dieses Recht umfasst die Möglichkeit, dass Personen, über welche Daten etwa bei Unternehmen gespeichert werden, diese Unternehmen anordnen können, die Daten zu löschen, sofern die Daten für den Zweck, für welchen sie erhoben und verarbeitet wurden, nicht mehr notwendig sind oder die Daten unrechtmäßig erhoben und verarbeitet worden sind. Ebenfalls eine Besonderheit der EU-Datenschutz-Grundverordnung besteht darin, dass das Sitzlandprinzip durch das Marktortprinzip ersetzt wird (Hansen-Oest/Heidrich 2016: 167). Das Sitzlandprinzip gab für ausländische IT-Unternehmen vor, dass im Fall juristischer Auseinandersetzungen jeweils die Gesetze des Landes greifen, in welchem das Unternehmen seinen Hauptsitz hatte. Bekanntestes Beispiel hierfür war die gezielte Platzierung der europäischen Firmenzentrale von Facebook in Irland, in welchem ein vergleichsweise schwacher Datenschutz praktiziert wurde. Die EU-Datenschutz-Grundverordnung führt nun jedoch das Marktortprinzip ein, welches bewirkt, dass Unternehmen ihre IT-Leistungen datenschutzrechtlich so anpassen müssen, dass die Datenschutzvorgaben des jeweiligen Ziellandes eingehalten werden.

Insgesamt entstehen durch die EU-Datenschutz-Grundverordnung viele neue Pflichten für Unternehmen, welchen neue Rechte von Verbrauchern gegenüber stehen. Dennoch muss kritisch angemerkt werden, dass die Grundsätze der EU-Datenschutz-Grundverordnung, welche auf den ersten Blick eine klare Konsolidierung oder gar Stärkung des etablierten Datenschutzrechts suggerieren, Lücken lassen, beispielsweise wenn Transparenzpflichten durch die Berufung auf andere Grundrechte wie etwa Urheberrechte oder Geschäftsgeheimnisse ausgehebelt werden oder wenn das Recht auf Löschung nicht genauer definiert, nach welchen Kriterien über Löschungen entschieden werden muss oder wenn der Grundsatz der Zweckbindung auf derart einfache Weise umgangen werden kann, dass man von einer starken Aufweichung der Zweckbindung sprechen muss. „Die Regelungen der Verordnung sind fast durchweg so abstrakt formuliert, dass die einzelnen

Regelungsinhalte durch Auslegung und Interpretation erschlossen werden müssen." (Roßnagel/Nebel 2016: 3) Es ist demnach, zumindest in Deutschland, eine Absenkung des bestehenden Datenschutzniveaus zu befürchten (Roßnagel/Nebel 2016: 5). So wurde die EU-Datenschutz-Grundverordnung zwar von den einen als „Meilenstein" gelobt (Wilkens 2016), von anderen jedoch als „größte Katastrophe des 21. Jahrhunderts", als eines der „schlechtesten Gesetze des 21. Jahrhunderts" oder als „hirnlos" bezeichnet (Krempl 2016b).

Die EU-Datenschutz-Grundverordnung, welche Regulierungen bereitstellen soll, welche auf dem aktuellen Stand der Informationstechnologie sind, wird Experten zufolge den aktuellen technischen Herausforderungen nicht gerecht (Greis 2016). Im Rahmen eines Bundestagsausschusses zum Thema der Europäischen Datenschutz-Grundverordnung äußerte sich etwa Roßnagel mit den Worten:

> „Der Entwurf einer Datenschutz-Grundverordnung ist enttäuschend. Sie führt in Deutschland zu einer Absenkung des Datenschutzes. Sie wird den künftigen Herausforderungen wie zum Beispiel Big Data, Ubiquitous Computing, Cloud Computing und datenzentrierten Geschäftsmodellen nicht gerecht und versucht nicht einmal, sie zu adressieren. […] Die Verordnung leidet vor allen an der Unterkomplexität ihrer Regelungen." (Rossnagel, zit. n. Deutscher Bundestag 2016)

Roßnagel betont, dass die „übertriebene Technikneutralität" die spezifischen Risiken, welche im Bereich der datenzentrierten Geschäftsmodelle, der Big Data oder des Cloud Computings entstehen, ignoriere. Von Notz, Grünen-Politiker und Mitglied des Bundestages, merkt darüber hinaus an, dass die europäische Datenschutz-Grundverordnung wenig wert wäre, „wenn wir den status quo bei dieser Massenüberwachung behalten, die wir haben." (von Notz, zit. n. Deutscher Bundestag 2016) Zwar gab es im Rahmen des Bundestagsausschusses auch positive Stimmen zur Datenschutz-Grundverordnung, etwa wenn Harte, die Landesbeauftragte für den Datenschutz in Brandenburg vermerkt, durch die Verordnung seien „Bürgerrechte und die Wirtschaft […] in einen Ausgleich gebracht worden" (Harte, zit. n. Deutscher Bundestag 2016). Insgesamt jedoch sind sich die Experten – wenngleich sie dies mit unterschiedlichen Begriffen fassen – einig, dass die EU-Datenschutz-Grundverordnung im Wesentlichen nicht in der Lage ist, bisherige Niveaus des Datenschutzes und der Informationskontrolle zu halten. Dies wird von allen beteiligten Experten des Bundestagsausschusses kritisch gesehen.

Unabhängig von der Diskussion über die konkrete juristische Ausgestaltung des Datenschutzes soll dieser der Idee nach in erster Linie Daten- und Informationskontrolle gewährleisten. „The core of data protection is control and predictabilty. If you do not know who is using your information or what your data is being used for, then you clearly have no control." (European Digital Rights 2015: 3) In der Theorie zielt Datenschutz demnach zum einen auf Restriktionen bei der Datenerhebung und zum anderen auf technische und organisatorische Maßnahmen zur Kontrolle von erhobenen Daten ab. Sowohl das missbräuchliche Eindringen in Datenbestände als auch die missbräuchliche Verbreitung von Daten soll verhindert werden. Datenschutz, so die Vorstellung, geht einher mit der Sicherung von Daten und informationstechnischen Systemen. Doch IT-Sicherheit kann niemals garantieren, wofür sie selbst steht. Daten sind nie sicher. Wenngleich die EU-Datenschutz-Grundverordnung den Grundsatz der Integrität und Vertraulichkeit anführt, um eine angemessene Sicherheit insbesondere gegenüber der unrechtmäßigen Verbreitung von personenbezogenen Daten zu bewirken, ist diese vermeintliche Sicherheit immer riskant und trügerisch. Allein die NSA „kommt überall rein", wie Zimmermann, der Erfinder von Pretty Good Privacy, bemerkt (Zimmermann, zit. n. Kuri 2015). Auch Heller merkt an: „Egal, wie gut der Daten-Käfig aus Geheimhaltung, Verboten oder Verschlüsselung geschmiedet sein mag: Es gibt kein perfektes Sicherheitssystem." (Heller 2011: 22) Und Seemann merkt an: „Das Konzept Datenschutz [...] ist bankrott." (Seemann 2014: 163) Königs schreibt ferner: „Aus der Sicht der ‚Informations- und IT-Sicherheit' gilt es festzuhalten, dass hundertprozentige Sicherheit überhaupt nicht möglich ist." (Königs 2013: 155) Ruhmann bekennt ebenfalls: „Die Sicherheit unserer IT-Infrastrukturen – ob kritische oder unkritische – ist kompromittiert." (Ruhmann 2014: 44) Und Kitchin merkt an: „As the data revolution unfolds, and more and more devices produce, share and utilise data, it seems that security issues are going to multiply, not lessen." (Kitchin 2014b: 216)

Der Grad der Sicherheit informationstechnischer Systeme bemisst sich über die Verfügbarkeit von technischen Gegenmaßnahmen zu Angriffen oder Bedrohungen (Gaycken 2011: 78). Dass diese Gegenmaßnahmen jedoch symptomatisch unzureichend sind, lässt sich unter anderem daran ablesen, dass selbst Sicherheitsunternehmen nicht dagegen gefeit sind, Opfer von Computerattacken zu werden. So mutet es geradezu paradox an, dass das auf IT-Sicherheit spezialisierte Unternehmen Kaspersky 2015 Opfer eines Angriffs wurde, bei welchem ein Spionage-Trojaner in das Intranet des Unternehmens eingeschleust wurde, in welchem er monatelang unentdeckt bliebt und Daten abführen konnte (Schirrmacher 2015b). IT-Sicherheit, das zeigt auch das erwähnte Beispiel, ist überwiegend reaktiv. Alsbald Sicherheitslücken geschlossen werden, sind sie zuvor häufig überhaupt erst aufgefallen, da sie bereits mehr oder minder ausgiebig für Hacks genutzt worden sind.

IT-Sicherheit und Datenschutz werden als bloße Designationswerte eingesetzt, welche jedoch nie gänzlich erfüllt werden können. IT-Sicherheit und Datenschutzmechanismen sollen informationstechnische Systeme samt der von ihnen verwalteten Daten nicht absolut sicher machen – ein utopisches Anliegen –, sondern mit Risiken operieren und einen angemessenen Grundschutz bieten, welcher einen Widerstand gegen gewisse typische, nicht aber spezielle Angriffsszenarien bildet. Über bleiben Restrisiken, welche im Fall komplexer vernetzter informationstechnischer Systeme nie gänzlich ausgeschaltet werden können. (Rest-)Risiken in der IT-Sicherheit werden verstanden als Bedrohungen der zielorientierten Funktionalität, also der Verfügbarkeit, Vertraulichkeit sowie Integrität informationstechnischer Systeme (Rao/Nayak 2014: 205), wobei die Bedrohungen nach der Wahrscheinlichkeit beziehungsweise der Häufigkeit sowie den Auswirkungen ihres Eintretens bewertet werden (Königs 2013: 10). Bedrohungen für den Datenschutz sowie die digitale Informationssicherheit bilden Sicherheitslücken, welche sozusagen „Schwachstellen" in informationstechnischen Systemen darstellen. Sicherheitslücken oder Schwachstellen bilden Einfallstore für Angriffe, welche die Verfügbarkeit, Vertraulichkeit oder Integrität von Datenbeständen verletzen. Für die Verfügbarkeit von Daten bedeutet dies, dass diese autorisierten Personen oder Prozessen in der erforderlichen Weise nicht mehr zugänglich gemacht werden können. Für die Vertraulichkeit bedeutet dies, dass Daten nicht-autorisierten Personen oder Prozessen zugänglich sind. Und für die Integrität bedeutet dies, dass Daten nicht mehr in der vorgesehenen Weise erhoben oder verändert werden und somit möglicherweise fehlerhaft oder verfälscht sind (Königs 2013: 148).

Informationskontrolle und Informationssicherheit kann nur relativ sein, wobei in der IT-Sicherheit fehlende Informationskontrolle oder informationelle Kontrollverluste im Hinblick auf ihre negativen Auswirkungen im Rahmen eines Risikomanagements verwaltet werden. Um das Ziel der relativen Informationskontrolle zu erreichen, bedient sich die IT-Sicherheit verschiedener Methoden. Zu diesen zählen auf einer grundlegenden Ebene beispielsweise Passwortabfragen, Sicherheitszonen, welche über spezielle Rechteverwaltungen strukturiert werden, Sicherheitsdienste wie Verschlüsselungstools oder Signaturen, Firewalls, Datensicherungssysteme oder Programme zum Schutz vor Viren oder anderer Malware. Diese Methoden, welche im Kontext unternehmerischer oder staatlicher Computerinfrastrukturen genauso zur Anwendung kommen wie auf privaten Heimrechnern und mobilen Endgeräten, dienen der Abwehr von Angriffen oder „Cyber Threats" (Königs 2013: 415 f.). Darunter werden eine Reihe verschiedener Bedrohungstypen für die Sicherheit von informationstechnischen Systemen gezählt. Die Gemeinsamkeit sämtlicher Bedrohungstypen ist ihr negativer Einfluss auf die Ausübung von gezielter Informationskontrolle, mithin auf den Schutz von Daten und Informationen. Zuvorderst steht hier das Hacking, also das gezielte, mitunter in krimineller Absicht erfolgende Aushebeln von Limitationen bezüglich der Steuerungsmöglichkeiten informationstechnischer Systeme. Hacking umfasst die unter Ausnutzung von mehr oder minder bekannten Schwachstellen erfolgende Computerspionage sowie -sabotage, wobei beispielsweise Botnetze, Trojanische Pferde oder Spyware zum Einsatz kommen. Durch Trojanische Pferde kann die Kontrolle über die Steuerung fremder Computer in einem Netzwerk übernommen werden, was für sich genommen verschiedensten Schädigungsabsichten dienen kann. Spyware, beispielsweise Keylogger oder Screen Recorder, dient der Überführung von eigentlich geschützten Informationen in fremde Computersysteme. Sowohl Spyware als auch Trojanische Pferde lassen sich in die Kategorie der Malware einfügen, welche ferner Viren, Würmer oder Ransomware umfasst und für sich genommen einen Bedrohungstyp darstellt. Viren und Würmer haben, anders als Trojanische Pferde oder Spyware, weniger das Ziel der Informationsüberführung aus geschützten Kontexten, sondern bewirken zumeist die schlichte Zerstörung von Datenbeständen oder Funktionen. Ransomware wiederum verschlüsselt Nutzerdaten und macht diese derart unbrauchbar, wobei die Entschlüsselung erst nach Zahlung eines Lösegeldes seitens des Opfers geschieht. Neben Malware stellen Denial-of-Service Attacken einen weiteren Bedrohungstyp dar. Dabei kommt es zu einer Überlastung und Lahmlegung von Plattformen oder Diensten im Internet, welche durch Botnetze herbeigeführt wird. Botnetze wiederum sind infizierte Computernetzwerke, welche durch einen Angreifer ferngesteuert werden können. Eine weitere Gefahr für den Datenschutz sowie die Informationssicherheit stellt das Phishing als Form des Social Engineering dar. Hierbei wird der Nutzer durch nachgemachte sowie gefälschte Benutzeroberflächen beispielsweise von Login-Seiten dazu verleitet, geheime Benutzerdaten preiszugeben, welche dann durch Dritte benutzt werden können, um auf eigentlich zugangsgeschützte private Daten oder Informationen zugreifen oder Transaktionen durchführen zu können. Ferner können Man-in-the-Middle-Angriffe erwähnt werden, wobei der Angreifer sich innerhalb eines Computernetzwerks zwischen zwei oder mehr Kommunikationspartner schaltet, um unbemerkt den Datenstrom abzugreifen und mitzulesen, über welchen die Kommunikationspartner Informationen austauschen. Daneben gibt es eine Reihe weiterer Angriffsszenarien, welche auf Social Engineering setzen. Prominent ist etwa jener Angriffstyp, bei welchem Angreifer mit Schadsoftware präparierte USB-Sticks „zufällig" an einschlägigen Stellen – etwa auf einem Betriebsgelände – verlieren, diese USB-Sticks dann von ahnungslosen Personen gefunden und aus Neugier an einen Computer angeschlossen werden, wobei sich die Schadsoftware auf den Zielrechnern ausführen und weiter verbreiten kann (Tischer et al. 2016).

Unabhängig von den erwähnten Bedrohungstypen, auf welche durch spezielle Methoden in der IT-Sicherheit reagiert wird, fasst das Konzept Datenschutz weitere Bereiche als nur jenen der irregulär auftretenden „Cyber Threats" mit ein. Datenschutz umfasst zugleich die Beaufsichtigung der Entwicklung und regulären Anwendung von Informations- und Kommunikationstechnologien. Eine Stärkung des Datenschutzes soll dabei beispielsweise über Privacy Impact Assessments erzielt werden (Oetzel et al. 2011). Entscheidend für die Durchführung einer Privacy Impact Assessment ist die Frage, ob ein informationstechnisches System persönlichkeitsrelevante Daten prozessiert. Sollte dies der Fall sein, ist es erforderlich, sich das Back-End jenes Systems anzusehen. Datenschutzprobleme entstehen häufig durch sekundäre Datenverarbeitungsprozesse, welche derart aufgedeckt werden können. Die sekundäre Datenerhebung geschieht jenseits des eigentlichen Prozesses der Datenerhebung, indem verschiedene Daten miteinander verknüpft werden und neue, eventuell persönlichkeitsrelevante Informationen entstehen. Bei der weiteren Bewertung eines informationstechnischen Systems respektive einem auf ihm laufenden Dienst wird die zu bewertende Anwendung beschrieben und Risiken sowie deren Gefahrenausmaße sowie die persönliche Eingriffstiefe und Kontrollierbarkeit identifiziert. Daraufhin werden Steuerungsmöglichkeiten sowie Lösungen zur Risikominimierung festgehalten.

Im Rahmen der Privacy Impact Assessment soll ferner geprüft werden, dass persönlichkeitsrelevante Daten nur rechtmäßig und mit entsprechender Transparenz erhoben werden. Der Zweck der Datenverarbeitung muss definiert sein. Die Datenverwendung muss auf bestimmte Zwecke limitiert sein. Es muss sichergestellt werden, dass möglichst sparsam Daten erhoben werden. Die Qualität der Daten, also deren Aktualität, Genauigkeit und Vollständigkeit, muss sichergestellt werden. Die Daten sollten nur solange gespeichert werden, wie es notwendig ist. Die Person, von welcher oder über welche Daten erhoben werden, muss damit einverstanden sein. Sie muss auf die erhobenen Daten zugreifen und sie korrigieren oder löschen können. Es muss klar sein, ob Dritte auf die Daten zugreifen können, wie die Daten verarbeitet werden und ob sie sicher gespeichert sind.

Während Privacy Impact Assessments retroaktive Datenschutzaudits darstellen, fungiert das Konzept Privacy by Design, welches ebenfalls dem Datenschutz zuzurechnen ist, proaktiv (Cavoukian et al. 2010; Cavoukian 2011). Privacy by Design richtet sich stärker noch als Privacy Impact Assessments an Technikentwickler. Sie werden als Regelungsadressaten angesprochen.

„In einer Welt allgegenwärtiger Datenverarbeitung wird vielfach Datenschutz nur noch zu realisieren sein, wenn er in technische Protokolle integriert und in datenschutzkonforme Systementwürfe aufgenommen ist. [...] Die Technikentwickler und -gestalter sollten dazu angehalten werden zu prüfen, ob ihre Produkte datenschutzkonform gestaltet sind, diese Prüfungen zumindest für bestimmte Systeme zu dokumentieren und auf verbleibende Risiken hinzuweisen.“ (Roßnagel 2007: 192)

Das Konzept Privacy by Design umfasst folglich sieben grundlegende Prinzipien, welche unter anderem auf informationstechnische Systeme angewandt werden können. Erstens versteht sich das Konzept als präventiv. Datenschutzprobleme, welche die informationelle Privatheit einer Person gefährden könnten, werden antizipiert, um sie zu beheben, bevor sie sich negativ auswirken. Sicherheitslücken sollen geschlossen werden, bevor sie von Angreifern ausgenutzt werden. Zweitens sieht das Konzept vor, dass Programme standardmäßig so eingestellt sind, dass sie den stärksten Datenschutz bieten. Die Standardeinstellungen eines Programms sollen so sicher wie möglich sein. Ohne, dass der Nutzer etwas an der Konfiguration ändern muss, besitzt er den vollen Schutz. Durch eine unzureichende Bedienung des Programms durch den Nutzer dürfen keine Sicherheitsrisiken entstehen. Die Datenerhebung ist zudem sparsam und der Anwendung entsprechend angemessen. Drittens soll der Datenschutz bereits während der Phase der Entwicklung eines Programms in dessen Design eingebettet und fest integriert werden. Viertens ist geboten, dass der Datenschutz nicht im Gegensatz zu anderen Erfordernissen von Programmen steht. So darf etwa die Funktionalität nicht durch Datenschutzmaßnahmen eingeschränkt werden. Fünftens soll über Privacy by Design durchgängiger Datenschutz und Sicherheit gewährleistet werden. Daten sollen während des gesamten Prozesses der Bedienung eines Programms, also während der Erfassung, Verarbeitung und Speicherung, geschützt sein. Nicht mehr benötigte Daten sollen gelöscht werden. Sechstens sollen Prozesse der Datenverarbeitung und Datennutzung transparent sein. Ohne das Wissen des Nutzers dürfen Dritte nicht in die dessen Daten eingreifen. Siebtens schließlich sieht Privacy by Design vor, dass der Nutzer eigenständig entscheiden kann, welche Datenschutzeinstellungen er wählen möchte.

Schlussendlich jedoch geht die Praxis der Technikentwicklung und Techniknutzung hoffnungslos an den Grundsätzen der beschriebenen Konzepte vorbei. Aus der Perspektive durchschnittlicher Endnutzer digitaler Informationstechnologien betrachtet bieten die Datenschutzversprechen, welche durch die erwähnten Konzepte und Regularien vorgebracht werden, kaum tatsächliche Informationssicherheit und Informationskontrolle. Gerade technische Maßnahmen, welche für mehr Datenschutz sorgen sollen, sind immer selektiv und können rasch umgangen werden, ohne dass dies seitens der Endnutzer informationstechnischer Systeme mit den auf der dritten Ebene an den Benutzerschnittstellen und Interfaces sich bietenden Kontrollmöglichkeiten verhindert werden könnte. Man entscheidet sich für bestimmte Absicherungsmaßnahmen, lässt dabei aber immer potentielle Angriffspunkte bei einer Anwendung offen. Einen tatsächlichen Schutz bietet allein die komplette physische Isolation und Abschottung eines informationstechnischen Systems gegenüber Angreifern oder Überwachung – oder schlicht die Nichtbenutzung digitaler Systeme. Klassische Selbstdatenschutzmaßnahmen hingegen heben die Vulnerabilität untereinander vernetzter, informationstechnischer Systeme nicht auf. Einen absoluten Schutz gibt es, wie erwähnt, bei Weitem nicht. Dessen ungeachtet verwundern die optimistischen Schutzversprechungen, mit welchen manche Datenschutztechniken assoziiert werden, verbunden mit der gleichzeitigen Blindheit für die Möglichkeiten der Umgehung und Aushebelung des Schutzes. Dafür seien nachfolgend einige Beispiele genannt.

Eine der Technologien, welche etwa zur Verschlüsselung von Emails eingesetzt wird, ist Pretty Good Privacy (PGP). PGP gilt nach wie vor als sichere Verschlüsselungsmethode und wird immer wieder als eine der Selbstdatenschutztechniken schlechthin beworben. Dennoch bietet PGP keine absolute Sicherheit. Geheimdienste und Hacker können beispielsweise über Trojaner Tools auf den mit PGP arbeitenden Zielrechner aufspielen, welche unbemerkt Bildschirmfotos entschlüsselter Texte machen oder sie können durch einen Man-in-the-Middle-Angriff über die Kompromittierung des initialen Schlüsseltausches die Kommunikation mitlesen. Dessen ungeachtet können verschlüsselte Systeme im Allgemeinen rasch durch kompromittierende Systemsoftwareupdates, welche die korrekte Funktionsweise des jeweils zur Anwendung kommenden Kryptosystems außer Kraft setzen, aufgebrochen werden (Ryge 2016). Wenn informationstechnische Systeme zum Ziel erfolgreicher softwaregestützte Angriffe geworden sind, können diese formatiert und neu aufgesetzt werden. Diese Methode kann ebenfalls dem Datenschutz zuträglich sein. Dennoch hilft selbst das Formatieren eines Rechners nicht, wenn Schadprogramme sich im Rootkit der Festplatte festgesetzt haben. Andere typische Datenschutzmaßnahmen betreffen etwa die Anonymisierung des Nutzers. So wird beispielsweise der Dienst Tor genutzt, um anonym im Internet surfen zu können. Doch auch hier sind inzwischen eine ganze Reihe an Möglichkeiten der Deanonymisierung von Nutzern bekannt. So stellte 2016 etwa der Softwareentwickler Norte eine Möglichkeit vor, Tor-Nutzer über die Geschwindigkeit des Mauszeigers, die Bewegung des Trackpads oder die Geschwindigkeit der jeweils verwendeten CPU zu identifizieren (Norte 2016a). Hinzu kommt, dass alleine die bloße Einwahl in das Tor-Netzwerk dazu führt, dass man in eine Extremisten-Datenbank der NSA kommt (Kampf et al. 2014). Ähnlich paradox verhält es sich mit Privacy Enhancing Tools in Form von Add-ons für den Browser. Gerade die Installation von Do-Not-Track-Add-ons, welche die Nachverfolgung des Surfverhaltens verhindern sollen, erhöhen den „Fingerprint" des

Browsers und machen im Endeffekt mitunter genau das leichter, was eigentlich verhindert werden sollte (Raley 2013: 132). Als großer Schwachpunkt wirkt darüber hinaus die Firmware vieler informationstechnischer Systeme. Fehlende oder mangelhafte Sicherheitsupdates ermöglichen das problemlose Hacken von Autos, USB-Sticks, DSL-Routern, Fernsehern, Webcams und vielem mehr (Benz/Scherschel 2015). Firmware wird, anders als PC-Software, nicht ständig mit Sicherheitsupdates versorgt. So liegt oftmals Jahrzehnte alter Code in den Systemen, sodass Sicherheitslücken mindestens ebenso lange ausgenutzt werden können.

Wenn Computersysteme über softwaregestützte Angriffe nicht erfolgreich kompromittiert werden können, können Hacker alternativ Seitenkanalattacken ausführen. Klassische softwarebasierte Datenschutzmaßnahmen sind diesen Angriffen gegenüber besonders vulnerabel. Beispiele für typische Seitenkanalattacken sind etwas das Erfassen der elektromagnetischen Abstrahlung eines Prozessors bei der Ausführung kryptografischer Algorithmen oder das Messen der elektromagnetischen Abstrahlung des Bildschirms, um so Rückschlüsse auf angezeigte Informationen tätigen zu können. In ähnlicher Weise können Smartphones über Seitenkanalattacken angegriffen und auf dem Mobilgerät etablierte Datenschutzmaßnahmen ausgehebelt werden. Um sich beispielsweise davor zu schützen, dass ein Smartphone als Wanze missbraucht wird, kann über die Rechteverwaltung des Betriebssystems sämtlichen Anwendungen die Berechtigung entzogen werden, auf das Mikrophon zuzugreifen. Dabei ist der Zugriff auf das Mikrophon gar nicht einmal notwendig, um ein Smartphone zu Abhörzwecken zu benutzen. Es reicht aus, auf das Gyroskop des Geräts Zugriff zu haben. Dafür sind Apps automatisch berechtigt. Das Gyroskop kann, wie Michalevsky et al. (2014) herausgefunden haben, als rudimentäre Wanze eingesetzt werden, da es so feine Vibrationen detektieren kann, dass daraus Gesprochenes rekonstruiert werden kann. Ein ganz ähnlicher Angriff betrifft die Möglichkeit der Ortung eines Smartphones. Soll diese nicht erfolgen, kann das GPS deaktiviert werden und, wie erwähnt, die Rechteverwaltung der Apps entsprechend restriktiv eingestellt werden. Dies hilft jedoch nur bedingt gegen Angreifer, schließlich ist es, wie ebenfalls Michalevsky herausgefunden hat, sogar möglich, Smartphones über das Messen des Stromverbrauchs grob zu orten (Michalevsky et al. 2015). Auch auf diese Informationen, also auf die Angabe des Stromverbrauchs einzelner Module eines Smartphones, hat jede App standardmäßig Zugriff. Eine andere Attacke auf Smartphones macht sich die Sprachassistenten sowie das Kabel des Headsets zunutze (Khandekwal 2015). Genaugenommen geht es um die Fernsteuerung von Sprachassistenten, über welche dann beispielsweise heimlich Anrufe durchgeführt oder Nachrichten versandt werden. Um den Hack auszuführen, müssen Angreifer einen Funksender verwenden, über welchen Signale an das Gerät des Opfers gesendet werden. Das

Kabel des Headsets, welches in das Smartphone eingesteckt sein muss, damit der Angriff ausgeführt werden kann, dient dabei als Antenne. Die Signale sind so konfiguriert, dass sie seitens des angegriffenen Smartphones als Befehle interpretiert werden, den Sprachassistenten zu starten, ohne dass tatsächlich „Ok Google" oder „Hey Siri" gesagt worden wäre. Über den Hack kann beispielsweise ein Smartphone angewiesen werden, den Angreifer anzurufen, sodass dieser das Gerät abhören kann. Oder es kann auf eine präparierte Webseite geleitet werden, über welche dann Schadcode heruntergeladen wird. Oder es können Phishing-Nachrichten verschickt werden – und viele weitere Angriffsszenarien mehr. Ein ähnlich gestalteter Angriff betrifft Computer, an denen Funktastaturen angeschlossen sind. Hier können aus der Ferne Tastatureingaben fingiert werden, indem durch den Angreifer entsprechende Signale an das USB-Dongle der Funktastatur gesendet werden. Obwohl dieser Angriff keinen direkten physischen Zugriff auf das Zielsystem erfordert, ist er nahezu gleichwertig wie ein Angriff, bei welchem ein Angreifer über einen physischen Zugriff auf das anzugreifende System verfügen würde, an welchem er dann quasi beliebige weitere Operationen unternehmen könnte. Funktastaturen bieten aber noch eine weitere Schwachstelle, welche darin besteht, dass Tastenanschläge unbemerkt aus der Ferne abgegriffen werden können. Viele Funktastaturen senden getätigte Tastenanschläge unverschlüsselt, sodass mit wenig Aufwand und billiger Hardware ganze Büroblocks „abgehört" werden können, indem von der Email bis hin zum Passwort oder anderen sensiblen Informationen sämtliche über Tastaturen eingegebene Anschläge abgegriffen werden (Weisensee 2016). Ein weiteres anschauliches Beispiel für eine Seitenkanalattacke, mit welcher es unter anderem möglich ist, in den Besitz fremder Passwörter zu gelangen, ist der Angriff auf Smartwatches, wie ihn Wang et al. beschrieben haben (Wang et al. 2015). Indem Zugriff auf den Bewegungssensor einer Smartwatch besteht, wofür Apps in der Regel ebenfalls standardmäßig berechtigt sind, kann aus dem Bewegungsmuster des Handgelenks mit gewisser Wahrscheinlichkeit herausgefunden werden, welche Taste auf einer Tastatur gedrückt worden ist. Diese Seitenkanalattacke stellt theoretisch eine Möglichkeit dar, fremde Passwörter zu erbeuten – auch wenn das angegriffene System softwareseitig hochgradig gesichert ist.

So ließe sich die Liste der Methoden, wie durch findige Angriffsmethoden Datenschutzmaßnahmen umgangen werden können, beliebig fortsetzen. Im Kern jedoch steht die Erkenntnis, dass Informationen, sobald sie in digitaler Form vorliegen, nie sicher sind und dass klassische Datenschutzmaßnahmen, so sicher sie für sich genommen auch sein mögen, stets „ausgetrickst" werden können, sodass es im Endeffekt immer zur Aufhebung von Informationsbarrieren sowie zum informationellen Kontrollverlust kommt.

Die Idee des Datenschutzes steht dieser Aufhebung von Informationsbarrieren konträr gegenüber. Datenschutz meint Datenkontrolle und Datenkontrolle meint, dass Daten innerhalb bestimmter Kontexte verbleiben und diese nicht übertreten und dabei „in die falschen Hände" geraten. Letzteres wird als unerwünscht beschrieben, wodurch Datenschutzdiskurse in der Regel eine mehr oder minder manifeste normative Ausrichtung erhalten. Datensicherheit und -kontrolle wird typischerweise eindeutig normativ ausgezeichnet. Allerdings haftet dieser normativen Entscheidung in Datenschutzdiskursen eine eigentümliche Dogmatik an. Die Tatsache, dass sich Datenschutz im Grunde durch eine ausgeprägte Ambivalenz auszeichnet, wird kaum reflektiert. Ebenso, wie Privatheit stets ambivalent ist, da sie dem Schutz vor unbefugten Übergriffen ebenso dienen kann wie der Verschleierung, Verheimlichung oder Verdunkelung von sozial schädlichen Normverletzungen, ist auch Datenschutz ambivalent. Er kann zur Abwehr staatlicher oder unternehmerischer Macht ebenso eingesetzt werden wie zur Begehung und Verschleierung von illegitimen Normverletzungen und Straftaten. Wenn beispielsweise gezeigt werden kann, dass über 80 Prozent des Traffics im Rahmen von Hidden Services im Tor-Netzwerk sich auf kinderpornografische Inhalte bezieht (Greenberg 2014; Owen/Savage 2015), dann erscheint ein Werkzeug wie das Tor-Netzwerk, welches gemeinhin als wichtiges Hilfsmittel von politischen Aktivisten zur Abwehr von staatlicher Repression angesehen wird, plötzlich in einem neuen Licht. Gleichsam kann in Bereichen wie etwa dem Gesundheitswesen gezeigt werden, dass ein starker Datenschutz fundamentalen Systemzielen entgegensteht. Mit markigen Slogans wie „Datenschutz kostet Leben" (Bäuml 2015) wird berechtigter Weise darauf hingewiesen, dass eine umfängliche Verarbeitung von Patientendaten dazu führen könnte, dass unnötige, mitunter lebensgefährliche oder tödlich endende Behandlungen von Patienten verhindert, dass Abrechnungsstrukturen von Krankenhäusern besser überwacht oder dass umfassende wissenschaftliche Erkenntnisse zum besseren Verständnis von Krankheiten und Therapien gewonnen werden könnten. Doch Datenschutzgesetze lassen all dies nicht zu.

Die genannten Beispiele sind nur zwei Fälle, an denen die Ambivalenz des Datenschutzes verdeutlicht werden kann. Analog zum Problem der Ambivalenz der Privatheit muss letztlich immer danach gefragt werden, um welche Art von Sachverhalten oder Normverletzungen es sich handelt, welche versteckt, verschleiert, verheimlicht oder kaschiert werden sollen. In einem nächsten Schritt kann gefragt werden, wie angemessen auf jene verschiedenen Sachverhalte oder Formen von Normverletzungen reagiert werden kann. Schließlich können nur auf diese Weise Aussagen darüber getroffen werden, wie informationelle Kontrollverlustereignisse normativ zu bewerten sind – schließlich sind es genau diese, welche in der Gesamtschau zu einer stärkeren gesellschaftlichen Sichtbarkeit von verschiedensten Sachverhalten oder eben Normverletzungen führen. Geschützte Kontexte erfahren durch vernetzte digitale Medien eine sukzessive Auflösung – und gerade Abweichungen von gesellschaftlich vorgegebenen Normen, welche innerhalb jener einstmals geschützten Kontexte sich eingespielt haben, werden plötzlich mehr oder minder in der Allgemeinheit sichtbar. Die Frage ist dann, welche sozialen Reaktionen es auf die neuen Sichtbarkeitsregime moderner Informationsgesellschaften gibt und welche normativ eingefordert werden können. Das folgende Kapitel soll hier versuchen, Antworten zu finden.

Normverletzungen

Das Auftreten unzähliger informationeller Kontrollverlustereignisse hinsichtlich der digitalen Erhebung, Verarbeitung und Verbreitung von personenbezogenen Daten beschreibt eine radikale Veränderung der Verfasstheit und der organisationalen Gestalt der Infosphäre. Die Kräfte, welche den freien Informationsfluss innerhalb der globalen Infosphäre hemmen oder einschränken, werden durch die immer dichtere Vernetzung informationstechnischer Systeme zunehmend aufgehoben. Normen, welche eine sozial angemessene Informationsverbreitung erwirken sollen, verlieren sich im Rahmen der computervermittelten Informationsübertragung weitestgehend. Sozial ausdifferenzierte Informationskontexte kollabieren, da Daten, welche innerhalb von Computernetzwerken zirkulieren und Träger von personenbezogenen Informationen aus verschiedenen Informationskontexten sind, nicht denselben Trennungsregeln unterworfen werden können wie nicht-digitalisierte Informationsbestände. Da innerhalb verschiedener sozialer Kontexte unterschiedliche Erwartungshaltungen bezüglich eines kontext- und rollenkonformen Verhaltens bestehen, brechen im Rahmen informationstechnischer Systeme nicht nur die Informationskontexte in sich zusammen, sondern gleichsam das Wechselspiel jener aufeinander abgestimmten Erwartungshaltungen. Wesch und andere sprechen hier passend vom „context collapse“ (Wesch 2009; Vitak 2012; Marwick/Boyd 2011; Davis/Jurgenson 2014; Sibona 2014). Plötzlich wird es möglich, kontextübergreifend Informationen über eine Person zu erhalten und deren Auftreten und Verhalten in einem bestimmten, potentiell informationell geschützten Kontext in anderen, potentiell weniger informationell geschützten, also auch gänzlich öffentlichen Kontexten zu beobachten und zu bewerten. Die eigentliche Funktion der Differenzierung zwischen verschiedenen sozialen Kontexten besteht darin, dass diese autonom operieren können, also kontextinterne Entscheidungen nicht grundsätzlich an kontextexternen Gegebenheiten ausgerichtet werden müssen. Würde es zu einer generellen Ausrichtung kontextinterner Entscheidungen an kontextexternen Gegebenheiten kommen, ist von einer Entdifferenzierung der beteiligten Kontexte auszugehen – ein Phänomen, welches in der Soziologie häufig als „Sozialpathologie“ beschrieben wird.

Im Zusammenhang mit modernen Informationsgesellschaften sind diese Überlegungen insofern relevant, als dass es, ausgelöst durch vernetzte, digitale Medien, insbesondere zu einer Überschneidung nicht-institutionalisierter, lebensweltlicher, einstmals privater Kontexte und institutionalisierter oder öffentlicher Kontexte kommt. Informationen aus der Lebenswelt werden, um an dieser Stelle auf die Begrifflichkeiten Habermas' zurückzugreifen (Habermas 1987), in die Systeme getragen, sodass diese indirekt über diffuse Steuerungskapazitäten bis in bis dato „unversehrte“ Bereiche der Lebenswelt hinein zurückwirken. Die Digitalisierung meint eine Art zweite Kolonialisierung der Lebenswelt, eine Art zweie Entkopplung von Lebenswelt und System, wobei es diesmal weniger Habermas' „entsprachlichte Kommunikationsmedien“ Macht und Geld sind, welche zu einer Mediatisierung der Lebenswelt führen, sondern informationstechnische Systeme nebst der darauf laufenden Softwareplattformen und Diensten, welche den normativ strukturierten Horizont der Lebenswelt sukzessive umwandeln. Die über komplexe Normengefüge und soziale Mechanismen hergestellte „ontological friction“, welche unter anderem die Trennung von Lebenswelt und System, von Privatsphäre und Öffentlichkeit begründet, wird zunehmend vermindert und die einstige Trennung durchlässiger für Informationsströme.

Während Nissenbaum (2010) mit ihrem Konzept der kontextuellen Integrität in erster Linie die „horizontale“ Durchdringung von sozialen Kontexten wie etwa der Arbeitswelt, dem Gesundheits- oder Bildungswesen, der Sphäre der Religionsausübung oder der Familie in den Blick genommen hat, soll an dieser Stelle vor allem die „vertikale“ Entdifferenzierung zwischen Informationskontexten im Fokus stehen, worunter in erster Linie die Freisetzung von personenbezogenen, als privat oder anderweitig als schützenswert eingestuften Informationen in öffentlichen, staatlichen oder unternehmerischen Kontexten gemeint ist. Wichtig ist, dass es gerade jene öffentlichen beziehungsweise über Macht und Geld institutionalisierten Kontexte sind, welche sozusagen empfindlich ausschlagen, sobald Abweichungen oder Verletzungen gesellschaftlich etablierter Normen sich zeitigen und beobachten lassen. Kommt es aber zu einer stärkeren Entdifferenzierung zwischen den genannten Kontexten durch vernetzte informationstechnische Systeme, werden gleichsam Auffälligkeiten, Abweichungen von der Normalität oder Normverletzungen stärker sichtbar und gleichzeitig gegenüber kapitalstarken, potentiell sanktionsbereiten Akteuren exponiert. Dieser Umstand stellt eine entscheidende Herausforderung der digitalen Gesellschaft dar und bedarf der genauen Reflexion.

Normverletzungen stehen immer in Relation zu den ausgehandelten, gültigen Normen in einer verschieden großen Gruppe an Personen. Diese können die Nichteinhaltung etablierter Normen sanktionieren. Äußere Sanktionen können durch innere ergänzt werden. Personen lernen, Regeln und Normen zu entsprechen, auch wenn diese sanktionslos verletzt werden könnten. Schuldgefühle und das schlechte Gewissen, also selbststrafende und selbstkritische Empfindungen sind ein Kriterium für das Vorhandensein internalisierter moralischer Regeln. Moralisches Verhalten ist abhängig von jenen selbststrafenden Empfindungen oder von voraussichtlichen Sanktionen oder Belohnungen durch Dritte. Moralisches Verhalten, also die Befolgung sozialer Regeln und Normen, ist das Resultat der selbst- oder fremdmotivierten Achtung der sozialen Eigengruppe. Die fortschreitende Internalisierung moralischer Sanktionen sowie die Verankerung moralischen Handelns in Gerechtigkeitsprinzipien markiert dabei die Moralentwicklung einer Person (Kohlberg 1995).

In diesem Zusammenhang wäre zu überlegen, inwiefern der Prozess der Internalisierung moralischer Sanktionen in einer Gesellschaft, in welcher durch informationstechnische Systeme nebst der Allgegenwart von Sensoren zur Bild- und Tonaufzeichnung eine potentielle Totalüberwachung des Handelns stattfinden kann und in welcher Technologien zur Dokumentation und Verbreitung von Normverletzungen nahezu überall verfügbar sind, gehemmt oder gefördert wird. Auf der einen Seite steht die Motivation, etablierte soziale Normen einzuhalten, sofern deren Verletzung technisch dokumentiert und potentiell von jenen erwähnten kapitalstarken sowie potentiell sanktionsbereiten Akteuren ausgewertet werden könnte. Auf der anderen Seite steht die Motivation, gerade unter den Bedingungen omnipräsenter digitaler Aufzeichnungsmedien Normen zu verletzen, um sichtbar gegen etablierte Normgefüge zu protestieren. Die dem zugrundeliegende Ethik der selbstbegründeten moralischen Prinzipien, welche wiederum einer Ethik individueller Gewissensprinzipien folgt, ist insofern voraussetzungsreich, als dass bestehende soziale Machtverhältnisse die Wahrscheinlichkeit, dass individuelle Normverletzungen entgegen Sanktionsängsten gewagt werden, gering halten. Eine hohe Selbstmotivation, Normen durch abweichendes Verhalten zu kontrastieren, ist unerlässlich. Eher, so wäre zu vermuten, regt die Allgegenwart von Technologien, welche zu Überwachungszwecken eingesetzt werden können, zur Einhaltung von Normen an. Je nach Normgegenstand kann dies ethisch erwünscht sein, etwa wenn es darum geht, dokumentiertes Gewalthandeln ahnden zu können oder Gewalthandeln von vornherein unterbinden zu können. Dem gegenüber steht die Überlegung, dass die Gefahr eines sozialen Anpassungs- und Normierungsdrucks entsteht. Dieser soziale Druck verhindert – aus ethischer Perspektive gesprochen – auch sozial nicht-schädliche Abweichungen von etablierten Normen, welche jedoch als Grundlage sozialer Innovationen und Veränderungen potentiell wünschenswert sein können.

Letztlich bleibt festzuhalten, dass sowohl die Einhaltung als auch der Bruch mit herrschenden Normen je nach Normgegenstand von einer ethischen Perspektive her gesehen sozial wünschenswert sein kann. Die Einhaltung von Normen ist immer dann geboten, wenn die Normen ethisch gerechtfertigt und legitimiert sind und Abweichungen von ihnen zu individuellen oder kollektiven Leiden oder Schäden führen würden. Die Abweichung von Normen dagegen ist immer dann geboten, wenn Normen keiner ethischen Rechtfertigung standhalten und ihrerseits Leiden oder Schäden verursachen. Gleichzeitig ist ein potentielles Abweichen von Normen immer dann möglich – wenngleich nicht zwingend geboten –, wenn die Normen sich auf Handlungsweisen, Überzeugungen oder Einstellungen beziehen, deren Missachtung, Einhaltung oder Billigung sich gegenüber individuellen oder kollektiven Leiden oder Schäden neutral verhält. Bei erstgenannten Normen handelt es sich um Normen, welche etwa gewaltförmiges Handeln verbieten, bei letztgenannten Normen geht es beispielsweise um Geschmacksnormen, Kleidungsnormen, Normen der sexuellen Orientierung et cetera. Die verschiedenen Normtypen unterscheiden sich ferner in ihrem Grad der Universalisierbarkeit und damit ihrer „Stärke". Normen, welche etwa gewaltförmiges Handeln verbieten, besitzen aus Sicht der Ethik einen hohen Universalisierungsgrad, sollten also allgemeingültig sein. Normen dagegen, welche etwa Kleidungsvorschriften betreffen, besitzen einen geringen Universalisierungsgrad und sind daher aus ethischer Perspektive nicht allgemeinhin zur Anwendung zu bringen.

In Anlehnung an Links Theorie des Normalismus (Link 1996) kann man in diesem Zusammenhang ergänzend differenzieren zwischen einem Protonormalismus und einem flexiblen Normalismus. Beide Normalitäts-Typen bilden unterschiedliche Arten des Verhaltens gegenüber Normen sowie der Einstellung von Normalitätszonen ab. Während der Protonormalismus zur Komprimierung der Normalitätszone neigt, tendiert der flexible Normalismus zu einer Expansion der Normalitätszone (Link 1996: 77 f.), zu einer „Ausweitung der Normalitätsspektren" beziehungsweise zu einer Verbreiterung der „Übergangszonen zwischen Normalität und Anormalität" (Link 1999: 171). Der Protonormalismus stellt daher eine Fixierung und Stabilisierung von Normgefügen dar, während der flexible Normalismus die Dynamisierung von Normgefügen bedeutet. Daraus folgt, dass der Protonormalismus sich eher auf solche Normen bezieht, deren Missachtung Leiden und Schäden verursachen würde, während der flexible Normalismus auf all jene Normen angewandt werden kann, welche Gesellschaften sozusagen „bunter" machen und nicht mit der Verursachung handfester Leiden oder Schäden in Verbindung stehen. Protonormalistische Normalitätszonen sind „kompakt" und eng verbunden mit Rechtsnormen und starker moralischer Normativität und besitzen stabile, fixierte Grenzen, deren Übertretung beispielsweise durch Freiheitsentzug oder andere Exklusionsmechanismen sanktioniert werden kann respektive tabuisiert oder stigmatisiert wird. Flexibel-normalistische Normalitätszonen dagegen sind fein graduiert und besitzen dynamische sowie in der Zeitdimension veränderbare Grenzen, welche ein breites Spektrum möglicher Normabweichungen einschließen. Leitdiskurse des Protonormalismus sind die Medizin, Psychiatrie, Biologie oder Kriminologie, während Leitdiskurse des flexiblen Normalismus die Kybernetik, Systemtheorie, Soziologie oder die Gender Studies sind (Link 1996: 79). In grober Anknüpfung daran können unterschiedliche Subjekttypen mit verschiedenen normalistischen Strategien verknüpft werden. Während der Protonormalismus eine Assoziation mit „dressierten", „außengeleiteten" oder „autoritären" Subjekten bildet, steht der flexible Normalismus in Verbindung mit „Autonomie", „Innenleitung" und „Eigenorientierung" (Link 1999: 171).

Normalität wirkt wie eine Art soziales Gravitationsfeld. Indem bestimmte Dinge als normal erachtet werden, konstituiert der Normalismus eine soziale Orientierungsfunktion, an welcher sich Handeln ausrichten kann. Die Bildung von sozialen Normen, seien sie juristischer oder moralischer Art, ist indes unmittelbar mit dem Normalismus einer Gesellschaft verknüpft. Während jedoch Rechtsnormen, wie erwähnt, dem Protonormalismus zuzuordnen sind, sind moralische Normen, sofern sie nicht im philosophischen Sinne als vermeintlich universell gültige Regeln für eine Gesellschaft (Habermas 1992), sondern im soziologischen Sinne als Konnexe aus Achtungs- und Missachtungszuschreibungen (Luhmann 2008) verstanden werden, eher dem flexiblen Normalismus zuzuordnen. Empirisch betrachtet unterliegen moralische Normen, welche eigentlich flexibel-normalistisch gehandhabt werden könnten, weil ihre Missachtung entweder rechtlich unproblematisch oder in keiner Beziehung zur Verursachung von Leiden oder Schäden steht, häufig dennoch dem Einzugsbereich des Protonormalismus. Dies bedeutet, dass Toleranzgrenzen gegenüber bestimmten Handlungen, Überzeugungen oder Einstellungen eng gehalten werden, obwohl ihre Öffnung schadlos möglich wäre. So unterliegt beispielsweise eine Vielzahl an Formen der Diskriminierung protonormalistischen Vorzeichen, wobei eine flexibel-normalistische Aufweichung jenes Protonormalismus freiheitsfördernde Auswirkungen auf eine Gesellschaft hätte. Bezogen auf solche Normen, welche offensichtlich und im Falle ihrer Missachtung in keiner Verbindung zur Verursachung von individuellen oder kollektiven Leiden oder Schäden stehen, stellt der flexible Normalismus einen Designationswert dar, welcher einen Rückgang protonormalistischer Diskurse impliziert.

Aus dem Beschriebenen lassen sich nun folgende Schlüsse ziehen. Die Verbreitung und Vernetzung sensorbewährter und datenerhebender informationstechnischer Systeme führt zu einer zunehmend stärkeren Verdatung, also digitalen Aufzeichnung und Dokumentation von Verhalten in nahezu sämtlichen Lebensbereichen und sozialen Feldern. Sobald digital vorliegende Verhaltensdaten, welche beispielsweise das persönliche Kommunikationsverhalten in sozialen Netzwerken, per Videoaufzeichnung das Alltagsverhalten in privaten oder öffentlichen Räumen, per Aktivitätstracker das Gesundheitsverhalten oder per Bordelektronik das Fahrverhalten dokumentieren, in unsichere, kontextübergreifende Computernetzwerke eingeleitet werden, kommt es theoretisch zu einer Freisetzung dieser Daten, welche dergestalt ist, dass potentiell jeder, der über einen Internetzugang verfügt, auf die Daten zugreifen und sie einsehen kann. Wenn es also durch digitale Medien zu neuen Sichtbarkeits- und Transparenzniveaus, neuen Formen diffuser „Netzöffentlichkeiten“ oder „mediated publics“ (Boyd 2008b: 126) sowie neuen Formen der persistenten dokumentarischen Fixierung von gezeigtem Verhalten kommt und dabei gerade Normverletzungen besondere Aufmerksamkeit generieren, kann darauf in zweifacher Weise reagiert werden. Zum einen kann an den Normverletzungen selbst angesetzt werden, zum anderen an den Reaktionsweisen auf diese. Aus einer ethischer Perspektive, deren minimalethischer Rechtfertigungsansatz in der Forderung nach Vermeidung von Grausamkeit liegt (Rorty 1989), und unter Rückgriff auf Links Theorie des Normalismus (1996), ergibt sich an dieser Stelle folgende Matrix: Geboten ist ein flexibler Normalismus gegenüber all jenen Normgefügen, welche im Fall einer Missachtung in keiner evidenten Verbindung zur Auslösung individueller oder kollektiver Leiden oder Schäden stehen und deren Kontingentsetzung für sich genommen keinen nachvollziehbaren Einfluss auf die friedliche und freiheitliche Verfasstheit einer Gesellschaft besitzen würde. Geboten ist ferner ein Protonormalismus gegenüber all jenen Normgefügen, welche gewissermaßen über tradierte, dem sozialen Wandel unterliegende Sitten hinausgehen und im Fall ihrer Missachtung in einer direkten Verbindung zur Auslösung von Leiden oder Schmerzen stehen. Nicht geboten ist ein flexibler Normalismus gegenüber Normen, deren Verletzung direkte Leiden verursachen würde. Ebenfalls nicht geboten ist ein Protonormalismus gegenüber Normen, deren Verletzung keine direkten Leider verursachen würde.

In Bezug auf das Gebot der Beziehung des flexiblen Normalismus auf Normen, deren Verletzung aus der Perspektive einer pathozentrischen, an der Vermeidung von Grausamkeit orientierten Minimalethik keine unmittelbaren Nachteile hervorbrächte, und in Bezug auf die eingangs getätigten Bemerkungen zum informationellen Kontrollverlust kann nun geschlossen werden, dass die in Computernetzwerken stattfindende, zunehmende Freisetzung von Informationen, unter denen sich stets eigentlich „geschützte" Informationen befinden, einen Einstellungswandel erforderlich macht, sofern es nicht zu andauernden „protonormalistischen Empörungsexzessen" kommen soll, welche freilich immer auch ihre Opfer besitzen. Unter den Bedingungen global miteinander vernetzter informationstechnischer Systeme, welche zum einen immer stärker die persönliche Lebens- und Arbeitswelt, aber auch den öffentlichen Raum durchdringen und deren IT-Sicherheit nie gänzlich garantiert werden kann, werden Privatheitsverletzungen beziehungsweise die Potentialität von Privatheitsverletzungen zur Normalität. Dies wiederum bedingt, dass Normverletzungen, welche im Bereich des Privaten begangen werden, diesen Bereich verlassen und einem erweiterten Personenkreis informationell zugänglich gemacht werden. Link schreibt treffend: „Der Öffentlichkeit gegenüber geben sich viele Subjekte symbolisch als ‚normal', während sie heimlich ‚anormalen' Praktiken [...] frönen. Diese Tendenz zum ‚Doppelleben' bot [...] eine Zielscheibe der Anklage gegen den Protonormalismus [...]." (Link 1996: 78) Damit das Medienhandeln in Informationsgesellschaften, welches unter den Bedingungen permanenter informationeller Kontrollunsicherheit jenes „Doppelleben" zunehmend erschwert und das Identitätsmanagement „stressiger" macht (Vitak et al. 2012; Vitak 2012), keine fundamentalen Einschränkungen erfährt, bedarf es tatsächlich an bestimmten Stellen einer Auflösung des Protonormalismus. Es bedarf toleranzstarker Öffentlichkeiten, welche sich an die informationstechnische Überscheidung von nicht-institutionalisierten, lebensweltlichen, einstmals privaten und institutionalisierten oder öffentlichen Kontexten gewöhnen, sodass das „Doppelleben" nicht mehr als solches erachtet wird. Die neuen, potentiellen und aktual in Kraft getretenen Transparenzniveaus, welche unter anderem durch eine unüberschaubare Vielzahl an informationellen Kontrollverlustereignissen hergestellt werden, erschweren das Führen eines ausgeprägten „Doppellebens", verstanden als situatives Identitätsmanagement, in welchem Verhalten opportun in verschiedenen sozialen Kontexten variiert wird.

Auch in Bezug auf das Gebot der Beziehung des Protonormalismus auf Normen, deren Verletzung aus der Perspektive einer pathozentrischen, an der Vermeidung von Grausamkeit orientierten Minimalethik unmittelbaren Nachteile hervorbrächte, erwirken digitale Medien, welche als omnipräsent einsetzbare Werkzeuge der Dokumentation und potentiellen Verbreitung von Norm- und Rechtsverletzungen eingesetzt werden können, neue Möglichkeiten der Herstellung von Öffentlichkeit.

„Cheap processors, networks, and sensors enable a new form of beneficial information flow as citizen reporters can provide footage and frontline analysis of newsworthy events as they happen. [...] Similarly, those who might commit atrocities within war zones can now be surveilled and recorded by civilians so that their actions may be watched and ultimately punished, a potential sea change for the protection of human rights.“ (Zittrain 2008: 216)

Neben der staatlichen Überwachung zum Zweck der Kriminalitätsbekämpfung stehen an dieser Stelle gleichsam nicht-staatliche Enthüllungspraxen im Vordergrund, deren freiheitsförderliche Momente nicht unterschätzt werden dürfen. Dieser Zeit sind es nicht nur professionelle, investigative Journalisten, welche Normverletzungen recherchieren und als Initiatoren von Enthüllungen und damit gleichzeitig von informationellen Kontextverletzungen auftreten, sondern gleichsam Laien. Durch digitale Technologien vollzieht sich eine gewisse Demokratisierung der mediengestützten Überwachungspraxis, welche mit dem Begriff der „social surveillance“ gefasst wird (Marwick 2012), sowie der journalistischen Enthüllungs- und Aufdeckungspraxis.

Die Technologie zur Dokumentation und Verbreitung von Normverletzungen ist nahezu überall verfügbar. „[...] we have already reached the point where cameras can be literally anywhere.“ (Koskela 2006: 164) In diesem Zusammenhang stehen etwa Organisationen wie WITNESS. Auf der Homepage der Organisation heißt es:

„WITNESS is an international organization that trains and supports people using video in their fight for human rights. Every day, activists and citizens risk their lives to expose the truth. We help make sure their efforts aren't in vain. WITNESS is a leader of global movement that uses video to create human rights change.“

Zivilisten werden zu Laien-Journalisten (Shirky 2008: 34 ff.). Unter Stichworten wie „Sousveillance“ (Huey et al. 2006; Mann et al. 2002) oder „re-privatisation of surveillance“ (Koskela 2009: 148) wird die Aufrüstung der Zivilisation mit digitalen Beobachtungstechnologien beschrieben. Bewegungen wie „CopWatch“, bei denen es um die Dokumentation von Polizeigewalt gegen Bürger geht, werden zunehmend größer und einflussreicher (Ott 2015). Videos, welche zumeist mit Smartphones aufgezeichnet werden und Konflikte zwischen Polizisten und Bürgern dokumentieren, erschüttern die tradierte Deutungshoheit der Polizei bezüglich der Frage der Schuldzuweisung bei Konflikten. Maßgeblich wird nunmehr der „Blick“ der Kamera, nicht die Perspektive der beteiligten Beamten, welche in der Glaubwürdigkeitshierarchie der Justiz typischerweise über dem Bürger firmieren. Immer wieder werden Polizisten, welche Menschen mit dunkler Hautfarbe, Obdachlose, Latinos et cetera misshandeln, durch Videobeweise überführt, während gleichzeitig Proteste gegen Polizeigewalt ausgelöst werden, welche letztlich die Eindämmung des Problems durch politische Maßnahmen anstoßen sollen. Gleichzeitig tragen aber auch Polizisten selbst spezielle Bodycams, um sich ihrerseits im Zweifelsfall gegen möglicherweise ungerechtfertigte Vorwürfe wehren zu können. Entgegen jedoch der intuitiven Erwartung führen Bodycams bei Polizisten nicht zu einer Verringerung der Gewaltanwendung seitens der Polizei und gegen diese (Ariel et al. 2016a; Ariel et al. 2016b).

Insgesamt bedingt die Permanenz von ereignis- beziehungsweise personenbezogenen Datenerhebungsmöglichkeiten in Verbindung mit Verbreitungsmedien eine weitestgehend unkontrollierbare Informationsstreuung. Dieser liegt stets das gleiche Prinzip zugrunde. Es geht um ein absichtliches, gewolltes Überführen von Informationen über Kontextgrenzen hinweg.

„Aufzeichnungsmedien wie Handys, Digitalkameras, leistungsstarke Computer, Verbreitungsmedien im Social Web, also Netzwerk- und Multimedia-Plattformen wie Facebook, Twitter oder YouTube, Blogs, persönlich Websites und Wikis sind die neuartigen Instrumente solcher Skandalisierungsprozesse. Sie liegen heute potenziell in den Händen aller." (Pörksen/Detel 2012: 23)

„[...] the use of surveillance technologies has slid from the private sector to private individuals. [...] Changes take place step by step, but the direction is clear: technology is used in ever smaller units and its distribution has become ever freer. The practices of social monitoring have become dispersed and overlapping." (Koskela 2009: 148)

Nicht vergessen werden darf, dass dokumentierte und im Netz verbreitete Aufzeichnungen von Normverletzungen unter Umständen Gegenreaktionen in Form etwa von Shitstorms hervorrufen können, deren Schäden bei den Betroffenen weit über einem vertretbaren Maß liegen könne. Das Bewusstsein darüber steigert wiederum potentiell die Selbstbeaufsichtigung des eigenen Handelns sowie die Motivation zur Einhaltung von Normen.

„In this hyperscrutinized reality, people may moderate themselves instead of expressing their true opinions. [...] Ubiquitous sensors threaten to push everyone toward treating each public encounter as if it were a press conference, creating fewer spaces in which citizens can express their private selves." (Zittrain 2008: 212)

Wenn ein stetes Bewusstsein darüber besteht, dass das eigene Verhalten durch technische Geräte aufgezeichnet und entkontextualisiert werden kann, ist die Wahrscheinlichkeit, dass Personen sich so verhalten, dass sie nicht negativ auffallen, hoch. Pörksen hat im diesem Zusammenhang folgenden kategorischen Imperativ entwickelt: „Handle stets so, dass Dir die öffentlichen Effekte Deines Handelns langfristig vertretbar erscheinen. Aber rechne damit, dass dies nichts nützt." (Pörksen/Detel 2012: 233) Letztlich muss man bei nahezu jedem Verhalten, welches in der Gegenwart digitaler Aufzeichnungsmedien oder gleichsam im Zuge der direkten Mediennutzung gezeigt wird, damit rechnen, dass „öffentliche Effekte" gezeitigt werden. „Heute ist der Weg vom Privaten ins Öffentliche kurz, so kurz, dass es eigentlich von völlig willkürlichen Faktoren abhängig ist, ob und wie lange etwas verborgen bleibt." (Welzer 2016: 26) Dabei kann man davon ausgehen, dass allein die Präsenz der rhizomatischen Überwachungsarchitektur in modernen Informationsgesellschaften (Haggerty/Ericson 2000) das Verhalten vieler Personen in gewisser Weise einschränkt (Roßnagel 2007: 101) – oder eben auch nicht (Koskela 2004). Die Frage nach den handlungspsychologischen Auswirkungen von Überwachung sowie der Allgegenwart digitaler Aufzeichnungs- und Verbreitungsmedien sowie möglichen normativen Positionierungen dazu soll später genauer diskutiert werden.

Festzuhalten bleibt, dass die zunehmend umfangreichere und invasivere Verdatung des gesellschaftlichen Lebens eine potentiell leichtere Dokumentation und verstärkte Sichtbarkeit von Normverletzungen bedingt. Dies kann soweit führen, dass Technologien gegen ihre eigenen Nutzer „aussagen". Ein intelligentes Auto beispielsweise, aus dessen Speicher das vergangene Fahrverhalten, die gefahrene Geschwindigkeit, Bremsmanöver, die Konzentration des Fahrers inklusive das entsprechende Lenkverhalten, die vergangene Zeit zwischen dem Treten des Bremspedals und dem Auslösen des Airbags et cetera ausgelesen werden können, mag bei der gerechten Aufklärung eines Unfalls oder auch nur bei der Belegung einer Geschwindigkeitsübertretung helfen (Schulzki-Haddouti 2014). Die Ablehnung „smarter" Technologien, welche unter Berufung auf den Erhalt des Schutzes der Privatheit begründet wird, erklärt sich dann mutmaßlich aus der Angst vor einer technischen Überwachungsinstanz, welche eigenes Fehlverhalten dokumentiert. Die Forderung nach Privatheit und dem Erhalt kontextueller Integrität entspräche demnach dem Bestreben, bestimmte Normverletzungen verbergen zu können. Ein solcher Bemäntelungseffekt des Privaten ist, wie erwähnt, bereits seitens feministischer Theorien beschrieben und kritisiert worden (MacKinnon 1989; Okin 1989; Pateman 1989; Gavison 1992; Olsen 1993). Die Kritik bezieht sich auf die Verschleierung von Normverletzungen – etwa, wenn es um häusliche Gewalt geht –, deren Aufdeckung durch die Berufung auf den Schutz der Privatheit verhindert wird. Digitale Technologien wirken dem entgegen. Sie werden zu omnipräsenten Beobachtungsinstanzen. So ließe sich gleichsam sagen, dass vernetzte, sensorbewehrte informationstechnischer Systeme, welche Verhalten potentiell oder aktual überwachen, mitunter weniger eine Verletzung der informationellen Privatheit darstellen, als vielmehr eine Verletzung der Gewohnheit, bestimmte Normverletzungen und Rechtsbrüche zu begehen.

„[...] in the U.S., we bridle at the idea of cameras and computers spying and finking on us. In truth, we all speed and cheat a little, and we don't want to get caught. Put another way, to judge by our behavior, most drivers on the road believe that speed limits are set too low. So the limit's the lie. If technology is better able to monitor our adherence to rules, it's not our privacy that's violated, nor is technology the issue. It's that our beliefs and behaviors don't match our laws. Technology only exposes that gap. So what do we do about that? We wink and tell technology to butt out. We decry sensors and cameras on the road as Big Brother government invading privacy. We say that black boxes in our cars recording our actions would be invasive. [...] If technology could prevent all of us from doing stupid and dangerous things on the road, shouldn't we embrace it? We are balancing nothing less than life and death against our feelings of control." (Jarvis 2011: 130)

Jarvis deutet richtig an, dass die Debatten um die Verletzung der informationellen Privatheit sowie die Forderungen nach mehr Datenschutz und Informationssicherheit mitunter verschleiern, um was es wirklich geht; nämlich um den Protest gegen die technische Dokumentation von eingewöhntem, aber bislang als normal geduldetem Fehlverhalten. Wenn der smarte Kühlschrank den ungesunden Ernährungsstil seiner Nutzer dokumentiert, der Aktivitätstracker dauerhafte körperliche Untätigkeit feststellt, das intelligente Auto rabiates Fahrverhalten erkennt oder die Fahrtvermittlungs-App sexuelle Kurzbeziehungen ermittelt, dann entstammt der Protest gegen die Vernetzung der Haustechnik, gegen Wearables, die Computerisierung des Autos oder die Datenerhebungs- sowie Datenverarbeitungsmöglichkeiten des Smartphones weniger konkreten Sorgen um den Datenschutz oder den Schutz der Privatheit als vielmehr der Sorge um den Erhalt eingespielter Gewohnheiten, von denen jedoch gemeinhin bekannt ist, dass ihre Befolgung eher nachteilig ist. Entscheidend bei mitunter tiefgreifend in die Lebenswelt eindringenden Technologien, welche gleichzeitig zur Dokumentation und Überwachung der Einhaltung von Normen und Regeln benutzt werden können, ist weniger die Diskussion um mögliche Restriktionen und Limitationen im Rahmen der eigentlichen Funktionalitätsspanne der Technologie, welche dann in der Praxis doch umgangen werden, sondern die Diskussion darüber, gegenüber welchen Regeln und Normen die Technik dokumentarisch sowie überwachend eingesetzt wird, wie jene Regeln und Normen aus ethischer Perspektive zu beurteilen sind und welche Folgen in Form von möglicherweise verhängten Sanktionen aus festgestellten Regel- und

Normverletzungen folgen. Die Debatten und Diskussionen über die Gefährdung des Datenschutzes und der Privatheit durch in mitunter höchstpersönlichen Lebensbereichen installierten Technologien müssen einer Wende unterzogen werden, welche dergestalt ist, dass die typische Zentrierung rein auf die Technologie ersetzt wird durch eine erweiterte Perspektive, welche in erster Linie den sozialen Kontext beachtet, in welchen die Technologie eingebettet ist. Es geht dann weniger um die Nonkonformität der Technologie mit Datenschutzgrundsätzen, sondern eher, um bei den zuletzt genannten Beispielen zu bleiben, um Ernährungsstile, Körperpolitik, Fahrverhalten oder Sexualmoral. Moderne Informationstechnologien, welche allgemein eine steigende Liquidität von Daten- und Informationsströmen bei gleichzeitiger Auflösung von informationellen Verbreitungsrestriktionen bedingen, können hier gar als Chance betrachtet werden, bislang intransparent oder in der Sphäre des Privaten verdeckt gehaltene Sachverhalte verstärkt sichtbar und damit gleichzeitig mehr oder minder öffentlich verhandelbar zu machen. Die Ausweitung des Öffentlichen bei gleichzeitiger Zurückdrängung des Privaten wird darüber hinaus ohnehin durch nicht zu verhindernde informationelle Kontrollverlustereignisse provoziert, wobei Norm- und Wertdiskussionen nicht plumpen Skandalisierungsdynamiken folgen dürfen, wie dies bislang mitunter der Fall ist, wenn normverletzende oder eigentlich private beziehungsweise intime Informationen an die Öffentlichkeit geraten, sondern in fairer Weise sowie unter Hinzuziehung von Kontingenzbewusstsein und Ironie ausgetragen werde sollten (Rorty 1989).

An dieser Stelle wird deutlich, dass der Entwurf einer Pragmatik der resilienten Mediennutzung unter den Bedingungen ständiger informationeller Kontrollverlustereignisse stets an zwei Polen ansetzen muss, nämlich auf der einen Seite an der individuellen Mediennutzung, welche dergestalt ist, dass sie den Kollaps der Trennung verschiedener Informationskontexte permanent erwartet, sowie auf der anderen Seite an den Empörungs- und Toleranzniveaus der Öffentlichkeit sowie den Sanktionsmechanismen sozialer Institutionen, welche wiederum mehr oder minder angemessene Reaktionsweisen auf geschehene Kontrollverlustereignisse darstellen sollten. Unter Öffentlichkeit soll dabei weniger ein abstraktes soziales Makrosubjekt verstanden werden, sondern ein spezifisches Kommunikationssystem (Westerbarkey 2013; Westerbarkey 1994). Dieses soll erachtet werden als relativ strukturloser, episodischer und sich nicht an funktionssystemspezifische Rollenvorschriften haltender Kommunikationszusammenhang zwischen Personen heterogener Herkunft. Öffentlichkeit wird durch Kommunikationszusammenhänge abgebildet, welche allgemeine Beteiligungsmöglichkeiten bieten. Hierbei kristallisiert sich eine „öffentliche Meinung“ heraus, also eine Meinung, welche zumeist an allgemein geteilte Werte zurückgebunden ist und bei deren Kommunikation man mit breiter Zustimmung rechnen darf. Gegenmeinungen müssen dementsprechend erhöhte Rechtfertigungs- und Erklärungslasten auf sich nehmen. Sie haben es im öffentlichen Diskurs schwerer, anerkannt zu werden.

Die Allgegenwart digitaler Aufzeichnungsgeräte, mit denen die Dokumentation von Verhalten die Form einer Totalüberwachung annehmen kann, bedingt, dass Normverletzungen oder Verfehlungen radikal öffentlich exponiert werden, sofern sie nicht nur dokumentiert, sondern – was keinen großen Mehraufwand darstellt – über Verbreitungsmedien und soziale Netzwerke großen Teilen der Öffentlichkeit zur Verfügung gestellt werden können. Diese Totalausleuchtung der Lebenswelt betrifft insbesondere jene Personen, welche einen hohen öffentlichen Bekanntheitsgrad besitzen. Problematisiert wird dies beispielsweise im Kontext von Persönlichkeiten aus dem Feld der Politik. Pörksen etwa spricht von „Schonräumen der Intransparenz" (Pörksen 2015), welche erhalten bleiben müssen, damit sich Personen vom Druck des permanenten Beobachtet-, Gefilmt- und Fotografiert-Werdens erholen können. Die „mediale Überbelichtung" der Politik hat zur Folge, dass jede noch so banale Normverletzung als „Enthüllung" publik gemacht wird, sodass sich Politiker unter dem Druck der permanenten Skandalisierungsmaschine der Massenmedien einen Habitus aneignen, welcher durch Opportunität, Unauffälligkeit und Vagheit gekennzeichnet ist (Wilhelm 2015).

Dies jedoch erzeugt ein politisches Handeln ohne Konfliktdimension. Dabei bräuchte es in einer lebendigen Demokratie gerade „eckige" Charaktere, es bräuchte Kontroversen und Konfrontationen (Mouffe 2000). Aufgrund der Tatsache, dass es in den vergangenen Jahren phasenweise kaum wirklich genuin politische Konflikte und Kontroversen gab, driftete der politische Diskurs wiederum in eigentümlicher Weise ab in ein permanentes Suchen nach Skandalen und moralischen Eklats. Die Presse versuchte dann, Ereignisse, welche eigentlich keinen politischen Charakter hatten, sich aber im Kontext des politischen Geschehens abspielten, also zum Beispiel Sexskandale, Fälle von Korruption oder einfach nur Stilfehler auszudecken und massenmedial zu verbreiten. Dabei wiederum unterstützen digitale Aufzeichnungs- und Verbreitungsmedien, welche überall verfügbar und in nahezu jeder Lebenslage einsetzbar sind. Die Konflikte, welche dann im Zusammenhang der Skandale entstanden, ersetzen gewissermaßen die eigentlichen Konflikte, welche sich um politische Themen ranken sollten. So kam es gleichsam zu einer Zirkelbewegung, einer gegenseitigen Trendverstärkung, welche letztlich in einer breiten Politikverdrossenheit – welche jedoch mit Nichten eine Art „Skandalmüdigkeit" ist – mündete.

Nicht auszuschließen ist freilich, dass ebenfalls „echte“ Skandale aufgedeckt werden können, also Normverletzungen, welche in solcher Weise für den politischen Betrieb schädlich sind, dass eine mediale Berichterstattung darüber aufgrund ihrer faktischen politischen Relevanz, also ihrer Rückwirkungen auf das politische System, gerechtfertigt ist. Ungeachtet dieser Fälle mahnt eine primär an Unterhaltung ausgerichtete Berichterstattung, welche sich jenseits ihrer Aufgabe der Informationsaufbereitung zum Zweck der politischen Meinungsbildung überwiegend auf skandalisierungsfähige Gegenstände jeglicher Art fokussiert, daran, dass durch die Allgegenwart digitaler Aufzeichnungsmedien gleichsam eine neue Medienmacht entsteht, welche bei der Generierung von aufmerksamkeitserregenden Neuigkeiten von der erweiterten Transparenz der Lebenswelt prominenter Persönlichkeiten profitiert. So kann auf der einen Seite diese neue Medienmacht, welche in erster Linie aus dem relativen Verlust der Privatheit in modernen Informationsgesellschaften resultiert, reflektiert werden. Auf der anderen Seite jedoch kann neben den Medienmachern der Blick auf das Publikum gelenkt werden, dessen empörungsstarke Rezeption medialer Berichterstattungen jene Medienmacht überhaupt erst erzeugt. Auf beiden Seiten kann angemahnt werden, Maßstäbe der Beurteilung nicht nur des politischen Personals zu überdenken. Man muss lernen,

> „mit Normalsterblichen zu leben, die Schwächen haben, eitel sind und manchmal erschöpft, übellaunig und unbeherrscht und deren Frisur, Vorleben oder Gesamtpersönlichkeit einem nicht notwendig gefällt. [...] Die neue Medienmacht verlangt eine neue Toleranz und die Einsicht, dass Stilfehler alltäglich, unvermeidlich und damit normal werden, wenn die Kontexte verschwimmen.“ (Pörksen 2015: 8)

An dem beschriebenen Wechselspiel zwischen Politik und Medien lässt sich exemplarisch ablesen, was für die Informationsgesellschaft unter den Bedingungen permanenter informationeller Kontrollverlustereignisse insgesamt gilt: Die öffentliche Reaktion auf bekannt gewordene Normverletzungen sollte weniger als bisher plumpen Empörungsexzessen folgen. Sie sollte erstens sensibler werden für die Art der Normverletzung. Und sie sollte zweitens ironischer werden, also mit erhöhtem Kontingenzbewusstsein ausgetragen werden. Dies würde im Endeffekt bedeuten, dass sich bisherige Skandalisierungsdynamiken, wie sie beispielsweise durch Kommunikationsmissgeschicke, zufällig entstandene Handyvideos, ungewollte Audiomitschnitte oder andere informationelle Kontrollverluste ausgelöst werden, gar nicht mehr entfalten würden – sofern sie sich auf Normverletzungen beziehen, welche über einen flexiblen Normalismus behandelt werden können. Wenn ein Lernprozess dahingehend stattgefunden hat, dass man es, um erneut die Worte Pörksens zu zitieren, stets mit „Normalsterblichen“ zu tun hat, welche natürlicherweise Schwächen und Makel haben, welche nun aber aufgrund des immer tieferen Eindringens von informationstechnischen Systemen in die Lebenswelt und in private Kontexte über informationelle Kontrollverluste verstärkt öffentlich bekannt werden, dann wird dies stets weniger aufmerksamkeitserregend sein.

Gefordert ist eine Verschiebung von Toleranzniveaus. Toleranz ist gleichzusetzen mit der Akzeptanz fremder Handlungen, Überzeugungen oder Einstellungen (Köhler 2016). Diese Akzeptanz jedoch stellt insofern eine Herausforderung dar, als dass die Handlungen, Überzeugungen oder Einstellungen, gegenüber welchen sie aufgebracht wird, eigentlich missbilligt beziehungsweise abgelehnt werden. Toleranz fordert zudem, Missbilligung oder Ablehnung nicht zu manifestieren, also Handlungen zu dulden, Überzeugungen gelten zu lassen oder Einstellungen zu billigen, obwohl die Möglichkeit bestünde, Sanktionen welcher Art auch immer zu erwirken. An dieser Stelle entsteht jedoch ein Spannungsverhältnis, insofern Akzeptanz gegenüber Dingen aufgebracht wird, welche eigentlich moralisch missachtet werden und demnach gerade nicht nach Akzeptanz verlangen. Je stärker hier der Vermeidungsdrang gegenüber Akzeptanz ist, desto höher ist die Toleranz bemessen, wird dem Vermeidungsdrang nicht nachgegeben. Toleranz bildet, in der Sprache der Moral gesprochen, das Paradox ab, den Umstand als gut zu erachten, wenn als schlecht erachtete Dinge akzeptiert werden. Wenn aber als schlecht erachtete Dinge qua Toleranz geduldet und nicht sanktioniert werden – wie kann Toleranz dann gleichzeitig als moralische Tugend gelten?

An dieser Stelle bietet es sich an, erneut auf den Komplex der Abweichung oder Verletzung gesellschaftlich etablierter Normen zurück zu kommen. Es geht um Auffälligkeiten, um Abweichungen von der Normalität, um Normverletzungen – und um die Frage des Umgangs mit ebendiesen (Young 1990). Wie oben beschrieben kann sowohl die Einhaltung als auch der Bruch mit etablierten Normen aus einer ethischen Perspektive betrachtet sozial wünschenswert sein. Letztlich kommt es auf den Inhalt beziehungsweise den Gegenstand der behandelten Norm an. Ist eine Norm ethisch gerechtfertigt und legitimiert und führen folglich Abweichungen von ihr zu individuellen oder kollektiven Leiden oder Schäden, dann ist eine Einhaltung der Norm ethisch geboten. Dies bedeutet gleichzeitig, dass Handlungen, Überzeugungen oder Einstellungen, welche von der Norm abweichen, moralisch nicht zu dulden sind. Dies bedeutet wiederum, dass an dieser Stelle nicht gefordert werden kann, Toleranz aufzubringen. Tatsächlich kann jedoch gefordert werden, Toleranz aufzubringen, wenn von ihr soziale Normen betroffen sind, welche sich auf Handlungsweisen, Überzeugungen oder Einstellungen bezieht, deren Missachtung, Einhaltung oder Billigung sich – wiederum aus ethischer Perspektive gesprochen – gegenüber individuellen oder kollektiven Leiden oder Schäden neutral verhält. Toleranz ist hier die Bedingung der Möglichkeit einer Gesellschaft, in welcher Diversität und kulturelle Pluralität zugelassen werden kann. Dies soll in erster Linie ermöglichen, dass Personen mit unterschiedlichen religiösen oder kulturellen Hintergründen gemeinsam und friedlich zusammenleben können. Darüber hinaus soll gleichfalls eine Diversität der individuellen Lebensstile, Traditionen, Ansichten, Denkweisen et cetera zugelassen werden, welche jedoch, wie beschrieben, immer an die Voraussetzung gebunden ist, dass die Lebensstile, Traditionen, Ansichten, Denkweisen et cetera nicht zu Lasten Dritter gehen, also auf sozialen Normen fußen, welche aus ethischer Perspektive nicht zu rechtfertigen sind.

Wenn also auf eine Reflexion etablierter Toleranzniveaus verwiesen wird, ist dies eine mögliche Reaktion auf die für moderne Informationsgesellschaften charakteristischen, unter den Vorzeichen des informationellen Kontrollverlusts sich ergebenden Sichtbarkeitsregime. Diese resultieren aus der insgesamt zunehmenden Liquidität von Daten- und Informationsströmen, welche gleichzeitig eine sukzessive Entdifferenzierung bislang informationell voneinander separierter sozialer Kontexte bewirkt. Aus einer etwas anderen als der bisher eingeschlagenen Richtung nähert man sich diesem Phänomen mit dem Begriff der Transparenz. Sowohl mit einem Zuviel als auch einem Zuwenig an Transparenz werden spezifische Probleme in Verbindung gebracht. Hier bietet es sich jedoch an, die dem zugrundeliegenden Überlegungen angesichts der sich aktuell vollziehenden, radikalen soziotechnischen Wandlungsprozesse neu zu überdenken. Dieser Aufgabe soll sich das folgende Kapitel widmen.

Transparenz

Der informationelle Kontrollverlust, das Aufkündigen von informationeller Kontexttreue ist ein unüberwindbares Spezifikum von modernen, von digitalen Verbreitungsmedien und Sensoren durchzogenen Informationsgesellschaften. Der empfundene Nutzen informationstechnischer Systeme, welche Treiber des Kontrollverlusts sind, überwiegt offensichtlich die wahrgenommenen sozialen Kosten, welche durch ihn entstehen, sodass mit einer breiten Technikvermeidungsbewegung und damit einer signifikanten Wiederaneignung von Informationskontrolle in naher Zukunft kaum zu rechnen ist. Ferner ist die Weiterentwicklung informationstechnischer Systeme in Richtung größerer Leistungsfähigkeit, erhöhter Sensorbewährtheit und gesteigerter Komplexität sowie die immer dichtere Vernetzung jener Systeme zu einem „Internet der Dinge" kaum zu bremsen, sodass immer häufiger mit der Penetration von informationellen Barrieren etablierter sozialer Informationskontexte zu rechnen ist. Darüber hinaus wird die Speicherung von Daten zunehmend billiger. Daten zu kopieren erfordert quasi keinen Kosten- und Zeitaufwand mehr. Datenleitungen weisen immer höhere Kapazitäten auf. Und Datenbanken werden mit immer anspruchsvolleren Analysemethoden ausgewertet. Je weiter die Verdatung der Welt voranschreitet, desto mehr Sachverhalte werden potentiell dem informationellen Kontrollverlust anheimgegeben. Die kulturelle Praxis, welche sich in Begriffen wie Privatheit, Intimität, Datenschutz oder Informationssicherheit spiegelt und welche den informationellen Kontrollverlust nicht erwartet und seine Erwartung nicht in die eigenen kollektiven Handlungsroutinen integriert, ist obsolet und muss durch neue Normen, Strategien und Mediennutzungsroutinen abgelöst werden. Der digitale Kontrollverlust erfordert Strategien, die ihn in die Mediennutzungspraxis der Gesellschaft integrieren – und dies ohne, dass dabei die Funktionalität und Strukturstabilität von sozialen Systemen übermäßig beeinträchtigt wird. „[...] wir können unser Leben, unsere Geschäftsmodelle und unsere Gesellschaft so verändern, dass sie auf den Kontrollverlust nicht mehr fragil reagieren." (Seemann 2014: 164)

Bevor informationstechnische Systeme allgegenwärtig wurden, bevor es die Möglichkeit der elektronischen Telekommunikation und des Einsatzes digitaler Verbreitungsmedien gab, war das Austauschen von Informationen mit vergleichsweise hohen Aufwendungen verbunden. Informationen besaßen, abstrakt gesprochen, eine sehr geringe Liquidität. Die Techniken zur Telekommunikation waren langsam und gingen stets mit großen Zeit- und Kostenaufwendungen einher. Mögliche Schwierigkeiten bei der Kontrolle und Überwachung der korrekten Einhaltung von Normen des Informationsflusses waren überschaubar und damit gleichzeitig handhabbar. Dies verändert sich unter den Bedingungen der mit elektronischen Verbreitungsmedien durchzogenen Informationsgesellschaft. Institutionen und kulturelle Praktiken, welch sich weiterhin auf die Möglichkeit der Informationskontrolle verlassen, stellt dies infrage.

„Das alte Spiel beruhte auf der einfachen Tatsache, dass Informationen früher nicht frei fließen konnten. […] Datenschutz, Jugendschutz, Zensur, Staatsgeheimnisse, Urheberrecht, Unternehmensgeheimnisse, Öffentlichkeitsarbeit etc. sind Strategien, die noch auf dieser behäbigen Mechanik von Informationen beruhen. Diese Strategien versagen zunehmend ihren Dienst. Im Neuen Spiel entsteht Wissen frei und fließt schnell und unkontrollierbar. Wir müssen uns auf eine Welt einstellen, in der wir nicht mehr wissen können, wer auf welche Daten Zugriff hat.“ (Seemann 2014: 162)

Digitale Informationsströme werden, wie erwähnt, liquider. Sie lassen sich kaum noch „ausbremsen“, steuern oder in bestimmten Rahmen halten.

Sofern allerdings Informationen digital vorliegen, welche Geheimhaltungsinteressen unterliegen, werden die fehlenden Kontrollmöglichkeiten darüber, wer Zugriff auf jene Informationen hat, zum Problem. Sofern die Geheimhaltungsinteressen legitim sind, es sich also, um nur ein Beispiel zu nennen, um Informationen aus dem Bereich des investigativen Enthüllungsjournalismus handelt, kann die Herstellung von Transparenz keine adäquate Strategie darstellen, um auf den informationellen Kontrollverlust zu reagieren. Vielmehr empfehlen sich hier Strategien der gezielten Vermeidung von vulnerablen, vernetzten informationstechnischen Systemen, mit welchen Informationen, welche der Geheinhaltung unterliegen, verarbeitet und verbreitet werden können. Sofern informationelle Geheimhaltungsinteressen jedoch illegitim sind, etwa wenn sie gleichzeitig Interessen nach einem Schutz vor angemessener Strafverfolgung darstellen, ist die Herstellung von Transparenz im Sinne der Allgemeinheit sozial wünschenswert, um Norm- und Rechtsverletzungen sichtbar machen und idealerweise verhindern zu können. Geheimhaltungsinteressen können sich jedoch nicht nur auf handfeste

Norm- und Rechtsverletzungen beziehen, sondern gleichsam auf intime Informationen. Hier werde Fragen nach Scham- und Toleranzschwellen in einer Gesellschaft zur entscheidenden Größe, welche das Ausmaß der Herstellung von lebensweltlicher Transparenz regulieren.

Eine Voraussetzung für die Schaffung von Transparenz ist deren gerechte Verteilung sowie deren angemessenes Ausmaß. Regan (1995: 223 f.) führt das fiktive Beispiel einer kleinen Stadt an, in welcher jeder alles über jeden weiß und somit absolute informationelle Transparenz hergestellt ist. Niemand, so die Mutmaßung, würde sich in dieser Stadt über den Verlust der Privatheit beklagen. Doch die Übertragung des Beispiels der kleinen Stadt auf die Gesellschaft ist aus zwei Gründen problematisch.

Erstens lässt sich – auch in einer hypervernetzten, digitalen Welt mit hochliquiden Informationsströmen – Transparenz niemals in vollem Ausmaß herstellen, sodass tatsächlich allerseits absolut erschöpfende Kenntnisse über personenbezogene Informationen bestehen würden. Informationelle Transparenz bezieht sich stets nur auf eine bestimmte Teilmenge an Informationen. Ist diese Teilmenge sehr klein, kann die isolierte Bewertung von Informationen, welche nicht oder nur bedingt in einen ausreichend umfangreichenden Zusammenhang eingeordnet werden können, problematisch sein. „Transparency-gaps" (Fung et al. 2007) können dazu führen, dass Sachverhalte falsch wahrgenommen werden, Falschentscheidungen getroffen werden oder unnötige Risiken entstehen. Transparenz kann immer nur in Bezug auf einen bestimmten Gegenstand hergestellt werden und immer nur eine begrenzte Informationsmenge in Bezug auf diesen Gegenstand umfassen.

Zweitens besteht die Herausforderung, Transparenz gerecht zu „verteilen". Transparenz kann einseitig bestehen, sodass eine Person oder Personengruppe zwar über freien Zugriff auf Informationen über andere Personen oder Personengruppen verfügt, nicht jedoch umgekehrt. Gerechte Transparenz steht vor der Herausforderung, Informationsasymmetrien möglichst verhindern zu müssen. Sofern sich zudem die Herstellung von Transparenz zwischen mehreren Personen oder Personengruppen nicht auf Informationen des gleichen Typs beziehen soll, sondern Informationen unterschiedlicher Art betrifft, bedarf es einer Abwägung zwischen jenen Informationstypen, um abschätzen zu können, wann die gegenseitige Offenlegung von Informationen gerecht ist. Davon betroffen sind vor allem Beziehungen zwischen Einzelpersonen und Organisationen, bei denen von den Organisationsmitgliedern nicht gefordert werden kann, dass sie dieselben Informationen über sich offenlegen, wie dies Einzelpersonen gegenüber der Organisation möglicherweise tun. Verkompliziert wird dies durch die Tatsache, dass Organisationen, welche mit hinreichend leistungsstarken informationstechnischen Systemen und einer breiten Basis an Klienten ausgestattet sind, über Datenaggregationen oder Big-Data-Analysen emergente Informationen über ihre Klienten gewinnen können, welche dieses selbst gar nicht eigenständig und willentlich preisgegeben haben (Solove 2011: 27; Horvát et al. 2012). Gerecht wäre in diesem Fall, jene emergenten Informationen sowie die dazugehörigen organisationsinternen Datenverarbeitungsmethoden ihrer Funktionsweise nach offen zu legen. Dies wird jedoch in den seltensten Fällen getan. Statt einer gerechten Verteilung von Transparenz, also einer möglichst reziproken Offenlegung von gleichwertigen Teilmengen an Informationen, bestehen in den allermeisten Fällen starke Informationsasymmetrien zwischen verschiedenen sozialen Akteuren. Dies betrifft vor allem das Verhältnis von Kunden zu Unternehmen und von Bürgern zu Staaten (Pasquale 2015).

Gleichzeitig sind verfügbare Datensätze, aus denen personenbezogene Informationen extrahiert werden, häufig lückenhaft und geben kein authentisches Bild einer Person ab (Amoore 2011: 34 f; Haggerty/Ericson 2000: 611). So schreibt Regan:

> „[...] in the late twentieth century, parts of every individual's life are recorded in a number of computerized databases and exchanged with other organizations. Access to these bits of information gives, at best, a fragmented picture of an individual; the individual is not seen in a social context, no reciprocity exists, and no common perceptions are recognized." (Regan 1995: 223 f.)

Wenn also über Transparenz in modernen Informationsgesellschaften nachgedacht oder diese normativ eingefordert wird, darf nie der Umstand aus den Augen verloren werden, dass personenbezogene Daten keine eindeutigen Repräsentationen von Personen und deren Eigenschaften, Handlungen, Überzeugungen et cetera darstellen. Transparenz, welche über das Medium des Computers hergestellt wird, muss stets aus der Perspektive einer konstruktivistischen Denkungsart betrachtet werden. Personenbezogene Daten bilden lediglich eine virtuelle Doublette, aus welcher stückhaft imaginiert werden kann, wer eine Person ist, welche Interessen sie besitzt, welche Handlungen sie plant et cetera.

Bei der Erhebung personenbezogener Daten werden Personen in unterschiedliche Datenströme „zerlegt". Anschließend wird über die Verwendung verschiedener Kategorien und Klassifikationen ein „data double", also ein virtuelles Profil als vermeintlich eindeutig korrespondierendes Abbild einer Person rekonstruiert (Haggerty/Ericson 2000). Personenbezogene Datensätze wirken auf diese Weise performativ (Raley 2013: 127 f.). Dies birgt die Gefahr, dass durch Praktiken des Sammelns von Daten eine Konstruktion eines Bildes einer Person erstellt wird, welches fragmentiert, verzerrt oder in gewisser Hinsicht „unwahr" ist und möglicherweise im offensichtlichen Widerspruch steht zu dem Bild der Identität, welche die Person selbst von sich zeigt oder zeichnen mag (Los 2006: 93; Karas 2004: 616 ff.). Immer dann, wenn aus digitalen Datensätzen, welche infolge bestimmter Praktiken des Datensammelns entstanden sind – also etwa im Rahmen der Überwachung elektronischer Telekommunikation –, personenbezogene Identitäten, Handlungen, Einstellungen et cetera rekonstruiert werden sollen, muss beachtet werden, dass diese Rekonstruktionen stets nur fragmentarisch, demnach also in gewissem Sinne „verzerrt" oder „falsch" sein können. Das bedeutet, dass der Rückschluss von gesammelten Daten auf Personen nie eine eindeutige, positivistisch zu deutende Korrespondenzbeziehung darstellen kann, sondern immer einer konstruktivistischen Logik folgt, welche dergestalt ist, dass unterschiedliche, also unter Umständen auch einander widersprechende Wirklichkeiten über eine Person konstruiert werden. Dabei ist es jedoch wichtig, dass die aus der Performativität von Daten heraus entstandenen Wirklichkeiten nicht blindlings und auf ungerechte Art und Weise gegen die nicht-digitale Wirklichkeit der je betroffenen Person durchgesetzt werden dürfen. Daten müssen immer interpretiert werden, und diese Interpretation folgt nicht allein subjektiven Vorannahmen, sondern fällt zudem stets lückenhaft aus. Daten sind kein Abbild der Wirklichkeit, sondern geben lediglich Hinweise auf Wirklichkeitsausschnitte.

Die digitalen „Spuren", welche Personen in modernen Informationsgesellschaften nahezu immer und überall hinterlassen und welche für die allgemeine Anhebung von Transparenzniveaus verantwortlich sind, kondensieren gewissermaßen zu reduzierten Biografien, welche stets unter Vorbehalt betrachtet werden müssen. Gleichwohl ist das Phänomen der „Lückenhaftigkeit" und Performativität von personenbezogenen Datensätzen, anhand derer Aussagen über die Wirklichkeit von Personen getroffen werden sollen, nicht exklusiv für die digitale Informationsgesellschaft, sondern ein Derivat grundsätzlicher Probleme und Herausforderungen im angemessenen Umgang mit Sprache und Informationen. Und dennoch kann konstatiert werden, dass insbesondere durch das Paradigma der Big Data eine Art digitaler Positivismus entstanden ist, in welchem Daten beziehungsweise Datenauswertungen so interpretiert werden, als würden sie Realität abbilden und transparent machen. Dass es eine algorithmische Produktion von Realität gibt, welche mit anderen Wirklichkeitskonstruktionen kontrastiert werden muss und welche nicht allein für sich stehen darf, wird selten reflektiert. Dabei wäre es sicher falsch, einem plumpen Relativismus das Wort zu reden. Dennoch ist die algorithmische Produktion von Realität stets kritisch zu reflektieren (Clarke 1988; Rouvroy 2013), auch wenn nicht davon ausgegangen werden kann, dass es eine Möglichkeit der absolut objektiven Kontrastierung von „Datenrealität" und

„Wirklichkeit" geben kann als Korrektiv für wie auch immer „verzerrte" oder „falsche" Informationen in Datenbeständen.

All dies muss bedacht werden, wenn es um Überlegungen zur informationellen Transparenz respektive zu Transparenzniveaus in modernen Informationsgesellschaften geht. Neben diesen eher erkenntnistheoretisch gelagerten Problemen verkomplizieren zudem handfeste soziale Gegebenheiten das Nachdenken über Transparenz. In Anlehnung an das Problem der Informationsasymmetrien sowie der gerechten Verteilung von Transparenz ist häufig die Idee entwickelt worden, dass entlang des Spannungsfeldes zwischen machthabenden auf der einen und wenig Machtkapital besitzenden sozialen Akteuren auf der anderen Seite Transparenz und Privatheit jeweils so verteilt werden sollte, dass „schwache" soziale Akteure durch Privatheit geschützt werden und mächtige Akteure durch die Offenlegung Ihrer Informationen und ihrer darauf basierenden Entscheidungen Verantwortung gegenüber erstgenannten Akteuren übernehmen müssen (Schneier 2015b: 115; Assange 2012: 141). Im Kontext großer IT-Unternehmen bedeutet dies etwa, dass Kunden beziehungsweise Nutzer von Plattformen jener Konzerne ein Recht darauf haben, zu wissen, welche Daten über sie ermittelt, verarbeitet und weitergegeben werden. Dazu gehört vor allem, die Funktionsweisen von Algorithmen mehr oder minder nachvollziehbar zu machen, was im Idealfall über eine Offenlegung des Programmiercodes geschieht. Hier gilt es allerdings zu berücksichtigen, dass es gleichsam gewichtige Gründe gibt, die Funktionsweisen von Algorithmen nicht bis ins letzte Detail zu erörtern. Im Fall von Google etwa wäre, was überaus häufig gefordert wird, eine Offenlegung des der Suchmaschine zugrunde liegenden Algorithmus unter anderem deshalb kontraproduktiv, da die Suchmaschine dann gänzlich durch Suchmaschinenmarketing unterminiert werden würde. Anders jedoch gestaltet sich etwa der Fall von Sicherheitsbehörden, welche auf der Grundlage von algorithmenbasierten Entscheidungen Menschen an Flughäfen oder Grenzen festhalten (Baur-Ahrens et al. 2015). Hier wäre die grundsätzliche Offenlegung der Algorithmen allein aus Gründen der Vorbeugung von Formen der Diskriminierung geboten.

Während mächtige soziale Akteure zu Transparenz und informationeller Offenheit aufgefordert werden und Privatheit sowie das Recht, personenbezogene Informationen selbstbestimmt kontrollieren zu dürfen, für weniger mächtige Akteure eingefordert wird, so ist doch faktisch zu beobachten, dass es sich häufig genau umgekehrt verhält; dass nämlich Privatheit zumeist ein Privileg kapitalstarker sozialer Akteure ist, während bei weniger kapitalstarken Akteuren Transparenz insbesondere durch Überwachungsmaßnahmen zwangsläufig hergestellt wird. Fraglich ist allerdings, ob die schlichte Umkehrung dieses Zustandes einem

Zustand vorzuziehen wäre, welcher sich über eine generelle Anhebung von Transparenzniveaus auszeichnet. Indem über den Schutz der Privatheit garantierte Verschleierungsmöglichkeiten von kapitalstarken auf kapitalschwache Akteure übertragen werden, kann sich zwar das Schadensausmaß reduzieren, welches aus bestimmten norm- oder rechtsverletzenden Handlungen resultieren kann, allerdings bleibt das grundsätzliche Problem bestehen, dass informationelle Räume gepflegt werden, innerhalb derer Informationen isoliert werden können, welche unter Umständen eine erweiterte gesellschaftliche Relevanz besitzen. Dieses Problem kann nur durch eine generelle Anhebung von Transparenzniveaus angegangen werden. Dennoch kann an dieser Stelle ferner argumentiert werden, dass der Schutzbereich des Privaten auf Seiten kapitalschwächerer sozialer Akteure dem Zweck dient, diese vor machtmissbräuchlichem Verhalten seitens der herrschenden Klassen zu schützen. Beispielsweise sind politische Aktivisten in diktatorisch organisierten Staaten essentiell darauf angewiesen, ihr Vorgehen eben nicht transparent machen zu müssen. Doch das Argument, welches in diesem Zusammenhang gegen Transparenz spricht, ist kein Argument gegen Transparenz, sondern gegen Machtmissbrauch, Ungerechtigkeit, Gewalt et cetera. Es geht nicht um die Legitimität von Transparenz, sondern um die Legitimität gemeinwohlschädigenden Handelns.

Trotz aller Probleme, welche mit der Herstellung von Transparenz verbunden sind und welche zumindest teilweise in den vorhergehenden Absätzen kritisch umrissen werden sollten, ist die Schaffung von Transparenz eine Reaktion respektive eine Gegenstrategie auf den informationellen Kontrollverlust computerisierter Informationsgesellschaften. „Informationelle Offenheit ist eine antifragile Strategie in Zeiten des Kontrollverlusts. […] Antifragil gegenüber dem Kontrollverlust sind Strategien, die auf Öffentlichkeit, Transparenz und Vernetzung setzen: freies Wissen, Open Government, offene Daten, Open Source, etc." (Seemann 2014: 165) Doch Transparenz ist nicht alleine eine Gegenstrategie zum informationellen Kontrollverlust, sie ist gleichsam die logische Folge aus ihm. Dennoch ist die Frage, in welcher Art und Weise Transparenz in verschiedenen gesellschaftlichen Bereichen gezielt verteidigt oder zugelassen wird. Personen oder soziale Institutionen können sich gegen Transparenz wehren oder Transparenz zulassen und unterstützen. Auf der einen Seite begründet sich Widerstand gegen die Schaffung von Transparenz aus Normen des Privaten, insbesondere dann, wenn Privatheit die Funktion übernimmt, ethisch fragwürdige Norm- oder Rechtsverletzungen zu bemänteln. Transparenz, welche gerade unter den Bedingungen omnipräsenter digitaler Aufzeichnungs- und Verbreitungsmedien einfach herzustellen ist, macht Normverletzungen aller Art für ein erweitertes Publikum sichtbar. Auf der anderen Seite kann zugelassen oder gezielt gefördert werden, dass Transparenz hergestellt werden kann. Dies begründet sich wiederum daraus, dass Transparenz Vertrauensverhältnisse zwischen sozialen Akteuren begründen oder stärken kann, was wiederum eine „reibungslose" Koordination zwischen den Akteuren ermöglicht.

Damit Transparenz nicht zu einem Werkzeug sozialer Ungerechtigkeit wird, sind Überlegungen darüber erforderlich, in welchen Feldern der Gesellschaft mit welchen Maßnahmen und in welchem Ausmaß Transparenz hergestellt werden kann. Gegner der Idee der informationellen Transparenz heben hervor, dass die Schaffung von Transparenz für betroffene Personen oder Institutionen im Fall etwa der Offenlegung kompromittierender Informationen zu unangemessenen Reaktionen der Öffentlichkeit respektive eines „Mobs" kommen kann. Betroffene würden folglich Opfer einer undifferenziert sanktionierenden Öffentlichkeit, welche im schlimmsten Fall gewaltbereite Einzelpersonen mit handfesten Schädigungsintentionen hervorbringen kann. Folgt man dieser Kritik, stellt die Herstellung von informationeller Transparenz etwa im staatlichen Bereich eine Gefahr für Leib und Leben von politischen Eliten dar. Problematisch hier ist jedoch nicht Transparenz an sich, sondern die selektive Herstellung derselben, welche eventuell in gezielten „Transparenz-Kampagnen" eingefordert wird. Indem informationelle Transparenz nur für bestimmte Personengruppen eingefordert und hergestellt wird, werden im Grunde Informationsasymmetrien geschaffen, welche in ungerechter Weise selektiv personenbezogene Informationen offenlegen. Transparenz und informationelle Offenheit ist demnach immer mit der Herausforderung verbunden, zwischen Personen und Institutionen verschiedener sozialer Felder und vor allem verschiedener Machtressourcen gerecht verteilt werden zu müssen. Die Hoffnung, welche man dabei unter Beachtung der unbeherrschbaren Komplexität vernetzter sensorbewehrter informationstechnischer Systeme hegen kann, besteht darin, dass nicht nur kapitalschwache Akteure, sondern in gleichem Maße kapitalstarke Institutionen, welche Informationsasymmetrien herstellen und von diesen profitieren, derart von informationellen Kontrollverlustereignissen betroffen sein werden, dass es im Endeffekt zu einer Reduzierung der aufgebauten Informationsasymmetrien und sozialen Machtgefällen kommt.

Gegenüber Stimmen, welche sich für Transparenz aussprechen, wird nicht nur, wie oben bereits erwähnt, der Wert des Privaten angeführt, sondern gleichfalls der Wert der Geheimhaltung. Dass bestimmte Dinge geheim gehalten, also einer möglichst totalen Informationskontrolle unterzogen werden können, wird im Wesentlichen in drei Bereichen für essentiell erachtet (Bok 1982: 20 ff.). Erstens geht es um die Sicherung der eigenen Identität, welche sich zumindest partiell im Schutz von Privatheit und Intimität konstituieren soll. Zweitens geht es darum, möglichst autonom eigene Intentionen und Pläne verfolgen zu können, ohne dass diese kompromittiert werden. Zur Wahrung dessen ist es notwendig, dass Intentionen, Absichten oder langfristige Planungen mitunter geheim gehalten werden. So sind etwa Verhandlungssituationen notwendigerweise darauf aufgewiesen, dass die Absichten der Verhandlungsparteien bei Bedarf geheim bleiben, da andernfalls die Verhandlung nicht mehr fair geführt werden könnte. Drittens sind Geheimnisse wichtig, um wertvolles materielles oder geistiges Eigentum schützen und vor Dieben, Spionen, Konkurrenten et cetera bewahren zu können. Kurz gesagt: „Some capacity for keeping secrets and for choosing when to reveal them, and some access to the underlying experience of secrecy and depth, are indispensable for an enduring sense of identity, for the ability to plan and to act, and for essential belongings.“ (Bok 1982: 24)

Auffällig jedoch ist, dass jegliche Argumentationslinien, welche für den Wert der Geheimhaltung oder gar für deren Notwendigkeit sprechen, implizit auf soziale Problemlagen referieren, welche über Geheimhaltungsmaßnahmen nicht ursächlich adressiert werden. Stattdessen geht es lediglich um die Umgehung offensichtlich negativer Folgen jener Problemlagen, worunter soziale Diskriminierung und soziale Ungleichheit ebenso gemeint sind wie etwa Konkurrenz, Rivalität, Gier und vieles andere. Anstatt also beispielsweise dafür zu argumentieren, wie soziale Diskriminierung gegenüber bestimmten Identitätsentwürfen aufgehoben und eine offene, tolerante Gesellschaft gefördert werden kann, werden Überlegungen darüber angestellt, wie unter den Bedingungen sozialer Diskriminierung Identitätsentwürfe über gezielte Geheimhaltungsarrangements vor Diffamierung geschützt werden können. Nachvollzogen werden kann dies jedoch, indem man bedenkt, dass jene Geheimhaltungsarrangements auf den ersten Blick typischerweise deutlich „machbarer“ sind als die erfolgreiche Auflösung tiefgreifender sozialer Problemlagen.

Unter Berücksichtigung dessen erklärt sich, warum insbesondere in sechs verschiedenen Bereichen moderner Gesellschaften Intransparenz- beziehungsweise Schweigepflichten institutionell verankert sind. Ärzte und Psychiater, Priester, Journalisten, Banker sowie Anwälte haben die Pflicht, bestimmte Informationen für sich zu behalten. Sie können, um ihre Verschwiegenheitspflicht einzuhalten, vom Zeugnisverweigerungsrecht Gebrauch machen. Die Schweigepflicht besitzt die Funktion, Personen die Möglichkeit einzuräumen, Fehler, Vergehen, Straftaten oder Krankheiten einzugestehen oder – wie etwa im Fall des Geheimnisverrats gegenüber Journalisten – geschützte Informationen weiterzureichen, welche von gewichtigem öffentlichen Interesse sind und dabei vor sanktionierenden Instanzen, Diskriminierung oder gar Stigmatisierungen geschützt zu sein. Erst der gesetzlich verankerte Schutz von institutionalisierten Schweige- und Vertrauensräumen ermöglicht es, dass Personen überhaupt bestimmte Informationen preisgeben.

Weil aber die Schweigepflicht missbraucht werden und gleichsam der Verschleierung schwerer Straftaten dienen kann, ist selbst sie nicht absolut. Es muss zu einer Abwägung zwischen dem Wert der Vertraulichkeit beziehungsweise der Kontexttreue von Informationen sowie dem Wert der Sicherheit beziehungsweise des individuellen sowie kollektiven Wohls kommen. Im besonders schweren Fällen können sich Ärzte, Psychiater, Priester, Journalisten, Banker oder Anwälte über ihre Verschwiegenheitspflicht hinwegsetzen, um für die Allgemeinheit wichtige Informationen beispielsweise über gefährliche ansteckende Krankheiten, Gewaltphantasien, schwere Verbrechen, Landesverrat, Betrug oder verschleppte Personen zu enthüllen, ohne dabei berufsrechtliche Ahndungen befürchten zu müssen.

In den genannten Bereichen, in denen Verschwiegenheitspflichten institutionalisiert sowie gesetzlich fixiert sind, bestehen folglich strenge kontextspezifische Normen, welche den Verbreitungsradius von bestimmten Informationen radikal limitieren und den Erhalt der kontextuellen Integrität über soziale Mechanismen des Vertrauens weitestgehend garantieren. Unter den Bedingungen informationeller Transparenz, also der Auflösung jener Mechanismen und Normen des restringierten Informationsflusses, könnten die genannten Institutionen nicht mehr ihre Funktion erfüllen, Personen zum Eingeständnis bestimmter Informationen zu bewegen, welche nur unter der Voraussetzung absoluter Geheimhaltung preisgegeben werden. Die erwähnten Institutionen, welche der Schweigepflicht unterliegen, erfüllen jeweils für sich genommen im gewissen Rahmen eine spezifische gesellschaftliche Funktion. Die Herstellung von Transparenz würde diese Funktion konterkarieren.

Gleichzeitig kann jedoch die Herstellung und Aufrechterhaltung von Intransparenz gerade im Bereich von staatlichen Institutionen oder Wirtschaftsunternehmen soziale Ungerechtigkeit schaffen. Dies betrifft insbesondere Behörden oder Unternehmen wie Versicherungen, Banken oder IT-Unternehmen, deren primäres Betätigungs- und Geschäftsfeld im Sortieren, Bewerten, Klassifizieren und Ranken besteht. Methodisch geht es hierbei im Kontext moderner Informationsgesellschaften um Big-Data-Applikationen, deren Algorithmen zum zentralen Gegenstand von Aushandlungsprozessen über Transparenz und Intransparenz werden (Lauer 2016; Saurwein et al. 2015). So schreiben Kerr und Earle:

> „More and more, governments, corporations, and individuals will use big data to preempt or forestall activities perceived to generate social risk. Often, this will be done with little or no transparency or accountability. Some loan companies, for example, are beginning to use algorithms to determine interest rates for clients with little to no credit history, and to decide

who is at high risk for default. Thousands of indicators are analyzed, ranging from the presence of financially secure friends on Facebook to time spent on websites and apps installed on various data devices. Governments, in the meantime, are using this technique in a variety of fields in order to determine the distribution of scarce resources such as social workers for at-risk youth or entitlement to Medicaid, food stamps, and welfare compensation." (Kerr/Earle 2013: 69)

Während auf der einen Seite betont wird, dass jene intransparent verfahrenden Big-Data-Applikationen diskriminierend wirken können (Datta et al. 2015; Weber 2016), da erstens die verwendeten Algorithmen nie wertfrei operieren können und zweitens die Sortierungs-, Bewertungs-, Klassifizierungs- oder Rankingprozesse in automatisierter und vorverurteilender Art zu einer potentiell ungerechtfertigten Aufteilung von Personen beispielsweise in bestimmte Einkommens-, Reputations-, Verdachts- oder Risikogruppen kommen (Angwin et al. 2016), wird dem auf der anderen Seite entgegengehalten, dass die Offenlegung der Operations- und Verfahrensweisen von Big-Data-Applikationen gleichzeitig eine Verletzung des Rechts auf den Schutz des wertvollen geistigen Eigentums von Unternehmen bedeuten würde. Diese Entgegnung dürfte allerdings in der Regel eine vorgehaltene Rechtfertigungsstrategie darstellen, welche die eigentlichen Interessen vieler Unternehmen, darunter die Sicherstellung von Vormachtstellungen am Markt sowie die Vermeidung von Rechtsdurchsetzung gegenüber eigentlich illegalen Geschäftspraktiken, kaschieren sollen. Unternehmen wie Google, welche in einer prinzipiell unstrukturierten digitalen Infosphäre die technischen Möglichkeiten haben, Informationsbestände zusammenzuführen und systematisch zu organisieren, sodass über eine gezielte Suche auf bestimmte Informationen zugegriffen werden kann (Battelle 2005), erhalten eine immense Macht, da sie über die Methoden der Informationsorganisation beeinflussen können, welche Informationen mit welcher Wahrscheinlichkeit aufgefunden werden können – was wiederum signifikante Einflüsse auf andere soziale Sachverhalte, beispielsweise auf den Ausgang politischer Wahlen (Epstein/Robertson 2015), haben kann. Aber es geht nicht allein um die Organisation von Informationen. Es geht um die algorithmische Organisation von Reputationssystemen, von Kaufverhalten im Onlinehandel, von Möglichkeiten und Limitationen des Identitätsmanagements in sozialen Netzwerken, von Entscheidungen über Kreditvergaben et cetera (Latzer et al. 2014). Die Kritik an der Intransparenz von Algorithmen, welche die Geschäftspraxis all jener Unternehmen im Wesentlichen bestimmen, welche beispielsweise im Bereich der Internetsuche, der Finanzmärkte oder der Rankingsysteme tätig sind, fordert eine Öffnung sowie ein Auditing jener Algorithmen. Daran anschließend gehört ebenfalls der Grundsatz der Transparenz zu den wesentlichen Aspekten der

EU-Datenschutz-Grundverordnung. Dieser sieht vor, dass Daten auf für die betroffene Person nachvollziehbare Weise verarbeitet werden und dass etwa Unternehmen ihre Kunden umfassend und präzise über den unternehmenseigenen Umgang mit personenbezogenen Daten informieren müssen. Die Transparenzpflichten sind jedoch faktisch mit Verweis auf Geschäftsgeheimnisse, Urheberrechte oder andere Grundfreiheiten beschränkbar. Gerade im Bereich des „scorings" (Pasquale 2015) beziehungsweise des „social sortings" (Lyon 2003a) herrscht trotz neuer gesetzlicher Regelungen nach wie vor keine Transparenz (Roßnagel/Nebel 2016: 5).

Da Algorithmen beziehungsweise Big-Data-Analysen weitreichende Auswirkungen auf die Lebenswelt sowie die Lebensgestaltung der in modernen Informationsgesellschaften lebenden Personen haben, fallen durch die Arbeitsweise von Algorithmen bedingte Ungerechtigkeiten und Diskriminierungen – welche in den meisten Fällen gar nicht als solche erkannt werden und entweder durch die Einschreibung von Wertannahmen seitens der Softwareingenieure in den Programmiercode oder durch die maschinelle algorithmische „Erlernung" allgemein bestehender Wertannahmen entstehen – besonders stark ins Gewicht (Angwinet al. 2016). Dennoch steht die Herstellung von höheren Transparenzniveaus im Hinblick auf ökonomisch orientierte Verwertungsmodelle von Big Data vor einigen Schwierigkeiten. Die mehr oder minder starke Monopolstellung vieler Unternehmen im Bereich der Informationstechnologien vereint wirtschaftspolitische Entscheidungsmacht auf einige wenige Wirtschaftsakteure. Diese versehen den jeweils firmeneigenen Pool an Algorithmen und Big-Data-Analysetechniken mit einem dreifachen Schutz gegen Transparenz (Pasquale 2015: 103). Erstens liegt es im Wesen der angewandten Algorithmen, äußerst komplex zu sein und nur einer kleinen Gruppe informatisch geschulter Personen überhaupt vom Verständnis her zugänglich zu sein. Zweitens findet eine strikte Geheimhaltung gegenüber der Funktionsweise oder dem Aufbau der angewandten Algorithmen statt. Und drittens wird jene Geheimhaltung durch Gesetze gestützt, welche etwa Whistleblowing oder anderweitige Vorgehensweisen der Offenlegung von Programmen und Algorithmen unter Strafe stellen.

Unter diesen Bedingungen bedeutet, bezogen auf den Bereich der informationstechnischen Systeme, die Nutzung von Diensten und Plattformen jener „black box firms", wie Pasquale (2015) sie nennt, die Aufgabe nahezu jedweder verlässlicher Kontrollmöglichkeiten hinsichtlich der Verarbeitung und Verbreitung eigener, personenbezogener Daten. Der informationelle Kontrollverlust, welcher zum schlechthinnigen Charakteristikum der Mediennutzung in vernetzten Informationsgesellschaften geworden ist, findet seinen Ausdruck nicht nur in der Totalüberwachung der elektronischen Telekommunikation, der Ausgesetztheit gegenüber einer unüberschaubaren Allgegenwart sensorbewehrter, datenerhebender Medien oder der omnipräsenten Sicherheitslücken mit ihren dazugehörigen Exploits und Hacks, sondern auch und gerade in der Intransparenz der IT-Unternehmen. Die beschriebene Intransparenz ist jedoch einseitig, schließlich beschreibt sie lediglich das Verhältnis der Endnutzer digitaler Medien zu den Wirtschaftsakteuren der IT-Branche, nicht aber das umgekehrte Verhältnis, welches freilich ein Verhältnis ist, welches sich durch hohe Transparenzgrade auszeichnet. Dementsprechend nimmt auch der informationelle Kontrollverlust aus der Perspektive von privaten Endnutzern digitaler Medien, welche lediglich auf der Ebene vordefinierter Benutzeroberflächen agieren, eine andere Form an als er sie aus der Perspektive der IT-Unternehmen auf der Ebene der Algorithmen und Codes besitzt. Während für die einen die Intransparenz der Datenverarbeitung und -verbreitung zum Auslöser des Kontrollverlusts wird, sind es für die anderen beispielsweise Leaks, mangelnde IT-Sicherheit oder Hackerangriffe, welche informationelle Kontrollverlustereignisse auslösen.

Dabei muss jedoch berücksichtigt werden, dass auch computergestützte Angriffe auf die Datenbestände von Unternehmen häufig nicht die Methoden der Verarbeitung und Verbreitung von Daten offen legen, sondern wiederum nur jene Daten, welche bloß Träger personenbezogener Informationen, etwa von Kundendaten, sind. So erbeuteten 2013 Hacker beispielsweise über einhundert Millionen Kundendaten des amerikanischen Discounteinzelhändlers Target. Unter den Daten befanden sich Kreditkartennummern, Adressdaten oder E-Mail-Adressen (Harris/Perlroth 2014). Neben Target war auch T.J.Maxx, eine amerikanische Kaufhauskette, Opfer von Hackerangriffen. Hier wurden die Kreditkartendaten von knapp fünfzig Millionen Kunden gestohlen (Jewell 2007). Da das Erbeuten von Kreditkartendaten, wie die beiden Beispiele nur erahnen lassen, gar keine Seltenheit mehr ist, ist im Darknet gleichsam ein regelrechter Markt für Kreditkartendaten entstanden. Auch der Software-Hersteller Adobe wurde Opfer eines spektakulären Hackerangriffs (Breithut 2013). Die Hacker waren in diesem Fall in der Lage, neben Kundendaten auch den Quellcode zahlreicher Adobe-Produkte zu erbeuten. Während man bezüglich der Kundendaten zunächst davon ausging, die Angreifer hätten nur knapp drei Millionen Datensätze gestohlen, musste die Zahl später auf knapp vierzig Millionen nach oben korrigiert werden. Besonders brisant war, dass der Hack nicht nur die Kreditkartennummern, sondern auch die Passwörter der Kunden umfasste. Das Erbeuten von Passwörtern ist, wie bereits erwähnt, deshalb von solchem Gewicht, da gleiche Passwörter häufig nicht nur bei einem, sondern bei mehreren Diensten benutzt werden. Sobald die Hacker also im Besitz der Passwortlisten waren, hatten sie mit gewisser Wahrscheinlichkeit

Zugriff auch auf die Accounts andere Dienste als Adobe. Um Längen eindrücklicher jedoch als der Klau von Quellcode bei Adobe, was freilich den diesbezüglichen Geheimhaltungsinteressen von Adobe zuwider lief, war der Angriff auf Hacking Team, einen italienischen Produzenten von Überwachungssoftware. „Gegnerischen“ Hackern gelang es hier, 480 Gigabyte an firmeneigenen Daten in Umlauf zu bringen (Borchers/Schirrmacher 2015). Darunter befanden sich nicht nur brisante Daten in Form von Rechnungen, E-Mails, Passworttabellen der Anleitungen zum Kompromittieren von Virenscannern, sondern auch der eigentliche Programmiercode von Überwachungstools. Das Beispiel des Hacks von Hacking Team zeigt, dass selbst in jenen Bereichen der IT-Wirtschaft, in welchen mutmaßlich die stärksten Verschwiegenheits- und Geheimhaltungsvorkehrungen getroffen werden, Daten nie sicher sind. So bekommt das Bild der notorisch intransparenten IT-Unternehmen erster Kratzer, denn was Hacking Team widerfuhr, kann gleichsam jedem anderen Unternehmen widerfahren, welches mit Daten und vernetzten informationstechnischen Systemen operiert. Das Risiko, nicht mehr kontrollieren, sondern nur noch zusehen zu können, wie sich die „eigenen“ Daten über verschiedene Informationskontexte hinweg verbreiten und ihren Weg in die Öffentlichkeit finden und transparent werden, schwingt immer und jederzeit mit.

Nicht nur Unternehmen, auch staatliche Stellen werden erfolgreich von Hackern angegriffen und so indirekt gezwungen, ihre Daten bedingt transparent zu machen. So wurde beispielsweise 2015 bekannt, dass Angreifer im Deutschen Bundestag auf zahlreiche Rechner unter anderem von Regierungsmitgliedern zugreifen konnten und Datensätze aus dem Intranet des Parlaments gestohlen haben (Röbel/Schindler 2015). Hinter dem Angriff wurden russische Hacker mit geheimdienstlichem Hintergrund vermutet. Im selben Jahr wurde ebenfalls bekannt, dass unbekannte Hacker in US-Regierungscomputern beim Office of Personal Management (OPM) sensible Daten von 22 Millionen amerikanischen Regierungsangestellten erbeutet haben (Haak 2015). 2016 erbeuteten Hacker zudem persönliche Daten von knapp dreißigtausend US-Agenten (Tanriverdi 2016). Anschließend stellten sie diese öffentlich verfügbar ins Internet. Im gleichen Jahr rief die US-Regierung Hacker bewusst dazu auf, fünf Webseiten amerikanischer Behörden zu attackieren, um Sicherheitslücken zu identifizieren. Derer wurden 138 Stück gefunden (Kramer 2016). Ebenfalls 2016 ereignete sich ein weiterer Fall, in welchem das Landesamt für Verfassungsschutz in Sachen-Anhalt von einem Verschlüsselungstrojaner befallen wurde, bei dessen Entfernung durch IT-Spezialisten ein Backdoor-Trojaner gefunden wurde, über welchen Behördendaten abgeführt werden konnten (Gierow 2016e). Ein weiterer Vorfall eines aufsehenerregenden Hackerangriffs auf Behörden ereignete sich 2014, als Hacker von

Anonymous ein Telefongespräch ausgerechnet über Cybercrimeermittlungen zwischen FBI- und Scotland-Yard-Angestellten abhörten und anschließend im Internet veröffentlichten (Laville 2015). All dies sind nur wenige Beispiele für Cyberattacken auf staatliche Institutionen, welche tagtäglich mit mehr oder minder großem „Erfolg" durchgeführt werden. Ungeachtet jedoch von Hackerangriffen, welche unfreiwillig zur Herstellung von Transparenz führen, schlägt sich der Wunsch nach staatlicher Transparenz in Form von Konzepten nieder, welche die freiwillige öffentliche Verfügbarkeit von Daten aus Verwaltung und Politik vorsehen.

Offenheit und die Nachvollziehbarkeit von Entscheidungsgrundlagen im System der Politik steigern Vertrauensniveaus. Ausgeprägte Vertrauensverhältnisse wiederum schaffen Akzeptanz und Legitimation für Entscheidungen. So wird das Konzept der transparenten Daten in einen Zusammenhang mit der Idee des transparenten Regierens gestellt (Hagendorff 2016a). Das heißt, durch die öffentliche Zugänglichkeit von Daten werden die Voraussetzungen für die bürgerliche Mitgestaltung der Politik und für eine verstärkte Einbindung der Öffentlichkeit in staatliche Entscheidungsfindungsprozesse geschaffen. Entsprechende Konzepte werden unter dem Schlagwort „Open Government" ausgehandelt. Insofern werden die Bedingungen politischer Entscheidungsfindungsprozesse durch die Verfügbarkeit von Informationen in digitaler Form im Internet maßgeblich beeinflusst. Open Government als Teilkonzept von „Open Data" steht dafür, dass Transparenz und Partizipation ineinandergreifen und dass die politische Willensbildung auf eine breitere Basis gestellt wird.

Die weitreichende Umsetzung eines Konzepts der Open Government würde eine entsprechende Aufrüstung und Anpassung digitaler Technologien und juristischer Rahmenbedingungen erfordern. Dem vorausgehend müssen geeignete Informationsbestände digitalisiert und in die Form maschinenlesbarer Daten gebracht werden. Anschließend müssen übersichtliche Datenportale und -kataloge beziehungsweise entsprechende Web-2.0-Anwendungen erstellt werden, um die Daten nutzerfreundlich auszugeben. Schlussendlich müssen die Veränderungsmaßnahmen kommuniziert werden, sodass die neu erstellten Informationsportale breite Aufmerksamkeit finden können und es zu einer möglichst umfangreichen Nutzung öffentlicher Daten aus Regierung und Verwaltung kommen kann.

Signifikant an Popularität gewonnen hat das Konzept Open Data durch ein veröffentlichtes Memorandum des amerikanischen Präsidenten Obama mit dem Titel „Transparency and Open Government" (Obama 2009). Hier werden Transparenz, Partizipation und Kollaboration als Leitorientierungen der Politik genannt. Weitere Organisationen, welche sich für die Verbreitung von offenen und öffentlichen Daten einsetzen, sind etwa die Open Knowledge Foundation oder die Sunlight Foundation, welche neben anderen Organisationen in der Global Open Data

Initiative zusammengefasst sind. Während jene Organisationen zur Förderung von Open Data eine maximale Öffentlichkeit und Transparenz der Daten anstreben, ist in der Praxis zu beobachten, dass bei vielen Open Data Initiativen diese Öffentlichkeit dennoch eingeschränkt ist, beispielsweise durch die Unvollständigkeit von Datensätzen, durch deren fehlende Maschinenlesbarkeit oder proprietäre Dateiformate, durch entstehende Kosten etwa durch Datenvolumengebühren oder andere Zugangshürden.

> „[...] despite their special position in capturing information, governments have often been ineffective at using it. Recently the idea has gained prominence that the best way to extract the value of government data is to give the private sector and society in general access to try." (Mayer-Schönberger/Cukier 2013: 116)

Open Government Data stehen für die Öffnung von Staat und Verwaltung, für einen Ausbau von bürgerlichen Beteiligungsrechten an der Politik sowie für die Modernisierung demokratischer Meinungs- und Willensbildungsprozesse in einer digitalen, vernetzten Welt. Die ‚offene Staatskunst' soll die Effektivität und Legitimität von Politik und Verwaltung verbessern (Internet & Gesellschaft Co:llaboratory 2010). Es geht nicht nur um die Transparenz des Staates und seiner Verwaltung für Zugriffe auf Informationen von nicht-staatlichen Akteuren, sondern gleichsam um eine Offenheit für Ideen und Anregungen seitens der Bürgerschaft

In einem politischen Kontext steht Open Data, wie bereits oben angerissen, in Zusammenhang mit drei Kerngrößen demokratisch organisierter politischer Systeme: Transparenz, Partizipation und Kollaboration (Martini 2014: 13). Transparenz ermöglicht es, politische Interessenlagen und Entscheidungsfindungen nachvollziehen, überwachen und kritisieren zu können – und somit gleichsam eine staatliche Rechenschaftspflicht sowie ein breiteres Verantwortungsbewusstsein zu etablieren (Brin 1998: 119). Die ausführliche Kenntnis über jene Entscheidungsfindungen wiederum ist die beste Grundlage für politische Partizipation, also für die Einbeziehung der kollektiven Intelligenz informierter Bürger in das politische Geschehen. Die Möglichkeit der Bürger, durch Einsicht in bundes-, landes- oder kommunalbehördliche Verwaltungsdaten an politischen Entscheidungsfindungsprozessen aktiv mitwirken zu können, ergibt sich unter den Vorzeichen von Open Data und Open Government nicht mehr allein zu bestimmten Zeitpunkten während demokratischen Wahlen, sondern permanent. „Consequently, public involvement, getting ideas and suggestions, is a daily activity, aiming to have a wider inspiration in managing and to collect feedback in already started actions." (Murgante/Borruso 2013: 633) Die konstante Einbeziehung der Bürger über Wikis, Social-Media-Plattformen, Foren oder Blogs steigert die Qualität und stärkt die Legitimation politischer Entscheidungen, sodass eine Zusammenführung von bürgerlichen und staatlichen Kompetenzen stattfinden kann. Letztlich handeln politische Entscheidungsträger unter diesen Vorzeichen zudem immer in dem Bewusstsein, dass eine Vielzahl ihrer Entscheidungen öffentlich nachvollziehbar und kontrollierbar ist.

Neben den Vorteilen von transparenten Regierungsdaten muss dennoch kritisch bedacht werden, dass zwischen der Theorie der gemeinwohl- und demokratiefördernden Auswirkungen von Open Government und der Realität bürokratischer Transparenzniveaus eine Lücke klafft. Nicht überall, wo ein Bürgerinteresse vorhanden ist, ist auch ein entsprechender Wille zu staatlicher respektive behördlicher Auskunfts- und Öffentlichkeitsarbeit (Gusy 2014: 83). Angebot und Nachfrage gehen nicht in eins. Tatsächlich überwiegen häufig staatliche Geheimhaltungsinteressen die Interessen der Öffentlichkeit an der freien Zugänglichkeit von Daten. Der Wunsch nach Geheimhaltung besteht insbesondere dort, wo der Staat durch die Einrichtung einer Zugangsmöglichkeit zu Daten eine Einschränkung politischer Operationen beispielsweise bei der Strafverfolgung zu befürchten hätte. Hierbei geht es also vor allem um sicherheitsbezogene Daten.

In vielen Bereichen, in denen Zugangsbeschränkungen über Staatsinformationen etabliert sind, wird dies unter Berufung auf den Grundsatz der Eigenverantwortlichkeit der Staatsgewalt legitimiert. Der Staat, so die Überlegung, verantwortet selbstständig die Geheimhaltung bestimmter Informationen. So können Transparenzansprüche gleichsam nicht an Amts- oder Staatsgeheimnisse gerichtet werden. Dabei muss jedoch stets kritisch bedacht werden, dass derartige Geheimhaltungsarrangements zwar prinzipiell legitimiert werden können, sie aber auch stets in der Gefahr stehen, machtmissbräuchliche Handlungen zu fördern. „When linked, secrecy and political power are dangerous in the extreme.“ (Bok 1982: 106) So zeigt sich gerade im Bereich des Politiksystems letztlich doch, dass nach einer Abwägung der wesentlichen Argumente Transparenz gegenüber staatlichen Informationsbeständen eher gerechtfertigt werden kann als Intransparenz. Gleiches gilt, so dürfte zu vermuten sein, für diverse weitere soziale Felder. Entscheidend dabei ist jedoch, dass Transparenz zwar zum einen normativ eingefordert werden kann, sie zum anderen aber mehr oder minder unfreiwillig durch informationelle Kontrollverlustereignisse hergestellt wird. Doch angesichts des Übergewichts jener Argumente, welche für Transparenz und damit gegen Intransparenz sprechen, ist es durchaus angemessen, die generellen Abneigungs- und Vermeidungshaltungen, welche gegenüber dem informationellen Kontrollverlust in Diskursen rund um die Komplexe Privatheit, Datenschutz oder Informationssicherheit gepflegt werden, zu überdenken.

Gleiches gilt, wenn Überwachung thematisiert wird. Auch die etablierten Überwachungspraktiken von digitalen Informations- und Kommunikationstechnologien sind, genau wie die technologiebedingte Anhebung von Transparenzniveaus in verschiedenen gesellschaftlichen Bereichen, eine quasi unvermeidbare Folge des allgemeinen informationellen Kontrollverlusts. Und genauso, wie sich ein veränderter Umgang mit Transparenz in der Informationsgesellschaft manifestieren muss, muss es einen veränderten Umgang mit Überwachung geben. Diesem Thema soll sich das folgende Kapitel widmen.

Überwachung

Durch Schlagworte wie „Big Brother“ oder „1984“ ist ein allgemein bekanntes Bild von Überwachung gezeichnet worden, welches ein panoptisches Modell beschreibt. Von einem einzelnen Standpunkt aus können durch möglichst wenige und effektive Überwacher möglichst viele Personen gleichsam „von oben“ überwacht werden. In der Öffentlichkeit ist genau diese Vorstellung über die Verfasstheit der staatlichen Überwachung vorherrschend, jedoch entspricht sie nicht der faktischen Organisation der etablierten Überwachungsarchitektur in der digitalen Gesellschaft. Treffender wird die Überwachungspraxis mit dem Bild des Rhizoms beschrieben, wobei Überwachung dezentralisiert stattfindet und aus einer Vielzahl an Informationsströmen besteht, welche auf unterschiedlichste Art ausgewertet werden können (Haggerty/Ericson 2000; Raley 2013). Tatsächlich sind es schließlich nicht allein die Geheimdienste, welche die Überwachungsgesellschaft begründen, sondern gleichsam unzählige nicht-staatliche Organisationen, Unternehmen oder Einzelpersonen, welche in mehr oder minder großem Umfang personenbezogene Daten sammeln und analysieren (Fernandez/Huey 2009: 199; Andrejevic 2002; Ball et al. 2006). Weltweit gibt es einem Report von Privacy International zufolge alleine mehr als 520 verschiedene Unternehmen, welche spezifische Überwachungs-Technologien produzieren und weltweit exportieren (Omanovic 2016).

Unabhängig also von der Frage, wer überwacht, wirkt Überwachung, so die Theorie, stets freiheitseinschränkend. Dabei lassen sich zwei Denkansätze unterscheiden. Zum einen geht der handlungspsychologische Ansatz davon aus, dass bereits die bloße Präsenz einer Überwachungsarchitektur zur Folge hat, dass Personen nicht authentisch handeln, sondern sich einer vorgestellten Normalität anpassen. Die daran anschließende Normalisierungsthese postuliert, dass Personen, welche davon ausgehen, überwacht zu werden, sich so verhalten, dass sie „normal“ wirken und nicht auffallen. Den entgegen steht die Überlegung, welche besagt, dass Überwachung erst dann freiheitsraubend wirkt, wenn beobachtete

Handlungen konkret sanktioniert werden. Dieser Ansatz kann gleichsam normativ respektive im Sinne einer Pragmatik der digitalen Welt gedeutet werden. Der freiheitsmindernde Effekt der bloßen Existenz einer Überwachungsarchitektur soll abgestritten werden. Akzeptiert wird, dass die Allgegenwart datenerhebender und datenverarbeitender Informationstechnologien die Grundlage einer potentiellen Totalüberwachung allen sozialen Handelns darstellt (Andrejevic 2012).

> „Unser digitales Leben wird nicht erst seit gestern, sondern seit mindestens zehn Jahren lückenlos überwacht. Würde die komplette Überwachung des Menschen seine Freiheit und Individualität so grundsätzlich infrage stellen, wie es von digitalen Bürgerrechtlern seit vielen Jahren suggeriert wird, dürfte sich in der westlichen Hemisphäre niemand mehr frei fühlen. Mit anderen Worten: Die Frage, ob wir mit der Totalüberwachung leben können, ist schon lange keine hypothetische mehr, sondern empirisch beantwortet: Ja, können wir, und wir tun es schon seit zehn Jahren.“ (Seemann 2014: 170)

Ob Seemann das Ausmaß der empfundenen Freiheitseinschränkung angemessen einschätzt, sei dahingestellt. Beispielsweise stellt die Schriftstellervereinigung P.E.N. in einem Bericht über die globale Überwachung fest:

> „Concern about surveillance is now nearly as high among writers living in democracies (75%) as among those living in non-democracies (80%). The levels of self-censorship reported by writers living in democratic countries are approaching the levels reported by writers living in authoritarian or semi-democratic countries.“ (PEN American Center 2015)

Im Sinne Seemanns ließe sich an dieser Stelle weniger die Überwachungsarchitektur an sich kritisieren als vielmehr die Einschätzung der Schriftsteller über die mutmaßlichen Sanktionsfolgen der Überwachung in den demokratischen Staaten. Tatsächlich konnte in einer Studie von Amnesty International, welche in dreizehn verschiedenen Ländern durchgeführt wurde, festgestellt werden, dass das Vorhandensein staatlicher Überwachungsarchitekturen weniger zu einer Selbstzensur und Stimmreduzierung etwa im Bereich der Regierungskritik führte, als vielmehr umgekehrt zu einer Vermehrung und Förderung regierungskritischer Stimmen (Chambers 2015). Auch wurde festgestellt, dass 58 % aller befragten Personen angaben, ihr Internetnutzungsverhalten unter den Bedingungen staatlicher Überwachung nicht geändert zu haben. Dieses Mehrheitsverhältnis darf jedoch nicht im Sinne der Legitimation staatlicher Überwachung angesehen werden. Schließlich gab weiterhin ein gewisser Prozentsatz der Befragten an, ihr Verhalten eben doch geändert zu haben – und zwar insbesondere im Bereich der Benutzung des Internets zu Zwecken der Informationssuche über gesundheitsbezogene Themen.

Überwachung kann somit einen indirekten Einfluss auf das Gesundheitsverhalten der Bevölkerung haben. Das bedeutet wiederum, dass im Endeffekt bestimmte negative Auswirkungen staatlicher Überwachung nicht abgestritten werden können. Die Frage ist dann, wie dem entgegen gesteuert werden kann. Angesetzt werden kann an der Überwachungsarchitektur an sich, an der Art, wie sie zur Verfolgung von Norm- oder Rechtsverletzungen eingesetzt wird und an der öffentliche Wahrnehmung und Bewertung staatlicher Überwachung.

Der Umstand, dass eine gigantische, global ausgedehnte digitale Überwachungsarchitektur besteht, welche auf der Omnipräsenz informationstechnischer Systeme aufbaut und vom informationellen Kontrollverlust der digitalen Welt profitiert, lässt sich im Rahmen der gedanklichen Stoßrichtung, welche Seemann einschlägt, nicht abändern. Auch Brin argumentiert derart.

„For in fact, it is already far too late to prevent the invasion of cameras and databases. The djinn cannot be crammed back into its bottle. No matter how many laws are passed, it will prove quite impossible to legislate away the new surveillance tools and databases. There are here to stay. Light is going to shine into nearly every corner of our lives." (Brin 1998: 8 f.)

Vernetzte informationstechnische Systeme sind aufgrund ihrer technischen Verfasstheit immer potentielle Überwachungswerkzeuge, sie sind „surveillance-ready" (Roberts/Palfrey 2010: 35). Sie zu benutzen heißt, überwacht werden zu können. Je fähiger dabei die überwachende Instanz ist, desto geringer sind die Schutzmöglichkeiten gegen Überwachung. Im Fall gezielter Überwachungsmaßnahmen tendieren diese gar gen Null. Trotzdem werden informationstechnische Systeme flächendeckend und in vielfältiger Weise nutzenbringend in zahlreichen Handlungszusammenhängen eingesetzt.

Damit ist die digitale Überwachungsarchitektur nicht mehr wegzudenken. Sie sitzt unabänderlich auf dem informationellen Kontrollverlust auf. „[...] the convergence and pervasiveness of MTI [media technologies and infrastructures] that have been developed and disseminated over the past two decades, enable surveillance attention to be continuous, widely distributed, and persistent." (Kubitschko 2015: 78) Dabei bedeutet die Tatsache, dass die überwiegende Mehrzahl aller informationstechnischen Systeme potentiell zu Überwachungszwecken eingesetzt werden kann, nicht, dass dies gleichsam aktual getan wird. Potentielle und aktuale Überwachung können – ressourcentechnisch gesehen – nicht in Eins fallen. So schreiben Ball und Haggerty:

„One limitations of the ‚ever more surveillance' narrative is that it relies upon a highly questionable assumption of institutional competence or even perfection. Every new technology that comes on the market with surveillance implications is often interpreted as manifesting the fullest and most draconian surveillance potentials. This overlooks considerable scholarly literature that accentuates how organizations are often profoundly inefficient in handling information and capitalizing on new technologies. The mere existence of these technologies does not necessarily imply that their surveillance potential will be exploited.“ (2002: 136)

Sich politisch gegen Überwachung auszusprechen (Fernandez/Huey 2009), kann nicht bedeuten, sich pauschal gegen informationstechnische Systeme auszusprechen, welche potentiell zu Überwachungszwecken eingesetzt werden können. Problematisiert werden müssen weniger digitale Informations- und Kommunikationstechnologien an sich, sondern vielmehr die grundsätzliche Motivation verschiedener sozialer Akteure, andere soziale Akteure zu Sanktionszwecken überwachen zu wollen (Rule 2007: 18 ff.). Diese Motivation, welche ja nicht erst seit der Entwicklung moderner Informationsgesellschaften, welche mit vernetzten digitalen Medien durchsetzt ist, vorherrscht, erfährt durch die Leichtigkeit, mit welcher sich digitale Informations- und Kommunikationstechnologien zu Überwachungszwecken einsetzen lassen, einen neuen Vorschub. Diesem soll durch Datenschutz und Konzepten zur Informationssicherheit begegnet werden, ungeachtet allein nur komplexitätstheoretischer Überlegungen, welche darauf hindeuten, dass hochkomplexe Computersysteme nie gänzliche Informationskontrolle bieten können und Überwachungsmaßnahmen durch diese fehlende Informationskontrolle gerade konstituiert werden.

Gegenstand gesellschaftspolitischer Aushandlungsprozesse sollte weniger die staatliche und wirtschaftliche Überwachungsarchitektur an sich werden, sondern die Art, wie sie zur Verfolgung von Norm- und Rechtsverletzungen sowie zur Herstellung von Sicherheit eingesetzt wird. Es geht um Richtlinien der Vollstreckung überwachungsbasierter Sanktionen sowie darum, wie invasiv und zu wessen Vor- oder Nachteil Überwachungsinstrumente eingesetzt werden dürfen (Raab 2012). Davon abhängig ist schließlich gleichsam die öffentliche Wahrnehmung staatlicher Überwachung mit ihren daraus resultierenden handlungspsychologischen Folgen. Politisch gegen Überwachung zu kämpfen bedeutet demnach nicht, eigentliche sowie potentielle Überwachungsinstrumente auszuschalten, sondern lediglich die Wirkung von institutionell geleiteter Überwachung zu schwächen respektive zu minimieren. Diese betrifft einerseits überwachungsbasierte Sanktionen sowie andererseits aus Überwachungsangst heraus resultierende Normalisierungs- und Selbstzensurtendenzen. Wenn der ehemalige NSA-Chef

Hayden freimütig zugibt, dass die Opfer von Drohnenangriffen auf der Basis von Metadaten, in diesem Fall Mobilfunkdaten geortet und angegriffen werden (Greis 2014b), dann stellen überwachungsbasierte Sanktionen eine sehr konkrete Bedrohung dar. Abgesehen von der ethischen Fragwürdigkeit von Drohnenschlägen stellt sich hier beispielsweise die Frage nach der Zuverlässigkeit der Daten. So ist auch an diesem Beispiel abzulesen, dass nicht die Erfassung von Mobilfunkdaten das primäre Problem ist, sondern der Einsatz dieser Daten als Grundlage von überwachungsbasiertem Sanktionshandeln.

Entscheidend sind die Praktiken und Befugnisse, welche Überwachungsinstanzen erhalten. Die Infrastruktur, auf welcher die Überwachung aufsitzt – also Telefonnetze, Funkverbindungen, Datenleitungen et cetera – kann nur schwerlich abgebaut werden, ohne fundamentale Beeinträchtigungen in der Telekommunikationsstruktur der Gesellschaft. Daher muss, wenn es um Widerstand gegen Überwachung geht, der Fokus auf den Sanktionsmaßnahmen liegen, welche aus Überwachungspraktiken folgen, und nicht auf den Überwachungspraktiken an sich. Anstatt etwa Bereiche des Privaten gegen Beobachtung und Überwachung zu schützen,

> „sollten wir gegen die Instanzen der Bestrafung kämpfen: Autoritäre Grenzkontrollen, rassistische Polizeianordnungen, homophobe Strukturen in der Gesellschaft, ungerechte Gesundheitssysteme und institutionelle Diskriminierung sind die eigentlichen Problemfelder, auf denen Überwachung gefährlich werden kann." (Seemann 2014: 173)

Es geht um die gesellschaftspolitische Aushandlung der Legitimität oder Illegitimität von überwachungsbasierten Drohpotentialen und Sanktionsmechanismen. Die bloße Tatsache der Überwachung, welche von „oben" nach „unten" (surveillance), von „unten" nach „oben" (sousveillance) oder horizontal (lateral surveillance) gelenkt werden kann, wird sich nur in äußerst geringem Rahmen politisch eindämmen lassen. Weitreichende Überwachung wird immer Teil moderner Informationsgesellschaften sein.

Rein theoretisch wäre es möglich, jede Überwachungsinstanz rechtlich an Grundsätze zu binden, welche die Legitimität, die Notwendigkeit, die Proportionalität, die Spezifizität, die Zweckgebundenheit sowie ausreichende Transparenz von Überwachungsmaßnahmen sicherstellen soll (Prakash 2013: 196; Schneier 2015b: 120; Raab 2012: 379 ff.). Die Frage ist aber, ob derartige Rechtssätze eingehalten würden, ob also sowohl Geheimdienste als auch Unternehmen sowie nicht-staatliche, organisierte Hackergruppen sich daran halten – oder ob systemeigene Leitziele jener Geheimdienste, Unternehmen und Hackergruppen als hinreichend starke Handlungsmomente wahrgenommen werden, welche gegen die

Einhaltung der Rechtssätze sprechen (Zuboff 2015). Empirisch betrachtet fällt auf, dass Rechtsverstöße etwa bei Geheimdiensten eher die Regel als die Ausnahme sind.

> „Abuses happen inside surveillance organizations as well. For example, NSA employees routinely listen to personal phone calls of Americans overseas, and intercept e-mail and pass racy photos around the office. We learned this from two intercept operators in 2008, and again from Snowden in 2014. We learned from the NSA that its agents sometimes spy on people they know; internally, they call this practice LOVEINT. The NSA's own audit documents note that the agency broke its own privacy rules 2,776 times in 12 months, from 2011 to 2012. That's a lot – eight times a day – but the real number is probably much higher. Because of how the NSA polices itself, it essentially decides how many violations it discovers." (Schneier 2015b: 76)

Aufgrund der Tatsache, dass durch die Snowden-Enthüllungen vor allem die US-amerikanische NSA beziehungsweise die Geheimdienste der Five Eyes in den Fokus der Öffentlichkeit geraten sind, werden Forderungen nach einer Rechtsprechung, welche die Massenüberwachung durch die Geheimdienste einschränken soll, in der Regel auch genau an diese Geheimdienste gerichtet. Unabhängig davon, dass es bereits hier unwahrscheinlich ist, dass Staaten die Befugnisse ihrer mächtigen Geheimdienste rechtlich signifikant restringieren, wird vergessen, dass eine solche Restriktion der Geheimdienste der Five Eyes kaum ein Ende der Massenüberwachung bedeuten würde, da schließlich die Geheimdienste Russlands, Chinas und anderer Länder in gleicher Weise wie die NSA versuchen, möglichst flächendeckend und global sämtliche elektronische Kommunikation abzufangen – oder zumindest in der Lage zu sein, diese bei Bedarf abfangen zu können. Gesellschaften mit einer digitalen, informationstechnischen Infrastruktur werden immer mit staatlicher Massenüberwachung leben müssen – sei diese von in- oder ausländischen Geheimdiensten organisiert. Eine Gesellschaft frei von Überwachung, worunter an dieser Stelle staatliche, wirtschaftliche als auch private Überwachungsstrukturen gezählt werden sollen, wird nicht einmal im Ansatz hergestellt werden können. Pragmatischer also als gegen Überwachung an sich politisch zu kämpfen ist es, sich Strategien des Umgangs mit Überwachung zu überlegen. Genau dies soll im Folgenden getan werden, wobei wiederum die Perspektive jener Ebene eingenommen werden soll, welche der Perspektive der privaten Endnutzer informationstechnischer Systeme entspricht, welche zumindest staatliche oder wirtschaftsbasierte Überwachungsarchitekturen weder politisch noch technisch unmittelbar beeinflussen können. Um dies zu leisten, sollen vorerst jedoch einige kommunikationstheoretische Überlegungen getätigt werden.

Unter den Bedingungen einer starken informationellen Privatheit beziehungsweise einer starken Informationssicherheit, in welcher vor allem die elektronische Kommunikation durch einen funktionierenden Datenschutz sicher, also die kontrollierte Verarbeitung und Verbreitung von digitalen, personenbezogenen Informationen unter Bewahrung kontextueller Integrität möglich ist, kann, so die Theorie, eine andere Art der Kommunikation stattfinden als unter den Bedingungen fehlender informationeller Privatheit. Regan hat diesen Gedanken aufgegriffen (1995: 236), um dafür zu argumentieren, dass der Schutz der informationellen Privatheit, also der Schutz restringierter Informationsströme und funktionierender Informationsbarrieren nicht allein im Interesse von Einzelpersonen liegt, sondern im Interesse der Allgemeinheit respektive der Gesellschaft liegen muss. Sozial wünschenswert, so Regan, ist ein starker Schutz der informationellen Privatheit, da die Art der Kommunikation, die Art der Informationsweitergabe freier und vielgestaltiger ist als dies unter den Bedingungen einer schwachen oder fehlenden informationellen Privatheit der Fall wäre. Freier ist die Kommunikation unter den Bedingungen einer starken informationellen Privatheit, da zum einen interaktionelle Rücksichten in der Kommunikation nur gegenüber dem intendierten Kommunikationspartner gepflegt werden müssen – es also etwa möglich ist, über an der Kommunikation unbeteiligte Dritte kritisch oder gar schlecht zu reden –, und da zum anderen Informationen, welche ausschließlich für den intendierten Kommunikationspartner bestimmt sind, auch sicher nur an diesen übermittelt werden. Regan spricht hier von „point-to-point communication" und kontrastiert diese mit der „point-to-mass communication". Erstere, also die One-to-One-Kommunikation, entspricht einem eindeutig definierten Informationsfluss zwischen einem Sender und einem Empfänger, wobei die kontextuelle Integrität der Kommunikationssituation sichergestellt werden kann. Letztere, also die One-to-Many-Kommunikation, wirkt, so die Überlegung, für den Sender freiheitseinschränkend, da er während der Kommunikation permanent ein undefiniertes, erweitertes Empfängerpublikum antizipieren muss. Dieses undefinierte Empfängerpublikum – Marwick und Boyd etwa bezeichnen es als „networked audience" (2011: 16) – repräsentiert gleichsam einen undefinierten, einen generalisierten „generalized other" (Mead 1968), dessen ambivalente Normkomplexe und Wertannahmen man versucht, zu bedienen, jedoch kaum adäquat bedienen kann, solange man nicht weiß, welchen „generalized other" das Empfängerpublikum verkörpert. Die Vielgestaltigkeit der Erwartungen bezüglich des generalisierten „generalized other" wird derart durch eine möglichst normkonforme, opportunistische Art der Kommunikation und der Informationspreisgabe bedient. Sozial wünschenswerter dagegen sind Kommunikationssituationen, in welchen kontextuelle Integrität aufrecht erhalten wird, in welchen es nicht zu einem „context collapse" (Wesch 2009; Vitak

2012) kommt, in welchen ein gut definierter „generalized other" sicher antizipiert werden kann, in welchen also Empfänger von Informationen möglichst eindeutig antizipiert werden können – es also beispielsweise keine Überwachung oder Spionage gibt – und dementsprechend eine starke informationelle Privatheit die Freiheit der Kommunikation schützt sowie einer möglichen Selbstzensur respektive Normalisierungstendenzen in der Kommunikation entgegenwirkt.

Diese Argumentation fußt auf verschiedenen Prämissen, welche im Einzelnen diskutiert werden müssen. In einer Gesellschaft, in welcher durch Totalüberwachung aller Bürger jede intendierte One-to-One-Kommunikation durch die omnipräsente Involvierung von Behörden oder Unternehmen, welche kommunizierte Inhalte aufzeichnen, auswerten und eventuell weiterverbreiten, gleichzeitig eine unkontrollierte One-to-Many-Kommunikation darstellt, würde, so die Vorstellung, eine Kommunikation, welche Normverletzungen beschreibt, aufgrund von Sanktionsängsten unterlassen. Es käme zu einer radikalen Selbstzensur und gleichsam zu starken Normalisierungstendenzen in der Kommunikation. Im Kern kann dieses Argument auf Überlegungen von Foucault zurückgeführt werden (Foucault 1976). Er geht davon aus, dass Personen, deren Verhalten oder Kommunikation permanent von Dritten beobachtet werden kann, den Umstand des Beobachtet-Werdens derart internalisieren, dass sie ihr Verhalten beziehungsweise ihre Kommunikation selbst überwachen und „disziplinieren", auch wenn faktisch gar kein außenstehender Beobachter anwesend ist. Derart kommt es in der Kommunikation zu Effekten der Selbstzensur. Personen verlieren ein Stück weit ihre „agency", sie werden passiv und gehorsam. „The totalitarian gaze, which is arbitrary and predicated on fear, aims [...] at infinite malleability and obedience." (Los 2006: 76)

Entscheidend für diese Argumentation ist jedoch die Prämisse, welche von einer starken Wirkmacht von Sanktionsängsten ausgeht. Unabhängig davon, wie weit auf Überwachung bezogene Sanktionsängste in einer Gesellschaft tatsächlich verbreitet sind, muss berücksichtigt werden, dass jene Ängste nur dann gerechtfertigt sind, wenn ein ihnen entsprechendes Ausmaß überwachungsbasierter Sanktionen faktisch festgestellt werden kann. Hier geht es darum, dass eine Gesellschaft angemessen darüber aufgeklärt werden muss, inwiefern bestehenden Überwachungsarchitekturen tatsächlich zur Verfolgung von unterschiedlich schwerwiegenden Normverletzungen und deren Sanktion eingesetzt werden. Letztlich wird gerade die staatliche und wirtschaftsbasierte Überwachung nämlich nicht zur direkten Sanktion einzelner Personen verwendet, sondern, mit Lyon (2003a) gesprochen, zum „social sorting", also zur algorithmischen Einordnung von Personen etwa in Risiko-, Reputations- oder Verdachtsgruppen, woraus wiederum nur mittelbar Sanktionsmaßnahmen abgeleitet werden können, welche sich auf ganz andere Weise manifestieren, als jene Maßnahmen, welche man klassischerweise mit überwachungsbasierten Sanktionen assoziiert. Hier geht es weniger darum, etwa der Strafverfolgung ausgesetzt oder von Drohnenangriffen betroffen zu sein, sondern eine bestimmte Online-Werbung zu erhalten, für ein bestimmtes Produkt mehr oder weniger zahlen zu müssen, zu einem Bewerbungsgespräch nicht eingeladen zu werden, an Sicherheitskontrollen intensiver überprüft zu werden et cetera.

Wenn es dennoch um reine Informationssicherheit geht, welche gegen Überwachung durchgesetzt werden soll, bietet sich in dringlichen Situationen – etwa wenn man sich vor der Sanktionsgewalt eines autoritären Überwachungsstaates schützten muss – die Möglichkeit der Nichtbenutzung vernetzter informationstechnischer Systeme bei der Kommunikation. Dieser Schritt stellt zwar offensichtlich eine große soziale Ungerechtigkeit und Benachteiligung dar, da er gleichbedeutend mit drastischen Einschränkungen bei der Telekommunikation und der Nutzung von Verbreitungsmedien ist. Er muss allerdings unter den aktuell gegeben Bedingungen der Informations- und Kommunikationstechnologie, welche gleichsam die Technologie des informationellen Kontrollverlusts ist, als einzig sichere Kommunikationsmethode gelten.

In freiheitlichen Gesellschaften dagegen können für die Tatsache, dass computervermittelte Kommunikation stets unter der Bedingung stattfindet, dass erweiterte Publika bestehend aus nicht-intendierten Informationsempfängern antizipiert werden müssen, neue Strategien der Mediennutzung gefunden werden. „Social convergence requires people to handle disparate audiences simultaneously without a social script." (Boyd 2008a: 18) Es geht um Strategien, welche sich auf den informationellen Kontrollverlust einstellen und ihn immerzu erwarten.

> „Post-Privacy zu praktizieren", schreibt Seemann, „wirkt wie eine stoische Übung: Wer von vornherein vom schlimmstmöglichen Szenario ausgeht – in unserem Fall also davon, dass alle Informationen öffentlich sind – wiegt sich nicht in falscher Sicherheit, sondern bereitet sich vor auf den Fall, in dem die maximale Öffentlichkeit tatsächlich eintritt. Ständig im Hinterkopf zu haben, dass auf alle Daten zugegriffen werden kann, reduziert die Angst und damit auch die Wirkung von Überwachung." (Seemann 2014: 176)

Eine dementsprechende Strategie, welche zum einen den Bedingungen der permanenten informationellen Kontrollunsicherheit angepasst ist und welche zum anderen die freiheitseinschränkende Wirkung von Überwachung zu reduzieren vermag, besteht in einer Umkehrung der handlungspsychologischen Vorzeichen der von der Überwachungsforschung klassischerweise postulierten Überwachungswirkungen. Überwachung wird in der Regel als etwas gesehen, dem Personen passiv ausgeliefert sind. Allen voran der frühe Foucault beschreibt die Subjekte der Überwachung als rein passiv (Foucault 1976). Den Subjekten wird kaum Handlungsträgerschaft zuerkannt, sie internalisieren lediglich das Beobachtet-Werden (Haggerty 2006: 34). Sie werden, in den Worten von Los, „surveillance-directed“ (Los 2006: 80). Das Moment des Widerstands, welches Überwachungspraxen typischerweise innewohnt (Bogard 2006: 98; Monahan 2006; Fernandez/Huey 2009), wird vom frühen Foucault außer Acht gelassen. Überwacht zu werden in diesem Sinne bedeutet, der Überwachung gegenüber eine passive Rolle einzunehmen. Dabei gerät aus dem Blick, dass Überwachung häufig unter aktiver Mitwirkung der Überwachten geschieht – was unter dem Stichwort „participatory surveillance“ (Albrechtslund 2008) gefasst wird – und dass damit Personen gleichsam die Möglichkeit besitzen, aktiv zu bestimmen, wie sie wahrgenommen werden und welche Bilder produziert werden können. „People are increasingly participating in the production of surveillance in their everyday lives.“ (Koskela 2009: 149) Performance wird zu einem essentiellen Bestandteil von Überwachungspraktiken. Diese Form der Emanzipation bedeutet, dass nicht mehr die Überwachung die Realität des Subjekts, welche von Normalisierungs- und Selbstzensurtendenzen durchsetzt ist, konstituiert, sondern das Subjekt die Realität der Überwachung (Koskela 2012: 54 f.). Im Kern geht es darum, dass ein bestimmtes Verhalten, bestimmte Handlungen oder bestimmte Informationen, welche durch das Bewusstsein über die Präsenz von Überwachungsarchitekturen unterlassen, versteckt oder geheim gehalten werden, nun absichtlich gezeigt, ausgeführt oder geteilt werden. Dies darf freilich keine eindeutig gesellschaftsschädigenden Auswirkungen oder Implikationen besitzen – was jedoch nicht heißt, dass Überwachung sich diesem Verhalten, dieser Handlung oder dieser Information gegenüber nicht unter Umständen empfindlich verhalten würde.

In diesem Zusammenhang hat Koskela den Ausdruck „empowering exhibitionism“ geprägt (Koskela 2004). Sie meint damit, dass Personen sich gezielt nicht der jeweils in einer Gesellschaft vorgestellten Normalität anpassen, sondern dass sie auffallen und dieses Auffallen gerade unter den Bedingungen einer allgegenwärtigen Überwachung beziehungsweise der Omnipräsenz von digitalen Aufzeichnungsgeräten das Potential hat, etablierte Normen und kulturelle Regeln zu irritieren. „Internalisation of discipline is accompanied by creative, empowering ways of being undisciplined.“ (Koskela 2009: 150) „Empowering exhibitionism“ meint, dass vorherrschende Sichtbarkeitsregime, welche bestimmen, was gezeigt werden darf und was versteckt werden muss, herausgefordert werden. Damit kommt es gleichsam zu einer Herausforderung bestehender Machtverhältnisse zwischen überwachenden und überwachten Akteuren. So schreibt auch Knight, welcher sich speziell auf Webcams bezieht, welche sich dieser Zeit in Form einer Frontkamera gewissermaßen an so gut wie jedem Smartphone befinden:

> „The webcam is remarkable because it presents the familiar, and in that presentation, asks us to question what we find so fascinating. Is it the obstinate consistency of it all; the predictable daily cycle; the endless refreshing of the image; the domesticity of the setting; or the candid, unmediated body? Privacy becomes publicity, and the performance is the neverending nonevent. Technology allows for an obsessive documentation, which, in these cases, empowers the one under surveillance. It is a self-portrait of great importance because it is of seemingly nothing important at all." (Knight 2000: 25)

Koskelas Überlegungen lassen sich problemlos auf die computervermittelte Kommunikation übertragen, allerdings geht sie selbst in ihrer Theorie insbesondere auf digitale Videoaufzeichnungsgeräte ein. Indem Technologien zur Selbstdarstellung in modernen Informationsgesellschaften in den Händen nahezu aller liegen, verschwimmen die Grenzen zwischen „close circuit television" (CCTV) und „open circuit television" (OCTV) (Koskela 2004: 203). Die Zahl der Datenströme, welche von privaten digitalen Aufzeichnungsgeräten ausgehen, nimmt konstant zu, wobei ein bestimmter Teil jener Datenströme relativ frei abgreifbar und einsehbar ist (Koskela 2011: 271). Dabei besteht auf der Ebene der durchschnittlichen Endnutzer digitaler Medien keine oder kaum Kontrolle über die unter Umständen in Echtzeit stattfindende und soziale Kontexte überschreitende Verbreitung von Videomaterial. Der informationelle Kontrollverlust bringt sich auch hier zu Geltung. Worüber allerdings in gewissem Ausmaß Kontrolle ausgeübt werden kann, ist der Umstand, welche Bilder produziert werden. Nutzer von kamerabewehrten informationstechnischen Systemen können, sofern diese nicht direkt Hackerangriffen ausgesetzt sind, bestimmen, wann, wie und welche Bilder entstehen. Diese „Hoheit" über das eigene Bild besteht bei klassischen, mitunter versteckt, also unterhalb der Wahrnehmungsschwelle operierenden Überwachungstechnologien nicht. Koskelas Idee an dieser Stelle ist, das Verhältnis zwischen Überwachungstechnologien und den überwachten Personen zu transformieren. Letztere, so Koskela, dürfen sich nicht als passives Objekt der Überwachung begreifen, sondern als aktive Produzenten etwa von Videomaterial. Dafür, so Koskela, können insbesondere privat verfügbare Videokameras als Werkzeuge der Selbstdarstellung genutzt werden.

In dieselbe Kerbe schlägt Bell (2009) mit seiner Idee der Sexualisierung von Überwachung. „[...] eroticization [is] a way of resisting or hijacking surveillance." (Bell 2009: 203) Bell sieht in der Sexualisierung von Überwachungspraktiken eine

Möglichkeit, das Moment der überwachungsbasierten Machtausübung zu unterminieren. Obgleich gerade der Konnex von Sexualität und Überwachung auf den problematischen Umstand gegenderter „surveillance settings" (Koskela 2012: 51) hinweist, welche typischerweise dergestalt sind, dass besonders Frauen, welche sich verstärkt in videoüberwachten Bereichen der Öffentlichkeit aufhalten, zu Beobachtungsobjekten von Männern werden (Smith 2009: 142), geht Bell in seinen Überlegungen davon aus, dass subversive Strategien einer Unterwanderung von überwachungsbasierten Machtverhältnissen bestehen, indem es zu einer generellen Sexualisierung und „pornification" (Bell 2009: 205) der öffentlichen Sphäre kommt. Bell fokussiert seine Analysen, genau wie Koskela, weniger auf verschriftlichte Informationen, sondern auf digitale Bilder und Videos. Er sieht in digitalen Medien aller Art, welche als Aufzeichnungs- und Verbreitungsgeräte für Bilder und Videos fungieren, Werkzeuge, welche private sowie öffentliche Räume mit neuen Sichtbarkeitsregimen durchziehen. Während Koskela allerdings mit ihrem Konzept des „empowering exhibitionism" gerade nicht primär auf die Sexualisierung von Überwachungspraktiken abzielt und sie vielmehr einen kulturkritischen Begriff des Exhibitionismus vertritt, welcher Exhibition als politisches Moment jenseits rein sexualitätsbezogener Aspekte versteht (Koskela 2004: 206), zielt Bell dagegen auf sexualisierte Strategien des Widerstands gegen Überwachung ab. Bell argumentiert, dass durch die Allgegenwart von digitalen Medien, welche gleichsam zur allgegenwärtigen Aufzeichnung und Verbreitung unter anderem von sexualisiertem beziehungsweise „pornografischem" Material eingesetzt werden können, es zu einer Unterminierung von freiheitseinschränkenden Normalisierungseffekten von Überwachung kommt. Die „pornification" der privaten ebenso wie der öffentlichen Sphäre bedeutet indes – und hier nähert sich Bell wieder Koskela an –, dass die Angst, überwacht oder gesehen zu werden, so verändert wird, dass Überwachung ein lustvolles Moment erhält. Bell sieht in der Idee der Sexualisierung von Überwachungspraktiken die Chance, dass Personen Überwachung nicht mehr als etwas Einschränkendes sehen, sondern sie als Chance der befreienden Selbstdarstellung perzipieren, welche im Endeffekt mit einer Steigerung von Selbstwertgefühlen einhergehen kann.

> „[...] female exhibitionism is recast as a project of the self, utilizing surveillance and related imaging technologies, and an already established aesthetic and set of practices, as a form of personal empowerment. It seems to me that such an argument can be stretched beyond the personal, to show that colonizing surveillance with reflexive engagements with its own logics and effects (and erotics) represents a powerful critical tactic." (Bell 2009: 207)

Bell berücksichtigt dabei gleichwohl, dass auch sexualisierte Überwachung von Herrschaftsverhältnissen durchzogen sein kann und häufig auch ist. Diese Herrschaftsverhältnisse können sich in verschiedener Weise negativ auf überwachte Personen auswirken. Bell spricht in diesem Zusammenhang insbesondere über versteckte Überwachung und voyeuristische Intentionen verschiedener Zuschauergruppen. Mit Rössler kann hier der Begriff der „kognitiven Asymmetrie“ angeführt werden (Rössler 2001), welcher auf Situationen anspielt, in denen Personen beobachtet werden, sie darüber jedoch keine Kenntnis haben. Rössler setzt dabei jedoch wiederum voraus, dass der Umstand des Beobachtet-Werdens grundsätzlich als negativ empfunden wird. Mit Koskela und Bell oder auch anderen (Cuff 2003; Wiegerling 2011; Kitchin 2014b) dagegen ließe sich argumentieren, dass in der digitalen Gesellschaft durch die Allgegenwart von Aufzeichnungsmedien beziehungsweise von „indiscrete technologies“ (Cooper 2002: 24) in Form etwa von Smartphones in zunehmend geringerem Maße von kognitiven Asymmetrien gesprochen werden kann und diese letztlich durch kognitive Symmetrien ausgetauscht werden, im Rahmen derer idealerweise jede Person weiß, dass sie, sofern sie sich nicht gezielt in analogen, technikfreien Räumen aufhält, zum Gegenstand technischer Aufzeichnungsmedien werden kann. Ist dieser Schritt vollzogen, kann entweder rein auf die freiheitseinschränkenden Potentiale von Überwachung fokussiert werden, oder aber man stellt Überlegungen darüber an, wie diese überwunden werden können, indem nicht allein die Dimension der Disziplinierung, Normalisierung und Selbstzensur beachtet wird, sondern gleichsam jene der Unterhaltung, der Selbstermächtigung oder Emanzipation (Albrechtslund/Dubbeld 2002; Koskela 2004; Bell 2009; Knight 2000; Burgin 2000). Freilich kann gerade Bell in seiner Analyse vorgeworfen werden, sexualisierte Überwachung zu verharmlosen und in dieser ein politisches Moment zu sehen, wo sich faktisch gar keines befindet. Dennoch ließe sich Bell damit verteidigen, indem man darauf verweist, dass er, anders als viele Protagonisten der Überwachungsforschung, nicht von einer einseitigen „Logik“ der Überwachung ausgeht, welche generell als freiheitseinschränkend erachtet wird, sondern dass er potentiell freiheitsfördernde Momente, welche Überwachungspraktiken anhaften, herausarbeitet. Zwar adressiert Bell ebenso wie Koskela damit in keiner Weise etwa die von Lyon beschriebene problematische Praktik des „social sorting“ (Lyon 2003a), welche sich in Form überwachungsbasierter institutioneller Diskriminierung niederschlägt (Angwin et al. 2016). Und dennoch kann Bell als wichtiger Vertreter einer Idee einer progressiven Mediennutzungstheorie der digitalen Gesellschaft gelten.

Insgesamt geht es Bell als auch Koskela darum, die Angst vor Beobachtung in die Lust, beobachtet zu werden, umzuwandeln. Letztlich bedeutet der Umstand, mehr beobachtet zu werden, nicht gleichzeitig auch, weniger frei über sein eigenes

Handeln entscheiden zu können und weniger Macht zu besitzen. Indem Personen aktiv an dem Spiel der informationellen Repräsentation ihres Handelns mitwirken, gewinnen sie gerade jene Form der Selbstbestimmung, welche ihnen durch Überwachung möglicherweise eigentlich genommen werden sollte.

> „In contrast of being targets of the ever-increasing surveillance, people seek to play an active role in the endless production of visual representations. Their shows include a ‚notion of self-ownership'. They seek to be subjects rather than objects. In other words, it can be claimed that what they actually do is reclaim the copyright of their own lives." (Koskela 2004: 206)

Indem Personen sich aktiv und in reflektierter Weise an ihrer informationellen und visuellen Selbstdarstellung beteiligen, überwinden sie das Moment, sich vor Beobachtung verstecken zu müssen. Sie machen ihr Leben und Handeln transparenter. Je mehr Transparenz sie von sich aus herstellen, desto weniger kann Überwachung noch „aufdecken". Letztlich geht es gleichsam darum, dass Personen sich von dem Moment der Frucht und des Schams, welches als quasi-anthropologische Erklärung der informationellen Privatheit fungieren kann, ein Stückweit emanzipieren. Es geht nicht darum, sich zu verstecken, sondern sich bewusst zu exponieren. Scham- sollen möglicherweise gar durch Stolzgefühle ersetzt werden. Jennifer Ringley, welche 1996 die berühmte JenniCam gründete und ihr gesamtes Privatleben qua Webcam als „Lifelog" in Form von alle drei Minuten sich aktualisierenden „video stills" ins Internet streamte, äußerte sich mit den Worten: „I don't feel I'm giving up my privacy. Just because people can see me doesn't mean it affects me. I'm still alone in my room, no matter what." (Ringley, zit. n. Burgin 2000: 78) Hierbei könnte nun der Eindruck entstehen, dass die Überwindung von Überwachung auf der handlungspsychologischen Ebene stets eine erzwungene Extrovertiertheit, ein erzwungenes Suchen von Öffentlichkeit verlangt. Dies würde jedoch nicht nur ein Heer an „Selbstdarstellungsverlierern" erzeugen, sondern gleichsam in einem Aufmerksamkeitserringungsexzess enden, welcher die Funktion von Öffentlichkeit an vielen Stellen konterkarieren würde. Es geht daher nicht um eine erzwungene Extrovertiertheit, um einen erzwungenen Exhibitionismus, sondern um die möglichst weitgehende Ausschaltung beziehungsweise anthropotechnische Überwindung der Angst, dass es zu einem Kollabieren von Informationskontexten und damit zu einem unkontrollierten, mehr oder minder öffentlichen Zirkulieren von Informationen aller Art, welche die eigene Person betreffen, kommt.

Eine über diese Angstüberwindung hinausgehende, extrovertierte Selbstdarstellung und Selbstenthüllung der eigenen Persönlichkeit, welche Überwachungsarchitekturen geradezu freimütig „bedient" mit personenbezogenen Informationen, kann, obwohl dies im offenen Widerspruch mit den vorherrschenden, äußerst überwachungskritischen Diskursen steht, eine Reihe positiver Effekte aufweisen (McKay et al. 2009: 26 ff.). Praktiken der authentischen Selbstdarstellung, welche weniger dramaturgisch organisiert und auf die antizipierten Erwartungshaltungen möglicher Publika abgestimmt sind, können erstens die Selbstreflexion fördern, indem Emotionen, Stimmungen und Gedanken in Worte gefasst und damit greifbar gemacht werden; sie können zweitens förderlich sein für die Bildung intimerer Beziehungen zwischen Personen und interpersonales Vertrauen aufbauen und verstärken; sie können drittens bei weiteren Personen authentischere Formen der Selbstdarstellung und der Kommunikation fördern, da das eigene „Vorwagen" bezüglich der Ausführung bestimmter Handlungen oder der Artikulation bestimmter Überzeugungen, Einstellungen oder Emotionen von anderen Personen eventuell als Signal gedeutet werden kann, gleiches zu tun; sie können im Zuge des vorangehend erwähnten Aspekts viertens die Bandbreite an Themen, welche diskursiv behandelt werden können, erweitern; und sie können fünftens psychisch entlastend wirken, da mögliche Aufwendungen für die gezielte Geheimhaltung oder Unterdrückung von bestimmten Informationen nicht mehr eingegangen werden müssen. Trotz dieser positiven Seiten der authentischen, gleichsam „unzensierten" Selbstdarstellung ist sie mit vielen psychologischen Hürden behaftet. „You often don't disclose yourself out of fear: fear of rejection, fear of punishment, fear of being talked about behind your back, or fear that someone will take advantage of you." (McKay et al. 2009: 28) Eine Transformation derartiger Angst- und gleichsam Schamgefühle, wie sie oben mit Koskela und anderen beschrieben wurde, erfordert eine Überwindung des affektiven Automatismus, welcher als eine Art Selbstzwang zur mehr oder minder konformen Anpassung an bestehende soziale Normen nötigt.

„Revealing things that are not conventionally displayed is a political act, to the extent that it celebrates difference [...]." (Koskela 2011: 275) Erleichtert werden kann dieses „Zelebrieren von Differenz" durch die Schaffung toleranzstarker Öffentlichkeiten, welche weniger sensitiv auf ethisch unproblematische Normverletzungen reagieren. Die Überschreitung des Privaten und das Suchen von Öffentlichkeit, welches Koskela exemplarisch an der massenhaften Benutzung von Webcams beschreibt, ist als subtile, pluralisierte, kynische Form des Widerstandes gegen Überwachung zu begreifen. Das Sicherheitstheater der Überwachung wird – zumindest stellenweise und mit den oben genannten Einschränkungen – in ein Selbstdarstellungsspektakel transformiert (Knight 2000). Überwachung wird nicht mehr zum Anlass genommen, sich zu verstecken, seine Daten besser zu schützen oder personenbezogene Informationen stärker kontrollieren zu wollen, sondern sich mit dem informationellen Kontrollverlust abzufinden, an welchem die Überwachung parasitiert, und die potentielle Totalüberwachung digitaler Technologien als Möglichkeit und Chance zu verstehen, Abweichungen, Irritationen und Unangepasstheit radikal sichtbar zu machen. Dieser Ansatz geht davon aus, dass Emanzipationsbewegungen nur durch Öffentlichkeit möglich sind – und dass moderne Überwachungsarchitekturen als Werkzeuge der Herstellung von Öffentlichkeit genutzt werden können.

Dieses „Missbrauchen" von Überwachungsarchitekturen für die Herstellung von Öffentlichkeit beziehungsweise für gesellschaftspolitische respektive -kritische Zwecke folgt grundsätzlich der Prämisse, dass personenbezogene Informationen, welche durch digitale Informations- und Kommunikationstechnologien erfasst werden, fluide über soziale Kontexte und Kontextgrenzen hinweg verbreitet werden. Demnach wird der informationelle Kontrollverlust weniger als Gefahr perzipiert als vielmehr als Chance, eine neue, offene digitale Kultur herbeiführen zu können. Faktisch jedoch ist diese Denkungsart äußerst unpopulär, ja geradezu verpönt angesichts der gewaltigen Übermacht von Diskursen, welche sich ebenso emphatisch wie dogmatisch für das Halten eines hohen Niveaus an Privatheit, Datenschutz und Informationssicherheit aussprechen. Um dies auf einer möglichst fundamentalen Ebene verständlich zu machen, bietet es sich an, den Blick auf tradierte Annahmen aus dem Bereich der Identitätsphilosophie zu richten. Diese gehen davon aus, dass ein gelingendes Identitätsmanagement allein unter der Voraussetzung voneinander getrennter sozialer Kontexte gelingen kann. Genau diesen Überlegungen soll sich das folgende Kapitel widmen.

Identitätsmanagement

Die philosophische Konzeptualisierung der Identität einer Person zeichnet sich dadurch aus, dass Personen eine Reihe an Eigenschaften zugesprochen werden, wodurch selbige überhaupt erst ihren Personenstatus begründen können (Teichert 2000: 278 ff.). Dabei wird, obgleich die Kontextabhängigkeit von Personen erkannt wird, die Identität im engeren Wortsinn einer Person dadurch konstituiert, dass auf die psychische Kontinuität, welche über Erinnerungen gebildet wird, hingewiesen wird (Henning 2012). Unabhängig von sozialen, räumlichen und zeitlichen Kontexten können Personen derart als identische Personen beschrieben werden. Während die Identität einer Person in der Philosophie demnach vorrangig über eine isolierte Fokussierung bloß auf die intrinsischen Eigenschaften und Fähigkeiten einer Person erklärt wird – also individualistische Identitätstheorien in Anschlag gebracht werden –, weisen sozialwissenschaftlich informierte Analysen stärker auf den sozialen Kontext hin, in welchen Personen eingebettet sind. Im Zuge von verschiedenen Theorien der sozialen Differenzierung wird die Identität einer Person demnach zu pluralen Identitäten, welche weniger aus sich selbst, sondern vielmehr jeweils durch eine bestimmte soziale Umwelt konstituiert werden. Gleichzeitig wird es möglich, dass verschiedene Identitäten „gemanagt" werden können, dass also über Identitäten bis zu einem gewissen Grad verfügt werden kann. Dies schlägt sich in Form einer mehr oder minder kontrollierten, bedingt rationalen Selbstdarstellung nieder. Klassisch spricht Mead in diesem Zusammenhang von „verschiedensten Identitäten" (1968: 184), in welche sich eine Person in verschiedenen Beziehungen zu verschiedenen Menschen aus unterschiedlichen Feldern einer Gesellschaft aufspaltet. Diese „mehrschichtige Persönlichkeit" (Mead 1968: 185) ergibt sich weniger aus der allgemeinen Wechselwirkung zwischen der Gesellschaft als Produkt verschiedener Subjekte und dem Subjekt als Produkt der Gesellschaft (Berger/Luckmann 2009: 65), sondern vielmehr auf einer Mikroebene der Gesellschaft aus den Erfordernissen verschiedener Situationen, welche verschiedene Anforderungen an Rollenverhalten und Selbstdarstellung stellen. Im Einzelnen drückt sich dies in Form eines dynamischen Prozesses aus, welcher durch eine Reihe komplexer Fähigkeiten gesteuert wird, welche vorrangig Strategien einerseits zur Verschleierung, Verbergung oder Verheimlichung oder andererseits zur selektiven, möglichst bewusst kontrollierten und gezielten Darstellung, Freigabe oder Veröffentlichung bestimmter persönlicher Eigenschaften, Informationen und Handlungen beschreiben. Treffend wird von „patchworkartigen Identitätsmustern“ gesprochen (Keupp 2008: 302), welche sich in einer von lebensweltlichen Unsicherheiten geprägten, „flüssigen Moderne“ (Bauman 2000; Bauman 2007), in welcher es zu einer Aufhebung tradierter Grenzziehungen zwischen sozialen Kontexten kommt, manifestieren.

Was in der Privatheitsforschung als „boundary work“ (Nippert-Eng 2010) bezeichnet wird und im Rahmen dieser Arbeit insbesondere über das Konzept der Informationskontexte aufgegriffen wurde, ist eine Grundvoraussetzung für das Management des „Patchworks der Identitäten“ (Keupp et al.Straus 2008). Es geht um die Verwaltung visueller, auditiver, informationeller sowie physischer Barrieren, welche die Existenz von geschützten „Hinterbühnen“ (Goffman 2003), von nicht-öffentlichen, privaten Kontexten sichern soll. Diese Barrieren, welcher Art auch immer sie sind, ermöglichen, dass Personen bestimmen können, in welchem Ausmaß andere Personen „Zugriff“ auf sie haben. Natürlich kann dieser Prozess gestört oder irritiert werden, wobei es zur Verletzung der „kontextuellen Integrität“ (Nissenbaum 2010), zu „Zwischenfällen“ (Goffman 2003) oder zum „context collapse“ (Marwick/Boyd 2011; Wesch 2009; Vitak 2012; Davis/Jurgenson 2014) kommt. Mit den genannten Begriffen, welche nur exemplarisch aus einer Vielzahl an Identitätskonzepten herausgegriffen sind, wird, um in der Theatermetapher der dramaturgischen Handlungstheorie zu verbleiben, ein Zusammenbruch tradierter Formen des Zusammenspiels zwischen Personen und Publika beschrieben. Dieser Zusammenbruch beschreibt eine Irritation des Selbstdarstellungsmanagements beziehungsweise der Eindruckssteuerung. Diese Eindruckssteuerung obliegt in ihrer jeweils spezifischen Ausgestaltung nicht allein einer Person, sondern ist gleichzeitig durch äußere soziale oder unterbewusste psychische Einflüsse mitbestimmt. Dinge wie Kommunikationsstile, Statussymbole, Geschmack, sexuelle Orientierungen et cetera werden nicht beliebig durch ein stets bewusst und rational agierendes Subjekt gewählt, sondern durch subjektfremde, äußere Sozialverhältnisse sowie intrapsychische Effekte geprägt. Identitätsmanagement meint immer ein Zusammenspiel zwischen individuellen und über-individuellen, zwischen rationalen und emotionalen, bewussten sowie nicht-bewussten Momenten. Man ist es gerade nicht selbst, sondern es sind andere Personen, welche durch verschiedene Formen der Anerkennung oder Missachtung sowie generell durch spezifische Erwartungshaltungen bestimmen, wie die eigene Identität ausgeprägt wird. Es ist die eigene, reflexive Erwartung jener Erwartungshaltungen anderer, welche ein Zusammenspiel aus Ego und Alter entwickelt, in dessen Laufe Identität geformt, gemanagt und füreinander dargestellt wird.

Viele Identitätstheorien berücksichtigen dabei lediglich die soziale Konstellation aus Ego und Alter, bringen diese Konstellation aber nicht oder nur selten in Verbindung mit einer Theorie der sozialen Differenzierung (Lohauß 1995; Abels 2010a; Abels 2010b; Buckingham 2008). Dabei ist es äußerst wichtig, zu sehen, dass verschiedene Identitäten beziehungsweise verschiedene Facetten einer Identität bestehen, welche sowohl situations- beziehungsweise kontext- als auch zeitabhängig sind. Eine Person kann je nach Situation die Identität eines Arbeitenden, eines Patienten, eines Trauernden oder eines Familienmitglieds annehmen, wobei sich verschiedene Routinen und Modi der Selbstdarstellung manifestieren. Personen sind immer in einem bestimmten Teil der sozialen Welt verortet, wobei verschiedene Anforderungen und Erwartungen an die Ausgestaltung der eigenen Identität vorherrschen. Diese Anforderungen und Erwartungen sind insgesamt weder konsistent noch kohärent, sodass gleiches auch für das individuelle Identitätsmanagement gilt. Hierbei kann es zu Konflikten zwischen widersprüchlichen Erwartungskomplexen an die eigene Identität kommen. Ebensolche Konflikte entstehen im Fall des Kollabierens oder Vermengens ehemals geschützter oder getrennter sozialer Kontexte. Privatheit kann demnach auch gedeutet werden als Institution zum Schutz zur Vermeidung von Identitätskonflikten. Privatheit, verstanden als Einhaltung von Normen des angemessenen Informationsflusses, und also auch Informationskontrolle inklusive ihres technischen Ablegers des Datenschutzes erlauben es, mit bestehenden, widersprüchlichen Erwartungshaltungen, welche eventuell durch eigenes Verhalten entstanden sind, umgehen zu können. Privatheit und Informationskontrolle erleichtern das komplexe, situations- und kontextabhängige Zusammenspiel zwischen jeweils zugeschriebenen und dargestellten Identitäten. Ein Verlust von Privatheit und Informationskontrolle hingegen bedeutet immer, sich der Gefahr der Beschädigung der eigenen Identität auszusetzen. Im Rahmen dieser Arbeit wird die Beschädigung oder Irritation der eigenen Identität durch den Ausdruck des „informationellen Kontrollverlusts" gefasst. Informationelle Kontrollverluste zu erleiden kann bedeuten, dass bislang sorgfältig und erfolgreich gemanagte Auslassungen, Vortäuschungen oder gar umfängliche Scheinidentitäten als solche „auffliegen". Dieses „Auffliegen" geht einher mit dem Risiko von Missachtung und sozialer Ausgrenzung. Um dies zu vermeiden, besteht ein wesentlicher Teil des Identitätsmanagements typischerweise aus Anpassungsbemühungen an Erwartungen, soziale Normen und Strukturen. Es geht um die Passung zwischen subjektivem „Innen“ und gesellschaftlichem „Außen“, welche im Rahmen einer bestimmten gesellschaftlichen Verortung geschieht (Keupp 2008).

Dieses Spiel mit Vorder- und Hinterbühnen, mit einem mehr oder minder geschützten „Innen“ und einem sozialen „Außen“ betrifft nicht allein Personen, sondern kann desgleichen auf Organisationen übertragen werden. Auch Organisationen spalten sich auf in verschiedene „Teilidentitäten“. Eine organisationsbezogene „Identitätstheorie“ kann mit der zugegebenermaßen sehr groben Differenzierung zwischen Vorderbühnen, auf denen etwa Öffentlichkeits- und Pressearbeit betrieben wird, und Hinterbühnen, auf denen beispielsweise Betriebsgeheimnisse gehütet oder Korruptionen verschleiert werden, arbeiten. Da jedoch Organisationen ebenso von dem Trend der Digitalisierung durchzogen sind wie alle anderen Bereiche moderner Informationsgesellschaften, sind sie gleichzeitig Betroffene von informationellen Kontrollverlustereignissen oder zumindest permanent dem Risiko ausgesetzt, dass es zu solchen kommt. Als Symptome dessen können beispielsweise die in ihrer Zahl stetig zunehmenden Leaks angesehen werden, welche Organisationen aller Art und Größe betreffen (Schneier 2015a). Leaks oder erfolgreiche Hackerangriffe gehören zu den auffälligsten Formen organisationaler „Identitätsstörungen“. Organisationen errichten unter anderem über interne Ausdifferenzierungsprozesse Barrieren, welche nicht-autorisierte Personen daran hindern sollen, bestimmte geschützte oder geheime Informationen zu erlangen. Werden diese Barrieren, welche die Form organisationsinterner Kontexte haben, aufgehoben, kommt es zum Zusammenbruch der etablierten Formen des Zusammenspiels zwischen Organisationen oder Teilen der Organisation und ihrer sozialen Umwelt. Plötzlich muss ein „Krisenmanagement“ betrieben werden. Es wird zusätzliche Öffentlichkeitsarbeit nötig, um etwaige Imageverluste auszugleichen und Anpassungsbemühungen an Erwartungen, welche seitens der Öffentlichkeit, betroffener Mitglieder, von Kunden, Wählern, Schülern, Patienten et cetera an Organisationen herangetragen werden, vorzunehmen. Informationelle Kontrollverluste irritieren die organisationale Eindruckssteuerung, im Rahmen derer Organisationen sich beispielsweise nach außen hin „politisch korrekt“ und sozial erwünscht verhalten, während sie intern möglicherweise auf sozial unerwünschte Weise operieren (Grunwald 2005; Theile 2009: 119 ff.). Ohne an dieser Stelle nun genauer auf mögliche Übertragungsweisen von Identitätstheorien auf den Aufbau und das Handeln von Organisationen einzugehen, sei festgehalten, dass informationelle Kontrollverluste überall dort irritierend einschlägig sind, wo Informationskontexte voneinander getrennt werden sollen – was sowohl bei Personen als auch Organisationen in unterschiedlich starkem Ausmaß und in unterschiedlich komplexer Ausgestaltung angestrebt wird.

In Bezug auf das Identitätsmanagement von Personen kann festgehalten werden, dass eine an das gesellschaftliche „Außen“ angepasste Identität zu Anerkennung und sozialer Inklusion führt. Anpassung kann jedoch gleichsam zum Preis der Unterdrückung individueller Eigenheiten oder Verhaltensweisen, welche – aus welchen Gründen im Einzelnen auch immer – nicht sozial angesehen sind, geschehen. Auf diese Unterdrückung spielen die aus der Überwachungsforschung bekannten Normalisierungs- und Selbstzensurthesen ebenso an wie das Konzept des „empowering exhibitionism“ von Koskela (2004), bloß das letzteres sich genau für eine Überwindung dieses Moments der Unterdrückung von Individualität ausspricht. Koskelas Überlegung zielt darauf ab, dass sich Personen weniger leichtfertig in den „Status des ‚Beschämten‘“ (Strauss 1968: 81) drängen lassen. Es geht um den Austausch des Moments der Unterwerfung, welches im Rahmen von Identitätstheorien prominent etwa von Adorno oder Foucault betont wurde (Adorno 1966; Foucault 1976), durch das Moment des Strebens nach Autonomie und Selbstbestimmung.

Dessen ungeachtet besteht im Zusammenhang von Identitätstheorien und digitalen Medien in der Literatur weithin die Annahme, dass digitale Medien beziehungsweise, genauer gesagt, digitale soziale Netzwerke und Plattformen ein freies Spiel der Identitäten zulassen (Suler 2002). Während demnach außerhalb von Social-Media-Plattformen kaum „Identitätsexperimente“ möglich sind, ist dies in der vermeintlichen Anonymität von Internetplattformen durchaus möglich. Behauptet wird ferner, dass mit der „digitalen Identität“ gezielt versucht wird, die nicht-digitale Identität zu konterkarieren oder aufzuwerten (Turkle 2011: 158; Gardner/Davis 2013: 61) und dass die digitale Identität damit gar einen höheren Stellenwert bekommt als die nicht-digitale Identität (Turkle 2011: 193). Tatsächlich darf allerdings bezweifelt werden, inwiefern Social-Media-Plattformen tatsächlich zur Entwicklung und Pflege digitaler Identitäten genutzt wird, welche gänzlich losgelöst sind von den Eigenschaften nicht-digitaler Identitäten. Die Annahme, dass das Web 2.0 einem virtuellen Raum entspricht, welcher offen ist für beliebige Identitätsspiele, welche gänzlich entbunden sind von nicht-digitalen, genuin gesellschaftlichen Bedingungen und Verhältnissen, hat sich als falsch erwiesen. Dies zeigt sich exemplarisch in der Übertragung von sozialen Ungleichheiten in den Kontext digitaler Plattformen und sozialer Netzwerke (Boyd 2012; Nakamura/Chow-White 2012). Letztlich ist weder die Annahme, Internetplattformen erlaubten ein gänzlich freies Spiel der Identitäten, noch die Annahme, es gäbe eine eineindeutige Korrespondenzbeziehung zwischen digitalen Profilen und realweltlichen Persönlichkeiten, richtig (Zhao et al. 2008). Vielmehr ist davon auszugehen, dass zwischen digitalen und nicht-digitalen Identitäten, welche sich jeweils auf eine Person vereinen lassen, vielfältige Abhängigkeitsbeziehungen bestehen, welche jedoch in einem gewissen Rahmen bedingt Spielraum für die Manipulation oder Abwandlung von Identitätseigenschaften erlauben. Dieser Spielraum, welcher sich für die „Modifikation" der eigenen Identität im Kontext von Social-Media-Plattformen bietet, übersteigt zweifelsohne den Spielraum, welche sich für diesen Zweck auch in nicht-digitalen Kontexten bietet. Und dennoch darf dies, wie oben beschrieben, nicht zu der Annahme verleiten, Social-Media-Plattformen böten gemeinhin Möglichkeiten für beliebige, isoliert stehende „Identitätsexperimente".

Dessen ungeachtet ist, gemäß der oben getroffenen Feststellung, dass zwischen digitalen und nicht-digitalen Identitäten vielfältige Abhängigkeitsbeziehungen bestehen, welche zu einem gewissen Teil ein bedingt freies Spiel mit Identitätseigenschaften erlauben, die Forderung entstanden, informationstechnische Systeme so zu gestalten, dass sich darin tradierte Formen des Identitätsmanagements, welche einerseits von einer relativen Trennung zwischen verschiedenen sozialen Kontexten sowie andererseits von dem Umstand der Pflege einer „mehrschichten Persönlichkeit" ausgehen, fortsetzen können. So wird auch für digitale Medien konstatiert: „[…] in strategically claiming identity, one needs […] the ability to limit one's proclaimed identity to particular social contexts." (Phillips 2005: 98) Dies bedeutet, dass digitale Plattformen in ihrem informationellen Design gewissermaßen identitätsgerecht ausgestaltet werden müssen. Dem wird jedoch richtigerweise entgegengehalten, dass einschlägige Plattformen wie Facebook, Twitter oder andere Anbieter soziale Kontexte zusammenbringen und mithin kollabieren lassen, sodass es für die Nutzer jener Plattformen faktisch mit großen Schwierigkeiten verbunden ist, ihr Identitätsmanagement derart zu gestalten, dass den vielfältigen Norm- und Erwartungskomplexen, welche im Großkontext digitaler sozialer Netzwerke zusammentreffen, umfänglich genügt werden kann (Marwick 2012: 385 f; Marwick/Boyd 2011). Dies betrifft vor allem Kinder und Jugendliche (Weber/Mitchell 2008). „Because social media often brings together multiple social contexts, teens struggle to effectively manage social norms." (Boyd 2014: 34) Dennoch lassen sich eine Reihe an Mediennutzungsstrategien identifizieren, welche zumindest vordergründig das Risiko des Kollabierens von sozialen Kontexten verringern sollen. Hierzu zählen neben der schlichten Benutzung der Privatsphäreeinstellungen oder der gezielten Selbstzensur etwa die Nutzung verschiedener Social-Media-Plattformen in jeweils verschiedenen Kontexten oder das Erstellen mehrerer Profile für ein und dieselbe Plattform (Stutzman/Hartzog 2012). Gedacht wird hier jedoch allein auf der Ebene der Benutzeroberflächen. Außer Acht gelassen wird dabei, dass sich das Kollabieren von Kontexten nicht allein auf der Ebene der Benutzeroberflächen vollziehen kann, sondern dieses sich desgleichen „hinter" den Benutzeroberflächen, auf der Ebene des Back-Ends auf vielfältigste Weise manifestieren kann. Daher kann noch allgemeiner gesagt werden: „[...] we should admit that the information revolution makes the construction of personal identities through the control of data a critical issue today." (Pagallo/Durante 2014: 22)

Dem schließen sich auch Davis und Jurgenson (2014) an. Die beiden Autoren vertreten eine Identitätstheorie, welche davon ausgeht, dass die Identität einer Person in verschiedene Teilidentitäten zerfällt. Diese Teilidentitäten sind situativ bedingt und stehen in Abhängigkeit von verschiedenen sozialen Kontexten, welche sich wiederum durch unterschiedliche Konnexe an Erwartungshaltungen anderer Personen auszeichnen, welche festlegen, welches Verhalten als angemessen gilt und welches nicht. „social actors hold many identities, with related networks, and [...] these identities and networks remain relatively separate from one another." (Davis/Jurgenson 2014: 478) Entscheidend jedoch ist an dieser Stelle, dass insbesondere digitale soziale Netzwerke eben gerade nicht implizieren, dass Teilidentitäten voneinander getrennt bleiben, sondern dass es zu Überschneidungen verschiedener Kontexte kommt, welche wiederum Konflikte zwischen den Rollenerfordernissen verschiedener Teilidentitäten provozieren. Dieses im Rahmen dieser Arbeit als „context collapse" bezeichnete Phänomen ist freilich nicht exklusiv im Zusammenhang mit digitalen sozialen Netzwerken anzutreffen, sondern findet sich gleichsam außerhalb digitaler Plattformen und Dienste. Die Verletzung kontextueller Integrität kann potentiell sämtliche sozialen Kontexte betreffen. Allein die Vielzahl und das Ausmaß an sich ereignenden Kontextkollapsen nimmt im Rahmen digitaler Plattformen, welche in der modernen Informationsgesellschaft zu immer wichtigeren „Umschlagsplätzen" des sozialen Lebens werden, eine neue Dimension an. Gefördert wird jene neue Dimension des Ausmaßes und der Vielzahl an sich ereignenden Kontextkollapsen durch die Kerneigenschaften von digitalen Plattformen, welche die hohe Persistenz, die leichte Replizierbarkeit, die umfassende Durchsuchbarkeit sowie die relativ allgemeine Zugänglichkeit von Informationen umfassen (Boyd 2008b).

Da bei der Benutzung von Social-Media-Plattformen geradezu erwartet werden kann, dass es zu einer Verletzung kontextueller Integrität, mithin also zum Zusammentreffen von verschiedenen sozialen Kontexten kommt, bietet es sich an, die Routinen seiner Selbstdarstellung am kleinsten gemeinsamen Nenner dessen, was normativ akzeptabel ist, auszurichten – wie es etwa Hogan (2010) vorgeschlagen hat. Dies jedoch ist insofern problematisch, als dass es erstens einer Strategie der Selbstzensur entspricht, es zweitens außen vorlässt, dass Erwartungen, welche von anderen Personen an die eigene Person herangetragen werden, widersprüchlich sein können, wobei das Finden eines kleinsten gemeinsamen Nenners bei der Erwartungserfüllung nicht möglich ist und es drittens unterstellt, Personen obläge eine Form der Rationalität der gezielten Selbstdarstellung, welche sich in der Praxis als höchst unwahrscheinlich erweisen dürfte (Acquisti/Gross 2006).

Ebenfalls mit konfligierenden sozialen Kontexten im Bereich Social Media haben sich Binder et al. (2012) beschäftigt.

> „As online networks grow and become more diverse, it is likely that members from otherwise separate social spheres become part of it. Interacting within different spheres, however, requires much more caution if technology makes social information immediately visible to everyone in the whole network." (Binder et al. 2012: 966)

Die Autoren dieser empirisch ausgerichteten Studie fanden – wenig überraschend – heraus, dass heterogene, „reale" soziale Netzwerke, welche im Rahmen digitaler Plattformen über virtuelle Freundschaftsbeziehungen rekonstruiert werden, in vielen Fällen zu sozialen Spannungen führen, welche sich durch das Überlappen einstmals getrennter sozialer Kontexte oder Kreise ergeben. Sibona (2014) fand, ebenfalls durch eine empirische Studie, heraus, dass über die Regulation von virtuellen Freundschaftsbeziehungen – im Speziellen durch gezieltes „unfrienden", also durch die Aufkündigung von virtuellen Freundschaftsbeziehungen – Nutzer von Social-Media-Plattformen versuchen, Kontextkonflikte zu verhindern. Doch das digitale Identitätsmanagement umfasst nicht nur die gezielte, selektive Aufnahme und Aufkündigung von virtuellen Freundschaftsbeziehungen, welche auf der Ebene der Benutzeroberflächen, also am Front-End der Social-Media-Plattformen im Ansatz regulieren, in welchen „Kreisen" sich personenbezogene Informationen verbreiten können. Dem Identitätsmanagement dienen gleichsam mehr oder minder explizite Mittel der Selbstdarstellung, welche von Posts oder Kommentaren über die profilseitige Angabe von Interessen oder Hobbies bis hin zu expliziten Beschreibungen über die eigene Person reichen können (Zhao et al. 2008: 1824 ff.). Die Selbstdarstellung wiederum wird von verschiedenen Faktoren motiviert, welche gegen das Bedürfnis, verschiedene soziale Kontexte voneinander getrennt zu halten, abgewogen werden können – schließlich steigt mit einer umfänglicheren Selbstdarstellung gleichsam die Wahrscheinlichkeit, dass es zu Kontextkonflikten kommt.

Selbstdarstellung kann definiert werden als informationelle Bekanntgabe des bisher Unbekannten, sodass es zu einem geteilten Wissen zwischen verschieden großen sozialen Personengruppen wird (Joinson/Paine 2007: 237). Die Gründe, warum sich Personen im Rahmen digitaler Plattformen selbst darstellen und private oder intime Informationen über sich bekannt geben, können unterschiedlich motiviert sein. Die Preisgabe jener Informationen kann interpersonales Vertrauen aufbauen und damit soziale Beziehungen stützen oder intensivieren, sie kann dem gegenseitigen Bekunden von Empathie behilflich sein, generell dem gegenseitigen Verständnis oder freilich der Selbstdarstellung und Identitätsgestaltung an sich dienen. Durch empirische Studien konnte herausgefunden werden, dass der Faktor „convenience of relationship maintenance" den zentralsten Grund darstellt, warum Personen im Rahmen digitaler sozialer Netzwerke Informationen über sich preisgeben. Darauf folgen „enjoyment", „building new relationships" und „self-presentation" (Krasnove et al. 2010). Andere Studien berücksichtigen ferner Faktoren wie „time saving" oder „self-enhancement" (Hui et al. 2006). Differenziert werden kann in diesem Zusammenhang zwischen der Breite und der Tiefe bekanntgegebener Informationen, wobei sich erstere auf die Quantität und letztere auf die Qualität verfügbar gemachter Informationen über die eigene Person bezieht. Während sich die Quantität der Informationspreisgabe schlicht auf die Menge bekannt gegebener Informationen bezieht, bezieht sich die Qualität der Informationspreisgabe darauf, ob etwa lediglich biografische Daten wie Alter, Geschlecht, Wohnort et cetera, Informationen über eigene Einstellungen, Meinungen oder Werte oder gar Informationen über persönliche, intime Bedürfnisse und Emotionen bekannt gegeben werden (Altman/Taylor 1973). In jedem Fall erfolgt, so die Vorstellung, eine Abwägung zwischen dem wahrgenommenen Nutzen sowie den Risiken der Informationspreisgabe (Krasnove et al. 2010). Inwiefern eine derart rationale Abwägung jedoch tatsächlich durchgängig erfolgt, darf bezweifelt werden. Freilich erfolgt in einigen Fällen eine rational und bewusst geleitete Abwägung zwischen dem Nutzen und potentiellen Schaden von persönlichen Informationspreisgaben, bei welcher gleichsam Faktoren wie etwa plattformbezogene Möglichkeiten der Informationskontrolle durch Privatsphäreeinstellungen, rechtliche Datenschutzvorgaben oder Vertrauensniveaus hinsichtlich der Plattformnutzer oder -betreiber in Erwägung gezogen werden. Allerdings darf es, spätestens seit den Forschungen zum „privacy-paradox" (Barnes 2006), als sehr unwahrscheinlich betrachtet werden, dass ein derartig komplexer Abwägungsprozess sämtliche Fälle von Informationspreisgaben im Rahmen digitaler sozialer Netzwerke flankiert (Utz/Kramer 2009). Hinzu kommt, dass viele Nutzer digitaler Medien „möglichkeitsblind" sind (Pörksen/Detel 2012: 234) und falschen Annahmen zufolge handeln, etwa was die Restriktion plattformübergreifender Datenverbreitungen angeht (Turow 2003).

Oben stehende Ausführungen – und dies muss betont werden – betreffen lediglich die mehr oder minder volatile Daten- und Informationspreisgabe. Es geht insbesondere um die zumindest prinzipiell bewusste Bekanntgabe von personenbezogenen Informationen, welche vermittelt wird über Benutzerschnittstellen und Interfaces digitaler sozialer Netzwerke. Hierbei muss jedoch bedacht werden – und dies hat Einfluss auf sämtliche Überlegungen hinsichtlich des Identitätsmanagements von Personen –, dass ein Großteil personenbezogener Informationen, welche über digitale Medien beziehungsweise das Internet der Dinge mit seinen Milliarden an vernetzten Sensoren erhoben, verarbeitet und verbreitet werden, derart gewonnen werden, dass die betroffenen Personen davon weder wissen noch dem bewusst eingewilligt haben (Brunton/Nissenbaum 2015: 54). Während obige Ausführungen zum digitalen Identitätsmanagement im Rahmen von Social-Media-Plattformen im Wesentlichen die Situation der isolierten Dyade aus Person und Computer betreffen, muss in einer erweiterten Analyse bedacht werden, dass es in Zeiten von Big Data, dem „Internet der Dinge" beziehungsweise der Allgegenwart vernetzter Sensorik aller Art nicht mehr realistisch ist, davon auszugehen, dass Informationspreisgaben im Rahmen des persönlichen Identitätsmanagements stets willentlich erfolgen. Im Gegenteil muss davon ausgegangen werden, dass Identität gerade unter den Bedingungen gemanagt werden muss, dass Person nicht kontrollieren können, wann welche Informationen die eigene Persönlichkeit betreffend erhoben werden und wie diese innerhalb von als auch zwischen verschiedenen sozialen Kontexten zirkulieren. Die Erhebung von personenbezogenen Informationen durch die Allgegenwart vernetzter sowie sensorbewährter digitaler Medien kann schwerlich durchweg intentional durch die betroffenen Personen kontrolliert werden. Ferner kann die Verbreitung jener Informationen im Internet keiner Kontrolle unterzogen werden. Wie im Rahmen dieser Arbeit bereits beschrieben, kann in dem ebenso globalen wie unüberschaubaren Gefüge von Datenbrokern und Datensammlern kaum ein Endnutzer bestimmen, ob und in welchem Umfang auf ihn bezogene Informationen, welche etwa bei der Benutzung von Social-Media-Plattformen anfallen, mit Drittfirmen, Geheimdiensten, Hackern et cetera geteilt werden (Libert 2015).

Die klassischen Überlegungen, wie ein erfolgreiches, sozial eingespieltes Identitätsmanagement im Rahmen von Social-Media-Plattformen reproduziert werden kann, werden insgesamt den technologischen Verhältnissen moderner Informationsgesellschaften, den Verhältnissen des Internets der Dinge beziehungsweise den Verhältnissen einer mit vernetzter, sensorbewährter Computertechnik aufgeladenen Umwelt nicht gerecht. Die Feststellung, dass es im Rahmen von Social-Media-Plattformen zu häufigen Fällen von Kontextkollapsen kommt, darf nicht so interpretiert werden, dass es verstärkter Bemühungen bedarf, dass diese Kontextkollapse mit technischen Mitteln wie etwa erweiterten Privatsphäreeinstellungen eingedämmt werden sollten. Die Feststellung sollte eher so gedeutet werden, dass die Entdifferenzierungsbewegung gegenüber einstmals „säuberlich" getrennten sozialen Kontexten, welche sich im Rahmen von Social-Media-Plattformen vollzieht, lediglich als Vorbote zu sehen ist für einen allgemeinen sozialen Wandel, welcher eine generelle, über digitale Informations- und Kommunikationstechnologien vermittelte und vorangetriebene informationelle Entdifferenzierungsbewegung innerhalb moderner Informationsgesellschaften an sich beschreibt. Diese Entdifferenzierungsbewegung, welche entweder als bloßes Risiko besteht oder sich faktisch in Form von informationellen Kontrollverlustereignissen beziehungsweise nicht-intendierten Kontextübertretungen von Informationsströmen vollzieht, wurde weiter oben mit Floridi als Senkung der „ontological friction" innerhalb der Infosphäre oder als Steigerung von sozialen Transparenzniveaus beschrieben. Es wäre naiv, zu glauben, dass dieser Trend der steigenden Liquidität von Informationsströmen, welcher sich evident im Rahmen von Social-Media-Plattformen bereits beobachten lässt, nicht auch weitere Bereiche der Gesellschaft, welche bislang noch unabhängig von jenen Plattformen stehen, betreffen würde. Notwendig wird dabei eine langfristige Transformation etablierter Formen des individuellen Identitätsmanagements, welches auf die sichere informationelle Trennung von sozialen Kontexten angewiesen ist. Dieses muss, zumindest unter der Voraussetzung, sich möglichst resilient gegenüber den Risiken möglicherweise eintretender informationeller Kontrollverlustereignisse verhalten zu wollen, so ausgestaltet sein, dass Identität weniger situativ, weniger fragmentarisch, weniger kontextabhängig organisiert wird. Darauf wiederum kann eine Mediennutzungsstrategie fußen, welche dergestalt ist, dass digitalen Medien nur dann in Kommunikations- und Handlungszusammenhänge involviert werden, wenn diese potentiell gegenüber beliebigen Öffentlichkeiten vertreten werden können. Genau an dieser Stelle jedoch muss wiederum zweierlei bedacht werden. Erstens muss betont werden, dass in einer hypervernetzten Informationsgesellschaft gar nicht umfassend darüber bestimmt werden kann, ob digitale Medien überhaupt in Kommunikations- und Handlungszusammenhänge involviert werden. Vielmehr ist damit zu rechnen, dass dies immer häufiger der Fall ist und zunehmend schwieriger überhaupt vermieden werden kann. Zweitens muss bedacht werden, dass Öffentlichkeit – hier insbesondere verstanden als mediale, publikumsspezifische Öffentlichkeit (Westerbarkey 2013: 29) – nicht per se eine gerecht agierende, tolerante, nicht-diskriminierende Instanz verkörpert. Öffentlichkeit beziehungsweise öffentliche Effekte zu berücksichtigen, kann gleichsam bedeuten, sich selbst an Stellen kommunikativ respektive handelnd zu beschneiden, an denen dies eigentlich unangemessen ist. Daher ist es umso wichtiger, dass Mediennutzungsstrategien sowie Formen des Identitätsmanagements, welche sich gegenüber den Risiken informationeller Kontrollverlustereignisse respektive dem potentiellen Kollabieren von Informationskontexten resilient verhalten, nicht allein restriktiv ausfallen. Restriktionen können dort erfolgen, wo aus ethischer Perspektive betrachtet eindeutig sozial schädliche Normverletzungen unterbunden werden. Andernfalls geht es genau nicht um Restriktion, sondern um die nachhaltige Ermächtigung beziehungsweise Ermutigung von Personen, den Automatismus, welcher als eine Art Selbstzwang zur mehr oder minder konformen Anpassung an bestehende soziale Normen nötigt, zu überwinden. Resilienz gegenüber dem informationellen Kontrollverlust zu besitzen bedeutet nicht, sich ständig darauf zu prüfen, an welchen Stellen aus Angst vor sozialen Sanktionen eine Beschneidung der eigenen Handlungsfreiheit zugunsten eines grundsätzlich normkonformen Verhaltens erfolgen muss. Vielmehr geht es um ein positives Irritieren sozialer Normen, um die Ausschaltung des Moments, welches zur Unterdrückung von Individualität anhält. Es geht um die Erlangung von Selbstbestimmungspotentialen, um die Überwindung des Moments der grundsätzlichen Unterwerfung gegenüber der in einer Gesellschaft vorgestellten Normalität.

Fazit

Im Zentrum der vorliegenden Arbeit steht die Frage nach Strategien beziehungsweise nach Formen der Resilienz, welche gegenüber den Risiken informationeller Kontrollverlustereignisse in der digitalen Gesellschaft entwickelt werden können. Zentral ist dabei die Feststellung, dass private Endnutzer digitaler Medien nur äußerst bedingt darüber bestimmen können, wie personenbezogene Daten erhoben, verarbeitet oder verbreitet werden. Dieser offensichtliche Verlust an Kontrolle vollzieht sich, obgleich ein breiter gesellschaftlicher Konsens darüber besteht, dass Privatheit, Datenschutz und Informationssicherheit als schützenswerte Güter zu erachten sind. Und ob dieses Konsenses erwünschen die allermeisten Nutzer digitaler Medien nicht nur, dass es funktionierende Mechanismen zum Privatheits- und Datenschutz sowie zur Informationssicherheit gibt, sondern sie fußen ihre praktische Mediennutzung darauf. Sie nutzen Medien zumeist in der Form, als wäre ihre Privatheit gesichert, als wären ihre Daten vor dem Zugriff durch Dritte geschützt und als gäbe es eine nahezu unbeschränkte Sicherheit informationstechnischer Systeme. Eine solche Art der Mediennutzung zeichnet sich jedoch durch eine starke Vulnerabilität gegenüber informationellen Kontrollverlustereignissen aus, deren Risiko hoch und ständig gegeben ist. Umgekehrt wäre eine resiliente Mediennutzung dadurch charakterisiert, sich nicht auf Privatheit, Datenschutz oder Informationssicherheit zu stützen, sondern geradezu zu erwarten, dass personenbezogene Informationen sich unkontrolliert verbreiten und potentiell in vollem Umfang für bestimmte Dritte oder gar allgemein zugänglich sind. Dies bedeutet gleichzeitig, dass während der Mediennutzung antizipiert wird, welches mögliche Reaktionen von beliebigen Dritten auf mitgeteilte Informationen oder auf gezeigte Handlungen sein könnten. Dabei kann die Entscheidung entweder darauf fallen, bestimmte Informationen oder Handlungen geheim zu halten und demnach erst gar nicht in die Speicher informationstechnischer Systeme zu überführen. Oder aber man entscheidet sich dafür, sich den Risiken des informationellen Kontrollverlusts auszusetzen. Berücksichtigt werden muss dabei jedoch zweierlei. Erstens liegt die Entscheidung, personenbezogene Informationen digital preiszugeben, nur vermeintlich im Ermessen der Mediennutzer. Die volatile Datenproduktion wird schließlich ergänzt durch eine nicht-willentliche, dennoch personenbezogene Erhebung von Daten etwa durch Videokameras oder andere Technologien. Und diese Form der Datenerhebung, welche durch die sensorische und informatische Aufladung der Umwelt stetig zunimmt, ist in der Regel unausweichlich und keiner freien Entscheidung darüber zugänglich, ob sie erfolgen soll oder nicht. Zweitens und als Folge aus dem eben Gesagten muss eingewendet werden, dass die geforderte Antizipation möglicher Reaktionen von Dritten auf mitgeteilte Informationen oder ausgeführte Handlungen, welche elektronisch erfasst beziehungsweise verdaten werden, eine solchermaßen aufwendige kognitive Leistung darstellen würde, dass es völlig utopisch wäre, davon auszugehen, dies könne in jeder Situation der Mediennutzung erfolgen. Demnach kann die Entscheidung, welche Informationen von digitalen Medien erfasst, verarbeitet und verbreitet werden sollen, gar nicht rational getroffen werden. Vielmehr geht es darum, zu akzeptieren, dass eine zunehmend gesteigerte, allgemeine soziale Sichtbarkeit der eigenen Person besteht, aus welcher sowohl eine ganze Reihe an Gefahren als auch Chancen erwachsen, welche in viel stärkerem Maß als bislang Gegenstand gesellschaftspolitischer Aushandlungsprozesse werden müssen. Diese Arbeit soll dazu den Anstoß geben.

Dabei soll sie insbesondere darauf hinweisen, dass es eines gesellschaftlichen Lernprozesses bedarf, welcher dergestalt ist, dass digitale Medien als Mittel der erweiterten Sichtbarmachung der Lebensvollzüge von Personen in modernen Informationsgesellschaften wahrgenommen werden müssen – wobei man gleichzeitig die Erwartung aufgibt, dass Konzepte wie Privatheit, Datenschutz oder Informationssicherheit zuverlässig in die technische Verfasstheit des immer größer werdenden Ensembles vernetzter digitaler Medien integriert werden können. Die entscheidende Frage ist dann, wie mit der zunehmenden Sichtbarkeit, welche sich in Form immer größerer „Datenberge" mit personenbezogenen Informationen manifestiert, gesellschaftlich umgegangen wird. Während private Endnutzer digitaler Medien in ihrer Nutzungspraxis derselben noch auf überkommene Konzepte wie informationelle Privatheit oder Datenschutz setzen, haben staatliche sowie wirtschaftliche Institutionen längst gelernt, den informationellen Kontrollverlust für sich zu nutzen und gerade aus dem Fehlen des Privatheits- oder Datenschutzes zu profitieren, indem sie in immer größerem Ausmaß Daten sammeln, auswerten und weiterverbreiten.

So vollzieht sich, ausgelöst durch die quasi lückenlose Digitalisierung des gesellschaftlichen Lebens, in der Gesamtschau eine Anhebung von Transparenzniveaus, allerdings manifestieren sich gleichzeitig ausgeprägte Informationsasymmetrien. „Wir sind alle permanent sichtbar, [...] sehen aber nicht die, die uns sehen. [...] Wir alle sind sichtbar, aber nicht füreinander." (Welzer 2016: 56) Genau darin liegt eine der wohl größten Gefahren der gegenwärtigen Entwicklung. Denn solange großformatige Informationsasymmetrien bestehen, fällt es schwer, überhaupt zu erkennen, dass die Annahme, Privatheit und Datenschutz wären im Rahmen digitaler Medien tatsächlich realisiert, irrig ist. Schließlich sind die „Datenberge", welche die Informationsgesellschaft gleichsam in eine Post-Privacy-Gesellschaft verwandelt haben, in der Regel nicht allgemein zugänglich. Wären wir, mit Welzer gesprochen, alle sichtbar, aber auch füreinander, was faktisch eine Aufhebung von Informationsasymmetrien bedeuten würde, würde sich der Prozess, dass gelernt würde, zu erwarten, dass Informationskontexte einer Entdifferenzierung unterworfen sind, dass digital vorliegende Informationen in ihrer Verbreitung nicht mehr kontrolliert werden können und dass es eines daran angepassten Identitätsmanagements inklusive einer veränderten Diskursführung der Öffentlichkeit bedarf, deutlich rascher vollziehen. Faktisch aber hinkt die bestehende Mediennutzungskultur dem Verständnis über technische Gegebenheiten und Potentiale hinterher. Entstanden sind Informationsasymmetrien, welche staatlichen sowie wirtschaftlichen Institutionen eine Macht eingeräumt haben, deren Missbrauchspotential solange bedenklich groß ist, solange allgemein davon ausgegangen wird, das Soziale würde von Normen des Privaten beziehungsweise des restringierten, in klaren Bahnen gelenkten „Fließens" von Informationen bestimmt, und Kommunikationsstile, Modi der Selbstdarstellung respektive das eigene Identitätsmanagement daran angepasst werden. Hinzu kommt, dass sich fragwürdige Praktiken des „social sortings" (Lyon 2003b), der algorithmischen Diskriminierung (Pasquale 2015), der Informationsfilterung (Pariser 2011) et cetera in staatlichen sowie wirtschaftlichen Institutionen eingeschlichen haben, ohne, dass diese qua zivilgesellschaftlichem Protest oder politischen Maßnahmen problemlösend adressiert würden.

Dessen ungeachtet besteht kein Zweifel daran, dass die angesprochenen Informationsasymmetrien bestehen und, da sie gleichzeitig immense Machtasymmetrien bewirken, Gefahren bergen. Und dennoch sind durch verschiedene Medien und Plattformen gleichsam allgemein gesteigerte Transparenzniveaus entstanden, welche Personen auch und gerade füreinander sichtbar machen. Während hier wirkmächtige Diskurse über den Wert des Privaten sowie die Bedeutung des Datenschutzes gegen die weitere Anhebung jener Transparenzniveaus votieren, schlägt die vorliegende Arbeit genau den gegenteiligen Weg ein. Sie spricht sich dafür aus, dass es in einer Gesellschaft, welche durch die Allgegenwart untereinander vernetzter digitaler Medien geprägt ist, einer neu ausgerichteten Mediennutzungspraxis bedarf. Insbesondere geht es darum, dass gesteigerte Transparenzniveaus nicht darin münden, dass sich die Angst davor, beobachtet zu werden, intensiviert und Normalisierung und Selbstzensur begründet. Es geht, wie unter anderem mit Koskela (2004) beschrieben wurde, darum, die Angst vor Beobachtung in die Lust, beobachtet zu werden, umzuwandeln. Wenn digitale Medien beziehungsweise die Aufladung der Umwelt mit informationstechnischen Systemen aller Art unabwendbar zu einer Anhebung von Transparenz- und Sichtbarkeitsniveaus führt, dann sollte die so entstandene Transparenz möglichst gerecht verteilt beziehungsweise verallgemeinert werden. Letztlich entsteht so auch die Chance, bestehende kulturelle Normen und Praktiken herauszufordern und zu irritieren, indem Abweichungen, Unangepasstheiten sowie individuelle Besonderheiten radikal sichtbar gemacht sowie einem öffentlichen Diskurs zugeführt werden. Indem auf diese Weise zahlreichen kleineren oder größeren Emanzipationsbewegungen Vorschub geleistet werden kann, kann gleichsam Formen sozialer Diskriminierung entgegengesteuert und eine freiere und friedlichere Gesellschaft geschaffen werden.

Literatur

Abels, Heinz: Identität. Über die Entstehung des Gedankens, dass der Mensch ein Individuum ist, den nicht leicht zu verwirklichenden Anspruch auf Individualität und die Tatsache, dass Identität in Zeiten der Individualisierung von der Hand in den Mund lebt, Wiesbaden: VS Verlag für Sozialwissenschaften 2010a.

Abels, Heinz: Interaktion, Identität, Präsentation. Kleine Einführung in interpretative Theorien der Soziologie, Wiesbaden: VS Verlag für Sozialwissenschaften 2010b.

Acquisti, Alessandro/Gross, Ralph: „Imagines Communities. Awareness, information sharing, and privacy on the Facebook", in: George Danezis/Philippe Golle (Hg.), Privacy Enhancing Technologies, Berlin: Springer 2006, S. 36-58.

Adorno, Theodor W.: Negative Dialektik, Frankfurt am Main: Suhrkamp 1966.

Adu-Oppong, Fabeah/Gardiner, Casey K./Kapadia, Apu/Tsang, Patrick P.: „Social Circles. Tracking Privacy in Social Networks", in: Proceedings of the 4th Symposium on Usable Privacy and Security, Pittsburg: ACM 2008.

Albrechtslund, Anders: „Online social networking as participatory surveillance", in: First Monday 13 (2008), S. 1-11.

Albrechtslund, Anders/Dubbeld, Lynsey: „The Plays and Arts of Surveillance. Studying Surveillance as Entertainment", in: Surveillance & Society 3 (2002), S. 216-221.

Allen, Anita L.: „Coercing privacy", in: William and Mary Law Review 40 (1999), S. 723-757.

Allen, Anita L./Mack, Erin: „How Privacy Got Its Gender", in: Northern Illinois Law Review 10 (1989), S. 441-478.

Altman, Irwin: „Privacy: A Conceptual Analysis", in: Environment and Behavior 8 (1976), S. 7-29.

Altman, Irwin/Taylor, Dalmas A.: Social Penetration. The Development of Interpersonal Relationships, New York: Holt, Rinehart and Winston 1973.

Altmann, Alex/Fitzpatrick, Alex: Everything We Know About Sony, The Interview and North Korea 2014, http://time.com/3639275/the-interview-sony-hack-north-korea/ vom 10.12.2015.

Amoore, Louise: „Data Derivatives. On the Emergence of a Security Risk Calculus for Our Times", in: Theory, Culture & Society 28 (2011), S. 24-43.

Anderson, Chris: The End of Theory. The Data Deluge Makes the Scientific Method Obsolete 2008, http://archive.wired.com/science/discoveries/magazine/16-07/pb_theory vom 10.11.2014.

Andrejevic, Mark: „The work of watching one another. Lateral surveillance, risk, and governance", in: Surveillance & Society 2 (2002), S. 479-497.

Andrejevic, Mark: „Ubiquitous surveillance", in: Kirstie S. Ball/Kevin D. Haggerty/David Lyon (Hg.), Routledge Handbook of Surveillance Studies, Abingdon, Oxon: Routledge 2012, S. 91-98.

Angwin, Julia/Larson, Jeff/Mattu, Surya/Kirchner, Lauren: Machine Bias. There's software used across the country to predict future criminals. And it's biased against blacks. 2016, https://www.propublica.org/article/machine-bias-risk-assessments-in-criminal-sentencing vom 15.07.2016.

Ariel, Barak/Sutherland, Alex/Henstock, Darren/Young, Josh/Drover, Paul/ Sykes, Jayne/Megicks, Simon/Henderson, Ryan: „Report: increases in police use of force in the presence of body-worn cameras are driven by officer discretion: a protocol-based subgroup analysis of ten randomized experiments", in: Journal of Experimental Criminology (2016a), S. 1-11.

Ariel, Barak/Sutherland, Alex/Henstock, Darren/Young, Josh/Drover, Paul/ Sykes, Jayne/Megicks, Simon/Henderson, Ryan: „Wearing body cameras increases assaults against officers and does not reduce police use of force. Results from a global multi-site experiment", in: European Journal of Criminology (2016b), S. 1-12.

Assange, Julian: Cypherpunks. Freedom and the Future of the Internet, New York: OR Books 2012.

Baecker, Dirk: Form und Formen der Kommunikation, Frankfurt a.M: Suhrkamp 2007a.

Baecker, Dirk: Studien zur nächsten Gesellschaft, Frankfurt a.M: Suhrkamp 2007b.

Bailenson, Jeremy N./Blascovich, Jim: Virtual Reality and Social Networks Will Be a Powerful Combination 2011, http://spectrum.ieee.org/telecom/internet/virtual-reality-and-social-networks-will-be-a-powerful-combination/0 vom 11.12.2015.

Ball, Kirstie S./Haggerty, Kevin D.: „Doing Surveillance Studies“, in: Surveillance & Society 3 (2002), S. 129-138.

Ball, Kirstie S./Lyon, David/Murakami Wood, David/Norris, Clive/Raab, Charles: A Report on the Surveillance Society. For the Information Commissioner by the Surveillance Studies Network 2006, S. 1-98.

Barlow, John P.: A Declaration of the Independence of Cyberspace. Electronic Frontier Foundation 1996, https://projects.eff.org/~barlow/Declaration-Final.html vom 18.10.2014.

Barnes, Susan B.: „A privacy paradox. Social networking in the United States“, in: First Monday 11 (2006).

Bateson, Gregory: Steps to an Ecology of Mind. Collected Essays in Anthropology, Psychiatry, Evolution, and Epistemology, London: Jason Aronson Inc. 1987.

Bateson, Melissa/Nettle, Daniel/Roberts, Gilbert: „Cues of being watched enhance cooperation in a real-world setting“, in: Biology letters 2 (2006), S. 412-414.

Battelle, John: The Search. How Google and Its Rivals Rewrote the Rules of Business and Transformed Our Culture, Boston, London: Nicholas Brealey Publishing 2005.

Bauman, Zygmunt: Liquid Modernity, Cambridge, Massachusetts: Polity Press 2000.

Bauman, Zygmunt: Liquid Times. Living in an Age of Uncertainty, Cambridge, Massachusetts: Polity Press 2007.

Bäuml, Matthias: „Datenschutz kostet Leben“, in: Die Zeit (2015), S. 39.

Baur-Ahrens, Andreas/Krüger, Marco/Ammicht Quinn, Regina/Leese, Matthias/Matzner, Tobias: How Smart Is „Smart Security“? Exploring Data Subjectivity and Resistance, Tübingen 2015, http://hdl.handle.net/10900/66898.

Bell, Daniel: The Coming of Post-Industrial Society. A Venture in Social Forecasting, New York: Basic Books 1976.

Bell, David: „Surveillance is sexy“, in: Surveillance & Society 6 (2009), S. 203-212.

Beniger, James R.: The Control Revolution. Technological and Economic Origins of the Information Society, Cambridge, Massachusetts: Harvard University Press 1986.

Benkler, Yochai: „From Consumers to Users. Shifting the Deeper Structures of Regulation Toward Sustainable Commons and User Access“, in: Federal Communications Law Journal 52 (1999), S. 561-579.

Benkler, Yochai: The Wealth of Networks. How Social Production Transforms Markets and Freedom, New Haven: Yale University Press 2006.

Benz, Benjamin/Scherschel, Fabian: „Der Feind im Innern. Risiko Firmware: Vom gehackten Auto bis zum bösartigen USB-Stick“, in: c't (2015), S. 80-84.

Beresford, Alastair R./Kübler, Dorothea/Preibusch, Sören: „Unwillingness to pay for privacy. A field experiment“, in: Economics Letters 117 (2012), S. 25-27.

Berger, Peter L./Luckmann, Thomas: Die gesellschaftliche Konstruktion der Wirklichkeit. Eine Theorie der Wissenssoziologie, Frankfurt a.M: Fischer Taschenbuch Verlag 2009.

Bergmann, Jörg: Klatsch. Zur Sozialform der diskreten Indiskretion, Berlin, New York: Walter de Gruyter 1987.

Berners-Lee, Tim: Weaving the Web. The Original Design and Ultimate Destiny of the World Wide Web By Its Inventors, New York: HarperCollins Publishers 2000.

Betz, Joachim/Kübler, Hans-Dieter: Internet Governance. Wer regiert wie das Internet?, Wiesbaden: Springer VS 2013.

Beuth, Patrick: Berliner abgehört – aus Protest gegen die NSA 2015, http://www.golem.de/news/ueberwachung-berliner-abgehoert-aus-protest-gegen-die-nsa-1505-114334.html vom 30.05.2015.

Binder, Jens/Howes, Andrew/Sutcliffe, Alistair: „The Problem of Conflicting Social Spheres. Effects of Network Structures on Experienced Tension in Social Network Sites“, in: Joseph A. Konstan/Ed Chi/Kristina Höök (Hg.), Proceedings of the SIGCHI Conference on Human Factors in Computing Systems, New York: ACM Press 2012, S. 965-974.

Blanchette, Jean-François: „A material history of bits“, in: Journal of the American Society for Information Science and Technology 62 (2011), S. 1042-1057.

Bogard, William: „Surveillance assemblages and lines of flight“, in: David Lyon (Hg.), Theorizing Surveillance. The panopticon and beyond, Cullompton: Willian Publishing 2006, S. 97-122.

Bok, Sissela: Sectets. On the Ethics of Concealment and Revelation, New York: Pantheon Books 1982.

Bolton, Doug: 5 things we've learned from the Saudi Arabia Wikileaks documents 2015, http://www.independent.co.uk/news/world/middle-east/5-things-weve-learned-from-the-saudi-arabia-wikileaks-documents-10334914.html vom 10.12.2015.

Boos, Margarete/Jonas, Kai J.: „Medienvermittelte Kommunikation“, in: Bernad Batinic/Markus Appel (Hg.), Medienpsychologie, Heidelberg: Springer 2008, S. 195-218.

Borchers, Detlef/Schirrmacher, Dennis: Überwachungssoftware: Aus Hacking Team wurde Hacked Team 2015, http://www.heise.de/newsticker/meldung /Ueberwachungssoftware-Aus-Hacking-Team-wurde-Hacked-Team-2736160. html vom 13.07.2015.

Bourdieu, Pierre: Die feinen Unterschiede. Kritik der gesellschaftlichen Urteilskraft, Frankfurt a.M: Suhrkamp 1987.

Bowie, Norman E.: „Privacy and the Internet", in: Hugh LaFollette (Hg.), The International Encyclopedia of Ethics, Hoboken, New Jersey: Wiley-Blackwell 2013, S. 4110-4114.

Boyd, Danah: „Facebook's Privacy Trainwreck. Exposure, Invasion, and Social Convergence", in: Convergence: The International Journal of Research in New Media Technologies 14 (2008a), S. 13-20.

Boyd, Danah: „Why Youth (Heart) Social Network Sites. The Role of Networked Publics in Teenage Social Life", in: David Buckingham (Hg.), Youth, Identity and Digital Media, Cambridge, Massachusetts 2008b, S. 119-142.

Boyd, Danah: „White Flight in Networked Publics. How Race and Class Shaped American Teen Engagement with MySpace and Facebook", in: Lisa Nakamura/Peter A. Chow-White (Hg.), Race After the Internet, New York: Routledge 2012, S. 203-222.

Boyd, Danah: it's complicated. the social lives of networked teens, New Haven: Yale University Press 2014.

Boyd, Danah/Crawford, Kate: „Critical questions for Big Data. Provocations for a cultural, technological, and scholarly phenomenon", in: Information, Communication & Society 15 (2012), S. 662-679.

Braden, Robert: Requirements for Internet Hosts. Communication Layers. Internet Engineering Task Force 1989, https://tools.ietf.org/pdf/rfc1122.pdf vom 08.06.2015.

Breithut, Jörg: Software-Hersteller: Kriminelle erbeuten Daten von 2,9 Millionen Adobe-Kunden 2013, http://www.spiegel.de/netzwelt/web/adobe-krimi nelle-erlangen-kreditkartendaten-und-quellcode-a-926039.html vom 18.08. 2015.

Brey, Philip: „The Epistemology and Ontology of Human-Computer Interaction", in: Minds and Machines 15 (2005), S. 383-398.

Brey, Philip: „Values in technology and disclosive computer ethics", in: Luciano Floridi (Hg.), The Cambridge Handbook of Information and Computer Ethics, Cambridge, Massachusetts: Cambridge University Press 2010.

Briegleb, Volker: Smart Home: Hacker übernehmen Kontrolle über Thermostat 2016, http://www.heise.de/newsticker/meldung/Smart-Home-Hacker-uebernehmen-Kontrolle-ueber-Thermostat-3291209.html vom 15.08.2016.

Brin, David: The Transparent Society. Will Technology Force Us to Choose Between Privacy and Freedom?, New York: Perseus Books 1998.

Brosda, Carsten: „Orientierung in der digitalen Unübersichtlichkeit. Zur medienpolitischen Relevanz der Kommunikationswissenschaft", in: Martin Emmer/Christian Strippel/Monika Taddiken et al. (Hg.), Kommunikationspolitik für die digitale Gesellschaft, Berlin: Digital Communication Research 2015, S. 25-40.

Brunton, Finn/Nissenbaum, Helen: Obfuscation. A User's Guide For Privacy And Protest, Cambridge, Massachusetts: The MIT Press 2015.

Buckingham, David: „Introducing Identity", in: David Buckingham (Hg.), Youth, Identity and Digital Media, Cambridge, Massachusetts 2008, S. 1-22.

Burgin, Victor: „Jenni's Room. Exhibitionism and Solitude", in: Critical Inquiry 27 (2000), S. 77-89.

Burgoon, Judee K.: „Privacy and Communication", in: Michael Burgoon (Hg.), Communication Yearbook 6, New York: Routledge 2012, S. 206-249.

Burkhardt, Marcus: Digitale Datenbanken. Eine Medientheorie im Zeitalter von Big Data, Bielefeld: Transcript 2015.

Buschauer, Regine: „(Very) Nervous Systems. Big Mobile Data", in: Ramón Reichert (Hg.), Big Data. Analysen zum digitalen Wandel von Wissen, Macht und Ökonomie, Bielefeld: Transcript 2014, S. 406-436.

Caspar, Johannes: „Soziale Netzwerke. Endstation informationelle Selbstbestimmung?". Ein Bericht aus der Behördenpraxis, in: Datenschutz und Datensicherheit 12 (2013), S. 767-771.

Castells, Manuel: The Rise of the Network Society. Economy, Society, and Culture (= Band 1), Chichester, West Sussex: Wiley-Blackwell 2010.

Cavoukian, Ann: „Privacy by Design: The 7 Foundational Principles", in: Office of the Information and Privacy Commissioner (2011).

Cavoukian, Ann/Taylor, Scott/Abrams, Martin E.: „Privacy by Design: essential for organizational accountability and strong business practices", in: Identity in the Information Society 3 (2010), S. 405-413.

Chambers, Chris: The psychology of mass government surveillance. How do the public respond and is it changing our behaviour? 2015, http://www.theguardian.com/science/head-quarters/2015/mar/18/the-psychology-of-mass-government-surveillance-how-do-the-public-respond-and-is-it-changing-our-behaviour vom 31.03.2015.

Clarke, Roger: „Information technology and dataveillance“, in: Communications of the ACM 31 (1988), S. 498-512.

Coase, Ronald H.: „The Nature of the Firm“, in: Economica 4 (1937), S. 386-405.

Cohen, Julie E.: „What Privacy Is For“, in: Harvard Law Review 126 (2012), S. 1-24.

Coleman, Gabriella E.: Coding Freedom. The Ethics and Aesthetics of Hacking, Princeton, NJ: Princeton University Press 2013.

Cooley, Thomas M.: A Treatise on the Law of Torts or the Wrongs Which Arise Independently of Contract, Chicago: Callaghan & Company 1906.

Cooper, Geoff: „The Mutable Mobile. Social Theory in the Wireless World“, in: Barry Brown/Nicola Green/Richard Harper (Hg.), Wireless World. Social and Interactional Aspects of the Mobile Age, London: Springer 2002, S. 19-31.

Cover, Rob: „The Naked Subject. Nudity, Context and Sexualization in Contemporary Culture“, in: Body & Society 9 (2003), S. 53-72.

Cox, Joseph: Another Day, Another Hack: User Accounts of Dating Site Badoo 2016, https://motherboard.vice.com/en_uk/read/another-day-another-hack-user-accounts-of-dating-site-badoo vom 07.06.2016.

Cuff, Dana: „Immanent Domain. Pervasive Computing and the Public Realm“, in: Journal of Architectural Education 57 (2003), S. 43-49.

Daft, Richard L./Lengel, Robert H.: „Information Richness. A New Approach to Managerial Behavior and Organization Design“, in: Research in Organizational Behavior (1984), S. 191-233.

Daft, Richard L./Lengel, Robert H.: „Organizational Information Requirements, Media Richness and Structural Design“, in: Management Science 32 (1986), S. 554-571.

Datta, Amit/Tschantz, Carl M./Datta, Anupam: „Automated Experiments on Ad Privacy Settings. A Tale of Opacity, Choice, and Discrimination“, in: Proceedings on Privacy Enhancing Technologies (2015), S. 92-112.

Davis, Jenny L./Jurgenson, Nathan: „Context collapse. Theorizing context collusions and collisions“, in: Information, Communication & Society 17 (2014), S. 476-485.

Davis, N. A.: „Invisible Disability“, in: Ethics 116 (2005), S. 153-213.

Deibert, Ronald J./Palfrey, John G./Rohozinski, Rafal et al. (Hg.): Access Denied. The Practice and Policy of Global Internet Filtering, Cambridge, Massachusetts: The MIT Press 2008.

Deibert, Ronald J./Rohozinski, Rafal: „Beyond Denial. Introducing Next-Generation Information Access Controls“, in: Ronald J. Deibert/John G. Palfrey/Rafal Rohozinski et al. (Hg.), Access Controlled. The Shaping of Power, Rights, and Rule in Cyberspace, Cambridge, Massachusetts: The MIT Press 2010a, S. 3-14.

Deibert, Ronald J./Rohozinski, Rafal: „Control and Subversion in Russian Cyberspace“, in: Ronald J. Deibert/John G. Palfrey/Rafal Rohozinski et al. (Hg.), Access Controlled. The Shaping of Power, Rights, and Rule in Cyberspace, Cambridge, Massachusetts: The MIT Press 2010b, S. 15-34.

Deleuze, Gilles: Unterhandlungen. 1972-1990, Frankfurt a.M: Suhrkamp 1993.

Dellaserra, Carla L./Gao, Yong/Ransdell, Lynda: „Use of Integrated Technology in Team Sports. A Review of Opportunities, Challenges, and Future Directions for Athletes“, in: The Journal of Strength & Conditioning Research 28 (2014), S. 556-573.

Department of Justice: Pennsylvania Man Charged with Hacking Apple and Google E-Mail Accounts Belonging to More Than 100 People, Mostly Celebrities 2016, https://www.justice.gov/usao-cdca/pr/pennsylvania-man-charged-hacking-apple-and-google-e-mail-accounts-belonging-more-100 vom 19.03.2016.

Derrida, Jaques: Grammatologie, Frankfurt am Main: Suhrkamp 1974.

Deutscher Bundestag: Positives Echo auf EU-Datenschutzregelungen 2016, http://www.bundestag.de/dokumente/textarchiv/2016/kw08-pa-digitale-agenda/408090?view=DEFAULT vom 01.03.2016.

Domscheit-Berg, Daniel: Inside WikiLeaks. Meine Zeit bei der gefährlichen Website der Welt, Berlin: Econ Verlag 2011.

Döring, Nicola: „Mobilkommunikation. Psychologische Nutzungs- und Wirkungsdimension“, in: Bernad Batinic/Markus Appel (Hg.), Medienpsychologie, Heidelberg: Springer 2008, S. 219-240.

Drotner, Kirsten: „Dangerous Media? Panic Discourses and Dilemmas of Modernity“, in: Paedagogica Historica 35 (1999), S. 593-619.

Drucker, Peter F.: The Age of Discontinuity, London: Heinemann 1969.

Eikenberg, Ronald: Android-Smartphones über Kurznachrichten angreifbar 2015, http://www.heise.de/newsticker/meldung/Android-Smartphones-ueber-Kurznachrichten-angreifbar-2763764.html vom 28.07.2015.

Eikenberg, Ronald: IP-Kameras von Aldi als Sicherheits-GAU 2016, http://www.heise.de/newsticker/meldung/IP-Kameras-von-Aldi-als-Sicherheits-GAU-3069735.html vom 20.01.2016.

Elgesem, Dag: „Privacy, Respect for Persons, and Risk“, in: Charles Ess (Hg.), Philosophical Perspectives on Computer-Mediated Communication, New York: State University of New York Press 1996, S. 45-66.

Ellul, Jacques: The Technological Society. A penetrating analysis of our technical civilization and of the effect of an increasingly standardized culture on the future of man, New York: Vintage Books 1964.

Epstein, Robert/Robertson, Ronald E.: „The search engine manipulation effect (SEME) and its possible impact on the outcomes of elections“, in: Proceedings of the National Academy of Sciences 112 (2015), S. 4512-4521.

Ermert, Monika/Holland, Martin: „Spion im Kabel. Lexikon des NSA-Skandals: Tempora“, in: c't (2015), S. 72-73.

Ess, Charles: „"Lost in Translation"? Intercultural Dialogues on Privacy and Information Ethics“, in: Ethics and Information Technology 7 (2005), S. 1-6.

European Digital Rights: DaTa Protection Broken Badly 2015, https://edri.org/files/DP_BrokenBadly.pdf vom 17.09.2015.

Faris, Robert/Villeneuve, Nart: „Measuring Global Internet Filtering“, in: Ronald J. Deibert/John G. Palfrey/Rafal Rohozinski et al. (Hg.), Access Denied. The Practice and Policy of Global Internet Filtering, Cambridge, Massachusetts: The MIT Press 2008, S. 5-28.

Federrath, Hannes/Pfitzmann, Andreas: „Datensicherheit“, in: Martin Schulte/Rainer Schröder (Hg.), Handbuch des Technikrechts. Allgemeine Grundlagen – Umweltrecht – Gentechnikrecht – Energierecht – Telekommunikations- und Medienrecht – Patentrecht – Computerrecht, Heidelberg: Springer 2011, S. 857-886.

Feinberg, Ashley: Family Values Activist Josh Duggar Had a Paid Ashley Madison Account 2015, http://gawker.com/family-values-activist-josh-duggar-had-a-paid-ashley-ma-1725132091 vom 25.08.2015.

Fenton, Siobhan: Ashley Madison hack: Australian radio station tells woman live on air that her husband has an account on infidelity site 2015, http://www.independent.co.uk/news/world/australasia/ashley-madison-hack-australian-radio-station-tells-woman-live-on-air-that-her-husband-has-an-account-on-infidelity-site-10463135.html vom 25.08.2015.

Fernandez, Luis A./Huey, Laura: „Is resistance futile? Thoughts on resisting surveillance“, in: Surveillance & Society 6 (2009), S. 199-202.

Fischermann, Thomas: Zwanzig Seiten über eine Person 2005, http://www.zeit.de/2005/25/Choicepoint_Kasten/komplettansicht vom 19.01.2015.

Floridi, Luciano: „The ontological interpretation of informational privacy“, in: Ethics and Information Technology 7 (2005), S. 185-200.

Floridi, Luciano: „Four challenges for a theory of informational privacy“, in: Ethics and Information Technology 8 (2006), S. 109-119.

Floridi, Luciano: „Foundations of Information Ethics“, in: Kenneth E. Himma/Herman T. Tavani (Hg.), The Handbook of Information and Computer Ethics, Hoboken, New Jersey: Wiley 2008, S. 3-24.

Floridi, Luciano: „Ethics after the Information Revolution“, in: Luciano Floridi (Hg.), The Cambridge Handbook of Information and Computer Ethics, Cambridge, Massachusetts: Cambridge University Press 2010, S. 3-19.

Floridi, Luciano: The Philosophy of Information, Oxford: Oxford University Press 2011.

Floridi, Luciano: „Preface“, in: Luciano Floridi (Hg.), Protection of Information and the Right to Privacy. A New Equilibrium?, Heidelberg: Springer 2014a, S. v-xi.

Floridi, Luciano: The Fourth Revolution. How The Infosphere Is Reshaping Human Reality, Oxford: Oxford University Press 2014b.

Foucault, Michel: Überwachen und Strafen. Die Geburt des Gefängnisses, Frankfurt a.M: Suhrkamp 1976.

Foucault, Michel: Die Hauptwerke, Frankfurt a.M: Suhrkamp 2008.

Fowler, Geoffrey A.: When the Most Personal Secrets Get Outed on Facebook. The Wall Street Journal 2012, http://online.wsj.com/news/articles/SB10000872396390444165804578008740578200224 vom 07.10.2014.

Fung, Archon/Graham, Mary/Weil, David: Full disclosure. The Politics, Perils and Promise of Targeted Transparency, Cambridge, Massachusetts: Cambridge University Press 2007.

Galloway, Alexander R.: Protocol. How Control Exists after Decentralization, Cambridge, Massachusetts: The MIT Press 2004.

Galloway, Alexander R./Thacker, Eugene: „Protokoll, Kontrolle und Netzwerke“, in: Ramón Reichert (Hg.), Big Data. Analysen zum digitalen Wandel von Wissen, Macht und Ökonomie, Bielefeld: Transcript 2014, S. 289-311.

Gantz, John/Reinsel, David: The Digital Universe Decade – Are You Ready? 2010, http://www.emc.com/collateral/analyst-reports/idc-digital-universe-are-you-ready.pdf vom 13.07.2015.

Gantz, John/Reinsel, David: The Digital Universe in 2020. Big Data, Bigger Digital Shadows, and biggest Growth in the Far East 2012, http://www.emc.com/collateral/analyst-reports/idc-the-digital-universe-in-2020.pdf vom 13.07.2015.

Gardner, Howard/Davis, Katie: The App Generation. How Today's Youth Navigate Identity, Intimacy, And Imagination In A Digital World, New Haven: Yale University Press 2013.

Gavison, Ruth: „Feminism and the Private-Public Distinction“, in: Stanford Law Review 45 (1992), S. 1-45.

Gaycken, Sandro: Cyberwar. Das Internet als Kriegsschauplatz, München: Open Source Press 2011.

Giddens, Anthony: The Consequences of Modernity, Stanford, California: Stanford University Press 1990.

Gierow, Hauke: Das Kind schreit, und die Welt hört mit 2015a, http://www.golem.de/news/gehacktes-babyfon-das-kind-schreit-und-die-welt-hoert-mit-1509-116101.html vom 04.09.2015.

Gierow, Hauke: Die Öffentlichkeit muss vor dem Datenschutz geschützt werden 2015b, http://www.golem.de/news/meinungsfreiheit-die-oeffentlichkeit-muss-vor-dem-datenschutz-geschuetzt-werden-1512-118065.html vom 29.12.2015.

Gierow, Hauke: 1,1 Millionen Zugangsdaten stehen zum Verkauf 2016a, http://www.golem.de/news/nach-hack-von-dating-webseite-1-1-millionen-zugangsdaten-stehen-zum-verkauf-1604-120559.html vom 27.04.2016.

Gierow, Hauke: 200.000 Zugangsdaten von SZ-Magazin kopiert 2016b, http://www.golem.de/news/fehler-in-blogsystem-200-000-zugangsdaten-von-sz-magazin-kopiert-1605-121177.html vom 31.05.2016.

Gierow, Hauke: Billigrouter und Malware führen zu Millionenverlust 2016c, http://www.golem.de/news/angriff-auf-zentralbank-billigrouter-und-malware-fuehren-zu-millionenverlust-1604-120536.html vom 26.04.2016.

Gierow, Hauke: Mehrere Krankenhäuser von Malware befallen 2016d, http://www.golem.de/news/nordrhein-westfalen-mehrere-krankenhaeuser-von-malware-befallen-1602-119105.html vom 15.02.2016.

Gierow, Hauke: Verfassungsschutz von Sachsen-Anhalt wurde verschlüsselt 2016e, http://www.golem.de/news/ransomware-saechsischer-verfassungsschutz-wurde-verschluesselt-1604-120654.html vom 03.05.2016.

Goffman, Erving: Stigma. Notes on the management of spoiled identity, London: Penguin Books 1963.

Goffman, Erving: Interaction Ritual. Essays On Face-To-Face Behavior, New York: Pantheon Books 1967.

Goffman, Erving: Wir alle spielen Theater. Die Selbstdarstellung im Alltag, München: Piper Verlag 2003.

Goldsmith, Jack/Wu, Tim: Who Controls the Internet? Illusions of a Borderless World, Oxford: Oxford University Press 2006.

Greenberg, Andy: Over 80 Percent of Dark-Web Visits Relate to Pedophilia, Study Finds 2014, http://www.wired.com/2014/12/80-percent-dark-web-visits-relate-pedophilia-study-finds/ vom 01.01.2015.

Greenwald, Glenn: XKeyscore. NSA tool collects ‚nearly everything a user does on the internet' 2013, http://www.theguardian.com/world/2013/jul/31/nsa-top-secret-program-online-data vom 22.09.2015.

Greenwald, Glenn: No Place to Hide, New York: Metropolitan Books 2014.

Greis, Friedhelm: NSA-Ausschuss erwägt Einsatz mechanischer Schreibmaschinen 2014a, http://www.golem.de/news/ueberwachung-nsa-ausschuss-erwaegt-einsatz-mechanischer-schreibmaschinen-1407-107862.html vom 06.03.2015.

Greis, Friedhelm: „Wir töten Menschen auf der Basis von Metadaten" 2014b, http://www.golem.de/news/ex-nsa-chef-hayden-wir-toeten-menschen-auf-basis-von-metadaten-1405-106409.html vom 28.08.2014.

Greis, Friedhelm: Fiat Chrysler schließt gefährliche Sicherheitslücke 2015, http://www.golem.de/news/autosteuerung-gehackt-fiat-chrysler-schliesst-schwere-sicherheitsluecke-1507-115357.html vom 13.08.2015.

Greis, Friedhelm: Experte zerpflückt „unterkomplexe" EU-Datenschutzreform 2016, http://www.golem.de/news/bundestagsanhoerung-experte-zerpflueckt-unterkomplexe-eu-datenschutzreform-1602-119377.html vom 26.02.2016.

Greveler, Ulrich/Löhr, Dennis: „Deanonymisierung von Profilen sozialer Netzwerke unter Nutzung von Metadaten aus Bildern", in: DACH Security 2010 (2010), S. 1-8.

Gross, Larry: Contested Closets. The Politics and Ethics of Outing, Minneapolis: University of Minnesota Press 1990.

Grunwald, Wolfgang: „Ethik und Konfliktregelung in Unternehmen", in: Personalführung 5 (2005), S. 72-83.

Gusy, Christoph: „Der transparente Staat", in: Hermann Hill/Mario Martini/Edgar Wagner (Hg.), Transparenz, Partizipation, Kollaboration. Die digitale Verwaltung neu denken, Baden-Baden: Nomos 2014, S. 81-93.

Haak, Steve: Hacker dringen in Personalbehörde der US-Regierung ein 2015, http://www.golem.de/news/cyberangriff-hacker-dringen-in-personalbehoerde-der-us-regierung-ein-1506-114498.html vom 05.06.2015.

Habermas, Jürgen: Theorie des kommunikativen Handelns (= Band 1), Frankfurt a.M: Suhrkamp 1987.

Habermas, Jürgen: Faktizität und Geltung. Beiträge zur Diskurstheorie des Rechts und des demokratischen Rechtsstaates, Frankfurt a.M: Suhrkamp 1992.

Hadnagy, Christopher: Social Engineering. The Art of Human Hacking, Indianapolis, Indiana: John Wiley & Sons 2011.

Hagelüken, Alexander/Mühlauer, Alexander: Geheime TTIP-Papiere enthüllt 2016, http://www.sueddeutsche.de/wirtschaft/-geheime-ttip-papiere-enthuellt-1.2975097 vom 04.05.2016.

Hagendorff, Thilo: „Technikethische Werte im Konflikt. Das Beispiel des Körperscanners", in: TATuP – Zeitschrift des ITAS zur Technikfolgenabschätzung 24 (2015), S. 82-86.

Hagendorff, Thilo: „Open Data", in: Jessica Heesen (Hg.), Handbuch Informations- und Medienethik, Stuttgart: Metzler 2016a, S. 227-232.

Hagendorff, Thilo: „Vertrauen und Solidarität im Kontext digitaler Medien", in: Petra Werner/Lars Rinsdorf/Thomas Pleil et al. (Hg.), Verantwortung – Gerechtigkeit – Öffentlichkeit. Normative Perspektiven auf Kommunikation, Konstanz: UVK 2016b, S. 297-306.

Haggerty, Kevin D.: „Tear down the walls. On demolishing the panopticon", in: David Lyon (Hg.), Theorizing Surveillance. The panopticon and beyond, Cullompton: Willian Publishing 2006, S. 23-45.

Haggerty, Kevin D./Ericson, Richard V.: „The surveillant assemblage", in: The British journal of sociology 51 (2000), S. 605-622.

Hahn, Kornelia/Koppetsch, Cornelia (Hg.): Soziologie des Privaten, Wiesbaden: VS Verlag für Sozialwissenschaften 2011.

Hall, Eric: Internet Core Protocols. The Definitive Guide, Sebastopol, CA: O'Reilly Media 2000.

Hansen-Oest, Stephan/Heidrich, Joerg: „Neu verordnet. Welche Änderungen die neue EU-Datenschutz-Regulierung in Deutschland bringen wird", in: c't (2016), S. 166-169.

Happ, Christian/Melzer, André/Steffgen, Georges: „Trick with treat–Reciprocity increases the willingness to communicate personal data", in: Computers in Human Behavior 61 (2016), S. 372-377.

Harris, Elizabeth A./Perlroth, Nicole: For Target, the Breach Numbers Grow 2014, http://www.nytimes.com/2014/01/11/business/target-breach-affected-70-million-customers.html?_r=0 vom 17.08.2015.

Hayles, Katherine N.: How We Became Posthuman. Virtual Bodies in Cybernetics, Literature, and Informatics, Chicago: The University of Chicago Press 1999.

Helbing, Dirk/Frey, Bruno S./Gigerenzer, Gerd/Hafen, Ernst/Hagner, Michael/Hofstetter, Yvonne/Van den Hoven, Jeroen/Zicari, Roberto V./Zwitter, Andrej: Digitale Demokratie statt Datendiktatur 2015, http://www.spektrum.de/news/wie-algorithmen-und-big-data-unsere-zukunft-bestimmen/1375933?_druck=1 vom 17.11.2015.

Heller, Christian: Post Privacy. Prima leben ohne Privatsphäre, München: C. H. Beck 2011.

Hendler, James/Golbeck, Jennifer: „Metcalfe's law, Web 2.0, and the Semantic Web", in: Web Semantics: Science, Services and Agents on the World Wide Web 6 (2008), S. 14-20.

Henning, Tim: „Personale Identität und personale Identitäten. Ein Problemfeld der Philosophie", in: Hilarion G. Petzold (Hg.), Identität. Ein Kernthema moderner Psychotherapie. Interdisziplinäre Perspektiven, Wiesbaden: VS Verlag für Sozialwissenschaften 2012, S. 19-38.

Henninger, Mirka: „Resilienz“, in: Dieter Frey (Hg.), Psychologie der Werte. Von Achtsamkeit bis Zivilcourage – Basiswissen aus Psychologie und Philosophie, Berlin: Springer 2016, S. 157-166.

Hinsliff, Gaby: In the Ashley Madison era, marriage needs a rethink 2015, http://www.theguardian.com/commentisfree/2015/jul/23/ashley-madison-end-of-fairytale-marriage-rethink vom 25.08.2015.

Hirshorn, Sarah M.: „The Intersection Between Reality and Virtual Reality. An Interview with Professor Jeremy Bailenson“, in: Intersect: The Stanford Journal of Science, Technology and Society 7 (2014), S. 1-6.

Hogan, Bernie: „The Presentation of Self in the Age of Social Media. Distinguishing Performances and Exhibitions Online“, in: Bulletin of Science, Technology & Society 20 (2010), S. 1-10.

Holland, Martin: GCHQ-Massenüberwachung: Britische Geheimdienstler suchten privat in Datenbanken 2016, http://www.heise.de/newsticker/meldung/GCHQ-Massenueberwachung-Britische-Geheimdienstler-suchten-privat-in-Datenbanken-3181029.html vom 25.04.2016.

Honan, Mat: Your Dick Pics Are About to Be All Over the Internet 2015, http://www.wired.com/2015/02/dick-pics/ vom 19.02.2015.

Honey, Christian: „Zeitalter der Massenhacks“, in: Technology Review (2015), S. 67-69.

Honneth, Axel: Kritik der Macht. Reflexionsstufen einer kritischen Gesellschaftstheorie, Frankfurt a.M: Suhrkamp 1985.

Honneth, Axel: Kampf um Anerkennung. Zur moralischen Grammatik sozialer Konflikte, Frankfurt a.M: Suhrkamp 1992.

Horvát, Emöke-Ágnes/Hanselmann, Michael/Hamprecht, Fred A./Zweig, Katharina A.: „One Plus One Makes Three (for Social Networks)“, in: PloS one 7 (2012), S. 1-8.

Hubbard, Steve/Sager, John: „Firewalling the net“, in: BT technology journal 15 (1997), S. 94-106.

Huey, Laura/Walby, Kevin/Doyle, Aaron: „Cop Watching in the Downtown Eastside. Exploring the Use of (Counter)Surveillance as a Tool of Resistance“, in: Torin Monahan (Hg.), Surveillance and Security. Technological politics and power in everyday life, New York: Routledge 2006, S. 149-166.

Hui, Kai-Lung/Tan, Bernard C. Y./Goh, Chyan-Yee: „Online information disclosure: Motivators and measurements“, in: ACM Transactions on Internet Technology (TOIT) 6 (2006), S. 415-441.

Innes, Julie: Privacy, Intimacy, and Isolation, Oxford: Oxford University Press 1992.

Internet & Gesellschaft Co:llaboratory: „Offene Staatskunst“. Bessere Politik durch „Open Government“? 2010, http://dl.collaboratory.de/reports/Ini2_OffeneStaatskunst.pdf vom 21.11.2014.

Jarvis, Jeff: Public Parts. How Sharing in the Digital Age Improves the Way We Work and Live, New York: Simon & Schuster 2011.

Jernigan, Carter/Mistree, Behram F. T.: „Gaydar: Facebook friendships expose sexual orientation“, in: First Monday 14 (2009).

Jewell, Mark: T.J. Maxx theft believed largest hack ever 2007, http://www.nbcnews.com/id/17871485/ns/technology_and_science-security/t/tj-maxx-theft-believed-largest-hack-ever/#.VdLyK_ntlBc vom 18.08.2015.

Joinson, Adam/Paine, Carina B.: „Self-disclosure, privacy and the Internet“, in: Adam Joinson/Katelyn McKenna/Tom Postmes et al. (Hg.), The Oxford Handbook Internet Psychology, Oxford: Oxford University Press 2007, S. 237-252.

Kampf, Lena/Appelbaum, Jacob/Goetz, John: Von der NSA als Extremist gebrandmarkt 2014, http://www.tagesschau.de/inland/nsa-xkeyscore-100.html vom 10.06.2016.

Kannenberg, Axel: Nach Passwort-Leak: Twitter warnt Betroffene und sperrt Konten 2016, http://www.heise.de/newsticker/meldung/Nach-Passwort-Leak-Twitter-warnt-Betroffene-und-sperrt-Konten-3235453html. vom18.06.2016.

Karaboga, Murat/Matzner, Tobias/Morlok, Tina/Pittroff, Fabian/Nebel, Maxi/Ochs, Carsten/Pape, Thilo von/Pörschke, Julia V./Schütz, Philip/Fhom, Hervais S.: Das versteckte Internet. Zu Hause – im Auto – am Körper 2015.

Karas, Stan: „Loving Big brother“, in: Albany Law Journal of Science & Technology 15 (2004), S. 607-637.

Kaye, David: Report of the Special Rapporteur on the promotion and protection of the right to freedom of opinion and expression. Human Rights Council 2015, http://statewatch.org/news/2015/may/un-rapporteur-freedom-opinion-expression-encryption.pdf vom 02.06.2015.

Keen, Andrew: The Cult of the Amateur. How Today’s Internet Is Killing Our Culture, New York: Currency 2007.

Keen, Andrew: The Internet Is Not the Answer, New York: Atlantic Monthly Press 2015.

Kelly, Kevin: Out of Control. The New Biology of Machines, Social Systems, and the Economic World, Reading, Massachusetts: Addison-Wesley 1995.

Kelly, Kevin: What Technology Wants, New York: Penguin Group 2010.

Kerr, Ian/Earle, Jessica: „Prediction, Preemption, Presumption. How Big Data Threatens Big Picture Privacy“, in: Stanford Law Review Online 66 (2013), S. 65-72.

Kersten, Heinrich/Klett, Gerhard: Der IT Security Manager. Aktuelles Praxiswissen für IT Security Manager und IT-Sicherheitsbeauftragte in Unternehmen und Behörden, Wiesbaden: Springer 2015.

Keupp, Heiner: „Identitätskonstruktionen in der spätmodernen Gesellschaft. Riskante Chancen bei prekären Ressourcen“, in: Zeitschrift für Psychodrama und Soziometrie 7 (2008), S. 291-308.

Keupp, Heiner/Ahbe, Thomas/Gmür, Wolfgang/Höfer, Renate/Mitzscherlich, Beate/Kraus, Wolfgang/Straus, Florian: Identitätskonstruktionen. Das Patchwork der Identitäten in der Spätmoderne, Reinbek bei Hamburg: Rowohlt Taschenbuch Verlag 2008.

Khandekwal, Swati: Hackers Can Use Radio-waves to Control Your Smartphone From 16 Feet Away 2015, https://thehackernews.com/2015/10/radio-wave-phone-hack.html vom 17.10.2015.

Kirkpatrick, David: The Facebook Effect. The Real Inside Story of Mark Zuckerberg and the World's Fastest Growing Company, London: Virgin Books 2010.

Kitchin, Rob: „Big Data, new epistemologies and paradigm shifts“, in: Big Data & Society 1 (2014a), S. 1-12.

Kitchin, Rob: The Data Revolution. Big Data, Open Data, Data Infrastructures and Their Consequences, London: SAGE Publications 2014b.

Kitchin, Rob: „Thinking Critically About and Researching Algorithms“, in: The Programmable City Working Paper 5 (2014c), S. 1-29.

Knight, Brooke A.: „Watch Me! Webcams and the Public Exposure of Private Lives“, in: Art Journal 59 (2000), S. 21-25.

Kohlberg, Lawrence: Die Psychologie der Moralentwicklung, Frankfurt a.M: Suhrkamp 1995.

Köhler, Elisa: „Toleranz“, in: Dieter Frey (Hg.), Psychologie der Werte. Von Achtsamkeit bis Zivilcourage – Basiswissen aus Psychologie und Philosophie, Berlin: Springer 2016, S. 225-236.

Költzsch, Tobias: Hacker übernimmt Narkosegerät 2015, http://www.golem.de/news/sicherheitsluecke-hacker-uebernimmt-narkosegeraet-1508-115653.html vom 13.08.2015.

Königs, Hans-Peter: IT-Risikomanagement mit System. Praxisorientiertes Management von Informationssicherheits- und IT-Risiken, Wiesbaden: Springer 2013.

Koskela, Hille: „‚Cam Era‘. The contemporary urban Panopticon“, in: Surveillance & Society 1 (2002), S. 292-313.

Koskela, Hille: „Webcams, TV Shows and Mobile phones. Empowering Exhibitionism“, in: Surveillance & Society 2 (2004), S. 199-215.

Koskela, Hille: „‚The other side of surveillance‘. Webcams, power, and agency“, in: David Lyon (Hg.), Theorizing Surveillance. The panopticon and beyond, Cullompton: Willian Publishing 2006, S. 163-181.

Koskela, Hille: „Hijacking surveillance? The new moral landscapes of amateur photographing“, in: Katja F. Aas/Helene O. Gundhus/Heidi M. Lomell (Hg.), Technologies of Insecurity. The surveillance of everyday life, Abingdon, Oxon: Routledge 2009, S. 147-167.

Koskela, Hille: „Hijackers and humble servants. Individuals as camwitnesses in contemporary controlwork“, in: Theoretical Criminology 15 (2011), S. 269-282.

Koskela, Hille: „‚You shouldn't wear that body‘. The problematic of surveillance and gender“, in: Kirstie S. Ball/Kevin D. Haggerty/David Lyon (Hg.), Routledge Handbook of Surveillance Studies, Abingdon, Oxon: Routledge 2012, S. 49-56.

Kramer, André: „Hack the Pentagon“-Programm offenbart 138 Sicherheitslücken 2016, http://www.heise.de/newsticker/meldung/Hack-the-Pentagon-Programm-offenbart-138-Sicherheitsluecken-3241244.html vom 29.06.2016.

Krasnove, Hanna/Spiekermann, Sarah/Koroleva, Ksenia/Hildebrand, Thomas: „Why We Disclose“, in: Journal of Information Technology 25 (2010), S. 109-125.

Krebs, Brian: Extortionists Target Ashley Madison Users 2015, http://krebsonsecurity.com/2015/08/extortionists-target-ashley-madison-users/ vom 25.08.2015.

Krempl, Stefan: Bundesdatenschutz wird unabhängig, bleibt aber „zahnlos“ 2016a, http://www.heise.de/newsticker/meldung/Bundesdatenschutz-wird-unabhaengig-bleibt-aber-zahnlos-3059238.html vom 07.01.2015.

Krempl, Stefan: Rechtsexperte: Datenschutz-Grundverordnung als „größte Katastrophe des 21. Jahrhunderts“ 2016b, http://www.heise.de/newsticker/meldung/Rechtsexperte-Datenschutz-Grundverordnung-als-groesste-Katastrophe-des-21-Jahrhunderts-3190299.html vom 28.04.2016.

Kubitschko, Sebastian: „The Role of Hackers in Countering Surveillance and Promoting Democracy“, in: Media and Communication 3 (2015), S. 77-87.

Kuri, Jürgen: Phil Zimmermann: Es gibt keinen wirksamen Schutz vor der NSA 2015, http://www.heise.de/newsticker/meldung/Phil-Zimmermann-Es-gibt-keinen-wirksamen-Schutz-vor-der-NSA-2679180.html vom 12.06.2015.

Kurz, Constanze/Rieger, Frank: „Sicherheitsanalyse der Nedap-Wahlcomputer", in: Datenschutz und Datensicherheit (2009), S. 84-86.

Kurzweil, Ray: The Singularity Is Near. When Humans Transcend Biology, London: Penguin Group 2005.

Lang, Hermann: Die Sprache und das Unbewusste. Jaques Lacans Grundlegung der Psychoanalyse, Frankfurt a.M: Suhrkamp 1986.

Lanier, Jaron: Who Owns the Future?, New York: Simon & Schuster 2013.

Latour, Bruno: Das Parlament der Dinge:. Für eine politische Ökologie, Frankfurt am Main: Suhrkamp 2001.

Latour, Bruno: Reassembling the Social. An Introduction to Actor-Network-Theory, New York: Oxford University Press 2005.

Latzer, Michael/Hollnbuchner, Katharina/Just, Natascha/Saurwein, Florian: The economics of algorithmic selection on the Internet. Media Change and Innovation Division Working Paper, Zurich: University of Zurich 2014, http://www.mediachange.ch/media/pdf/publications/Economics_of_algorithmic_selection_WP.pdf, S. 1-41.

Lauer, Christopher: „Gesetzesbrecher im Netz", in: Die Zeit (2016), S. 9.

Laville, Sandra: Anonymous hacks into phone call between FBI and Scotland Yard 2015, http://www.theguardian.com/technology/2012/feb/03/anonymous-hacks-call-fbi-scotland-yard vom 17.09.2015.

Lemke, Claudia/Brenner, Walter: Einführung in die Wirtschaftsinformatik. Verstehen des digitalen Zeitalters, Berlin: Springer 2015.

Lessig, Lawrence: Code. Version 2.0, New York: Basic Books 2006.

Lessig, Lawrence: Remix. Making Art and Commerce Thrive in the Hybrid Economy, London: Bloomsbury Publishing 2008.

Lessig, Lawrence: Against Transparency 2009, http://www.newrepublic.com/article/books-and-arts/against-transparency vom 13.02.2014.

Lever, Annabelle: Privacy, Democracy and Freedom of Expression. Forthcoming in The Social Dimensions of Privacy 2014, http://unige.ch/sciences-societe/speri/files/8514/1656/3625/Pub_Privacy_Democracy_and_Freedom_of_Expression.pdf vom 19.09.2016, S. 1-17.

Lever, Annabelle: „Privacy, democracy and freedom of expression", in: Beate Rössler/Dorota Mokrosinska (Hg.), Social Dimensions of Privacy. Interdisciplinary Perspectives, Cambridge, Massachusetts: Cambridge University Press 2015, S. 162-180.

Libert, Timothy: „Exposing the Hidden Web. An Aalysis of Third-Party HTTP Requests on 1 Million Websites", in: International Journal of Communications 9 (2015), S. 3544-3561.

Lim, Sun S./Vadrevu, Shobha/Chan, Yoke H./Basnyat, Iccha: „Facework on Facebook: The online publicness of juvenile delinquents and youths-at-risk", in: Journal of Broadcasting & Electronic Media 56 (2012), S. 346-361.

Lindemann, Gesa: „In der Matrix der digitalen Raumzeit. Das generalisierte Panoptikum", in: Armin Nassehi (Hg.), Kursbuch 177. Privat 2.0, Hamburg: Murmann Verlag 2014, S. 162-173.

Link, Jürgen: Versuch über den Normalismus. Wie Normalität produziert wird, Opladen: Westdeutscher Verlag 1996.

Link, Jürgen: „Wie das Kügelchen fällt und das Auto rollt. Zum Anteil des Normalismus an der Identitätsproblematik in der Moderne", in: Herbert Willems/Alois Hahn (Hg.), Identität und Moderne, Frankfurt a.M: Suhrkamp 1999, S. 164-179.

Lohauß, Peter: Moderne Identität und Gesellschaft. Theorien und Konzepte, Opladen: Leske + Budrich 1995.

Los, Maria: „Looking into the future: surveillance, globalization and the totalitarian potential", in: David Lyon (Hg.), Theorizing Surveillance. The panopticon and beyond, Cullompton: Willian Publishing 2006, S. 69-94.

Luhmann, Niklas: Politische Planung. Aufsätze zur Soziologie von Politik und Verwaltung, Opladen: Westdeutscher Verlag 1971.

Luhmann, Niklas: Vertrauen. Ein Mechanismus der Reduktion sozialer Komplexität, Stuttgart: Ferdinand Enke Verlag 1973.

Luhmann, Niklas: Die Gesellschaft der Gesellschaft, Frankfurt am Main: Suhrkamp 1997.

Luhmann, Niklas: Die Moral der Gesellschaft, Frankfurt a.M: Suhrkamp 2008.

Lyon, David: Surveillance society. Monitoring everyday life, Buckingham: Open University Press 2001.

Lyon, David: „Surveillance as social sorting. Computer codes and mobile bodies", in: David Lyon (Hg.), Surveillance as Social Sorting. Privacy, risk, and digital discrimination, London: Routledge 2003a, S. 13-30.

Lyon, David (Hg.): Surveillance as Social Sorting. Privacy, risk, and digital discrimination, London: Routledge 2003b.

Lyon, David: „Why Where You Are Matters. Mundane Mobilities, Transparent Technologies, and Digital Discrimination", in: Torin Monahan (Hg.), Surveillance and Security. Technological politics and power in everyday life, New York: Routledge 2006, S. 209-224.

Maas, Wolfgang: „Hyperwelt. Massive Vernetzung der Informationssphäre mit der realen Welt", in: Stefan Selke/Ullrich Dittler (Hg.), Postmediale Wirklichkeiten aus interdisziplinärer Perspektive. Weitere Beiträge zur Zukunft der Medien, Hannover: Heise 2010, S. 49-60.

Macho, Andreas/Kuhn, Thomas: Mit echten Billen in künstlichen Welten, Wirtschafts Woche 2014, http://www.wiwo.de/technologie/gadgets/virtual-reality-mit-echten-brillen-in-kuenstlichen-welten/10038298-all.html vom 02.12.2015.

MacKinnon, Catharine: Toward a Feminist Theory of the State, Cambridge, Massachusetts: Harvard University Press 1989.

Madden, Mary/Rainie, Lee/Zickuhr, Kathryn/Duggan, Maeve/Smith, Aaron: Public Perceptions of Privacy and Security in the Post-Snowden Era. Few see core communications channels as ‚very secure' places to share private information. Pew Research Center 2014, http://www.pewinternet.org/files/2014/11/PI_PublicPerceptionsofPrivacy_111214.pdf vom 02.09.2015.

Mann, Steve/Nolan, Jason/Wellman, Barry: „Sousveillance: Inventing and Using Wearable Computing Devices for Data Collection in Surveillance Environments", in: Surveillance & Society 1 (2002), S. 331-355.

Manovich, Lev: Software Takes Command, New York: Bloomsbury Publishing 2013.

Manovich, Lev: „Trending. Verheißungen und Herausforderungen der Big Social Data", in: Ramón Reichert (Hg.), Big Data. Analysen zum digitalen Wandel von Wissen, Macht und Ökonomie, Bielefeld: transcript 2014, S. 65-83.

Martini, Mario: „Transparenz, Partizipation und Kollaboration als Leitbilder einer digitalen Zeitwende", in: Hermann Hill/Mario Martini/Edgar Wagner (Hg.), Transparenz, Partizipation, Kollaboration. Die digitale Verwaltung neu denken, Baden-Baden: Nomos 2014, S. 11-15.

Marwick, Alice: „The Public Domain. Social Surveillance in Everyday Life", in: Surveillance & Society 9 (2012), S. 378-393.

Marwick, Alice/Boyd, Danah: „I tweet honestly, I tweet passionately. Twitter users, context collapse, and the imagined audience", in: New Media & Society 13 (2011), S. 1-20.

Maus, Thomas: „Das Passwort ist tot – lang lebe das Passwort!", in: Datenschutz und Datensicherheit-DuD 32 (2008), S. 537-542.

Mayer-Schönberger, Viktor/Cukier, Kenneth: Big Data. A Revolution That Will Transform How We Live, Work, and Think, New York: Eamon Dolan 2013.

Mayer-Schönberger, Viktor/Kamphuis, Andrea: Delete. Die Tugend des Vergessens in digitalen Zeiten: Berlin University Press 2010.

Menn, Joseph: Exclusive: Yahoo secretly scanned customer emails for U.S. intelligence – sources 2016, http://www.reuters.com/article/us-yahoo-nsa-exclusive-idUSKCN1241YT vom 06.10.2016.

McCallum, John: Flash Memory and SSD Prices (2003-2015) 2015, http://www.jcmit.com/flashprice.htm vom 29.06.2016.

McKay, Matthew/Davis, Martha/Fanning, Patrick: Messages. The Communication Skills Book, Oakland, CA: New Harbinger Publications 2009.

McLaughlin, Catriona: Die Besserwisser 2013, http://www.zeit.de/2013/28/acxiom/komplettansicht vom 19.01.2015.

Mead, George H.: Geist, Identität und Gesellschaft, Frankfurt a.M: Suhrkamp 1968.

Michalevsky, Yan/Boneh, Dan/Nakibly, Gabi: „Gyrophone. Recognizing Speech From Gyroscope Signals" (2014), S. 1-15.

Michalevsky, Yan/Nakibly, Gabi/Schulman, Aaron/Boneh, Dan: „PowerSpy. Location Tracking using Mobile Device Power Analysis", in: arXiv preprint arXiv:1502.03182 (2015).

Monahan, Torin: „Counter-surveillance as Political Intervention", in: Social Semiotics 16 (2006), S. 515-534.

Moor, James H.: „Towards a Theory of Privacy in the Information Age", in: Computers and Society 27 (1997), S. 27-32.

Moore, Gordon E.: „Cramming more components onto integrated circuits", in: Electronics 38 (1965).

Morozov, Evgeny: „Datenagenten in eigener Sache. Die Zukunft der Demokratie im Big-Data-Zeitalter", in: Armin Nassehi (Hg.), Kursbuch 177. Privat 2.0, Hamburg: Murmann Verlag 2014, S. 102-114.

Mouffe, Chantal: The Democratic Paradox, London: Verso 2000.

Mühlberg, Annette: „Der Ausspähskandal – Weckruf für die Demokratie", in: Markus Beckedahl/Andre Meister (Hg.), Überwachtes Netz. Edward Snowden und der größte Überwachungsskandal der Geschichte, Berlin: newthinking communications 2013, S. 37-46.

Müller, Michael: „Daten, Informationen und Wissen. Überlegungen zu den zukünftigen Entwicklungen von Grundelementen der digitalen Gesellschaft", in: Hermann Hill/Mario Martini/Edgar Wagner (Hg.), Transparenz, Partizipation, Kollaboration. Die digitale Verwaltung neu denken, Baden-Baden: Nomos 2014, S. 67-81.

Murdoch, Steven J./Anderson, Ross: „Tools and Technology of Internet Filtering", in: Ronald J. Deibert/John G. Palfrey/Rafal Rohozinski et al. (Hg.), Access Denied. The Practice and Policy of Global Internet Filtering, Cambridge, Massachusetts: The MIT Press 2008, S. 57-72.

Murgante, Beniamino/Borruso, Giuseppe: „Cities and Smartness. A Critical Analysis of Opportunities and Risks", in: Beniamino Murgante/Sanjay Misra/Rocha, Ana Maria Alves Coutinho et al. (Hg.), Computational Science and Its Applications–ICCSA 2013, Berlin: Springer 2013, S. 630-642.

Musiani, Francesca: „Governance by algorithms", in: Internet Policy Review 2 (2013), S. 1-8.

Nakamura, Lisa/Chow-White, Peter A.: „Introduction – Race and Digital Technology. Code, the Color Line, and the Information Society", in: Lisa Nakamura/Peter A. Chow-White (Hg.), Race After the Internet, New York: Routledge 2012, S. 1-18.

Nam, Taewoo/Pardo, Theresa A.: „Conceptualizing Smart City with Dimensions of Technology, People, and Institutions", in: John C. Bertot/Karine Nahon/Soon A. Chun et al. (Hg.), Proceedings of the 12th Annual International Digital Government Research Conference: Digital Government Innovation in Challenging Times: ACM 2011, S. 282-291.

Narayanan, Arvind: „De-anonymizing Social Networks", in: Proceedings of the 2009 30th IEEE Symposium on Security and Privacy, Los Alamitos, CA: Computer Society Press 2009, S. 173-187.

Narayanan, Arvind/Shmatikov, Vitaly: „How to break anonymity of the netflix prize dataset", in: arXiv (2008a), S. 1-24.

Narayanan, Arvind/Shmatikov, Vitaly: „Robust De-anonymization of Large Sparse Datasets", in: Proceedings of the 2008 IEEE Symposium on Security and Privacy, Los Alamitos, CA: Computer Society Press 2008b, S. 111-125.

Narayanan, Arvind/Shmatikov, Vitaly: „Myths and fallacies of personally identifiable information", in: Communications of the ACM 53 (2010), S. 24-26.

Nippert-Eng, Christena: Islands of Privacy, Chicago: The University of Chicago Press 2010.

Nissenbaum, Helen: Privacy in Context. Technology, Policy, and the Integrity of Social Life: Stanford University Press 2010.

Norte, Carlos: Advanced Tor Browser Fingerprinting 2016a, http://jcarlosnorte.com/security/2016/03/06/advanced-tor-browser-fingerprinting.html vom 11.03.2016.

Norte, Carlos: Hacking industrial vehicles from the internet 2016b, http://jcarlosnorte.com/security/2016/03/06/hacking-tachographs-from-the-internets.html vom 21.03.2016.

Nussbaum, Martha C.: Hiding from Humanity. Shame, Disgust and the Law, Princeton, NJ: Princeton University Press 2004.

Obama, Barack: Transparency and Open Government 2009, http://www.whitehouse.gov/the_press_office/TransparencyandOpenGovernment vom 21.11.2014.

Obermayer, Bastian/Obermaier, Frederik/Wormer, Vanessa/Jaschensky, Wolfgang: Das sind die Panama Papers 2016, http://panamapapers.sueddeutsche.de/articles/56ff9a28a1bb8d3c3495ae13/ vom 29.04.2016.

Ochs, Carsten: „Die Kontrolle ist tot – lang lebe die Kontrolle! Plädoyer für ein nach-bürgerliches Privatheitsverständnis", in: Mediale Kontrolle unter Beobachtung 4 (2015), S. 1-35.

Oetzel, Marie C./Spiekermann, Sarah/Grüning, Ingrid/Kelter, Harald/Mull, Sabine: Privacy Impact Assessment Guideline, Bonn 2011, S. 1-37.

Ogburn, William F.: Social Change. With Respect To Culture And Original Nature, New York: B.W. Huebsch 1922.

Okin, Susan M.: Justice, Gender and the Family, New York: Basic Books 1989.

Olsen, Frances E.: „The Family and the Market. A Study of Ideology and Legal Reform", in: Patricia Smith (Hg.), Feminist Jurisprudence, New York: Oxford University Press 1993, S. 65-93.

Omanovic, Edin: The Global Surveillance Industry. A report by Privacy International. Privacy International 2016, https://privacyinternational.org/sites /default/files/global_surveillance_f.pdf vom 15.08.2016.

Omohundro, Steve: „Autonomous technology and the greater human good", in: Journal of Experimental & Theoretical Artificial Intelligence (2014), S. 1-13.

O'Reilly, Tim: What Is Web 2.0. Design Patterns and Business Models for the Next Generation of Software 2005, http://www.oreilly.com/pub/a/web2/ archive/what-is-web-20.html vom 03.09.2015.

Ott, Stephanie: Copwatch: Smartphones belegen Polizeigewalt in den USA 2015, http://www.heise.de/newsticker/meldung/Copwatch-Smartphones-belegen-Poli zeigewalt-in-den-USA-3025741.html vom 01.06.2016.

Owen, Gareth/Savage, Nick: The Tor Dark Net, Waterloo, Ontario, London: Centre for International Governance Innovation; Royal Institute of International Affairs (20) 2015, S. 1-9.

Pagallo, Ugo/Durante, Massimo: „Legal Memories and the Right to Be Forgotten", in: Luciano Floridi (Hg.), Protection of Information and the Right to Privacy. A New Equilibrium?, Heidelberg: Springer 2014, S. 17-30.

Palen, Leysia/Dourish, Paul: „Unpacking ‚privacy' for a networked world", in: Proceedings of the SIGCHI Conference on Human Factors in Computing Systems, Ft. Lauderdale, Florida: ACM 2003, S. 129-136.

Parent, William A.: „Privacy, Morality, and the Law", in: Philosophy & Public Affairs 12 (1983), S. 269-288.

Pariser, Eli: The Filter Bubble. What the Internet Is Hiding from You, New York: The Penguin Press 2011.

Pasquale, Frank: The Black Box Society. The Sectret Algorithms That Control Money and Information, Cambridge, Massachusetts: Harvard University Press 2015.

Pateman, Carole: The Disorder of Women – Democracy, Feminism and Political Theory, Cambridge, Massachusetts: Polity Press 1989.

PEN American Center: Global Chilling. The Impact of Mass Surveillance on International Writers 2015, http://pen.org/global-chill vom 10.02.2015.

Pentland, Alex: Social Physics. How Good Ideas Spread – The Lessons from a New Science, New York: The Penguin Press 2014.

Phillips, David J.: „From Privacy to Visibility. Context, Identity, and Power in Ubiquitous Computing Environments“, in: Social Text 23 (2005), S. 95-108.

Plass-Flessenkämper, Benedikt: Nach dem Hack von AshleyMadison.com könnten zahllose Sex-Affären auffliegen 2015, https://www.wired.de/collection/life/von-wegen-diskret-hackerangriff-auf-ashleymadison-com vom 27.07.2015.

Plessner, Helmuth: Die Stufen des Organischen und der Mensch. Einleitung in die philosophische Anthropologie, Berlin: De Gruyter 1975.

Ploeg, Irma v. d.: „Biometrics and the body as information. Normative issues of the socio-technical coding of the body“, in: David Lyon (Hg.), Surveillance as Social Sorting. Privacy, risk, and digital discrimination, London: Routledge 2003, S. 57-73.

Ploeg, Irma v. d.: „The body as data in the age of information“, in: Kirstie S. Ball/Kevin D. Haggerty/David Lyon (Hg.), Routledge Handbook of Surveillance Studies, Abingdon, Oxon: Routledge 2012, S. 176-183.

Pörksen, Bernhard: „Es entsteht eine grell ausgeleuchtete Welt, ein monströses Aquarium, in dem kaum noch etwas verborgen bleibt“, in: Die Zeit (2015), S. 8.

Pörksen, Bernhard/Detel, Hanne: Der entfesselte Skandal. Das Ende der Kontrolle im digitalen Zeitalter, Köln: Herbert von Halem Verlag 2012.

Poster, Mark: The Mode of Information. Poststructuralism and Social Context, Maiden, MA: Polity Press 2007.

Prakash, Pranesh: „Indien. Selbst die Regierung vertraut der Regierung nicht“, in: Markus Beckedahl/Andre Meister (Hg.), Überwachtes Netz. Edward Snowden und der größte Überwachungsskandal der Geschichte, Berlin: newthinking communications 2013, S. 186-198.

Preim, Bernhard/Dachselt, Raimund: Interaktive Systeme. Grundlagen, Graphical User Interfaces, Informationsvisualisierung (= Band 1), Berlin: Springer 2010.

Preim, Bernhard/Dachselt, Raimund: Interaktive Systeme. User Interface Engineering, 3D-Interaktion, Natural User Interfaces, Berlin: Springer 2015.

Raab, Charles: „Regulating surveillance. The importance of principles“, in: Kirstie S. Ball/Kevin D. Haggerty/David Lyon (Hg.), Routledge Handbook of Surveillance Studies, Abingdon, Oxon: Routledge 2012, S. 377-385.

Rachels, James: „Why Privacy Is Important“, in: Philosophy & Public Affairs 4 (1975), S. 323-333.

Raley, Rita: „Dataveillance and Counterveillance“, in: Lisa Gitelman (Hg.), „Raw Data“ Is an Oxymoron, Cambridge, Massachusetts: The MIT Press 2013, S. 121-146.

Rammert, Werner: Technik. Stichwort für eine Enzyklopädie 1999, http://www.ssoar.info/ssoar/bitstream/handle/document/881/ssoar-1999-rammert-technik_stichwort_fur_eine_enzyklopadie.pdf?sequence=1 vom 01.12.2014.

Rao, Umesh H./Nayak, Umesha: The InfoSec Handbook. An Introduction to Information Security, New York: Apress 2014.

Regan, Priscilla M.: Legislating Privacy. Technology, Social Values, and Public Policy, Chapel Hill: University of North Carolina Press 1995.

Reichert, Ramón (Hg.): Big Data. Analysen zum digitalen Wandel von Wissen, Macht und Ökonomie, Bielefeld: transcript 2014.

Ries, Uli/Scherschel, Fabian: LinkedIn-Hack: 117 Millionen Passwort-Hashes zum Download aufgetaucht 2016, http://www.heise.de/security/meldung/LinkedIn-Hack-117-Millionen-Passwort-Hashes-zum-Download-aufgetaucht-3224212.html vom 07.06.2016.

Röbel, Sven/Schindler, Jörg: Sicherheitsalarm im Parlament. Cyberangriff auf den Bundestag 2015, http://www.spiegel.de/netzwelt/netzpolitik/cyber-angriff-auf-den-deutschen-bundestag-a-1033984.html vom 06.05.2015.

Roberts, Hal/Palfrey, John G.: „The EU Data Retention Directive in an Era of Internet Surveillance“, in: Ronald J. Deibert/John G. Palfrey/Rafal Rohozinski et al. (Hg.), Access Controlled. The Shaping of Power, Rights, and Rule in Cyberspace, Cambridge, Massachusetts: The MIT Press 2010, S. 35-54.

Rogaway, Phillip: „The Moral Character of Cryptographic Work“ (2015), S. 1-47.

Roos, Ute: Forschern gelingt Datenklau bei Offline-Computer 2015, http://www.heise.de/newsticker/meldung/Forschern-gelingt-Datenklau-bei-Offline-Computer-2764699.html vom 04.08.2015.

Ropohl, Günter: Allgemeine Technologie. Eine Systemtheorie der Technik, Karlsruhe: Universitätsverlag Karlsruhe 2009.

Rorty, Richard: Solidarität und Objektivität, Stuttgart: Reclam 1988.

Rorty, Richard: Kontingenz, Ironie und Solidarität, Frankfurt a.M: Suhrkamp 1989.

Rosa, Hartmut: Beschleunigung. Die Veränderung der Zeitstrukturen in der Moderne, Frankfurt a.M: Suhrkamp 2005.

Rosa, Hartmut: Weltbeziehungen im Zeitalter der Beschleunigung. Umrisse einer neuen Gesellschaftskritik, Berlin: Suhrkamp 2012.

Rössler, Beate: Der Wert des Privaten, Frankfurt a.M: Suhrkamp 2001.

Roßnagel, Alexander: Datenschutz in einem informatisierten Alltag. Gutachten im Auftrag der Friedrich-Ebert-Stiftung, Berlin 2007.

Roßnagel, Alexander/Nebel, Maxi: Die neue Datenschutz-Grundverordnung. Ist das Datenschutzrecht nun für heutige Herausforderungen gerüstet? 2016.

Rothrock, Kevin: Facial Recognition Service Becomes a Weapon Against Russian Porn Actresses 2016, https://globalvoices.org/2016/04/22/facial-recognition-service-becomes-a-weapon-against-russian-porn-actresses/ vom 27.04.2016.

Rouvroy, Antoinette: „The end(s) of critique: data behaviourism versus due process“, in: Mireille Hildebrandt/Katja de Vries (Hg.), Privacy, Due Process and the Computational Turn. The philosophy of law meets the philosophy of technology, Abingdon, Oxon: Routledge 2013, S. 143-168.

Ruddigkeit, Alice/Penzel, Jana/Schneider, Jochen: „Dinge, die meine Eltern nicht sehen sollten. Strategien der Privacy-Regulierung unter deutschen Facebook-Nutzern“, in: Publizistik 58 (2013), S. 305-325.

Ruhmann, Ingo: „NSA, IT-Sicherheit und die Folgen“, in: Datenschutz und Datensicherheit-DuD 38 (2014), S. 40-46.

Rule, James B.: Privacy in Peril. How We Are Sacrificing A Fundamental Right In Exchange For Security And Convenience, Oxford: Oxford University Press 2007.

Rushkoff, Douglas: Program Or Be Programmed. Ten Commands for a Digital Age, New York: OR Books 2010.

Ryge, Leif: Most software already has a „golden key“ backdoor: the system update 2016, http://arstechnica.com/security/2016/02/most-software-already-has-a-golden-key-backdoor-its-called-auto-update/ vom 29.02.2016.

Saldias, Osvaldo: Patterns of Legalization in the Internet. Do We Need a Constitutional Theory for Internet Law? Discussion Paper 2012-08 (= HIIG Discussion Paper Series) 2012.

Saltaformaggio, Brendan/Bhatia, Rohit/Zhang, Xiangyu/Xu, Dongyan/Richard III, Golden G.: „Screen after Previous Screens. Spatial-Temporal Recreation of Android App Displays from Memory Images“, in: Proceedings of the 25th USENIX Security Symposium, Austin 2016, S. 1137-1151.

Sandvine: Global Internet Phenomena Report 2H 2014 2014, https://www.sandvine.com/downloads/general/global-internet-phenomena/2014/2h-2014-global-internet-phenomena-report.pdf vom 30.04.2015.

Sartor, Giovanni: „The Right to be Forgotten. Dynamics of Privacy and Publicity“, in: Luciano Floridi (Hg.), Protection of Information and the Right to Privacy. A New Equilibrium?, Heidelberg: Springer 2014, S. 1-15.

Sartre, Jean-Paul: Das Sein und das Nichts. Versuch einer phänomenologischen Ontologie, Reinbek bei Hamburg: Rowohlt-Taschenbuch-Verlag 1994.

Saurwein, Florian/Just, Natascha/Latzer, Michael: „Governance of algorithms: options and limitations“, in: info 17 (2015), S. 35-49.

Scahill, Jeremy/Begley, Josh: The Great SIM Heist. How Spies Stole The Keys To The Encryption Castle 2015, https://firstlook.org/theintercept/2015/02/19/great-sim-heist/ vom 21.02.2015.

Schaaf, Christian: Industriespionage. Der große Angriff auf den Mittelstand, Stuttgart: Richard Boorberg Verlag 2009.

Schaar, Peter: „Welche Konsequenzen haben PRISM und Tempora für den Datenschutz in Deutschland und Europa?“, in: Markus Beckedahl/Andre Meister (Hg.), Überwachtes Netz. Edward Snowden und der größte Überwachungsskandal der Geschichte, Berlin: newthinking communications 2013, S. 118-127.

Scherschel, Fabian: BitWhisper überwindet die Air Gap mit Temperaturschwankungen 2015a, http://www.heise.de/newsticker/meldung/BitWhisper-ueberwindet-die-Air-Gap-mit-Temperaturschwankungen-2584205.html vom 04.08.2015.

Scherschel, Fabian: Ich weiß, was du gestern Abend getan hast: Porno-App erpresst Nutzer 2015b, http://www.heise.de/newsticker/meldung/Ich-weiss-was-du-gestern-Abend-getan-hast-Porno-App-erpresst-Nutzer-2807841.html vom 09.09.2015.

Scherschel, Fabian: Seitensprung-Portal Ashley Madison: Millionen Männer, fast keine Frauen 2015c, http://www.heise.de/newsticker/meldung/Seitensprung-Portal-Ashley-Madison-Millionen-Maenner-fast-keine-Frauen-2792710.html vom 01.09.2015.

Scherschel, Fabian: Sexbörse Adult Friend Finder gehackt, Nutzerdaten im Netz verteilt 2015d, http://www.heise.de/security/meldung/Sexboerse-Adult-Friend-Finder-gehackt-Nutzerdaten-im-Netz-verteilt-2663029.html vom 25.08.2015.

Scherschel, Fabian: Login-Daten von 200 Millionen Yahoo-Nutzern im Netz 2016, http://www.heise.de/newsticker/meldung/Login-Daten-von-200-Millionen-Yahoo-Nutzern-im-Netz-3285330.html vom 15.08.2016.

Schirrmacher, Dennis: Nach Ashley-Madison-Hack: Erbeutete Daten veröffentlicht 2015a, http://www.heise.de/newsticker/meldung/Nach-Ashley-Madison-Hack-Erbeutete-Daten-veroeffentlicht-2785057.html vom 21.08.2015.

Schirrmacher, Dennis: Spionage-Trojaner wütete im Netzwerk von Kaspersky 2015b, http://www.heise.de/newsticker/meldung/Spionage-Trojaner-wuetete-im-Netzwerk-von-Kaspersky-2687375.html vom 12.06.2015.

Schirrmacher, Dennis: Stagefright 2.0: Weitere Lücken klaffen in allen Android-Versionen 2015c, http://www.heise.de/newsticker/meldung/Stagefright-2-0-Weitere-Luecken-klaffen-in-allen-Android-Versionen-2835874.html.

Schirrmacher, Dennis: Verschlüsselungstrojaner Chimera droht mit Veröffentlichung persönlicher Daten 2015d, http://www.heise.de/newsticker/meldung/Verschluesselungstrojaner-Chimera-droht-mit-Veroeffentlichung-persoenlicher-Daten-2909986.html vom 10.11.2015.

Schirrmacher, Dennis: Persönliche Daten von 55 Millionen philippinischen Wählern geleakt 2016, http://www.heise.de/newsticker/meldung/Persoenliche-Daten-von-55-Millionen-philippinischen-Waehlern-geleakt-3164878.html vom 13.04.2016.

Schmidt, Jürgen: LinkedIn-Leck: Mehr als 80 Prozent der Passwörter bereits geknackt 2016a, http://www.heise.de/newsticker/meldung/LinkedIn-Leck-Mehr-als-80-Prozent-der-Passwoerter-bereits-geknackt-3212075.html vom 24.05.2016.

Schmidt, Jürgen: LinkedIn-Passwort-Leck hat desaströse Ausmaße 2016b, http://www.heise.de/newsticker/meldung/LinkedIn-Passwort-Leck-hat-desastroese-Ausmasse-3210793.html vom 20.05.2016.

Schneier, Bruce: „Das Ende der Geheimnisse“, in: Technology Review (2015a), S. 76-77.

Schneier, Bruce: Data and Goliath. The Hidden Battles to Collect Your Data and Control Your World, New York: W. W. Norton & Company 2015b.

Schönhagen, Philomen: „Gesellschaftliche Kommunikation im Wandel der Geschichte“, in: Bernad Batinic/Markus Appel (Hg.), Medienpsychologie, Heidelberg: Springer 2008, S. 45-76.

Schüler, Hans-Peter: Erneuter Hack der Sexbörse Adult Friend Finder 2016, http://www.heise.de/newsticker/meldung/Erneuter-Hack-der-Sexboerse-Adult-Friend-Finder-3464765.html vom 15.11.2016.

Schulzki-Haddouti, Christiane: „Schädliche Daten-Emissionen. Was Ihr Auto über sie verrät“, in: c't (2014), S. 62-65.

Schulzki-Haddouti, Christiane: „Zu kurz gekommen. Deutsche Datenschutzbehörden leiden unter Personalknappheit“, in: c't (2015), S. 76-78.

Schuster, Simon/Jürgens, Pascal/Dörr, Dieter/Stark, Birgit/Magin, Melanie: „Neutralität, Transparenz und Kompetenz. Rechtliche Ansatzpunkte für eine Neuregulierung des Suchmaschinenmarktes“, in: Martin Emmer/Christian

Strippel/Monika Taddiken et al. (Hg.), Kommunikationspolitik für die digitale Gesellschaft, Berlin: Digital Communication Research 2015, S. 87-118.

Sebayang, Andreas: Hack des Seitensprungportals hat schwere Folgen 2015, http://www.golem.de/news/ashley-madison-selbsttoetungen-nach-hack-des-seitensprungportals-1508-115913.html vom 25.08.2015.

Seemann, Michael: Das Neue Spiel. Strategien für die Welt nach dem digitalen Kontrollverlust, Freiburg: orange-press 2014.

Shannon, Claude E.: „A Mathematical Theory of Information", in: The Bell System Technical Journal 27 (1949), S. 379-423.

Sherrill, Brad/Kuhn, John/Horacek, Leslie/Sutherland, Lyndon/Yason, Mark V./Bradley, Nick/Cobb, Pamela/Freeman, Robert/Moore, Scott/van Tongerloo, Thomas/Bollinger, Troy: IBM X-Force Threat Intelligence Quartery. 3Q 2014. IBM Corporation, Somers, New York 2014.

Shirky, Clay: Here Comes Everybody. The Power of Organizing without Organizations, London: Penguin Books 2008.

Sibona, Christopher: „Unfriending on Facebook. Context Collapse and Unfriending Behaviors", in: K. D. Joshi/Mark E. Nissen/Lynne Cooper (Hg.), 2014 47th Hawaii International Conference on System Science 2014, S. 1676-1685.

Smith, Gavin J. D.: „Empowered watchers or disempowered workers? The ambiguities of power within technologies of security", in: Katja F. Aas/Helene O. Gundhus/Heidi M. Lomell (Hg.), Technologies of Insecurity. The surveillance of everyday life, Abingdon, Oxon: Routledge 2009, S. 125-146.

Solove, Daniel J.: „A Taxonomy of Privacy", in: University of Pennsylvania Law Review (2006), S. 477-564.

Solove, Daniel J.: Nothing to Hide. The False Tradeoff between Privacy and Security, Yale: Yale University Press 2011.

Spier, Alexander: OkCupied: Wissenschaftler veröffentlichen 70.000 volle Datensätze von Dating-Seite 2016, http://www.heise.de/newsticker/meldung/OkCupid-Wissenschaftler-veroeffentlichen-70-000-volle-Datensaetze-von-Dating-Seite-3208624.html vom 18.05.2016.

Stalder, Felix: „Autonomy beyond Privacy? A Rejoinder to Colin Bennett", in: Surveillance & Society 8 (2011), S. 508-512.

Stallman, Richard M.: Free Software, Free Society. Selected Essays of Richard M. Stallman, Boston: Free Software Foundation 2012.

Steinbicker, Jochen: Zur Theorie der Informationsgesellschaft. Ein Vergleich der Ansätze von Peter Drucker, Daniel Bell und Manuel Castells, Wiesbaden: VS Verlag für Sozialwissenschaften 2011.

Strassberg, Daniel: „Scham als Problem der psychoanalytischen Theorie und Praxis“, in: Schweizer Archiv für Neurologie und Psychiatrie 155 (2004), S. 225-228.

Strauss, Anselm C.: Spiegel und Masken. Die Suche nach Identität, Frankfurt a.M: Suhrkamp 1968.

Stutzman, Fred/Hartzog, Woodrow: „Boundary Regulation in Social Media“, in: Proceedings of the ACM 2012 Conference on Computer Supported Cooperative Work, Seattle, Washington: ACM 2012, S. 769-788.

Stutzman, Fred/Kramer-Duffield, Jacob: „Friends Only. Examining a Privacy-enhancing Behavior in Facebook“, in: Proceedings of the SIGCHI Conference on Human Factors in Computing Systems, Atlanta, Georgia: ACM 2010, S. 1553-1562.

Suler, John R.: „Identity Management in Cyberspace“, in: Journal of Applied Psychoanalytic Studies 4 (2002), S. 455-459.

Swire, Peter: The Declining Half-Life of Secrets. And the Future of Signals Intelligence 2015.

Tanriverdi, Hakan: Persönliche Daten zahlreicher US-Agenten im Netz 2016, http://www.golem.de/news/29-000-datensaetze-veroeffentlicht-persoenliche-daten-zahlreicher-us-agenten-im-netz-1602-119003.html vom 15.02.2016.

Tavani, Herman T.: „Informational Privacy. Concepts, Theories, and Controversies“, in: Kenneth E. Himma/Herman T. Tavani (Hg.), The Handbook of Information and Computer Ethics, Hoboken, New Jersey: Wiley 2008, S. 131-164.

Tavani, Herman T./Moor, James H.: „Privacy Protection, Control of Information, and Privacy-Enhancing Technologies“, in: ACM SIGCAS Computers and Society 31 (2001), S. 6-11.

Teichert, Dieter: Personen und Identitäten, Berlin: Walter de Gruyter 2000.

Thaler, Richard H./Sunstein, Cass R.: Nudge. Improving Decisions About Health, Wealth, and Happiness, New Haven: Yale University Press 2008.

Theile, Hans: Wirtschaftskriminalität und Strafverfahren. Systemtheoretische Überlegungen zum Regulierungspotential des Strafrechts, Tübingen: Mohr Siebeck 2009.

Thoma, Jörg: Promi-Bilder angeblich aus der iCloud gestohlen 2015, http://www.golem.de/news/security-promi-bilder-angeblich-aus-der-icloud-gestohlen-1409-108933.html vom 25.08.2015.

Tischer, Matthew/Durumeric, Zakir/Foster, Sam/Duan, Sunny/Mori, Alec/Bursztein, Elie/Bailey, Michael: Users Really Do Plug in USB Drives They Find. University of Illinois; University of Michigan; Google, Inc. 2016.

Tisseron, Serge: Phänomen Scham. Psychoanalyse eines sozialen Affektes, München: Reinhardt 2000.

Turkle, Sherry: The Second Self. Computers and the Human Spirit, Cambridge, Massachusetts: The MIT Press 2005.

Turkle, Sherry: Alone Together. Why We Expect More from Technology and Less from Each Other, New York: Basic Books 2011.

Turow, Joseph: Americans Online Privacy: The System Is Broken. A report from The Annenberg Public Policy Center of the University of Pennsylvania. Department Papers (ASC) 2003.

Utz, Sonja/Kramer, Nicole: „The privacy paradox on social network sites revisited. The role of individual characteristics and group norms“, in: Cyberpsychology: Journal of Psychosocial Research on Cyberspace 3 (2009).

Van den Hoven, Jeroen: „Privacy and the Varieties of Moral Wrong-doing in an Information Age“, in: Computers and Society 27 (1997), S. 33-37.

Van den Hoven, Jeroen: „Privacy and the varieties of informational wrongdoing“, in: Readings in Cyberethics (2001), S. 430-442.

van Dijck, José: „‚You have one identity‘. Performing the self on Facebook and LinkedIn“, in: Media, Culture & Society 35 (2013), S. 199-215.

Vayena, Effy/Salathé, Marcel/Madoff, Lawrence C./Brownstein, John S.: „Ethical challenges of big data in public health“, in: PLoS Comput Biol 11 (2015), S. 1-7.

Vedder, Anton: „KDD: The challenge to individualism“, in: Ethics and Information Technology 1 (1999), S. 275-281.

Vetter, Udo: Richter stolpert über sein Facebook-Profil 2016, https://www.lawblog.de/index.php/archives/2016/02/23/richter-stolpert-ueber-sein-facebook-profil/.

Virilio, Paul: Negative Horizon. An Essay in Dromoscopy, London: Continuum 1984.

Vitak, Jessica: „The Impact of Context Collapse and Privacy on Social Network Site Disclosures“, in: Journal of Broadcasting & Electronic Media 56 (2012), S. 451-470.

Vitak, Jessica/Lampe, Cliff/Gray, Rebecca/Ellison, Nicole B.: „‚Why won't you be my Facebook friend?‘. Strategies for managing context collapse in the workplace“, in: Proceedings of the 2012 iConference, Toronto: ACM 2012, S. 555-557.

Voytek: Rides of Glory. Uber 2012, https://web.archive.org/web/20140827195715/http://blog.uber.com/ridesofglory vom 06.02.2015.

Walzer, Michael: Spheres of Justice. A Defense of Pluralism and Equality, New York: Basic Books 1983.

Wang, He/Tsung-Te Lai, Ted/Choudhury, Romit R. (Hg.): MoLe: Motion Leaks through Smartwatch Sensors: ACM 2015.

Warren, Samuel D./Brandeis, Louis D.: „The Right to Privacy“, in: Harvard law review 4 (1890), S. 193-220.

Weber, Sandra/Mitchell, Claudia: „Imaging, Keyboarding, and Posting Identities. Young People and New Media Technologies“, in: David Buckingham (Hg.), Youth, Identity and Digital Media, Cambridge, Massachusetts 2008, S. 25-48.

Weber, Sara: Wenn Algorithmen Vorurteile haben 2016, http://www.golem.de/news/diskriminierung-wenn-algorithmen-vorurteile-haben-1601-118566.html vom 20.01.2016.

Weichert, Thilo: „Datenschutzverstoß als Geschäftsmodell – der Fall Facebook“, in: Datenschutz und Datensicherheit-DuD 36 (2012), S. 716-721.

Weisensee, Jan: Millionen kabellose Tastaturen senden Daten im Klartext 2016, http://www.golem.de/news/keysniffer-millionen-kabellose-tastaturen-senden-daten-im-klartext-1607-122388.html vom 28.07.2016.

Welzer, Harald: Die smarte Diktatur. Der Angriff auf unsere Freiheit, Frankfurt a.M: Fischer Verlag 2016.

Wesch, Michael: „YouTube and you. Experiences of self-awareness in the context collapse of the recording webcam“, in: Explorations in Media Ecology 8 (2009), S. 19-34.

Westerbarkey, Joachim: „Öffentlichkeit als Funktion und Vorstellung“, in: Wolfgang Wunden (Hg.), Öffentlichkeit und Kommunikationsstruktur, Hamburg, Stuttgart: Steinkopf Verlag 1994, S. 53-64.

Westerbarkey, Joachim: „Öffentlichkeitskonzepte und ihre Bedeutung für strategische Kommunikation“, in: Ulrike Röttger/Volker Gehrau/Joachim Preusse (Hg.), Strategische Kommunikation. Umrisse und Perspektiven eines Forschungsfeldes, Wiesbaden: Springer VS 2013, S. 21-36.

Westin, Alan F.: Privacy and Freedom, New York: Atheneum 1967.

Wiegerling, Klaus: Philosophie intelligenter Welten, München: Wilhelm Fink Verlag 2011.

Wilhelm, Ulrich: „Politiker wagen sich heutzutage seltener aus der Deckung. Wer aneckt, wird bestraft“, in: Die Zeit (2015), S. 6.

Wilkens, Andreas: Datenschützer bewerten EU-Grundverordnung als „Meilenstein“ 2016, http://www.heise.de/newsticker/meldung/Datenschuetzer-bewerten-EU-Grundverordnung-als-Meilenstein-3179872.html vom 28.04.2016.

Winner, Langdon: Autonomous Technology. Technics-out-of-Control as a Theme in Political Thought, Cambridge, Massachusetts: MIT Press 1977.

Wohlrab-Sahr, Monika: „Schwellenanalyse – Plädoyer für eine Soziologie der Grenzziehungen“, in: Kornelia Hahn/Cornelia Koppetsch (Hg.), Soziologie des Privaten, Wiesbaden: VS Verlag für Sozialwissenschaften 2011, S. 33-52.

Wohlwill, Joachim F.: „Human Adaptation to Levels of Environmental Stimulation“, in: Human Ecology 2 (1974), S. 127-147.

Young, Iris M.: Justice and the Politics of Difference, Princeton, NJ: Princeton University Press 1990.

Zhao, Shanyang/Grasmuck, Sherri/Martin, Jason: „Identity construction on Facebook. Digital empowerment in anchored relationships“, in: Computers in Human Behavior 24 (2008), S. 1816-1836.

Zheleva, Elena/Getoor, Lise: „To Join or Not to Join: The Illusion of Privacy in Social Networks with Mixed Public and Private User Profiles“, in: Proceedings of the 18th international conference on World Wide Web: ACM 2009, S. 531-540.

Zimmermann, Hubert: „OSI Reference Model. The ISO Model of Architecture for Open Systems Interconnection“, in: IEEE Transactions on Communications 28 (1980), S. 425-432.

Zittrain, Jonathan L.: The Future of the Internet. And How to Stop It, New Haven: Yale University Press 2008.

Zittrain, Jonathan L./Palfrey, John G.: „Internet Filtering. The Politics and Mechanisms of Control“, in: Ronald J. Deibert/John G. Palfrey/Rafal Rohozinski et al. (Hg.), Access Denied. The Practice and Policy of Global Internet Filtering, Cambridge, Massachusetts: The MIT Press 2008, S. 29-56.

Zuboff, Shoshana: „Big other: surveillance capitalism and the prospects of an information civilization“, in: Journal of Information Technology 30 (2015), S. 75-89.

Digitale Gesellschaft

Christoph Engemann, Andreas Sudmann (Hg.)
Machine Learning – Medien, Infrastrukturen und Technologien der Künstlichen Intelligenz

Mai 2017, ca. 450 Seiten, kart. , ca. 32,99 €,
ISBN 978-3-8376-3530-0

Geert Lovink
Im Bann der Plattformen
Die nächste Runde der Netzkritik
(übersetzt aus dem Englischen von Andreas Kallfelz)

März 2017, ca. 230 Seiten, kart., ca. 24,99 €,
ISBN 978-3-8376-3368-9

Stefanie Duttweiler, Robert Gugutzer, Jan-Hendrik Passoth, Jörg Strübing (Hg.)
Leben nach Zahlen
Self-Tracking als Optimierungsprojekt?

August 2016, 352 Seiten, kart., 29,99 €,
ISBN 978-3-8376-3136-4

Leseproben, weitere Informationen und Bestellmöglichkeiten finden Sie unter www.transcript-verlag.de

Digitale Gesellschaft

Florian Sprenger, Christoph Engemann (Hg.)
Internet der Dinge
Über smarte Objekte, intelligente Umgebungen und die technische Durchdringung der Welt

2015, 400 Seiten, kart., zahlr. Abb. , 29,99 €,
ISBN 978-3-8376-3046-6

Ramón Reichert (Hg.)
Big Data
Analysen zum digitalen Wandel
von Wissen, Macht und Ökonomie

2014, 496 Seiten, kart., 29,99 €,
ISBN 978-3-8376-2592-9

Oliver Leistert, Theo Röhle (Hg.)
Generation Facebook
Über das Leben im Social Net

2011, 288 Seiten, kart., 21,80 €,
ISBN 978-3-8376-1859-4

Leseproben, weitere Informationen und Bestellmöglichkeiten finden Sie unter www.transcript-verlag.de